從陸象山到劉蕺山

牟宗三著

臺灣學生書局印行

序

心體與性體共三册已於民國五十七年出版於正中書局。在該三册中，只詳講濂溪、橫渠、明道、伊川、五峯與朱子六人。但在詳講此六人中，宋明儒長期發展之可分爲三系已確然明白而無可疑。是故在該書出版後，心中如釋重負；雖卽尚餘陸王一系以及蕺山之劉蕺山尚未寫出，吾亦暫時無興趣再爲續寫。遲延至今，忽忽不覺已十年矣。在此十年間，吾亦未輟工作。智的直覺與中國哲學，現象與物自身，佛性與般若，皆在此期間寫成者也。此雖無關於宋明儒，然亦非不增長吾之學思與理解，因而對於宋明儒學之定性與定位亦非無深廣之助益也。吾所涉及之工作至今大體俱已寫成，因此宋明儒之餘三人亦必須寫成，不能再拖。此書定名曰從陸象山到劉蕺山，實卽心體與性體之第四册也。

此書中關於王學之兩章，即第三章與第四章，實早已於民國六十一年及六十二年分別發表於新亞學術年刊之第十四期與第十五期。而第三章之附錄：致知疑難，則更早見於王陽明致良知教一小册中（此小册寫於民國四十一年）。今該小册可作廢，而致知疑難一段至今不變，故附錄於此書之第三章第一節。

此書之第二章象山與朱子之爭辯亦是早於民國五十四年發表於民主評論者。那時吾正在寫心體與性體，對於朱子已有頭緒，故寫成該文，亦至今不變者，故收於此書作第二章。此章涉及朱子者，與心體與性體第三册朱子部所說當然不免有重複處。再重複了解一下朱子學之綱要亦無傷也。此章相當長。然如此深入詳述，則必能使人於朱學與陸學更有深切而明確之理解，不至終於浮泛而迷離也。

是則此書最近新寫成者唯第一章，第五章與第六章而已。第一章爲象山學，乃吾蘊釀好久乃決定如此着筆而寫成者。須知象山學並不容易著筆也。第五章爲兩峯獅泉與王塘南。此章爲從王學之江右派過渡到劉蕺山之過渡。江右派之聶雙江與羅念菴已不解王學矣；而王塘南則正從此不解而復漸遠離於王學。此一不解與遠離正顯王學之特色，亦顯其所可有之流弊。人之不解與遠離亦正顯一新要求或新角度。而此新要求與新角度則結集於劉蕺山而有成果者。是以此過渡如不明，則王學與蕺山學間之罅隙即無由得彌縫。此一過渡亦甚幽深曲折而難明，人多忽之而亦不能解。吾故特爲詳表之。

最後一章爲劉蕺山之愼獨之學。蕺山之愼獨學，吾早已覺其爲「歸顯於密」者。至寫心體與性體五峯章時，吾已確然見其與胡五峯爲同一思路。此一大體之了解乃決定不謬者。然其中有若干隱晦曲折而艱深之辭語，吾一直不能有確解。今著手寫此章，重新對於劉子全書中有關之文獻一一仔細歷過，乃得通徹其中之曲折以及其確義。去其駁雜，滑轉，窒碍，與隱晦，其精義實義自不可掩。

夫宋明儒學要是先秦儒家之嫡系，中國文化生命之綱脈。隨時表而出之，是學問，亦是生命。自劉蕺山絕食而死後，此學隨明亡而亦亡。自此以後，進入滿淸，中國之民族生命與文化生命遭受重大之曲折，因而遂陷於刼運，直刼至今日而猶未已。噫！亦可傷矣！是故自此以下，吾不欲觀之矣。吾雖費如許之篇幅，耗如許之精力，表彰以往各階段之學術，然目的唯在護持生命之源，價值之本，以期端正文化生命之方向，而納民族生命於正軌。至於邪僻卑陋不解義理爲何物者之胡思亂想，吾亦不欲博純學術研究之名而浪費筆墨於其中也。

從陸象山到劉蕺山 目錄

第二章　象山與朱子之爭辯

第三章　王學之分化與發展

第四章 「致知議辯」疏解

從陸象山到劉蕺山

第一章　象山之「心卽理」

第一節　綜　述

第二節　年譜各重要階段之簡述

第三節　論學書選錄

第四節　語錄選錄

第一章 象山之「心卽理」

第一節 綜述

1. 象山之學並不好講，因爲他無概念的分解，太簡單故；又因爲他的語言大抵是啓發語，指點語，訓誡語，遮撥語，非分解地立義語故。在此種情形之下，若講象山學，很可能幾句話卽完，覺其空洞無物，然亦總覺此似若不能盡其實者。吾今卽相應其風格逐步眞切地疏解出其學之實義，以期讀者逐漸悟入其學之實，自眞實生命上與其語言相呼應，直達至其所呈現之理境而首肯之，以爲眞實不謬也，而後止。吾之此種疏解中所成之疏解語言亦大體是第二層序上的，卽相應其學之爲「非分解的性格」而爲第二層序上的，而非「分解地立義」之爲第一層序上者。

2. 他無概念的分解，然並非大糊塗。他義理精熟，事理分明，他顯然有所本，其所本者卽是孟子。嘗自謂學無所受，「因讀孟子而自得之」。（語錄記詹阜民問：「先生之學亦有所受乎？曰：因讀孟子而自得之。」）是則他無概念的分解，其分解全在孟子，他是預設孟子以爲本據者。他是「因讀孟子而自得之」；他是孟子後唯一能懂孟子，與孟子相應者。嘗自謂：「竊不自揆，區區之學，自謂孟子之後，至是而始一明也。」（全集卷十與路彥彬書）。他是專以孟子爲主，其他經典乃是貫通而涉及者。自此而言，他與濂溪、橫渠、明道、伊川、五峯、朱子皆不同。此六子者，在立體方面，大體以中庸易傳爲主。（在此，只略如此言，詳見心體與性體。）由此不同，可以立見象山學爲孟子學無疑。語錄有云：「夫子以仁發明斯道，其言渾無罅縫。孟子十字打開，更無隱遁。蓋時不同也。」只有象山能說出如此恰當相應之語，蓋眞能得孔孟之敎之實者。所謂「十字打開」，卽是分解以立義者。（分解是廣義的分解）。是則象山本人無分解，其所預設之分解盡在孟子。其所指點啓發以示之者，如：

（I）辨志：此則本於孔孟義利之辨以及孟子之言「士尚志」；

（II）先立其大：此則本於孟子大體小體之辨；

（III）明「本心」：此則本於孟子之言四端之心；

(Ⅳ)「心卽理」：此則本於孟子之言「仁義內在」以及「心之所同然」乃至「理義悅心」等；

(Ⅴ) 簡易：此則易傳雖有明文，而精神實本於孟子之言良知良能，「道在邇而求諸遠，事在易而求諸難」，以及「學問之道無他，求其放心而已矣」，「堯舜之道孝弟而已矣」等語；

(Ⅵ) 存養：此則本於孟子之「操則存，舍則亡」，「存其心，養其性」，以及「苟得其養，無物不長」等語。

3. 凡此六端並本孟子而說，並無新說。卽此本孟子而說者亦是指點啓發以說之，並非就各概念重新分解以建立之。孟子所「十字打開」以立者容有未盡處，容有使後學難懂處，容有隨時代推進牽涉新問題而須進一步釐清與比決者，凡此皆須後繼者隨時代需要重新分解以建立之。凡所謂繼承某某，或本某某而來，亦可是「重新分解以建立之」之繼承，此或更是一般人所遵循之路。然而象山之繼承孟子却不走此路。他是非分解地以啓發、指點、訓誡、遮撥之方式來繼承之，此則更警策而有力，足以豁醒人。因爲他一眼看到孟子所昭顯者皆是實事實理，坦然明白，只須吾人以眞生命頂上去，不落於虛見虛說，不落於文字糾纏粘牙嚼舌之閒議論，便自然能洞悟到那坦然明白之實事實理而內外洞朗，進而更能眞切相應地呈現之而挺立吾人之人品。此則於踐履上更爲直截，更爲樸實，更爲有力而相應。而且卽以此故，說「簡易」也，所謂「專欲管歸一路」，「亦只有此一路」也。蓋若非分解地啓發點示，則亦只如此也。故語錄中載李伯敏問云：「如何是盡心？性、才、心、情如何分別？」先生曰：「如吾友此言，又是枝葉。雖然，此非吾友之過，蓋舉世之弊。今之學者讀書只是解字，更不求血脈。且如情、性、心、才，都只是一般物事，言偶不同耳。」伯敏云：「莫是同出而異名否？」先生曰：「不須得說，說着便不是。將來只是騰口說，爲人不爲己。若理會得自家實處，他日自明。若必欲說時，則在天者爲性，在人者爲心。此蓋隨吾友而言。其實不須如此，只是要盡去爲心之累者。如吾友適意時，卽今便是。牛山之木一段，血脈只在仁義上。以爲未嘗有材焉，此豈山之性也哉？此豈人之情也哉，是偶然說及，初不須分別。所以令吾友讀此者，蓋欲吾友知斧斤之害其材，有以警戒其心。日夜之所息，息者歇也，又曰生息。蓋人之良心爲斧斤所害，夜間方得歇息。若夜間得息時，則平旦好惡與常人甚相近。惟旦晝所爲，梏亡不止，到後來夜間亦不能得息。夢寐顚倒，思慮紛亂，以致淪爲禽獸。人見其如此，以爲未嘗有才焉，此豈人之情也哉？只與理會實處，就心上理會。俗諺云：痴人面前，不得說夢。又曰：獅子咬人，狂狗逐塊。以土打獅子，便逕來咬人。若打狂狗，只去理會土。聖賢急於教人，故以情、以性、以心、以才說與人，如何泥得？若老兄與別人說，定是說如何樣是心，如何樣是性，情，與才。如此分明，說得好剗地，不干我事。須是血脈骨髓，理會實處始得。凡讀書皆如此。」似此所言，則象山乃是就第一義非分解地啓發點示，令歸於實處。實處洞朗，則「本心卽理」坦然明白。順此而行，則「當惻隱處自惻隱，當羞惡，當辭遜，是非在前自能辨之；當寬裕溫柔自寬裕溫柔，當發强剛毅自發强剛毅，所謂溥博淵泉而時出之。」（語錄）。此卽所謂簡易也。孟子十字打開，千言萬語，不過說此義。若能如此理會實處，其語言不待分解亦自明。要想明白其語言，而分解地說出之，亦須先能如此理會，其分解始不謬。分解無論如何重要，總屬第二義。縱使分解得「如此分明，說得好剗地」，最後亦總須歸於實處，歸於坦然明白之簡易，歸於實理實事之踐履，一切分解皆只是助解之筌蹄。言必有宗，義必有當。若能如其分，不氾濫，不增減，則分解之言所出之義無有不恰當者。問題不在分解，而在分解之不當。分解之不當乃由於失其宗主。是故象山先令人辨志，先明本心卽理，蓋其經典的宗主在孟子，而實理實事之宗主則在道德的實踐也。象山非必抹殺分解，亦非不能分解，然其所吃緊示人者則在先明輕重本末，故彼常言：「端緒得失，則當早辨。」（全集卷一，與邵叔誼書）。又言：「天下正理不容有二。若明此理，天地不能異此，鬼神不能異此，千古聖賢不能異此。若不明此理，私有端緒，即是異端，何止佛老哉？」（全集卷一，與胡季隨書）。朱子重分解，此非其病，病在端緒不明也。象山所有話頭大部皆對朱子而發。即就孟子而言，朱子之分解失其端緒矣。此由於未能先理會實處也。朱子不自省覺，反以不相干之指責責斥象山，此則一間未達也。是則朱陸之同異寧有如世俗之所想者乎？

4. 說到簡易，即如此重視分解之康德亦知之，蓋即知端緒不知端緒之辨也。彼有云：

> 最普通的智思亦能很容易而無遲疑地看出在意志之自律底原則上所需要去作的是什麼；但是在意志之他律底假設上去看出什麼是要去作的，那卻是很難的，而且需要有世界底知識。此即是說，義務是什麼，這對於每一個人其自身就是坦然明白的；但是什麼東西可以帶出真正而持久的利益，此如「將要擴展到一個人的生命之全部」的那種利益，這卻總是被蒙蔽於不可滲透的隱晦中；而且要想把基於利益上的實踐規律去適合於生命底各方面（各種目的），甚至因作出適當的例外而亦容忍地把它適合於生命底各方面，這總是需要很多的審慮的。但是道德法則對每一個人命令着最嚴格的遵守；因此，去判斷那道德法則所要求被作成的是什麼，這卻必不是如此之困難以至於最普通而無訓練的理

解，甚至沒有世俗的審慮，便一定不能正當地去應用這道德法則。

（實踐理性批判第一章純粹實踐理性底原則§VIII，定理IV，注解II。）

案此段話甚分明而簡截，吾讀之甚喜。然則象山之言簡易寧有如世俗之所譏笑者？此段話倒眞能道出象山之所以言簡易與夫朱子之所以「道問學」之故。當然，朱子系統中之實踐規律並不是基於利益；但是他的格物窮理之路却使他的實踐規律大類乎西方理性主義者之實踐規律之基於存有論的圓滿上。依康德，基於存有論的圓滿與基於上帝底意志俱是意志底他律之原則。快樂主義基於利益，基於幸福，亦是意志底他律之原則。基於利益之他律其所需要有的世界底知識是經驗的；基於存有論的圓滿其所需要有的世界底知識是理性的；基於上帝底意志最初是訴諸恐怖與權威，最終亦必落於需要有世界底知識，這知識或是經驗的或是理性的。這些原則俱是他律，蓋因爲其所含的實踐規律皆取決於作爲目的的一個對象，對於這對象必須先有知識。朱子既取格物窮理之路，故道問學，重知識。雖其通過「道問學」所需要知的是太極之理（豁然貫通之理），存有論的最高實有之理，不是零碎的經驗知識所識取的事象以及事象之曲折之相，然亦必須通過這些事象以及曲折之相始能進而認取那太極之理，此卽所謂「卽物而窮其理」，卽就着「實然」而窮究其「超越的所以然」。是則決定我們的行爲者是那外在之理；心與理爲認知的對立者，此卽所謂心理爲二。理是存有論的實有，是形而上者，是最圓滿而潔淨空曠的；而心是經驗的認知的心，是氣之靈，是形而下者。因此，決定我們的意志（心意）以成爲吾人之實踐規律者乃是那存有論的實有之理（圓滿之理），而不是心意之自律。因此，對氣之靈之心意而言（朱子論心只如此，並無孟子之本心義），實踐規律正是基於「存有論的圓滿」之他律者。故彼如此重視知識。決定我們所應作者是什麼並不是如此之容易。若不通過格物窮理道問學之工夫，焉能知所應作者是什麼？故彼自然不喜歡言簡易。朱子言「艱苦」，一在就知識言，一在就氣質之病痛言。此正是以知識之路講道德所應有者。此卽象山所謂「失其端緒」。就知識言，格物窮理固非簡易；就變化氣質言，知識之路更是困難，而且尚不是難易問難，乃根本不對題。依意志自律之原則而行，則知所應作者是什麼固甚易，卽變化氣質之不容易亦是對題的不容易，而非不對題的不容易。象山並非不知變化氣質之難，然其難是對題之難，非不對題之難。對題之難好辦，不對題之題不好辦，始是眞難矣。

5. 象山之言簡易正是「依意志自律原則而行」之所應有而必有者，此則得其端緒矣。康德言意志自律，象山本孟子言「本心卽理」。「本心卽理」非謂本心卽於理而合理，乃「本心卽是理」之謂。此蓋同於意志之自律，而且足以具體而眞實化意志之自律。蓋意志卽本心之本質的作用也。康德界定意志自律云：『意志底自律卽是意志底那種特性，卽因之「意志對其自己就是一法則」的那種特性。』（見道德底形上學之基本原理）。決定意志的那法則不是由外面來的，乃卽是意志本身之所自立，自立之以決定其自己，此卽是說意志對於其自己卽是一法則，此卽是意志之自發的立法性以及以此所立之法決定其自己之自律性。意志能爲其自己立法，亦甘願遵守其自己所立之法而受其決定。此不是說例如有兩法則於此，它自己決定選擇其一。這種選擇自決之自由不是康德由自律所說之自由，因而亦不表示其所說之「自律」義。選擇之自決正是他律者，此正是不自由，雖然你可以有選擇之自由。此正是世間法律上所說之自由，亦是宗教家所說「上帝賦人以自由」之自由——你有可以信可以不信之自由。凡此皆不是康德由自律所說之自由，因而亦皆不能表示「自律」義。而孟子之本心卽理却正能表示康德所說之自律以及自由，而且足以具體而眞實化此自律與自由，卽並無分析與批判之別。（依康德，自律是分析的，卽由道德一概念卽可分析出，而自由不是分析的，乃須接受批判之考察，因此說它是一個設準。）「本心卽理」這本心之自律與自由乃是一具體而眞實的呈現。就自由說，這不是一設準，而是一呈現。如果道德眞可能，不是腦筋空想之虛幻物，而復由道德這一概念本身卽可分析出自律（若不自律，道德卽不可能），如此，自律固是分析矣，而若自由不能呈現，只是一設準，只是意志之一設定的純淨狀態，則道德之可能亦落空，現實上實成爲不可能，自律雖爲分析的，亦無用，只是一理之當然。康德講自律實只是一理之當然；而若自由爲設準，則道德必落空。孟子之「本心卽理」正足以具體而眞實化此自律與自由，因而亦足以使道德成爲眞可能。自律自由之本心是呈現，不是設準，則道德實踐始有力而不落空。象山云：「當惻隱自惻隱，當羞惡自羞惡，……所謂溥博淵泉而時出之」，這豈不是道德行爲之眞實的呈現？自由之本心豈是設準耶？這所「溥博淵泉而時出之」的「所當爲」豈不坦然明白而甚簡易乎？這便是如如呈現的實事實理。實事者道德行爲也。如「當惻隱自惻隱」，這惻隱行爲，惻隱之本心自能發之，此卽是所發之實事。實理者「本心卽理」之理也。在本心自我立法之本心之具體而眞實的呈現中，其所自立之法卽理亦在具體而眞實的呈現中。此實理若作一命題看，其對於本心之關係是一分析命題，非是一綜和命題。它對於意念而言，對於受感性的影響的意志（現實的作意）而言，對於形而下的「氣之靈」之心而言，自是綜和命題。康德說道德法則是一綜和命題，這正是就吾人的現實作意之意志而言。但他又設定自由意志這意志之純淨狀態，但只是一設準，而不能呈現，因爲吾人無「智的直覺」故。因此，他說人的意志總不是神聖的意志，當惻隱不必自會惻隱。但象山說本心卽理，本心呈現，理亦呈現，當惻隱自會惻隱，此本心卽是神聖的心。「君子存之，庶民去之。」「操則存，舍則亡。」「學問之道無他，求其放心而已矣。」

而此放失之本心亦實能通過當下逆覺而被體證，亦卽呈現而存之。它不是永不能呈現的一個設準，一個設定的狀態。因此，「本心卽理」必函着理是一分析命題，而亦函着人可有「智的直覺」；而此「本心卽理」之本心亦卽是神聖的心（當惻隱自會惻隱，所當作的必自會作）。「若明此理（本心卽理之理），天地不能異此，鬼神不能異此，千古聖賢不能異此。」此如何不是神聖的心——神聖的意志？此如何不是天地底「心卽理」，鬼神底「心卽理」，千古聖賢底「心卽理」？一心無外，一理無外。坦然明白，並無迂曲。所謂溥博淵泉而時出之，這乃只是此實事實理之如如呈現，一體平鋪。此可由歸於實處，不落於閑議論，經由「存在的實踐」而可達至者；雖不無險阻，而非永不能企及者，如康德之所說。易傳之言簡易，知險知阻，只是此「本心無外，實理無外」之宇宙論地說，良知良能之宇宙論地說。故簡易之明文雖見於易傳，而精神必本於孟子。象山實眞能知見之而得之於心者。

6.惟是象山本孟子而言「心卽理」並不取「分解以立義」之方式，而是取「非分解以指點」之方式，卽因此故，遂令朱子誤想其爲禪。其實這與禪何干？象山一方揮斥「閑議論」，一方非分解地指歸於樸實之途，這只是辨端緒之得失，扭轉朱子之「失」而令人歸於「得」——以知識之途徑講道德便是端緒之失，便是不見道。但朱子却於此誤想其爲禪。若此而是禪，則世間不應有辯破。朱子就象山之此種風格說他「說話常是兩頭明，中間暗」。

這「中間暗」便是「不說破」，這「不說破」便是禪。（詳見下章第八節）。這是籠統地（模糊地）以禪之風格來歸屬象山之風格。實則所謂「兩頭明」只是一方揮斥閑議論之失，一方令歸樸實之得，這得失兩頭甚爲分明；所謂「中間暗」，「不說破」，則只是因爲於樸實之得以「非分解方式」來指點，指歸於孟子，令人就實處來理會，便足够，故不須再從事於分解，蓋孟子已說破，已分解地言之矣，何須再分解？又何闇之有？只這樣籠統地說他是禪，當然不對。象山尚未至有如禪所表現之風格。然則什麼是禪之風格？禪之風格在什麼關節下始呈現？當吾人一旦歸於樸實之途，進一步想把這「本心卽理」之本心如如地呈現之，而不起一毫作意與執着之時，這便有禪之風格之出現。實事實理之如如地呈現，卽自然地流行（所謂天理流行），卽函蘊着這種風格之必然地可出現。此卽禪家所謂「無心爲道」是也。此「無心爲道」之無心是作用義的無心，不是存有義的無心。此作用義之無心既可通於道家之玄智，亦可通於佛家之般若與禪。在此種「無心爲道」之境界下，有種種詭辭出現；隨此種種詭辭之出現復有禪家種種奇詭的姿態之出現。但是此種作用義之「無心」，統觀象山全集很少見，而且我根本未曾一見，而且象山根本未曾意識及此，且把此作用義之無心混同於存有義之無心，而視之爲邪說，並謂「人非木石，安得無心？」（詳見全集卷十一，與李宰書，見下第三節錄。）此作用義之無心，明道喜說之，如云：「天地之常以其心普萬物而無心，聖人之常以其情順萬事而無情。」（定性書）。後來王陽明亦說之，如云：「無心俱是實，有心俱是幻；有心俱是實，無心俱是幻。」（傳習錄卷三）。至王龍溪言「四無」，更言之而肆。至羅近溪破光景，更喜說此境，不待言。要說禪，或類乎禪，只有在此作用義之無心上始可說之。但象山尚未進至此義。故朱子說他是禪根本是誤想，而且是模糊彷彿的聯想。且卽使到言本心之如如地呈現時可函有此境，或甚至如明道陽明等已說至此境，這亦是任何人任何家皆可自發地發之者，而不必是誰來自誰，亦不因此而卽喪失或歪曲或背離其教義之本質。此亦可說是佛家所謂「共法」，而不能同一於任何特定教義者。故既可通於道家之玄智，亦可通於佛家之般若。儒家豈不能獨自發之，而必謂其來自禪耶？此豈是佛家之專利品乎？如必謂來自禪，則亦可說佛家來自道家，此可乎？自佛家教義之發展言之，佛分別說大小乘教義後，復進而說般若以融通淘汰之，而蕩其相，遣其執，令歸實相。後來到中國復發展至本般若之精神以修禪定而成爲六祖之祖師禪，兼攝後來承六祖而發展者所表現之種種奇詭的姿態，如棒喝，參話頭之類。若自原始佛教言之，不但此祖師禪無有也，卽般若之「一法不立」亦無有。但佛家並不說此非佛法，亦不說其來自他處。執於小乘者，不但不會欣賞此祖師禪，並大乘佛教亦斥之，斥之爲空華外道。然此却是佛教所應有而且必有之發展。明道陽明等之言此作用義的無心（象山之「非分解」的方式進一步可函此，但並未說至此），亦有類於佛教發展中般若之精神，但不是佛家義之般若；復亦有類於祖師禪之風格，但不是佛家義之禪定。自其有類於般若之精神與祖師禪之風格而言，若依朱子之觀點，吾人更可聯想其爲禪而斥爲非聖人之道。但此中正亦有蔽，不可不察而詳明之。此種作用義之無心之境界所代表之精神與風格是共法，不可把它同一於佛教，視爲佛家之專利品。若把它同一於佛教，則凡表現有此精神與風格者，吾人皆可視之爲禪，而非聖人之道；凡言聖人之道者，卽不許有此精神與風格；如是，凡勝義皆推之於佛老，儒者只應處於低下，而美其名曰平實，實則只是藉口平實而下委，此於弘揚儒學乃大不利者。此種無謂之忌諱實由於因「心思不廣不活，一間未達」而來之誤解而成。須知佛家義之般若不是共法（在佛家內爲共法，跳出佛家對其他教義便不是共法），而般若之精神可是共法，焉能將此精神同一於佛教，視爲佛教之專利品？同樣，佛家義之禪定不是共法（在佛家內爲共法，佛家外卽非共法），而祖師禪之風格可是共法，焉能將此風格同一於佛教，視爲佛教所專有？此種精神與風格皆是非分解方式下所函具之詭辭爲用（無心爲道）之一系義理，乃是人人皆可自發地表現之，乃至任何教皆可自發地表現之。是以在佛家，佛說般若乃以「異法門」說，不同餘經，（所謂「異法門」卽是以非分解的無諍法門說），而禪宗亦有「教外別傳，不立文字」之說也。此種精神與風格，佛家能發之，何獨明道陽明等於儒家不能發之？明道陽明等能發之而謂其不應發，並斥其爲禪者，皆不免有心思不廣一間未達之過。而況象山尙未至此，焉能說其爲禪？就象山而言，朱子亦知：「子靜之病恐未必是看人不看理，自是渠合下有些禪底意思。」（答呂伯恭書，詳見下第二章：象山與朱子之爭辯第五節。）既是「合下有些禪底意思」，爲什麼不想這是人人皆能自然地發出之共法（揮斥議論及非分解方式之爲共法，尙不是「無心爲道」之爲共法），而與禪無關耶？既是合下有此意思，而又說他是禪，這是又把象山之揮斥議論與非分解方式所示之精神與風格同一化於禪了。若如此，則象山是生命中注定有點禪的邪門，無法與於純正的聖人之道了！如此禁忌而固蔽，於弘揚聖人之道有何益哉？於同書中，朱子又說：「然其好處自不可掩覆，可敬服也。」這可見象山之學自有眞處。然則爲何不就此眞處想其端緒與旨歸之所在以及其所以有此精神與風格之理據，而必望風捕影咬定其爲禪耶？渠既「合下有些禪底意思」，而又說「其好處自不可掩」，此種夾逼狀態只有因着「正視象山之揮斥議論與非分解方式所示之精神與風格乃是辨端緒之得失下所表現之扭轉作用而根本與禪無關」而被解除——解除而暢通之，既可正視象山學爲孟子學，又可活轉自己之心思而重新調整其端緒，而「斥之爲禪」之責斥亦可不再發生矣。禪自是禪，儒自是儒，共法自是共法，混雜自是混雜。混雜不可有，而禪之禁忌則須廢。如此暢通，則朱陸之同異始可決。世俗浮泛謬悠無根之說，言調停，言會通者多矣，或抑揚或偏取者亦多矣，實皆未能眞知此中之問題。章實齋謂朱陸同異乃天地間不可無之問題，亦天地間永不能決之問題，此眞「强不知以爲知，故作聰明驚人之語」之譖言也。夫豈有眞是一問題而不可決者乎？

7.象山之學「因讀孟子而自得之」，又以非分解方式而弘揚之，然則從客觀義理上說，彼完全同於孟子乎？抑隨時代不同而亦有超過孟子者乎？古人不如今人之斤斤較量，彼既遵循孔、孟，決不敢自謂超過孔、孟。「夫子以仁發明斯道，其言渾無罅縫。孟子十字打開，更無隱遁。蓋時不同也。」焉有超過孔、孟者乎？與路彥彬書云：「竊不自揆，區區之學，自謂孟子之後，至是而始一明也。」「至是而始一明」，亦只是明之，未敢謂超過之也。明之亦不易，古今來有幾人眞能相應而明之乎？與侄孫濬書云：

由孟子而來，千有五百餘年之間，以儒名者甚衆，而荀、揚、王、韓獨著，專場蓋代，天下歸之，非止朋遊黨與之私也。若曰傳堯舜之道，續孔孟之統，則不容以形似假借，天下萬世之公亦終不可厚誣也。至於近時伊洛諸賢，研道益深，講道益詳；志向之專，踐行之篤，乃漢唐所無有，其所植立成就可謂盛矣。然「江漢以濯之，秋陽以暴之」，未見其如曾子之能信其「皜皜」；

「肫肫其仁，淵淵其淵」，未見其如子思之能達其「浩浩」；「正人心，息邪說，距詖行，放淫辭」，未見其如孟子之「長於知言」而有以「承三聖」也。

此言可謂美矣。然則眞能相應而明之，亦豈易乎？故謂「孟子之後，至是而始一明也。」豈容隨便言超過乎？然不得已，仍隨時代之所需，方便較量，象山亦有超過孟子者。然此超過亦是孔孟之敎之所函，未能背離之也。此超過者何？曰：卽是「心卽理」之達其絕對普遍性而「充塞宇宙」也。語錄云：「萬物森然於方寸之間，滿心而發，充塞宇宙無非此理。」與陶贊仲書云：「天下正理不容有二。若明此理，天地不能異此，鬼神不能異此，千古聖賢不能異此。」彼又嘗云：「宇宙內事乃己分內事，己分內事乃宇宙內事。」又云：「宇宙便是吾心，吾心卽是宇宙。……」又云：「道塞宇宙，非有所隱遁。在天曰陰陽，在地曰剛柔，在人曰仁義。仁義者人之本心也。」又云：「是理充塞宇宙。天地順此而動，故日月不過，而四時不忒；聖人順此而動，故刑罰淸而民服。」又云：「此理塞宇宙，誰能逃之？順之則吉，逆之則凶。」又云：「宇宙不曾限隔人，人自限隔宇宙。」（凡此諸語皆見於年譜十三歲下，當然不皆是十三歲時所說，乃類聚及之。）凡此所說皆表示心卽是理，心外無物，道外無事，此心此理充塞宇宙，無能逃之。彼在幼年時（十三歲時）卽有此洞悟，後來終身不棄。孟子未有明文及此。然孟子亦云「萬物皆備於我矣，反身而誠，樂莫大焉。」此已函及此義。孔子踐仁知天，孟子盡心知性知天，仁與天，心性與天，似有距離，然已函蘊着仁與天之合一，心性與天之合一。此蓋是孔孟之敎之本質，宋明儒者之共同意識。雖有入路不同之曲折，然濂溪、橫渠、明道、五峯、陽明、蕺山，皆不能背此義。惟伊川朱子析心性爲二，心理爲二，似不能充分及此義，然彼亦必主理道充塞宇宙，無能逃之。此一本質卽函道德秩序卽宇宙秩序。「至理不容有二」，焉能不充塞宇宙乎？焉能不「心外無物」，「道外無事」乎？此一縱貫之「心卽理」之心理之函蓋性與絕對普遍性乃是孔孟之敎所意許，惟象山能直接相應地發明之，故云：「孟子之後，至是而始一明也。」雖超過之，而實未超過也。近人習於西方概念式的局限之思考，必謂道德自道德，宇宙自宇宙，「心卽理」只限於道德之應然，不涉及存在域，此種局限非儒敎之本質。心外有物，物交待給何處？古人無道德界，存在界，本體論（存有論），宇宙論等名言，然而豈不可相應孔孟之敎之本質而有以疏通之，而立一儒敎式的（亦卽中國式的）道德界、存在界、本體論、宇宙論通而爲一之圓敎乎？此則繫於「心卽理」之絕對普遍性之洞悟，何必依西方式的概念之局限單把此「心卽理」局限於道德而不准涉及存在乎？此種圓敎乃儒者所本有。所謂「立」者，乃只隨時代需要，疏通而明之耳，非「本無今有」之新立也。此若依「康德只准道德的神學，不准神學的道德學」而言，吾人亦可類比地說：此種圓教只允許一道德的形上學，而不允許一形上學的道德學；它復亦不是氣化宇宙論中心，而乃是絕對普遍的「本心即理」「本心即性」之心體中心，性體中心，故心外無物，道外無事也。凡此俱已見於心體與性體，今復就象山而正言之。

8. 象山本孟子以非分解方式一方面揮斥議論之途（「天下學術唯兩途，一途樸實，一途議論」），一方面點示斯理坦然明白。是故聖人之道，「孟子之後，至是而始一明」。明者非分解地明之也。若以為分解雖非第一義，仍甚重要，若完全不分解，則不足以應衆機，乃至適時代之需要，如是，則亦應隨時有分解。如是，則蘊釀推移，至明而亦理應有陽明之出現。陽明之學是重新分解以立義，即，就大學重新分解，提出致良知以對治朱子之順取的格物窮理說。此仍歸於孟子學，然有所立也。吾人亦可說道至是而又一明也。此「明」是分解地明之。（在王學發展中，復有一非分解的形態，即羅近溪所表現者是。）詳見下王學章。陽明極推尊象山，是故一般陸王連稱。雖極尊之，然又說他「粗些」。此「粗些」究如何了解？此頗不易說。傳習錄卷三載陳九川與陽明關於陸子之學之問答，茲錄於下：

〔九川〕又問：陸子之學何如？

先生曰：濂溪明道之後還是象山，只還粗些。
九川曰：看他論學，篇篇說出骨髓，句句似鍼膏肓，卻不見他粗。
先生曰：然。他心上用過工夫，與揣摩依倣求之文義自不同。但細看，有粗處；用功久，當見之。

陽明所說「只還粗些」意卽只是還有一點粗。這「粗」底意味很難說，陽明亦未解說，只說：「但細看，有粗處；用功久，當見之。」這個粗當然不是指知識之多寡與思考之精確否而言；亦不是就修道工夫之造詣，以聖人爲準，而一般地言之。若指前者而言，那是有形問題。在有關範圍內，人人都有精粗之別，人人亦都可經過用功而至於精以免其粗，此正是屬於所謂「求之文義」者。此方面，卽使是精，亦不算數；若是太粗，人家可說那是根本不及格。故陽明所說之「粗」當不指此方面說。若就修道工夫之造詣，以聖人爲準，而一般地言之，則吾人可說：凡未至聖人之境者，皆有相對的精粗可言，皆不能免於粗。此雖不無關係，然太寬泛。故陽明對於象山所品題的「粗」當亦不指此而言。然則其所謂「粗些」當如何了解？吾意似當就象山本人當身之風格而言。若就當身之風格而言，則所謂「粗」似可說，似不可說。先從似可說方面看。「粗」若與「浮」連說，則「粗浮」與淵靜凝斂相反。

若與「略」連說，則「粗略」與清淳精微（微妙）相反。象山是高明爽朗之人，直拔俊偉（朱子有此帶點譏諷意味的品語），有類孟子。他不是顏淵型，亦不是曾子型，亦不類濂溪與明道。顏淵淵默精微，當然不能說他粗。曾子篤實，只能說他魯，不能說他粗。（象山全集卷一與胡季隨書云：「曾子得之以魯，子貢失之以達。天德已見，消長之驗，莫著於此矣。」）濂溪光風霽月，自是微妙，不能說他粗。明道通達和粹，亦不能說他粗。宋儒推尊顏淵，明儒推尊孟子。明道說孟子有英氣，英氣便害事。陽明說象山「只還粗些」，亦如明道說孟子有英氣也。「粗些」意卽略帶點粗浮與粗略的意味。此種粗只由其生命不是顏淵之精微型，亦不是濂溪之微妙，明道之和粹，而見；亦只由其高明爽朗，直拔俊偉，而見。若問：陽明在學之端緒上仍歸於孟子學，何以不類孟子，又不可以說粗？曰：此由其分解地有所立並義理精熟而然也。分解地有所立足以穩住其氣命，不似象山之雷動風行，推宕飄忽。分解地有所立而又義理精熟，則文理密察，氣命周到，而又一歸於致良知，簡易明白，而不可以說粗。（陽明雖義理精熟，然未至四無碍之境。如以生而知之，學而知之，困而知之，比配孟子盡心知性知天，存心養性事天，夭壽不二修身以俟所以立命，卽完全乖謬，象山決不會犯此錯誤。但卽使如此，亦不能說他粗。）若與陽明相比，則象山之粗只由其以非分解的方式揮斥「議論」點示「實理」而見。以上是就粗爲似可說而言。何以又言其似不可說？

曰：就生命之風格而言，粗既只由其不是顏淵、濂溪、明道型之風格而見，則粗便只是高明爽朗，直拔俊偉，而非粗。亦如孟子之英氣，望聖人言，爲不足，而若就其盡時代之使命而成一典型之風格而言，則亦不害事。象山之粗亦猶孟子之英氣也。故粗亦似不可說。就學之風格而言，粗既只由「非分解」而顯，則粗亦只是非分解方式下之遮撥「閑議論」與點示實事實理所顯之排蕩相，此卽粗而非粗，粗只是他人之感想，故粗亦似不可說。陽明之說其「只還粗些」恐亦只是不自覺地以自家「分解地有所立」中之文理密察，氣命周到，與象山「非分解方式」下之雷動風行，推宕飄忽，相質對，所引起之主觀的實感。（羅近溪之非分解，以破光景故，故顯精微淸妙，不令人生「粗些」之想。見下王學章。）象山若復消融其非分解方式下之揮斥與點示而歸於淵默，則潔靜精微，「粗」相泯矣。非分解方式下之揮斥與點示本只是筌蹄，目的只在令歸實——實事實理坦然明白之實。語錄有云：「千虛不博一實。吾平生學問無他，只是一實。」又云：「後世言道理者終是粘牙嚼舌。吾之言道坦然明白，全無粘牙嚼舌處。」自此以往，或一歸於踐履，精進不已，或隨機分別說法以立義或明義，此則自是無窮無盡者。未至聖人之境，皆有精粗可言，此不待言。

9.吾綜述象山學止於此。蓋以其所預設之分解立義全在孟子，而其本人又不取分解立義之方式以期重新有所立，故欲明其學之特殊風格亦只好作如上之綜述。此所綜述者皆是自第二序上立言，非自立義之第一序上立言，以其只有所顯無所立故，其所預設之立全在孟子故。語錄有云：「後世言學者須要立個門戶。此理所在，安有門戶可立？學者又要各護門戶，此尤鄙陋。」故在象山，便以爲不須再重新分解以立義，而吾人綜述其學亦不能自立義之第一序上而立言。若復欲自第一序上立言，則須就孟子再重新予以分解，以比決而釐清之，此則超出本章之範圍。

但如此綜述，人可覺其空洞無所有；而若不詳知象山所留之文獻，則亦不能實感到此綜述所烘托之風格之警策。爲使讀者有生命上的眞實之呼應，故進而再簡述年譜中所記之各重要階段，並錄若干論學書，以實此綜述，最後錄若干語錄以助解。

第二節　年譜各重要階段之簡述

(一)十三歲因宇宙字義篤志聖學：原初的洞悟。

年譜云：「先生十三歲，因宇宙字義，篤志聖學。」此下繫之云：

先生自三、四歲時，思天地何所窮際，不得，至於不食。宣教公呵之，遂姑置，而胸中之疑終在。後十餘歲，因讀古書，至宇宙二字，解者曰：「四方上下曰宇，往古來今曰宙。」忽大省曰：「元來無窮。人與天地萬物皆在無窮之中者也。」乃接筆書曰：「宇宙內事乃己分內事，己分內事乃宇宙內事。」又曰：「宇宙便是吾心，吾心卽是宇宙。東海有聖人出焉，此心同也，此理同也。西海有聖人出焉，此心同也，此理同也。南海北海有聖人出焉，此心同也，此理同也。千百世之上，至千百世之下，有聖人出焉，此心此理亦莫不同也。」（案象山全集卷二十二雜著中有此條，字句稍異。）故其啓悟學者多及宇宙二字。如曰：「道塞宇宙，非有所隱遁。在天曰陰陽，在地曰柔剛，在人曰仁義。仁義者人之本心也。」（全集卷一與趙監書）。又曰：「是理充塞宇宙。天地順此而動，故日月不過，而四時不忒。聖人順此而動，故刑罰清而民服。」（全集卷十與黃康年書）。又曰：「此理塞宇宙，誰能逃之？順之則吉，逆之則凶。」（待查）。又曰：「宇宙不曾限隔人，人自限隔宇宙。」（語錄）

案：十三歲時卽有此洞悟，吾人可名此曰「原初的洞悟」。由洞悟宇宙無窮，進一步洞悟到

「宇宙內事乃己分內事，己分內事乃宇宙內事」；再進一步洞悟到「宇宙便是吾心，吾心即是宇宙。」心遍理遍。宇宙無窮，心亦無窮，理亦無窮。此是以踐履爲背景而來的洞悟，非思辨理性之知解問題，故無過。十三歲尚是幼年，然此洞悟終身不棄。此蓋亦是宿慧也。然實理自如此，故一悟便定，非空言大話也。

(二)三十四歲開始受徒，以辨志、明本心爲講學宗旨。

年譜於三十四歲年下繫之云：

先生朝夕應酬問答，學者踵至，至不得寢者，餘四十日。所以自奉甚薄，而精神益強。聽其言者興起甚衆。……四明楊敬仲時主富陽簿。攝事臨安府中，始承教於先生。及反富陽，三月二十一日先生過之，問：「如何是本心？」先生曰：「惻隱仁之端也，羞惡義之端也，辭讓禮之端也，是非智之端也，此卽是本心。」對曰：「簡兒時已曉得，畢竟如何是本心？」凡數問，先生終不易其說，敬仲亦未省。偶有鬻扇者，訟至於庭，敬仲斷其曲直訖，又問如初。先生曰：「聞適來斷扇訟，是者知其爲是，非者知其爲非，此卽敬仲本心。」

敬仲忽大覺，始北面納弟子禮。故敬仲每云：「簡發本心之問，先生舉是日扇訟是非答，簡忽省此心之無始末，忽省此心之無所不通。」先生嘗語人曰：「敬仲可謂一日千里。」……

秋七月十六日至家。

遠近風聞來親炙。初以「存」名讀書之齋。與曾宅之書云：「某舊亦嘗以存名讀書之齋。」……

先生旣受徒，卽去今世所謂學規者。而諸生善心自興，容體自莊，雍雍于于，后至者相觀而化。蓋先生深知學者心術之微。言中其情，或至汗下。有懷於中而不能自曉者，爲之條析其故，悉如其心。亦有相去千里，素無雅故，聞其大槪，而盡得其爲人。嘗有言曰：「念慮之不正者，頃刻而知之，卽可以正；念慮之正者，頃刻而失之，卽爲不正。有可以形迹觀者，有不可以形迹觀者。必以形迹觀人，則不足以知人。必以形迹繩人，則不足以救人。」又曰：「今天下學者唯兩途，一途樸實，一途議論。」

同里朱桴濟道，弟泰卿亨道，長於先生，皆來問道。與人書云：「近到陸宅，先生所以誨人者深切著明，大概是令人求放心；其有志於學者數人，相與講切，無非此事，不復以言語文字爲意。令人歎仰無已。其有意作文者，令收拾精神，涵養德性。根本旣正，不患不能作文。陳正己劉伯文皆不爲文字也。」

盱江傅子淵云：『夢泉向來只知有擧業，觀書不過資意見耳。後因困志知反。時陳正己自槐堂歸（案槐堂乃象山家居講學之地），問先生所以敎人者，正己曰：「首尾一月，先生諄諄，只言辨志。又言：古人入學一年，早知離經辨志，今人有終其身而不知自辨者，是可哀也。」夢泉當時雖未領略，終念念不置。一日，讀孟子公孫丑章，忽然心與相應，胸中豁然蘇醒。嘆曰：平生多少志念精力，却一切着在功利上。自是始辨其志。雖然如此，猶未知下手處。及親見先生，方得個入頭處。』

〔先生〕嘗云：「傅子淵自此歸其家，陳正己問之曰：陸先生敎人何先？對曰：辨志。復問曰：何辨？對曰：義利之辨。若子淵之對，可謂切要。」

案：後四十三歲時訪朱元晦於南康，於白鹿洞書院講「君子喻於義，小人喻於利」一章，卽由辨志說義利之辨。年譜記此事云：

時元晦爲南康守，與先生泛舟，樂曰：自有宇宙以來，已有此溪山，還有此佳客否？乃請先生登白鹿洞書院講席。先生講「君子喻於義，小人喻於利」一章畢，〔元晦〕乃離席言曰：熹當與諸生共守，以無忘陸先生之訓。再三云：熹在此，不曾說到這裡，負愧何言！乃復請先生書其說，先生書講義。尋以講義刻於石。先生云：講義述於當時，發明精神不盡。當時說得來痛快，至有流涕者。元晦深感動，天氣微冷，而汗出揮扇。元晦又與楊道夫云：曾見陸子靜義利之說否？曰：未也。曰：這是子靜來南康，熹請說書，却說得這義利分明，是說得好！如云：今人只讀書便是利，如取解後，又要得官；得官後，又要改官；自少至老，自頂至踵，無非爲利。說得來痛快，至有流涕者。

案：此足見象山有實感，故出語能感動人。而當時聽者有愧恥心，亦不易。朱子再三稱嘆。自覺負愧，亦非今人所能及。象山所謂見道不見道，關鍵即在此。辨志，明本心，直達實事實理之坦然明白，即爲見道，否則爲不見道。非玄思太極之理爲見道也。朱子亦只愧負汗出而已，終走不上此路也。

㈢三十七歲有鵝湖之會。

年譜於象山三十七歲年述及鵝湖之會事，謂詳見前卷三十四。案全集卷三十四爲語錄，中有此事之記載，兹錄如下：

> 呂伯恭爲鵝湖之集。先兄復齋謂某曰：「伯恭約元晦爲此集，正爲學術異同。某兄弟先自不同，何以望鵝湖之同？」先兄遂與某議論致辯，又令某自説，至晚罷。先兄云：「子靜之説是。」次早，某請先兄説。先兄云：『某無説，夜來思之，子靜之説極是。方得一詩云：「提孩知愛長知欽，古聖相傳只此心。大抵有基方築室，未聞無址忽成岑。留情傳注翻蓁塞，着意精微轉陸沈。珍重友朋相切琢，須知至樂在於今。」』某云；「詩甚佳，但第二句微有未安。」先兄云：「説得恁地，又道未安，更要如何？」某云：「不妨一面起行，某沿途却和此詩。」及至鵝湖，伯恭首問先兄，別後新功。先兄舉詩纔四句，元晦顧伯恭曰：「子壽早已上子靜舡了也。」舉詩罷，遂致辯於先兄。某云：『途中某和得家兄此詩云：「墟墓興哀宗廟欽，斯人千古不磨心。涓流滴

到滄溟水，拳石崇成泰華岑。易簡工夫終久大，支離事業竟浮沉。」舉詩至此，元晦失色。至「欲知自下升高處，真僞先須辨只今」，元晦大不懌。』於是各休息。翌日，二公商量數十折議論來，莫不悉破其說。繼日，凡致辯，其說遂屈。伯恭甚有虛心相廳之意，竟爲元晦所尼。

案：此段爲象山自述，爲嚴松年所錄。關此兩詩，詳解見下章。象山見地盡見於此和詩，而朱子此時已年四十六，其中和新說與仁說俱已成，故兩人決談不來。此會發自於呂伯恭。會中議論象山爲主動，朱子不免受氣。故此會在象山爲得意之筆，自道其詳，門人錄之；而朱子文集與語錄皆不記此事，且當時亦無和詩，和詩在三年之後。象山年譜記云：

元晦歸後三年，乃和前詩云：「德業流風夙所欽，別離三載更關心。偶攜藜杖出寒谷，又枉籃輿度遠岑。舊學商量加邃密，新知培養轉深沉。只愁說到無言處，不信人間有古今。」

案：此和詩亦佳，既道出自己之學路，亦微露譏諷意。你們說「至樂在於今」，又說「眞僞先須辨只今」，以爲這是究竟了，但依我看，這還不究竟，蓋「說到無言處」，亦無古亦無今，但這算什麼呢？故云：「只愁說到無言處，不信人間有古今。」這只是假用禪宗「本來無一物，何處惹塵埃」之偈意來冒銷象山之「辨只今」。但「辨只今」非可用此意來籠罩與抵銷。蓋「辨只今」之今非古今之今之一般時間觀念也。那只是「當機指點，本心當下呈現，道在眼前，不假外求」之意。道之或眞或僞只在是否能辨識當下呈現之本心耳。此是工夫之最切要處。此函有兩義，一、此本心隨時可呈現，不是一幽暗之假定；二、逆覺體證是本質的工夫，其他皆是助緣。後來王龍溪本陽明言「現在良知」亦是此「辨只今」之意，而江右聶雙江、羅念庵等必紆曲反對之，亦如朱子之譏此義爲禪而「大不懌」也。如此切要之道理，不知一般人何以總不能正視？蓋外繞成習，以逆旅爲安宅，總不知返也。孔子言仁，都是當機指點。孟子言本心亦是當機指點。依此家風，說「辨只今」有何不可？此看起來好似後人之新說奇論，又聯想爲是來自禪，其實是最相應者。只是人落於紆曲之虛文中，喪失此直截之樸實，遂視家常便飯爲異饌耳。故見道不見道正繫於此也。

(四)五十歲正式講學於象山精舍。

年譜於象山五十歲年繫之云：

易應天山名爲象山。學徒結廬。先生既居精舍，又得勝處爲方丈。及部勒羣山閣，又作圓庵。學徒各來結廬，相與講習。與侄孫濬書云：「山間近來結廬者甚衆。諸生始聚糧相迎。今方丈前，又成一閣。部勒羣山，氣象亦偉。」云云。

案：（應天山在江西貴溪縣境內。象山四十九歲年「登而樂之，乃建精舍居焉。」與楊敬仲書云：「精舍二字出後漢包咸傳，其事在建武前，儒者講習之地。用此名，甚無歉也。」（見年譜四十九歲年）。象山全集卷十三，與朱子淵書云：「某屬方登山，同志亦稍稍合集。茲山之勝，前書嘗概言之。此來益發其秘，殆生平所未見。終焉之計於是決矣。唐僧有所謂馬祖者，嘗廬於其陰，鄉人因呼禪師山。元豐間，又有僧瑩者，爲寺其陽，號曰應天，乃今吾人居之。每惡山名出於異教，思所以易之而未得。從容數日，得茲山之要，乃向來僧輩所未識也。去冬所爲堂在寺故址，未愜人意。方於要處，草創一堂。顧盼山形，宛然鉅象，因名象山，輒自號象山居士。」此爲象山一名之來源。

年譜於五十歲年又繫之云：

先生從容講道，歌詠愉愉，有終焉之意。

馮元質云：『先生常居方丈。每旦，精舍鳴鼓，則乘山轎至。會揖，陞講座，容色粹然，精神烱然。學者又以一小牌，書姓名年甲，以序揭之，觀此以坐。少亦不下數十百，齋肅無譁。首誨以收斂精神，涵養德性，虛心聽講。諸生皆俛首拱聽。非徒講經，每啓發人之本心也。間擧經語爲證，音吐清響，聽者無不感動興起。初見者，或欲質疑，或欲致辯，或以學自負，或有立崖岸自高者，聞誨之後，多自屈服，不敢復發其言。欲言而不能自達者，則代爲之說，宛如其所欲言，乃從而開發之。至有片言半辭可取，必奬進之。故人皆感激奮礪。平居或觀書，或撫琴。佳天氣，則徐步觀瀑，至高誦經訓，歌楚辭，及古詩文，雍容自適。雖盛暑，衣冠必整肅，望之如神。諸生登方丈請誨，和氣可掬，隨其人有所開發，或教以涵養，或曉以讀書之方，未嘗及閑話，亦未嘗令看先儒語錄。每講說痛快，則顧傅季魯曰：「豈不快哉！」季魯齒早少，坐必末。嘗掛一座於側，間令代說。時有少之者，先生曰：「季魯英才也。」』

……

傅季魯云：『先生居山，多告學者云：「汝耳自聰，目自明，事父自能孝，事兄自能弟，本無少缺，不必他求，在乎自立而已。」學者於此多有興起。有立議論者，先生云：「此自是虛說，此是時文之見。」常曰：「今天下學者有兩途，惟樸實與議論耳。」』

毛剛伯必強云：『先生之講學也，先欲復本心以爲主宰。旣得其本心，從此涵養，使日充月明。讀書考古，不過欲明此理，盡此心耳。其敎人爲學，端緒在此，故聞者感動。當時先生與晦翁門徒俱盛，亦各往來問學。晦庵門人乍見先生敎門不同，不與解說無益之文義，無定本可說，卒然莫知所從；無何辭去，歸語師友，往往又失其本旨，遂起晦翁之疑，良可慨歎。或問先生之學自何處入？先生曰：「不過切己自反，改過遷善。」又曰：「吾之學問與諸處異者，只是在我全無杜撰；雖千言萬語，只是覺得他底在我不曾添一些。」且又曰：「吾之與人言，多就血脈上感動他，故人之聽之者易。」』

……

案：以上三段明象山講學之大概。其端緒唯在本孟子發明本心，去一切虛說浮論以及時文之見，此卽象山所謂「樸實」。蓋實事實理，順本心自律而發者，本坦然明白。虛說浮論，扭曲杜撰，徒增蔽障，且足誤引，失其端緒。去此蔽障，則顯樸實，乃勝義樸實也。蓋其講學宗旨定在道德實踐，不在追求知識。知識本身自有其獨立意義，但不必與道德實踐有直接而本質的相干。故「讀書考古不過欲明此理，盡此心耳。」此則直接就道德實踐而讀書考古，藉以明本心之實事實理，由此而使其實踐更爲有力。但是讀書亦有所讀之書中之理，考古亦有所考之古中之理，若就此而客觀理解之，則爲追求知識，是知識義之明理，此爲朱子所重視而甚有興趣者，而象山講學之重點則不在此，彼對之亦無多大興趣。此種知識固有其獨立的意義與價值，然與道德踐履不相干，至少亦不是本質的相干者。象山之揮斥議論不是揮斥此種知識本身，乃是揮斥依知識之路講道德。依知識之路講道德，卽成爲「閑議論」，不是知識本身爲「閑議論」。朱子卽是依知識之路講道德者，故其講法卽成爲「閑議論」而無價值。朱子對於知識本身之追求甚有興趣。若止於此，則亦無碍。但他却要依此路講道德實踐。通過「涵養須用敬，進學在致知」，將知識引歸到生活上來，便是依知識之路講道德。順此路講下去，卽使講到性命天道，太極之理，所成者亦只是靜涵系統下之他律道德。此就道德實踐言爲不中肯。不中肯由於不見道。不見道者卽是不明本心自發自律之實事實理也。象山所揮斥者此也。知識本身有何過患？但其有或無對於道德實踐不是本質的相干者。故云：「我雖不識一字，亦還我堂堂正正做一個人。」這只是立言之相干不相干問題。此點，象山乃獨發之矣。故云：「竊不自揆，區區之學，孟子之後，至是而始一明也。」至於知識與道德踐履之關係問題，吾將詳言之於王學章。蓋此總是一問題也——直貫至王學興起而仍爲人所關注。

象山五十四歲卒。自五十歲正式講學於象山精舍起，這前後五、六年間乃是其生命之頂盛時期，亦是最發皇時期。有許多重要論學書俱成於此時期。與朱子辯太極圖說亦發於此時期，荊公祠堂記亦寫於此時。但下節只錄其論學書，與朱子辯太極圖說者則不錄。蓋象山對於濂溪太極圖說本無多大興趣，其疑此圖說非周子所爲或爲其少時不成熟之作，非是。故就此論題本身言，象山之辯是失敗者，他只是借題發揮耳。故此往還數度之辯論乃無甚價值者。象山在此方面自不如朱子之精細，但不碍其學路之正大。至於荊公祠堂記乃是論斷王安石者，雖是大手筆，然這是知人論世，與學路之辨識無多大關係，故亦不錄及。

全集卷一，與胡季隨書云：

> 王文公祠記乃是斷百餘年未了底大公案，自謂聖人復起，不易吾言。餘子未嘗學問，妄肆指議，此無足多怪。同志之士猶或未能盡察，此良可慨嘆！足下獨謂使荊公復生，亦將無以自解。精識如此，吾道之幸。

案：此記見於全集卷十九。此文要旨是說荆公之志是，而其學「不足以遂斯志，而卒以負斯志；不足以究斯義，而卒以蔽斯義。」讀者可參看。

全集卷十五，與陶贊仲書云：

> 荆公祠堂記，與元晦三書，併往，可精觀熟讀。此數文皆明道之文，非止一時辯論之文也。元晦書偶無本在此，要亦不必看。若看，亦無理會處。吾文條析甚明；所舉晦翁書辭皆寫其全文，不增損一字。看晦翁書但見糊塗，沒理會。觀吾書，坦然明白。吾所明之理乃天下之正理，實理，常理，公理，所謂「本諸身，徵諸庶民，考諸三王而不謬，建諸天地而不悖，質諸鬼神而無疑，百世以俟聖人而不惑」者也。學者正要窮此理，明此理。今之言窮理者，皆凡庸之人，不遇真實師友，妄以異端邪說更相欺誑——非獨欺人誑人，亦自欺自誑，謂之謬妄，謂之蒙闇，何理之明，何理之窮哉？……古人所謂異端者，不專指佛老。異端二字出論語，是孔子之言。孔子之時，中國不聞有佛。雖有老氏，其說未熾，孔子亦不曾闢老氏。異端豈專指老氏哉？天下正理不容有二。若明此理，天地不能異此，鬼神不能異此，千古聖賢不能異此。若不明此

理，私有端緒，卽是異端，何止佛老哉？近世言窮理者，亦不到佛老地位。若借佛老爲說，亦是妄說；其言闢佛老者亦是妄說。……

案：此蓋言其平生之所蓄耳。此意亦略見於與朱子辯太極圖說之辯論書中。但所辯之論題亦有其客觀獨立之意義，不管你喜歡不喜歡，贊同不贊同。此蓋所謂理會文義之知識問題也。就此而言，象山不及朱子。故云只是借題發揮耳。縱失敗，亦不碍其學路之正大。朱子特別推尊濂溪，然所成者仍只不過靜涵系統下之他律道德，亦非必卽是濂溪之本意也。詳見心體與性體第一册濂溪章。

象山與朱子再辯太極圖說書云：

尊兄嘗曉陳同甫云：「欲賢者百尺竿頭進取一步，將來不作三代以下人物，省得氣力爲漢唐分疏，卽更脫洒磊落。」今亦欲得尊兄進取一步，莫作孟子以下學術，省得氣力爲「無極」二字分疏，亦更脫洒磊落。古人質實，不尚智巧。言論未詳，事實先著。知之爲知之，不知爲不知。所謂先知覺後知，先覺覺後覺者，以其事實覺其事實，故言卽其事，事卽其言，所謂言顧行，行顧言。周道之衰，文貌日勝。事實湮於意見，典訓蕪於辨說。揣量摸寫之工，依放假借之似，其條畫足以自信，其習熟足以自安。以子貢之達，又得夫子而師承之，尚不免此多學而識之之見。非夫子叩之，彼固宴然而無疑。「先行」之訓，「予欲無言」之訓，所以覺之者屢矣，而終不悟。顏子旣沒，其傳固在曾子，蓋可觀已。尊兄之才，未知其與子貢如何。今日之病，則有深於子貢者。尊兄誠能深知此病，則來書七條之說當不待條析而自解矣。

案：此卽期望朱子正視端緒得失之辨。「莫作孟子以下學術」，不可以知識之路講道德。所謂「明道之文，非止一時辯論之文」，意在此也。然朱子終未悟此，彼仍堅信其途徑爲不謬。朱子是學人之學之正宗，而非內聖之學之正宗。然太極圖說確是周子手筆（一時與會之筆），象山兄弟疑之非是。就此特殊論題言，其往復辯論亦有不足以服朱子者。此蓋屬於理會客觀文義之知識問題。故逐條對辯，不予錄及。

第三節　論學書選錄

1. 全集卷一，與邵叔誼書：

……

此天之所以予我者非由外鑠我也。思則得之，得此者也。先立乎其大者，立此者也。積善者，積此者也。集義者，集此者也。知德者，知此者也。進德者，進此者也。同此之謂同德，異此之謂異端。心逸日休，心勞日拙，德僞之辨也。豈惟辨諸其身？人之賢否，書之正僞，舉將不逃於此矣。自「有諸己」至於「大而化之」，其寬裕溫柔足以有容，發強剛毅足以有執，齊莊中正足以有敬，文理密察足以有別，增加馴致，水漸木升，固月異而歲不同。然由萌蘗之生，而至於枝葉扶疎，由源泉混混，而至於放乎四海，豈二物哉？中庸曰：「誠者物之終始，不誠無物。」又曰：「其爲物不二」。此之謂也。學問固無窮已，然端緒得失，則當早辨；是非向背，可以立決。顏子之好學，夫子實亟稱之，而未見其止，蓋惜之於既亡。其後曾子亦無疑於夫子之道，然且謂爲魯，在柴愚師辟之間，素所蓄積又安敢望顏子哉？曾之於顏，顏之於夫子，固自有次第，然而「江漢以濯之，秋陽以暴之」，雖夫子不能逃於曾子矣。豈唯曾子哉？君子之道，夫婦之愚不肖可以與知能行。唐周之時，康衢擊壤之民，中林施罝之夫，亦帝堯文王所不能逃也。故孟子曰：「人皆可以爲堯舜」。病其自暴自棄，則爲之發四端曰：「人之有是而自謂不能者，自賊者也；謂其君不能者，賊其君者也。」夫子曰：「一日克己復禮，天下歸仁焉。」此復之初也。鈞是人也，己私安有不可克者？顧不能自知其非，則不知自克耳。

王澤之竭，利欲日熾。先覺不作，民心橫奔。浮文異端轉相熒惑，往聖話言徒爲藩飾。而爲機變之巧者，又復魑魅虺蜴其間。恥非其恥，而恥心亡矣。今謂之學問思辨，而於此不能深切著明，依憑空言，傅着意見，增疣益贅，助勝崇私，重其狷忿，長其負恃，蒙蔽至理，扞格至言，自以爲是沒世不復，此其爲罪浮於自暴自棄之人矣。此人之過，其初甚小，其後乃大。人之救之，其初則易，其後則難，亦其勢然也。

「物有本末，事有終始，知所先後，則近道矣。」於其端緒知之不至，悉精畢力求多於末，溝澮皆盈，涸可立待。要之其終，本末俱失。夫子曰：「知之爲知之，不知爲不知，是知也。」後世恥一物之不知者，亦恥非其恥矣。人情物理之變何可勝窮？若其標末，雖古聖人不能盡知也。稷之不能審於八音，夔之不能詳於五種，可以理揆。夫子之聖，自以少賤而多能，然稼不如老農，圃不如老圃。雖其老於論道，亦曰學而不厭，啓助之益需於後學。伏羲之時未有堯之文章，唐、虞之時未有成周之禮樂。非伏羲之智不如堯，而堯、舜之智不如周公，古之聖賢更續緝熙之際尚可考也。學未知至，自用其私者，乃至於亂原委之倫，顚萌蘖之序，窮年卒歲靡所底麗，猶焦焦然思以易天下，豈不謬哉？

案：此書分三大段。第一大段明本心我所固有，心同理同，夫子不能逃於曾子，帝堯文王不能逃於康衢擊壤之民，中林施罝之夫。第二大段揮斥浮文虛見，所謂閑議論。第三大段明經驗知識無窮無盡，專門知識不能人人皆能，不能以知識之路講道德，故端緒得失不可不辨。端緒定在孟子。其所言者無非本孟子而發揮，只不過以非分解方式作指點與啓發並因而揮斥彼異乎此者之異端與邪說，所謂閑議論與邪意見。然若不眞知孟子，不眞知端緒之得失，則亦不能知其所言之警策與眞切，反以爲是空洞之大話，而且輕視知識也。彼所擯斥者不是知識本身，乃是依知識講聖學者也。覺其空洞者只因其不重新分解以立義也。分解立義盡在孟子。若解孟子，則知其所言不爲空洞，反覺其警策而眞切。此種書札實當反覆誦讀。若會之於心，理會明白，則雨過天晴。

2. 全集卷一，與曾宅之書：

……記錄人言語極難。非心通意解，往往多不得其實。前輩多戒門人無妄錄其語言，爲其不能通解，乃自以己意聽之，必失其實也。……

且如存誠持敬，二語自不同，豈可合說？「存誠」字於古有考，「持敬」字乃後來杜撰。易曰：「閑邪存其誠」。孟子曰：「存其心」。某舊亦嘗以「存」名齋。孟子曰：「庶民去之，君子存之」。又曰：「其爲人也寡欲，雖有不存焉者寡矣。其爲人也多欲，雖有存焉者寡矣。」只「存」一字自可使人明得此理。此理本天所以與我，非由外鑠。明得此理，卽是主宰。眞能爲主，則外物不能移，邪說不能惑。所病於吾友者，正謂此理不明，內無所主。一向縈絆於浮論虛說，終日只依藉外說以爲主，天之所與我者反爲客。主客倒置，迷而不反，惑而不解。坦然明白之理，可使婦人童子聽之而喻，勤學之士反爲之迷惑。自爲支離之說以自縈纏，窮年卒歲靡所底麗，豈不重可憐哉？使生在治古盛時，蒙被先聖王之澤，必無此病。惟其生於後世，學絕道喪，異端邪說充塞彌滿，遂使有志之士罹此患害，乃與世間凡庸恣情縱欲之人均其陷溺，此豈非以學術殺天下哉？

後世言易者，以爲易道至幽至深，學者皆不敢輕言。然聖人贊易，則曰：「乾以易知，坤以簡能。易則易知，簡則易從。易知則有親，易從則有功。有親則可久，有功則可大。可久則賢人之德，可大則賢人之業。易簡而天下之理得矣。」孟子曰：「夫道若大路然，豈難知哉？」夫子曰：「仁遠乎哉？我欲仁，斯仁至矣。」又曰：「一日克己復禮，天下歸仁焉。」又曰：「未之思也，夫何遠之有？」孟子曰：「道在邇而求諸遠，事在易而求諸難。」又曰：「堯舜之道孝弟而已矣。」「徐行後長者謂之弟，疾行先長者謂之不弟。夫徐行者，豈人所不能哉？不爲耳。」又曰：「人能充無欲害人之心，而仁不可勝用也。人能充無穿窬之心，而義不可勝用也。」又曰：「人之有是四端而自謂不能者，自賊者也。謂其君不能者，賊其君者也。」又曰：「吾身不能居仁由義，謂之自棄。」古聖賢之言大抵若合符節。蓋心一心也，理一理也。至當歸一，精義無二。此心此理實不容有二。故夫子曰：「吾道一以貫之」。孟子曰：「夫道一而已矣」。又曰：「道二，仁與不仁而已矣。」如是則爲仁，反是則爲不仁。仁卽此心也，此理也。「求則得之」，得此理也。「先知」者，知此理也。「先覺」者，覺此理也。「愛其親」者，此理也。「敬其兄」者，此理也。「見孺子將入井而有怵惕惻隱之心」者，此理也。可羞之事則羞之，可惡之事則惡之者，此理也。是知其爲是，非知其爲非，此理也。宜辭而辭，宜遜而遜者，此理也。敬此理也，義亦此理也。內此理也，外亦此理也。故曰：「直方大，不習无不利。」孟子曰：「所不慮而知者，其良知也。所不學而能者，其良能也。」「此天之所與我者。」「我固有之，非由外鑠我也。」故曰：「萬物皆備於我矣，反身而誠，樂莫大焉。」此吾之本心也。所謂安宅、正路者，此也；所謂廣居、正位、大道者，此也。……

來書「蕩而無歸」之說大謬。今足下終日依靠人言語，又未有定論，如在逆旅，乃所謂無所歸。今使足下復其本心，居安宅，由正路，立正位，行大道，乃反爲無所歸，足下之不智亦甚矣。今己私未克之人，如在陷穽，如在荆棘，如在泥塗，如在囹圄械繫之中，見先知先覺其言廣大高明，與己不類，反疑恐一旦如此，則無所歸，不亦鄙哉？不亦謬哉？不知此乃是廣居、正位、大道。欲得所歸，何以易此？欲有所主，何以易此？今拘攣舊習，不肯棄捨，乃狃其狹而懼於廣，狃其邪而懼於正，狃其小而懼於大，尚得爲智乎？夫子曰：「汝爲君子儒，無爲小人儒。」古之所謂小人儒者，亦不過依據末節細行以自律，未至如今人有如許浮論虛說，謬悠無根之甚，夫子猶以爲門人之戒，又況如今日謬悠無根，而可安乎？

吾友能棄去謬習，復其本心，使此一陽爲主於内，造次必於是，顚沛必於是，無終日之間而違於是，此乃所謂有事焉，乃所謂勿忘，乃所謂敬；果能不替不息，乃是積善，乃是積義，乃是善然浩然之氣；真能如此，則不愧古人，其引用經語，乃是聖人先得我心之所同然，則不爲侮聖言矣。今終日營營，如無根之木，無源之水，有採摘汲引之勞，而盈涸榮枯無常，豈所謂「源泉混混，不舍晝夜，盈科而後進」者哉？終日簸弄經語以自傅益，真所謂侮聖言者矣。

案：此書所說仍是旣破且立，遮表雙彰，不出前書之範圍，然而更爲警策，眞足令人廻腸蕩氣。其所徵引語句大抵不出論語孟子，而引自孟子者尤多，其於孟子可謂熟矣，所謂「因讀孟子而自得之」，誠不虛也。內聖之學之端緒決定在此，不可疑也。顯然朱子未能握此端緒，此或由於其心態根本與此不相應也。象山期其「莫作孟子以下學術」（辯太極圖說中語，引見前節）。朱子見此語，必浮泛視之也，未能因此而怵目驚心。彼必自以爲我尙不懂孟子乎？何用教訓我爲？然而彼實未能眞懂孟子，其學路端緒却全依伊川，謂之爲「別子爲宗」，得勿宜乎？象山總謂其「不見道」，正爲此也，非浮泛斥之也。象山與鄭溥之書云：「臘月得元晦復論太極圖說書，尋以一書復之，今併往。此老才氣英特，平生志向不沒於利欲，當今誠難其輩。第其講學之差蔽而不解，甚可念也。」（全集卷十三）。其「講學之差」卽在其端緒定在伊川，而非孔、孟之統也。順此路前進，其所成者只爲靜涵系統（橫攝系統）下之他律道德（本質倫理），而非縱貫系統下之自律道德（方向倫理）。此爲不可揜之定然事實，而朱子亦安於此而不疑，無待人爲之曲解或彌縫也。其所以安於此而不疑正因其不能諦解孟子，視象山之期望爲浮泛，視其揮斥「閑議論」爲粗暴之氣之揮洒，空疏無實之大言。彼於象山，只說：「大抵其學於心地工夫不爲無所見，但便欲恃此陵跨古今，更不下窮理細密工夫，卒並與其所得者而失之。人欲橫流，不自知覺，而高談大論，以爲天理盡在是也。則其所謂心地工夫者又安在哉？」（答趙子欽書，詳見下章第七節）。只浮泛說「於心地工夫不爲無所見」，而不眞切此「心地工夫」爲何心地工夫。若只浮泛如此言，則你有點心地工夫，我豈獨無心地工夫？如是，便輕輕把象山抹過去，而自信自安於其「窮理細密工夫」矣。不知象山之「心地工夫」正在辨端緒得失下本孟子而來者，非泛泛之「心地工夫」也。此是內聖之學之端緒問題，第一義問題，正是紹孔、孟之統，指出實事實理之學，並未陵跨古今，高談大論，以人欲爲天理也。「窮理細密工夫」則是知識問題，是第二義以下者，此不相干，象山並不否認。其所揮斥者是依此路講道德（講內聖之學），此正是端緒之迷失（支離歧出），非揮斥知識本身也。其言論之重點只在此端緒之扭轉，而朱子終不自省也。以不自省，遂自信自安於其「窮理細密工夫」，而且「重其狷忿，長其負恃」，如象山之所責斥，（如上引朱子答趙子欽書中所言卽是狷忿、負恃之言），而不知自己正陷於「以知識講道德（他律道德）」之錯誤的端緒，已非孔、孟之統矣。此不可不辨，亦不必爲之曲諱。是以若於朱、陸同異而欲得一決定答覆，則說：同者同講道德（內聖之學），異者端緒之異，而朱子所取之端緒決定是錯。若於兩家各取其長，則朱子須放棄其所取之端緒，依從象山之勸告，「不作孟子以下學術」，定端緒於孟子，（此須改變其對於孟子之誤解），非只泛言之尊德性，亦非只泛言之方法上之簡易也。至於象山，既不抹殺知識，則須隨時正視知識，隨機作「窮理細密工夫」，以增益其知識，此即取朱子之長。但此不待言，何以故？此非根本問題所在故，雖聖人亦不能盡知故。如是，則朱陸可以大通，其同異可以解決。此蓋為本末問題，非兩本平行而可以取長補短也。若是兩本平行，則必爭吵不已，永世不得解決。吾如此解決亦如康德之解決純粹理性之背反。

象山講學之規模盡在以上兩書，言之極為警策而眞切。其他諸書，或詳或略，重重複複，不出此兩書之範圍。以下再錄若干，就書中所涉及之論點而略予提示。

3. 全集卷十一，與李宰書：

來教謂「容心立異，不若平心任理」。其說固美矣。然「容心」二字不經見，獨列子有「吾何容心哉」之言。「平心」二字亦不經見，其原出於莊子：「平者水停之盛也，其可以為法也，內保之而外不蕩也。」其說雖託之孔子，實非夫子之言也。彼固自謂寓言十九。其書道夫子言行者，往往以致其靳侮之意，不然則借尊其師，不然則因以達其說，皆非實事。後人據之者陋矣。又韓昌黎與李翺論文書有曰：「平心而察之」。自韓文盛行後，學士大夫言語文章間用「平心」字寖多。究極其理，二說皆非至言。

「吾何容心」之說卽「無心」之說也，故「無心」二字亦不經見。人非木石，安得「無心」？心於五官最尊大。洪範曰：「思曰睿，睿作聖。」孟子曰：「心之官則思，思則得之，不思則不得也。」又曰：「存乎人者，豈無仁義之心哉？」又曰：「至於心，獨無所同然乎？」又曰：「君子之所以異於人者以其存心也。」又曰：「非獨賢者有是心也，人皆有之，賢者能勿喪耳。」又曰：「人之所以異於禽獸者幾希，庶民去之，君子存之。」「去之」者，去此心也，故曰：「此之謂失其本心」。「存之」者，存此心也，故曰：「大人者不失其赤子之心。」四端者，卽此心也。「天之所以與我者」，卽此心也。人皆有是心，心皆具是理，心卽理也。故曰：「理義之悅我心，猶芻豢之悅我口。」所貴乎學者，爲其欲窮此理，盡此心也。有所蒙蔽，有所移奪，有所陷溺，則此心爲之不靈，此理爲之不明。是謂不得其正，其見乃邪見，其說乃邪說。一溺於此，不由講學，無自而復。故心當論邪正，不可無也。以爲吾無心，此卽邪說矣。若愚不肖之不及，固未得其正，賢者智者之過失亦未得其正。溺於聲色貨利，狃於譎詐姦宄，牿於末節細行，流於高論浮說，其智愚賢不肖固有間矣。若是心之未得其正，蔽於其私，而使此道之不明不行，則其爲病一也。

周道之衰，文貌日勝。良心正理日就蕪沒。其爲吾道害者，豈特聲色貨利而已哉？楊、墨皆當世之英，人所稱賢。孟子之所排斥拒絕者，其爲力勞於斥儀、衍輩多矣。所自許以承三聖者，蓋在楊、墨，而不在衍、儀也。故正理在人心，乃所謂固有。易而易知，簡而易從，初非甚高難行之事。然自失正者言之，必由正學以克其私，而後可言也。此心未正，此理未明，而曰平心，不知所平者何心也？大學言「欲正其心者先誠其意，欲誠其意者先致其知，致知在格物。」物果已格，則知自至。所知旣至，則意自誠。意誠則心自正。必然之勢，非強致也。孟子曰：「我亦欲正人心，息邪說，詎詖行，放淫辭，以承三聖者。」當是時，天下之言者不歸楊，則歸墨，楊朱墨翟之言盈天下。自孟子出後，天下方指楊、墨爲異端。然孟子旣沒，其道不傳。天下之尊信者，抑尊信其名耳，不知其實也。指楊、墨爲異端者，亦指其名耳，不知其實也。往往口闢楊、墨，而身爲其道者衆矣。自周衰，此道不行；孟子沒，此道不明。今天下士皆溺於科擧之習。觀其言，往往稱道詩、書、論、孟，綜其實，特借以爲科擧之文耳。誰實爲真知其道者？口誦孔、孟之言，身蹈楊、墨之行者，蓋其高者也。其下則往往爲楊、墨之罪人，尚何言哉？孟子沒，此道不傳，斯言不可忽也。……

案：此書亦佳。惟關於「容心」、「平心」二說尚有不盡者，須略加疏釋。李宰所謂「容心立異」意卽「有心立異」。象山說「吾何容心」之說卽「無心」之說，是也。但此「無心」是作用義之「無心」，是所造之境界，非存有義之無心，意卽並非於存有上無心也。此亦如說「天地無心而成化」，無心是「自然」義，非「有意」義，亦卽「有天下而不與焉」之意，「物各付物」之意。象山說「人非木石，安得無心？」此是把作用之無心說成存有上之無心，此則非是。難說象山不解此「無心」（吾何容心）之意。彼自急於說「心於五官最尊大」，說此心之實有；進而說心之邪正，故云「心當論邪正，不可無也。」此卽於存有上遮撥「無心」之說。故又云：「以爲吾無心，此卽邪說矣。」於存有上說「無心」，當然是邪說。但於作用上說「無心」，則不是邪說。此處當有分別。象山很少說此作用上之「無心」，幾不曾見。明道云：「天地之常以其心普萬物而無心，聖人之常以其情應萬事而無情。」「以其心」是心之存有義；「普萬物而無心」是作用義。明道喜說此境界。故最喜說「物各付物」，「有天下而不與焉」。此種作用義之「無心」既通老子之「無」（玄智），又可通佛家之般若與禪。故禪家云「卽心是佛，無心爲道。」「卽心是佛」是存有義，「無心爲道」是作用義。後來王陽明亦說：「有心俱是實，無心俱是幻。無心俱是實，有心俱是幻。」（傳習錄卷三）。王龍溪言下領悟，遂作解曰：「有心俱是實，無心俱是幻，是本體上說功夫。無心俱是實，有心俱是幻，是功夫上說本體。」實則「有心俱是實」卽是肯定本心之實有，隨此實有而發者亦俱是實也，此卽所謂「一理平鋪」，故俱是實也，俱是實事實理，故云：「是本體上說功夫」。「本體」卽指本心之實有而言，「功夫」則指隨此本心而活動而言。「無心俱是幻」，則是說：若去此本心之實有，則一切皆幻也，亦猶云「不誠無物」也。至云「無心俱是實，有心俱是幻」，則是說：若無所容心，一任良知之天理，乃始俱是實；若一有心，起意念造作，則一切皆幻，卽本心實理（良知天理）亦幻矣。此明是作用上之無心，而此作用上之無心卽是莫大之功夫；有此功夫，眞實本體始如實呈現，故云「是功夫上說本體」。陽明之說此兩聯是偶因佛家說實相幻相而說及，然亦自可說。後來王龍溪說「四無」（無心之心，無意之意，無知之知，無物之物）卽本此而言也。若於此聯想為禪，此則眞近於禪矣。然此作用義之「無」本是大家俱可說者，故實可說是共法，何必定是禪耶？即如此，象山亦並不說此義，或可說尚不暇說此義。彼之揮斥「閑議論」、「邪意見」，乃是就言內聖之學之不正當的端緒而期扭轉之而然。故朱子於此聯想其為禪實不切也，宜象山之不服，而總斥其為「不見道」也。朱子說：「子靜說話常是兩頭明，中間暗。或問暗是如何？曰：他是那不說破處。他所以不說破，便是禪。」（詳見下章第八節）。此亦誤認。象山說話所以「兩頭明」，乃是重在扭轉邪途，故是非得失分明也；所以「中間暗」，乃是重在指點啓發，令囘歸於孟子，何暗之有？以不重新分解故，故「不說破」。孟子已說破矣，何須再說？言各有重點故。焉得因此而謂其是禪？縱使籠統一般言之，以為凡遮撥揮斥即是禪，此亦是各依其當身之分際各有其對症發藥之特殊的應用，人皆能發之，何以必是禪？

以上是就「無心」略加補充。至於「平心」乃是態度上所應有者，所謂「平心靜氣」是，象山亦常言之。此只是態度上之泛言。此書急於正端緒。即使言平心，亦須先明「所平者何心」。故云：「此心未正，此理未明，而曰平心，不知所平者何心也？」此則易明，不須多言。

說到正心，象山乃引大學之言以明之。此是依孟子定端緒，依「管歸一路」之方式而籠統大學，非必是就大學言大學。此旨在明道也。故說及孟子之「正人心，息邪說，詎詖行，放淫辭，以承三聖」。而最後復丁寧云：「孟子沒，此道不傳，斯言不可忽也。」

4. 全書卷十九，武陵縣學記：

彝倫在人維天所命，良知之端形於愛敬。擴而充之，聖哲之所以爲聖哲也。先知者，知此而已；先覺者，覺此而已。氣有所蒙，物有所蔽，勢有所遷，習有所移，往而不返，迷而不解，於是爲愚爲不肖，彝倫於是而斁，天命於是而悖，此君師之所以作，政事之所以立。是故先王之時，風教之流行，典型之昭著，無非所以寵綏四方，左右斯民，使之若有常性，克安其道者也。是故鄉舉里選，月書季考，三年而大比，以興賢能，蓋所以陶成髦俊，將與共斯政，同斯事也。

學校庠序之間，所謂切磋講明者，何以捨是而他求哉？所謂「格物致知」者，格此物，致此知也，故能「明明德於天下」。易之「窮理」，窮此理也，故能「盡性至命」。孟子之「盡心」，盡此心也，故能「知性知天」。學者誠知所先後，則如木有根，如水有源，增加馴致，月異而歲不同，誰得而禦之？

若迷其端緒，易物之本末，謬事之終始，雜施而不遜，是謂異端，是謂邪說，非以致明，祇以累明，非以去蔽，祇以爲蔽。

後世之士有志於古，不肯甘心流俗，然而苦心勞身，窮年卒歲，不爲之日休，而爲之日拙者，非學之罪也。學絕道喪，不遇先覺，迷其端緒，操末爲本，其所從事者，非古人之學也。古人之學，其時習必悅，其朋來必樂，其理易知，其事易從，不貳於異說，不牽於私欲，造次於是，顚沛於是，則其久大可必。孟子曰：「原泉混混，不舍晝夜，盈科而後進，放乎四海。」此古人之學也。

……

案：此記所述，正義不出於前三書，蓋其平素所常講說者也。維天所命之彝倫，形於愛敬之良知，若能擴充之，即是聖哲之所以爲聖哲。「先知者，知此而已；先覺者，覺此而已。」「學校庠序之間，所謂切磋講明者」，亦不過切磋乎此，講明乎此，而已。「《大學》所謂格物致知者，格此物，致此知也，故能明明德於天下；《易》之窮理，窮此理也，故能盡性至命；《孟子》之盡心，盡此心也，故能知性知天。」此中就《大學》言，所謂「格物」即是「格此物」，「致知」即是「致此知」。「格此物」即是窮究考索以求至乎「此物」。「此物」即是上文知此，覺此，講明乎此之「此」字。「此」字所代表者是彝倫與良知，亦即「心即理」之此心此理。「此物」亦是指此心此理而言。「致此知」即是致至於關於「此物」之知。「格物致知」即是窮究講明此物而致至於「知此物」之知。明而知之者單限於此，非泛知也。而「格物」之「物」字却是泛說虛說之物，在此即代表此心此理。此是就聖學聖教之總規，依「管歸一路」之方式，籠統地講大學之「格物致知」。此是一種具有通識之講法。若不依此通識，孤離地單就大學講大學，則不能決定「格物」之物必指此而言，亦不能決定「致知」之知必指此物之知而言。此雖依「管歸一路」之方式講，然却極通脫而順適。大抵象山極具此本領。朱子即是孤離地單就大學講大學。如是，他把「物」字着實，物即是物，意指事事物物而言；格物即是「即物而窮其理」。如是，則不能說格物是格此心此理之爲物，亦不能說致知是致此物之知。如是，端緒歧出，反成窒碍，反不如象山講法之通脫順適。這種就大學講大學之講法，或許是求客觀知識之專家之講法。按理，此種講法是各別求客觀了解者所應取之正當途徑。但對於大學這一部儒家經典是否亦必須如此呢？後來王陽明覺得朱子之講法爲歧出，即與誠意無關，如是，乃根據孟子學之精神，將大學講成完全不同之另一套，即以「致良知」之系統解之。此雖是一種扭轉，然亦是就大學講大學，着實於大學之專家方式之講法。然而太生硬，人不能決定大學之「知」必是「良知」之知也。好多着實於大學而求一比較順通之講法者亦總是迂曲太多而不顯明。如是，象山之「管歸一路」之講法倒未始不可取。此雖不是就大學講大學，着實於大學，依專家方式，卽各別了解之方式，提出另一講法，然因大學仍是一儒家經典，則此「管歸一路」之講法仍可說是爲能客觀地得其實者，至少比朱子與陽明之講法爲更順適而通脫，逕直而顯明。以朱子觀之，此必爲空疏，不曾下窮理細密工夫（理會文義之細密工夫）。然此空疏卻能得其實；卽使進一步再下理會文義之細密工夫，亦能逐句說得通。如前錄與李宰書「物果已格，則知自至；所知既至，則意自誠；意誠則心自正：必然之勢，非强致也。」此豈不亦甚通順乎？不過象山未作此工作耳。蓋其立言重點在辨明端緒之得失，不在對於各經典各別地作重新分解也。復次，若以陽明觀之，必覺象山此種講法「只還粗些」。然此「粗些」卻比較自然而順適，不似陽明之生硬也。「粗些」只是通脫耳，亦只因其非從事重新分解以立義之故而然也。

5. 全集卷二十，格矯齋說：

> 格、至也，與窮字究字同義，皆研磨考索以求其至耳。學者孰不曰我將求至理？顧未知其所知果至與否耳。所當辨、所當察者此也。（下釋矯字，略。）

6.全集卷二十一，學說：

古者十五入大學。大學曰：「大學之道在明明德，在新民，在止於至善。」此言大學指歸。「欲明明德於天下」，是入大學標的。格物致知是下手處。中庸言「博學、審問、謹思、明辨」是格物之方。讀書、親師友是學。思則在己，問與辨皆須在人。（案若辨是明辨，而非辯論，則辨亦在己。）自古聖人亦因往哲之言，師友之言，乃能有進。況非聖人，豈有自任私智而能進學者？

案：此兩文可助解前文言「格物致知」處。

7.全集卷十九，敬齋記：

古之人自其身達之家國天下而無愧焉者，不失其本心而已。

……………

人之所以異於禽獸幾希？庶民去之，君子存之，是心或幾乎泯，吾爲懼矣。天地鬼神不可誣也，愚夫愚婦不可欺也。是心或幾乎泯，吾爲懼矣。黃鍾大呂施宣於內，能生之物莫不萌芽。奏以大簇，助以夾鍾，則雖瓦石所壓，重屋所蔽，猶將必達。是心之存，苟得其養，勢豈能遏之哉？

……

某聞諸父兄師友，道未有外乎其心者。自可欲之善，至於大而化之之聖，聖而不可知之神，皆吾心也。心之所爲猶之能生之物得黃鍾大呂之氣，能養之至於必達，使瓦石有所不能壓，重屋有所不能蔽，則自有諸己，至於大而化之者，敬其本也。……

雖然，不可以不知其害也。是心之稂莠萌於交物之初。有滋而無芟，根固於怠忽，末蔓於馳騖。深蒙密覆，良苗爲之不殖。實著者易拔，形潛者難察，從事於敬者尤不可不致其辨。……

案：此記爲貴溪縣宰所請以作者，故撮其要者以錄之。

8. 全集卷一，與胡季隨書：

……學者之難得，所從來久矣。道不遠人，人自遠之耳。人心不能無蒙蔽。蒙蔽之未徹，則日以陷溺。諸子百家往往以聖賢自期，仁義道德自命，然其所以卒畔於皇極而不能自拔者，蓋蒙蔽而不自覺，陷溺而不自知耳。

顏子之賢，夫子所屢嘆；氣質之美固絕人甚遠。子貢非能知顏子者，然亦自知非儔偶。論語所載「顏淵喟然」之嘆，當在問仁之前；「爲邦」之問，當在問仁之後；「請事斯語」之時，乃其知之始至，善之始明時也。

以顏子之賢，雖其知之未至，善之未明，亦必不至有聲色貨利之累，忿狠縱肆之失。夫子答其問仁，乃有「克己復禮」之說。所謂己私者，非必如常人所見之過惡而後爲己私也。己之未克，雖自命以仁義道德，自期以可至聖賢之地者，皆其私也。顏子之所以異乎衆人者，爲其不安於此，極鑽仰之力而不能自已，故卒能踐克己復禮之言，而知遂以至，善遂以明也。

若子貢之明達，固居游、夏之右；見禮知政，聞樂知德之識，絕凡民遠矣；從夫子遊如彼其久，尊信夫子之道如彼其至。夫子既沒，其傳乃不在子貢，顧在曾子，私見之錮人，難於自知如此。曾子得之以魯，子貢失之以達。

天德已見消長之驗莫著於此矣。

學問之初，切磋之次，必有自疑之兆；及其至也，必有自克之實。此古人物格知至之功也。己實未能自克，而不以自疑，方憑之以決是非，定可否，縱其標末如子貢之屢中，適重夫子之憂耳。況又未能也？

物則所在，非達天德，未易輕言也。「所惡於智者，爲其鑿也。如智者若禹之行水也，則無惡於智矣。禹之行水也，行其所無事也。如智者亦行其所無事，則智亦大矣。」宰我、子貢、有若，智足以知聖人。三子之智，蓋其英爽足以有所精別，異乎陳子禽、叔孫武叔之流耳。若責之以大智，望之以真知聖人，非其任也。顏子「請事斯語」之後，真知聖人矣。曾子雖未及顏子，若其真知聖人則與顏子同。學未知止，則其知必不能至。知之未至，聖賢地位未易輕言也。何時合並以究此理？

案：此書所言深微高曠，深入生命之裏，絲毫無禪意，不知朱子何以聯想其爲禪，而且謂「捉着眞贓正賊」！此誠可怪。關此，吾將詳抉之於下章第八節。讀者可反覆誦讀此書，於此可見象山之造詣。此中就對於顏子、子貢、曾子之比論以明知至善明。其言格物致知，知至善明，與克己復禮一併說。致知、知至，卽知本心也。此之謂正知見。知本心，達天德，然後始可說「物則」。此當依前5、6、7三文理解，不可泛言，亦不可歧出。蓋心卽理。此心此理充塞宇宙，故心外無物，理外無事。依「本心卽理」之本心而行，沛然莫之能禦，是之謂「天德」。克己私，達天德，然後知「物則」之所在。蓋物則（「天生蒸民有物有則」之物則）卽由「本心卽理」之本心而出也，亦卽「本心卽理」之理之見於行事也，亦如「良知之端形於愛敬」也。故王陽明繼之卽言「良知之天理」。此與朱子之着實於「物」字以言格物窮理而終成爲靜涵系統（橫攝系統）者異矣。

9. 全集卷一，與侄孫濬書：

……由孟子而來，千有五百餘年之間，以儒名者甚衆，而荀、揚、王、韓獨著，專場蓋代，天下歸之，非止朋遊黨與之私也。若曰傳堯、舜之道，續孔、孟之統，則不容以形似假借，天下萬世之公亦終不可厚誣也。至於近時，伊、洛諸賢，研道益深，講道益詳；志向之專，踐行之篤，乃漢唐所無有，其所植立成就可謂盛矣。然「江漢以濯之，秋陽以暴之」，未見其如曾子之能信其

「皜皜」；「肫肫其仁，淵淵其淵」，未見其如子思之能達其「浩浩」；「正人心，息邪說，詎詖行，放淫辭」，未見其如孟子之長於知言，而有以「承三聖」也。

故道之不明，天下雖有美材厚德，而不能以自成自達，困於聞見之支離，窮年卒歲而無所至止。若其氣質之不美，志念之不正，而假竊傅會，蠹食蛆長於經傳文字之間者，何可勝道。方今熟爛敗壞，如齊威、秦皇之尸，誠有大學之志者，敢不少自強乎？於此有志，於此有勇，於此有立，然後能克己復禮，遜志時敏，真地中有山謙也。不然，則凡爲謙遜者，亦徒爲假竊緣飾，而其實崇私務勝而已。比有一輩，沉吟堅忍以師心，婉孌夸毗以媚世，朝四暮三以悅衆狙，尤可惡也。不爲此等所眩，則自求多福，何遠之有？道非難知，亦非難行，患人無志耳。及其有志，又患無真實師友，反相眩惑，則爲可惜耳。凡今所以爲汝言者爲此耳。蔽解惑去，此心此理，我固有之。所謂「萬物皆備於我」，昔之聖賢先得我心之所同然耳。故曰：周公豈欺我哉？

案：此書前半段已錄於前第一節。後半段尤警策，故再增錄之。

10. 全集卷十，與路彥彬書：

……竊不自揆，區區之學，自謂孟子之後，至是而始一明也。……

案：此書不長，只此一句重要，故特錄之。

第四節　語錄選錄

象山全集卷三十四與卷三十五兩卷爲語錄，茲就其與「樸實，明本心，以及揮斥閑議論等基本講學精神與風格」有關者，錄之以助解，要者仍在其論學書也。

1. 道外無事，事外無道。先生常言之。
2. 道在宇宙間，何嘗有病？但人自有病。千古聖賢只去人病，如何增損得道？
3. 道理只是眼前道理。雖見到聖人田地，亦只是眼前道理。

4. 論語中多有無頭柄的說話。如「智及之，仁不能守之」之類，不知所及所守者何事；如「學而時習之」，不知時習者何事。非學有本領，未易讀也。苟學有本領，則智之所及者及「此」也，仁之所守者守「此」也，「時習之」習「此」也，悅者悅「此」，樂者樂「此」。如高屋之上建瓴水矣。學苟知本，六經皆我註脚。

5. 近來學者言「擴而充之」，須於四端上逐一充，焉有此理？孟子當來只是發出人有是四端，以明人性之善，不可自暴自棄。苟此心之存，則此理自明。當惻隱處自惻隱，當羞惡，當辭遜，是非在前自能辨之。又云：當寬裕溫柔自寬裕溫柔，當發強剛毅自發強剛毅，所謂溥博淵泉而時出之。

6. 天下之理無窮。若以吾平生所經歷者言之，真所謂伐南山之竹，不足以受我辭。然其會歸總在於此。

7. 夫子以仁發明斯道，其言渾無罅縫。孟子十字打開，更無隱遁，蓋時不同也。

8. 此道與溺於利欲之人言猶易，與溺於意見之人言却難。

9. 傅子淵自此歸其家，陳正己問之曰：陸先生教人何先？對曰：辨志。正己復問曰：何辨？對曰：義利之辨。若子淵之對，可謂切要。

10. 居象山，多告學者云：汝耳自聰，目自明，事父自能孝，事兄自能弟，本無欠缺，不必他求，在自立而已。

11. 千虛不博一實。吾平生學問無他，只是一實。

12. 釋氏立教本欲脫離生死，惟主於成其私耳，此其病根也。且如世界如此，忽然生一個謂之禪，已自是無風起浪，平地起土堆了。

13. 或問先生之學當來自何處入，曰：不過切己自反，改過遷善。

14. 人品在宇宙間迥然不同。諸處方嘵嘵然談學問時，吾在此多與後生說人品。

15. 朱元晦曾作書與學者云：「陸子靜專以尊德性誨人，故遊其門者多踐履之士，然於道問學處欠了。某教人豈不是道問學處多了，故遊某之門者踐履多不及之。」觀此，則是元晦欲去兩短，合兩長，然吾以爲不可。既不知尊德性，焉有所謂道問學？

16. 吾之學問與諸處異者，只是在我全無杜撰。雖千言萬語，只是覺得他底在我不曾添一些。近有議吾者云：除了「先立乎其大者」一句全無伎倆。吾聞之曰：誠然。

17. 後世言學問者須要立個門戶。此理所在，安有門戶可立？學者又要各護門戶，此尤鄙陋。

18. 今之論學者只務添人底，自家只是減他底，此所以不同。

19. 宇宙不曾限隔人，人自限隔宇宙。

20. 「江漢以濯之，秋陽以暴之，皜皜乎不可尚已。」此數語自曾子胸中流出。

21. 千古聖賢若同堂合席，必無盡合之理。然此心此理萬世一揆也。

22. 一學者自晦翁處來，其拜跪語言頗怪；每日出齋，此學者必有陳論，應之亦無他語。至四日，此學者所言已罄，力請誨語。答曰：吾亦未暇詳論，然此間大綱有一個規模說與人：今世人淺之爲聲色臭味，進之爲富貴利達，又進之爲文章技藝，又有一般人都不理會，却談學問，吾總以一言斷之曰勝心。此學者默然。後數日，其舉動語言頗復常。

23. 先生云：後世言道理者，終是粘牙嚼舌。吾之言道，坦然明白，全無粘牙嚼舌處，此所以易知易行。或問：先生如此談道，恐人將意見來會，不及釋子談禪，使人無所措其意見。先生云：吾雖如此談道，然凡有虛見虛說，皆來這裏使不得，所謂德行恒易以知險，恒簡以知阻也。今之談禪者，雖爲艱難之說，其實反可寄託其意見。吾於百衆人前，開口見膽。

24. 或有譏先生之教人專欲管歸一路者，先生曰：吾亦只有此一路。

25. 吾於踐履未能純一，然纔自警策，便與天地相似。

26. 有士人上詩云：「手抉浮翳開東明」。先生頗取其語，因云：吾與學者言，真所謂取日虞淵，洗光咸池。

〔以上見卷三十四，傅子雲季魯編錄，選錄其中二十六條。〕

27. 或謂先生之學是道德性命，形而上者，晦翁之學是名物度數，形而下者，學者當兼二先生之學。先生云：足下如此說晦翁，晦翁未伏。晦翁之學自謂一貫。但其見道不明，終不足以一貫耳。吾嘗與晦翁書云：「揣量模寫之工，依放假借之似，其條畫足以自信，其節目足以自安。」（案此見辯太極圖說書）。此言切中晦翁之膏肓。

28. 先生言萬物森然於方寸之間，滿心而發，充塞宇宙無非此理。孟子就四端上指示人，豈是人心只有這四端而已？又就「乍見孺子入井，皆有怵惕惻隱之心」一端指示人，又得此心昭然。但能充此心足矣。乃誦：「誠者自成也，而道自道也，誠者物之終始，云云；」「天地之道可一言而盡也。」

29\. 臨川一學者初見，問曰：每日如何觀書？學者曰：守規矩。歡然問曰：如何守規矩？學者曰：伊川易傳，胡氏春秋，上蔡論語，范氏唐鑑。忽呵之曰：陋說。良久復問曰：何者爲規？又頃，問曰：何者爲矩？學者但唯唯。次日復來，方對學者誦：「乾知大始，坤作成物。乾以易知，坤以簡能。」一章畢，乃言曰：乾文言云「大哉乾元」，坤文言云「至哉坤元」。聖人贊易，却只是個簡易字道了。遍目學者曰：又却不是道難知也。又曰：「道在邇而求諸遠，事在易而求諸難。」顧學者曰：這方喚作規矩。公昨日來道甚規矩？

〔以上見卷三十四，嚴松松年所錄，選錄其中三條。〕

30\. 伯敏問云：以今年較之去年，殊無寸進。先生云：如何要長進？若當爲者，有時而不能爲，不當爲者有時乎爲之，這個却是不長進。不恁地理會，泛然求長進，不過欲以己先人，此是勝心。伯敏云：無個下手處。先生云：「古之欲明明德於天下者，先治其國；欲治其國者，先齊其家；欲齊其家者，先修其身；欲修其身者，先正其心；欲正其心者，先誠其意；欲誠其意者，先致其知。致知在格物。」格物是下手處。伯敏云：如何樣格物？先生云：研究物理。伯敏云：天下萬物不勝其繁，如何盡研究得？先生云：萬物皆備於我。只要明理。然理不解自明，須是隆師親友。伯敏云：此間賴有季繹時相勉勵。先生云：季繹與顯道一般，所至皆勉勵人，但無根者多。其意似欲私立門戶，其學爲外不爲己。世之人所以攻道學者，亦未可全責他。蓋自家驕其聲色，立門戶與之爲敵，嘵嘵勝口，實有所未孚，自然起人不平之心。某平日未嘗爲流俗所攻，攻者却是讀語錄精義者。程士南最攻道學。人或語之以某，程云：道學如陸某，無可攻者。又如學中諸公，義均骨肉。蓋某初無勝心，日用常行自有使他一個敬信處。某舊日，伊洛文字不曾看，近日方看，見其間多有不是。今人讀書，平易處不理會，有可以起人羨慕者，則着力研究。古先聖人何嘗有起人羨慕者？只是此道不行，見有奇特處，便生羨慕。自周末文弊，便有此風。如唐虞之時，人人如此，又何羨慕？所以莊周云：臧與穀共牧羊，而俱亡其羊。問臧奚事？曰：博塞以遊。問穀奚事？曰：挾策讀書。其爲亡羊一也。某讀書只看古註。聖人之言自明白。且如「弟子入則孝，出則弟」，是分明說與你入便孝，出便弟，何須得傳註？學者疲精神於此，是以擔子越重。到某這裏，只是與他減擔，只此便是格物。……

31. 問伯敏云：……吾友之志要如何？伯敏云：所望成人，目今未嘗敢廢防閑。先生云：如何樣防閑？伯敏云：爲其所當爲。先生云：雖聖人不過如是。但吾友近來精神都死却，無向來亹亹之意，不是懈怠，便是被異說壞了。夫人學問當有日新之功，死却便不是。邵堯夫詩云：「當鍛鍊時分勁挺，到磨礱處發光耀。」磨礱鍛鍊，方得此理明。如川之增，如木之茂，自然日進無已。今吾友死守定，如何會爲所當爲？博學，審問，謹思，明辨，篤行，博學在先，力行在後。吾友學未博，焉知所行者是當爲，是不當爲？防閑，古人亦有之。但他底防閑與吾友別。吾友是硬把捉。告子硬把捉，直到不動心處，豈非難事？只是依舊不是。某平日與兄說話，從天而下，從肝肺中流出，是自家有底物事，何嘗硬把捉？吾兄中間亦云有快活時，如今何故如此？伯敏云：固有適意時，亦知自家固有根本元不待把捉，只是不能久。防閑稍寬，便爲物欲所害。先生云：此則罪在不常久上，却如何硬把捉？種種費力便是有時得意，亦是偶然。伯敏云：却常思量不把捉，無下手處。先生云：何不早問？只此一事是當爲不當爲。當爲底一件大事不肯做，更說甚底？某平日與老兄說底話，想都忘了。伯敏云：先生常語以求放心，立志，皆歷歷可記。先生云：如今正是放其心而不知求也。若果能立，如何到這般田地？伯敏云：如何立？先生云：立是你立，却問我如何立！若立得住，何須把捉？吾友分明是先曾知此理來，後更異端壞了。異端非佛老之謂。異乎此理，如季繹之徒，便是異端。孔門惟顏曾傳道，他未有聞。蓋顏曾從裏面出來，他人外面入去。今所傳者，乃子夏子張之徒外入之學。曾子所傳，至孟子不復傳矣。吾友却不理會根本，只理會文字。實大聲宏。若根本壯，怕不會做文字？今吾友文字自文字，學問自學問。若此不已，豈止兩段？將百碎！問近日日用常行，覺精健否？胸中快活否？伯敏云：近日別事不管，只理會我，亦有適意時。先生云：此便是學問根源也。若能無懈怠，暗室屋漏亦如此，造次必於是，顚沛必於是，何患不成？故云「君子以自昭明德」，「古之欲明明德於天下者在致其知，致知在格物。」古之學者爲己，所以自昭其明德。己之德已明，然後推其明以及天下。鼓鐘於宮，聲聞於外；鶴鳴於九皐，聲聞於天。在我者旣盡，亦自不能掩。今之學者只用心於枝葉，不求實處。孟子云：盡其心者知其性，知其性則知天矣。心只是一個心。某之心，吾友之心，上而千百載聖賢之心，下而千百載復有一聖賢，其心亦只如此。心之體甚大。若能盡我之心，便與天同。爲學只是理會此。「誠者自成也，而道自道也。」何嘗騰口說？伯敏云：如何是盡心？性、才、心、情如何分別？先生云：如吾友此言又是枝葉。雖然，此非吾友之過，蓋擧世之弊。今之學者，讀書只是解字，更不求血脈。且如情性心才都只是一般物事，言偶不同耳。伯敏云：莫是同出而異名否？先生曰：不須得說，說着便不是，將來只是騰口說，爲人不爲己。若理會自家實處，他日自明。若必欲說時，則在天者爲性，在人者爲心。此蓋隨吾友而言。其實不須如此。只是要盡去爲心之累者。如吾友適意時，卽今便是。牛山之木一段，血脈只在仁義上。「以爲未嘗有材焉，此豈山之性也哉？」「此豈人之情也哉」，是偶然說及，初不須分別。所以令吾友讀此者，蓋欲吾友知斧斤之害其材，有以警戒其心。「日夜之所息」，息者歇也，又曰生息。蓋人之良心爲斧斤所害，夜間方得休息。若夜間得息時，則平旦好惡與常人甚相近。惟旦晝所爲，梏亡不止，到後來夜間亦不能得息，夢寐顚倒，思慮紛亂，以致淪爲禽獸。人見其如此，以爲未嘗有才焉，此豈人之情也哉？只與理會實處，就心上理會。俗諺云：痴人面前不得說夢。又曰：獅子咬人，狂狗逐塊。以土打獅子，便逕來咬人。若打狂狗，只去理會土。聖賢急於教人，故以情、以性、以心、以才說與人，如何泥得？若老兄與別人說，定是說如何樣是心，如何樣是性、情與才。如此分明，說得好剗地，不干我事。須是血脈骨髓理會實處始得。凡讀書皆如此。

〔以上見卷三十五，李伯敏敏求所錄，選錄其中二條。〕

32. 人心只愛泊着事，教他棄事時，如鶻孫失了樹，更無住處。

33. 人不肯心閑無事，居天下之廣居，須要去逐外，着一事，印一說，方有精神。

34. 做得工夫實，則所說卽實事，不話閑話；所指人病卽實病。

35. 凡事莫如此滯滯泥泥。某平生於此有長，都不去着他事，凡事累自家一毫不得。每理會一事時，血脈骨髓都在自家手中。然我此中却似個閑閑散散，全不理會事底人，不陷事中。

36. 「小心翼翼，昭事上帝，上帝臨汝，無貳爾心。」此理塞宇宙，如何由人杜撰得？文王敬忌，若不知此，敬忌個甚麼？

37. 凡所謂不識不知，順帝之則，晏然太平，殊無一事，然却有說。擒搦人不下，不能立事，却要有理會處。某於顯道恐不能久處此間，且令涵養大處。如此樣處未敢發。然某皆是逐事逐物考究練磨，積日累月，以至如今；不是自會，亦不是別有一竅子，亦不是等閑理會，一理會便會。但是理會與他人別。某從來勤理會。長兄每四更一點起時，只見某在看書，或檢書，或默坐，常說與子侄，以爲勤，他人莫及。今人却言某懶，不曾去理會，好笑！

38. 某從來不尚人起爐作竈，多尚平。

39. 佛老高一世人，只是道偏，不是。

40. 我說一貫，彼亦說一貫，只是不然，天秩天敍天命天討，皆是實理，彼豈有此？

〔以上見卷三十五，包揚顯道所錄，選錄其中九條。〕

41. 阜民嘗問：先生之學亦有所受乎？曰：因讀孟子而自得之。

〔以上見卷三十五，詹阜民子南所錄，只選錄此一條。〕

從陸象山到劉蕺山

第二章　象山與朱子之爭辯

第一節　象山鵝湖之會詩乃孟子學之表現——本體論的直貫與認識論的橫列

第二節　尊德性與道問學之切義：直貫形態與靜涵形態

第三節　朱子方面之心態與反應：中和舊說下之儱侗光景

第四節　中和新説之大義

第五節　中和新説後之發展

第六節　朱子對於象山之稱賞

第七節　朱子之「誦言以攻之」

第八節　朱子之攻其爲禪

第二章　象山與朱子之爭辯

象山自三十四歲開始受徒，至三十七歲鵝湖之會，其講學之宗旨與規模即已確定，而亦自始即與朱子不相契者。朱子長象山九歲。鵝湖之會時，象山三十七，朱子四十六。朱子於三十七開始至四十歲，這三四年之間，正苦參中和問題；而「心性情三分理氣二分」之格局亦確定於此時。（三十七是一有趣之年齡，陽明在龍場驛悟良知亦是三十七。）各有確定之規模與端緒，系統不同，故不相契。惟由此不相契所表現於言語上之互相譏刺似又不能自覺到此中客觀義理癥結之所在，因此，遂只落於表面風格上之互相詬詆。如朱子斥象山爲禪，此固不相干，即說其空疏，粗暴，狂傲，取徑太易，不切實下學，亦仍不對題。反過來，象山斥朱子「不見道」，究竟如何是不見道？朱子大講太極形而上之理，你說他不見道，朱子自不服，而一般人亦未必能理解，不必能同情你。又如說他支離，支離之意如不能明確地定其對何而言，則有時亦正需要支離，詳細分疏亦不可少，而朱子亦正安於細碎工夫而並不以爲憾。是以如此相攻擊，總不切要。最後太極圖說之辯只是象山借題發揮，其主旨實不在「無極而太極」一系義理之本身。若就此論題而言，吾人可說象山是失敗者，然不碍其學路之正大。是則不契之根本癥結仍未辯出也。夫攻對方之失，若不能切中客觀義理之肯要，而只是就氣味姿態作表面無準之聯想，則不但大抵不相干，不足以服對方之心，且足以淹沒並迷失眞實問題之所在。如是，則激成一套烟幕，遮蔽於眞實問題之外，而世之耳食之輩，吠影吠聲，亦總是隨此烟幕而幻想妄說，遂永不能撥雲霧而洞悟此中眞實問題之眞相矣。學術問題之不明與迷失造成許多無謂之爭論與虛妄不實之譏議，此則爲害甚大，不可不予以澈底點破也。以下試就文獻逐步明此中問題之眞相。

第一節　象山鵝湖之會詩乃孟子學之表現——本體論的直貫與認識論的橫列

象山年譜於象山三十七歲年記鵝湖之會引朱亨道書云：

> 鵝湖講道切誠當今盛事。伯恭蓋慮陸與朱議論猶有異同，欲會歸於一，而定其所適從。其意甚善。伯恭蓋有志於此，語自得則未也。……
>
> 鵝湖之會，論及教人，元晦之意欲令人泛觀博覽而後歸之約；二陸之意欲先發明人之本心，而後使之博覽。朱以陸之教人為太簡，陸以朱之教人為支離。此頗不合。……

案此記述徒以博與約，太簡與支離相對比，即足以使人迷失真實問題之所在。雖有「二陸之意，欲先發明人之本心，而後使之博覽」之語，然於「發明人之本心」若不能真切正視其確意與的意，則重點只落在博與約，太簡與支離之對比，此則博與約之先後只成為寡頭的方法論上之問題，而太簡與支離之病亦成為無對之泛語，人不能真知「太簡」何以必是病，而亦有不必是病處，「支離」何以必是病，而亦有不必是病處。夫簡易必有相應，支離必有所對。離其相應，而泛言簡易，泛言約，乃是浮躁輕率之懶漢，豈止空疏而已哉？失其所對，而泛言支離，則支離不必是支離，亦可是本質的相干者。不先確定真實問題上之對應，而只落於方法之博約上以為宗旨，由此而互相指摘為太簡或支離，此即成為永遠循環、永不得決之無意義之爭吵，而真實問題亦因而迷失焉。

觀二陸之詩，明是本孟子措辭。象山詩尤其警策挺拔。子壽詩：「孩提知愛長知欽」，明是本孟子曰：「人之所不學而能者，其良能也。所不慮而知者，其良知也。孩提之童，無不知愛其親也。（孩提知愛）。及其長也，無不知敬其兄也。（長知欽）。親親仁也，敬長義也。無他，達之天下也。」（盡心篇）。「親親仁也，敬長義也」，「古聖相傳只此心」亦並不錯。「只此心」即只此仁義之本心。「無他，達之天下也」，即「擴而充之」之意。依此而言「大抵有基方築室，未聞無址忽成岑」。此亦即「源泉混混，不舍晝夜，盈科而後進，有本者若是」之義。講內聖之學，自覺地作道德實踐之工夫，首應辨此本心，此是直接的本質相干之第一義。若不先正視此義，而只「留情傳注」、「著意精微」，縱使講得十分好，亦是歧出，或只是第二義以下者。故云：「留情傳注翻榛塞，著意精微轉陸沉。珍重友朋勤琢切，須知至樂在於今」。「在於今」者即當下即在此本心之呈現也。此詩所表現之義理宗旨，正是孟子之矩矱，絲毫無有乖離者。若如象山語錄所記，象山謂「先兄舉詩才四句，元晦顧伯恭曰：子壽早已上子靜舡（一作船）了也」，此何嘗是「上子靜船」？乃根本是上孟子船。若當時朱子眞如此說，則朱子根本忽視首四句之孟子義，心中只想到子靜之乖僻，例如禪、脫略文字等。殊不知此正是內聖踐履之正大矩矱，焉有所謂「上子靜船」之幻想！是則問題只在朱子對於孟子之了解如何，對於孟子究能相應否？根本不在博與約也。朱子終身不解孟子，其心態根本與孟子不相應，故聞子壽詩之首四句，亦不能直就孟子想，而却想些不相干的物事。不然，此首四句乃根本無問題者，何至於此起爭議？若於後四句不愉快，起遐想，尚有可說。但若眞了解孟子，則後四句亦是必然者。若於此一時眞有不愉快，亦當切己自反，重新回頭正視孟子。今不然，足證朱子之心態根本與孟子有距離也。此與禪決無關係，亦不是博約問題。乃根本是內聖之學，自覺地作道德實踐之本質的問題也。

至於象山詩尤其警策挺拔，更合孟子之精神。象山學無所受，自謂「因讀孟子而自得之」。（見前錄語錄第四一條）。試觀象山論學書札，其所徵引幾全是孟子語句，其全幅生命幾全是一孟子生命。其讀孟子之熟，可謂已到深造自得，左右逢源之境。孟子後眞了解孟子者，象山是第一人。

其詩云：「墟墓興哀宗廟欽，斯人千古不磨心」。此言：見墟墓，則起悲哀之感，見宗廟，則起欽敬之心，此種悲哀之感與欽敬之心所表示的道德之心乃正是人之千古不磨之永恒而相同之本心。明道告神宗曰：「先聖後聖，若合符節。非傳聖人之道，傳聖人之心也。非傳聖人之心也，傳己之心也。己之心，無異聖人之心。廣大無垠，萬善皆備。欲傳聖人之道，擴充此心焉耳」。（見宋元學案，明道學案上）。明道所言亦正是孟子之學。言傳心，實只是方便言之。心焉可傳？實只是自己本心之呈現。「己之心無異聖人之心」，此亦即象山所謂「千萬世之前有聖人出焉，此心同，此理同也。千萬世之後有聖人出焉，此心同，此理同也。東南西北海有聖人出焉，此心同，此理同也」。不但聖人此心同，此理同，人人皆有之，卽人人皆同也。此是人之所以爲人之超越的本心。象山直下指出此心乃人人俱有之永恒而普遍，超越而一同之本心，不必言傳也。故以爲其兄之「古聖相傳只此心」之句爲「微有未安」也。其實亦無甚緊要，其義不謬也。明道如此言，陸氏兄弟如此言，皆本孟子而來，亦不謬於聖人。象山云：「夫子以仁發明斯道，其言渾無罅縫。孟子十字打開，更無隱遁」。(見前所錄語錄第七條)。此四語最能道出孔孟之教之精蘊。此超越之本心卽仁心也。

「涓流積至滄溟水，拳石崇成泰華岑」此兩句顯本中庸：「今夫山、一卷（拳）石之多，及其廣大，草木生之，禽獸居之，寶藏興焉。今夫水，一勺之多，及其不測，黿鼉蛟龍魚鼈生焉，貨財殖焉」。中庸此喩是承上文「天地之道可一言而盡也。其爲物不貳，則其生物不測」而來。

「易簡工夫終久大，支離事業竟浮沈」。易簡句的根據是易傳：「乾知大始，坤作成物。乾以易知，坤以簡能。易則易知，簡則易從。易知則有親，易從則有功。有親則可久，有功則可大。可久則賢人之德，可大則賢人之業。易簡而天下之理得矣。天下之理得而成位乎其中矣」。易簡並不是方法上之泛言。乃是直從「乾知大始，坤作成物」說，直從乾之知坤之能說。並不是到處皆易簡也。故易傳又云：「夫乾，天下之至健也，德行恒易以知險。夫坤，天下之至順也，德行恒簡以知阻」。然必開闢此簡易之本源，而後險阻可克服而暢通也。若不知此簡易之本源，而只歧出以「留情傳注」，重點只落於外在的知解，則便於自覺地相應道德之本性而作道德的實踐爲不相干。「支離」者，歧出而不相干之謂。此是單對相應道德本性而爲道德的實踐言爲支離，並不是寡頭泛言博文爲支離也。若就客觀理解，研究工作言，並無所謂支離也。

朱子若能正視孟子之義，中庸之義，易傳之義，則聞象山「學詩至此」，何至「失色」？正當首肯而色喜也。即不色喜，亦不能謂此非內聖踐履之本質的關鍵也。今竟「失色」，則其不能正視孟子、中庸、易傳正大光明之義，而囿於自己既成之習，涉無謂之遐想，亦明矣。

最後兩句：「欲知自下升高處，眞僞先須辨只今」。此是象山直就內聖之學（相應道德本性以爲道德的實踐）而言講學入路之眞僞也。或眞或僞只在是否能當下肯認此道德的創造之源之本心也。「先須辨只今」即辨此當下呈現之本心也。即在此，有象山所謂「辨志」，有其所謂「義利之辨」，有其所謂「先立其大」，有其所謂「尊德性」。此就直接相應道德本性而爲道德實踐之第一義言，最爲本質的肯要，此並無誇大乖僻不近人情處。由此而開象山所謂「今天下學者唯兩途：一途樸實，一途議論」之說。能直接相應此本心而「溥博淵泉而時出之」，不「粘牙嚼舌」，不「起爐作竈」，「不話閑話」，不「杜撰」，便是「樸實」。不能如此，歧出而「杜撰」、「立說」，便是「議論」。凡議論皆「虛說虛見」，皆非實理正見，皆是「無風起浪，平地起土堆」，故皆不平，皆非「坦然明白」，皆是「異端」，皆是「陷溺」。不必時文利欲爲陷溺，爲僞，卽此議論之途，意見之虛，亦皆陷溺而爲僞也。象山對於時風之陷溺確有其眞切之感受，今語所謂存在之感受。其言本心，言辨志，直翻上來而言樸實，斥議論，皆是由於對此時風陷溺之遮撥而直超拔至此第一義，亦實是本質的相干之一義，故並非窮高極遠之虛誕，而乃實是平，實是實，此方眞是平實，故斥彼岐出者爲支離，爲議論，爲異端，爲虛見，爲陷溺。此非故作反常之論，乃實對內聖踐履（相應道德本性而爲道德踐履）之第一義而恰恰是如此。人狃於常情，不知道德踐履之本性爲何物，乃以外在知解爲平實，美其名曰「下學而上達」，殊不知對道德踐履之本性言，此正爲歧出而不平實，而亦未必眞能上達也。孔子固云：「下學而上達，知我者其天乎」？然孔子之「下學」豈只是空頭之下學乎？不然，彼何必念念於仁乎？若非洞悟生命之源(仁)，沛然莫之能禦，未必能「不怨天，不尤人」，亦未必能「下學而上達」，亦未必能至「知我者其天乎」之與天地生命爲一也。

朱子若眞能於此有所洞徹，則見象山此詩必不至「失色」，必不至「大不懌」。蓋象山之言並無狂蕩，此與禪決無關係。此乃內聖踐履之必然。

朱子所以終不契象山之樸實而涉無謂之遐想，不爲別的，總因乃在其心態與孟子、中庸（後半部）、易傳之義理不相應。此則須徹底說破如下：

孟子之本心，擴充，充盡，沛然莫之能禦，以及「源泉混混，不捨晝夜，盈科而後進，有本者若是」，等詞語，皆爲象山所最喜引用。朱子說象山「合下有些禪底意思」，實則他確然合下是一個孟子底生命。此等詞語皆表示承體起用之道德的創造性，皆表示承體起用的道德目的性之實現。中庸之由至誠以盡性乃至參天地贊化育，以及誠則形、著、明、動、變、化，「誠者物之終始，不誠無物」，「天地之道可一言而盡：其爲物不貳，則其生物不測」，以及「溥博源泉而時出之」等辭語亦皆是表示道德性之創造，此皆爲本體論的直貫之辭語，道德的內在目的性（終成性）之實現之辭語，宇宙論式的辭語。易傳之乾知坤能之神化尤其皆是此類之辭語。凡此類辭語皆是表示承體起用之立體的直貫。而凡此種立體的直貫之義理辭語皆爲朱子所不甚能相應。朱子之心態，其特別顯著而特用力處，乃是認識論的並列，故其所理解而有得的義理辭語大抵皆是認識論的，靜態的橫列，而不是本體論的，動態的，立體的直貫。此種心態大體是不宜於講孟子中庸易傳的，即講亦是落於第二義之認識論的橫列而去湊泊，而不是直接相應地講。故凡孟子中庸易傳中承體起用之本體論的直貫之辭語，彼皆不能以「相應道德本性而爲道德實踐」之健行不息的覿體承當照體獨立的精神去理會，而或是擺在那裡以待湊泊，其着力處全不在此，或是將其轉爲認識論的辭語而橫列地理解之。例如其講孟子「盡其心者知其性也」，即以格物窮理解知性，由此格物窮理之知以明心之盡，此顯然既倒果爲因，又將孟子之本體論的直貫轉爲認識論的橫列，此爲認知的盡，而非孟子之擴充的盡。即此一端即表示其對於孟子全部不相應。又如張橫渠云：「氣聚，則離明得施而有形，氣不聚，則離明不得施而無形」。（正蒙太和篇）。此兩辭語顯爲本體論的、宇宙論的辭語，而朱子則解「離明」爲目，謂「氣聚，則目得而見，不聚，則不得而見」，此即轉爲認識論的辭語。此大失橫渠之精神。「離明」實爲宇宙論之詞，即太虛本體之誠明也。「施」是施布之施，即本體論的展現之意。氣聚而成客形，則離明得有施布展現處。氣不聚而歸於幽，則離明不得施布展現而亦無形。無形即無氣聚之形。無形謂之幽，有形謂之明。故下文云「知幽明之故」。此整段皆爲宇宙論之陳述，而朱子心中實無此立體直貫之理境也。又如其不解明道所說之仁，而必反對以「天地萬物爲一體」說仁，必反對以有感覺不痲木之「覺」說仁，皆示其不解仁體之沛然不禦義。此種本體論的直貫之生化義、實現義、創造義，濂溪、橫渠、明道，皆不喪失。唯至朱子承繼伊川「性即理也」之分解精神，以落下來之格物窮理居敬集義之第二義爲定本，以理氣二分，心性情三分爲定局後，此直貫義遂全喪失，且於此極不相應，亦極厭惡，遂成爲與象山之對立而極不相契。此種衝突之客觀義理上的總癥結卽在此直貫與橫列兩向之衝突。其餘皆不相干之外圍恍惚語。朱子不知此直貫與橫列不是同層次上之對立，而實是第一義與第二義兩層次上之問題。卽象山亦不甚能自覺地說出，故終於兩不相契而不能得其融貫，遂成爲兩系統之對立。以吾觀之，實是一個系統之兩層，而落於第二義者不能自足獨立也。而孔孟仁敎之精神究是以立體直貫爲本質也。朱子之形態是認識論的形態，是靜態的本體論的存有之形態，而不能復合於本體論的動態的立體直貫之形態。此是類乎荀子之形態，智性義理之形態，而與孔孟之敎不相應也。徒以其近於常識而又從事於博文，人遂以正統視之矣。實則衡之第一義，彼與孔孟甚相遠也，（雖不必相違），其距離遠甚於周張大程及陸王也。

朱子之着力處，只有當吾人不能相應道德本性而爲道德實踐時，始有眞實意義，而吾人亦確常不能相應道德本性而爲道德實踐，卽或能之，亦常不能不思而得，不勉而中，而常須要勉强，擇善而固執之。蓋人常不免於私欲之陷溺，利害之顧慮，而不能純依乎天理以行。卽勉强不違道德，不犯法律，可稱爲無大過之善人，而其行爲亦不必眞能相應道德本性而純爲無條件之依理而行者。試問有誰眞能無一毫之夾雜者乎？如是，吾人不得不落於第二義上而從事於磨練、勉强、熏習、夾持、擇善而固執之之預備工夫、助緣工夫、以及種種後天之積習工夫，以求吾人生命（心）之漸順適而如理。自此而言，雖不能至乎第一義，相應道德本性，開而出之，然亦不能簡單地予以橫截，單純地視爲閒議論、虛說虛見。就第一義言，自是歧出，亦不免於支離，然不能說無眞實意義。既落於第二義而爲助緣工夫，自然是歧出，亦當然有支離。此中亦不免繞許多寃枉路，亦自有虛妄處，亦自有粘牙嚼舌處，亦自不能免乎閒議論之廢話，然而亦同樣不能單純地即視爲異端，視爲陷溺，視爲只是虛見，只是議論。象山不能正視此點，一概予以橫截，難免有輕易天下事之譏，此象山之過也。朱子於此有切感，自不能服也。然象山亦非不重視第二義之助緣工夫者。象山亦講函養操存，亦重講明，亦重博學、審問、愼思、明辨，亦重格物致知，亦重智之事，亦非不讀書，不理會文字，（當然不必限於此），然必以本心之直貫，沛然莫之能禦，爲頭腦，並非空頭而成爲純然之智之事。故養是養此，存是存此，講明是講明此，博學、審問、愼思、明辨，亦無非明辨乎此，格物致知亦無非是格此、知此，讀書、理會文字亦無非爲的是了解此，而仍歸於本心直貫沛然莫之能禦之踐履。而朱子於此直貫却甚不能正視，且甚厭惡，視爲禁忌，動輒以無謂之遐想而予以責斥，此朱子之過也。自此而言，象山謂其不見道，見道不明，亦非無故。

明乎以上之所說，則以下諸文獻可得而衡正矣。

第二節　尊德性與道問學之切義：直貫形態與靜涵形態

1. 象山年譜四十五歲下，繫之云：

朱元晦答平甫書云：「……大抵子思以來，教人之法，尊德性，道問學兩事爲用力之要。今子靜所說，尊德性，而某平日所聞，却是道問學上多。所以爲彼學者，多持守可觀，而看道理全不仔細。而熹自覺於義理上不亂說，却於緊要事上多不得力。今當反身用力，去短集長，庶不墮一邊耳。」先生聞之曰：「朱元晦欲去兩短，合兩長，然吾以爲不可。旣不知尊德性，焉有所謂道問學？」

案：「去兩短、合兩長」，自是可以。然就朱子言，必須知「尊德性」不是泛說的尊德性，而是必須能直下肯認本心之道德踐履上之直貫義，如是方能「沛然莫之能禦」，「溥博淵泉，而時出之」。尊德性是尊的這個德性，先立其大是立的這個大，不是泛說的大。此義旣立，在在皆是眞實的道德踐履，而人生不能不作事，則研究學問，應事接物，凡百技藝，皆所當爲，而道問學自含其中。此卽是「去兩短、合兩長」。然而朱子却終生不能正視此本心之道德踐履上之直貫義，故其道問學常於道德踐履並無多大助益，此其「於緊要事上多不得力」之故。蓋此種外在知解、文字理會之明理本與道德踐履並無本質的相干者。只靠敬貫動靜、涵養於未發、察識於已發，此於促成眞實的道德踐履本不十分充沛者，卽本不十分够力量者。故朱子與林擇之書云：「陸子靜兄弟，其門人有相訪者，氣象皆好。此間學者，卽與渠相反。初謂只如此講道漸涵，自能入德，不謂末流之弊，只成說話。至人倫日用最切近處，都不得毫末氣力。不可不深懲而痛警之也」。（象山年譜四十二歲下引）。朱子已見出此種道問學之弊。然只謂「不可不深懲而痛警之」，則亦只是只知痛，而不知其所以去痛者，此仍是不着邊際也。「深懲而痛警之」，有以反到本心之道德踐履上之直貫義，方是着邊際之徹悟。此則自能有超拔而氣象可光暢矣。然朱子之勁道却始終未在此處着力。其着力處仍在「涵養須用敬，進學則在致知」也。然如象山所謂「旣不知尊德性，焉有所謂道問學」，則却須有簡別。如道問學是直接與道德踐履相關之道問學，如象山所意謂者，則不知尊德性，自無此種道問學。然道問學亦有與道德踐履不直接相干者，或根本是不相干者，如所謂中立者，例如讀數學或研究物理，此則不知尊德性，亦可有道問學。外在知解、客觀研究、文字理會。大抵皆屬此類。此爲純智之興趣，亦有其相當之獨立性。（朱子此種興趣甚强）。不知尊德性，既可有此種道問學，則此種道問學亦可與道德踐履不相干，無助於眞實道德踐履之實現。是以在此，尊德性與道問學並非同一事，而其關係亦是綜和關係，並非分析關係。在此，吾人只能說：不知尊德性，則道問學亦無眞切助益於道德之踐履，但不能說：不知尊德性，即無道問學。吾人亦可說：不知尊德性，則一切道問學皆無眞實而積極之價值，但不能說：無尊德性即無道問學。反之，既知尊德性，則道問學，於個人身上，隨緣隨分皆可爲，不惟無碍於道德之踐履，且可以助成與充實吾人道德之踐履。「宇宙內事，乃己分內事」，則一切道問學皆有眞實而積極之價值。是以象山云：「豈可言由其著書而反有所蔽？當言其心有蔽，故其言亦蔽，則可也」。（見全集卷十二，與趙詠道書）。著書有何妨碍？如能爲、願爲，儘可盡力而爲之。單看學至於道與否耳，是否知尊德性爲之主耳。是以凡言象山反對讀書著書、脫略文字、輕視道問學者，皆誣妄耳。

2.象山年譜四十五歲下引朱元晦來書云：

> 歸來臂痛。病中絕學捐書，却覺得身心收管，似有少進處。向來汎濫，眞是不濟事。恨未得款曲承教，盡布此懷也。

此是迎合象山意，說此好聽之語耳，非其質也。實則此亦非象山所樂聞也。象山豈主「絕學捐書」者乎？老子云：「絕學無憂」。此顯非朱子衷心之語。身心能否收管，豈在學之絕不絕與書之捐不捐乎？學與書有何罪哉？象山系之學者若見朱子此書而喜，以爲是晦翁覺悟之言，則鄙陋甚矣。旣誣枉象山，亦不解朱子。

3. 年譜五十歲十二月十四日下，繫之云：

聞朱元晦詩、喜。詩云：川源紅綠一時新，暮雨朝晴更可人。書册埋頭何日了，不如抛却去尋春。先生聞之色喜，曰：元晦至此，有覺矣。斯可喜也。

此亦無謂之遐想。象山不必眞如此淺陋無聊也。時正辯論太極圖說極爲激烈之時，雙方辯得極不愉快。翌年正月，朱子答書，別紙末云：「如曰未然，則我日斯邁，而月斯征，各尊所聞，各行所知，亦可矣。無復可望其必同也」。辯的結果已至此，而謂象山聞一詩卽喜，單憑一詩卽謂朱子有覺，無乃太輕浮乎？是以作象山年譜者，繫此詩於此，乃無謂之裝點耳。不可信。

4.年譜四十八歲下，朱元晦通書略云：

> 傅子淵去冬相見，氣質剛毅，極不易得。但其偏處亦甚害事。雖嘗苦口，恐未以爲然。近覺當時說得亦未的，疑其不以爲然也。今想到部，必已相見，亦嘗痛與砭劑否？道理極精微，然初不在耳目聞見之外。是非黑白只在面前。此而不察，乃欲別求玄妙於意慮之表，亦已誤矣。（案此雖針對傅子淵說，亦意指象山而言）。熹衰病日侵。所幸邇來日用工夫，頗覺省力，無復向來支離之病。甚恨未得從容面論，未知異時尚復有異同否耳。

案子淵對於象山之「辨志」極有得，故象山贊之云：「子淵之對，（對答陳正己），可謂切要」。（見前章第二節三十四歲開始受徒，以辨志，明本心，爲講學宗旨）。然朱子對於本心之道德踐履上之直貫義終身不能正視，不能於此着力，其勁力於此用不上，故總以象山學爲偏，爲害事也，總視之爲離耳目日用，「別求玄妙於意慮之表」也。實則象山本「本心之直貫」，反議論，崇樸實，「汝耳自聽、目自明，事父自能孝，事兄自能弟，本無欠缺，不必他求，在自立而已」。此正是本「本心之沛然」而來之實事、實理、實見，此正是眞正之平實，眞正之「是非黑白只在面前」。設離本心之沛然，「是非黑白」並不眞能「只在面前」也。日月倒懸，天旋地轉者多矣。是以象山亦從未「在耳目聞見之外」，「別求玄妙於意慮之表」。特其「耳目聞見」是本本心之直貫而來，而朱子之「只在面前」則須是在認知之橫列中，「着意精微」，「卽物而窮其理也」。此仍是一縱一橫之異。此橫面之平實，在象山觀之，仍是議論、支離。吾謂此是第二義上之助緣工夫，雖不可單純視之爲議論，然虛妄、寃枉、閒議論之病必不可免。但磨久了，亦可磨平。朱子確有此勁力，到晚年，眞叫他磨平了。故其所謂「邇來日用工夫，頗覺省力，無復向來支離之病」，此語當可信。此亦有其消化支離之道。吾嘗以李、杜喻朱、陸。朱子如杜甫，是「萬景皆實」。象山如李白，是「萬景皆虛」。萬景皆實，到磨平時，只見有「本體論的存有」之實理之平鋪。到此時，亦可眞至「心是理，理是心，聲爲律，身爲度」之境。（明道說曾子語）。但這仍是認知橫列之平鋪，本體論的存有之平鋪，敬貫動靜、涵養於未發、察識於已發，步步收斂凝聚貞定其心氣所至之平鋪，而非是本心直貫之平鋪也。象山萬景皆虛，是以本心之虛明穿透一切，以本心之沛然成就一切，故通體透明，亦全體是實事實理也。此是道德踐履之創造，本體論的直貫之實現之平鋪也。此是虛以成實，而非如朱子之實以達虛也。虛以成實重生化，實以達虛重靜涵。重生化，則實事實理皆一心出，所謂「溥博淵泉而時出之」，出此理（理由中出）即有此事，有此事（事以行成）即見此理。故「滿心而發，充塞宇宙，無非斯理」。此是本心直貫之平鋪也（創造的平鋪）。重靜涵，則即事窮理，理以定事，其究也只見有理，不見有事。理以定心，則心斂而氣靜，所行自無不如理也，而心亦虛明，此所謂實以達虛，智心之虛也，所謂「衆物之表裡精粗無不到，而吾心之全體大用無不明也」。此是認知橫列之形態，本體論的存有之形態，乃靜涵之平鋪也。此是朱子重後天工夫以學聖所特別彰著之橫列形態，而非孔孟立教之直貫形態也。（以直貫橫、非無橫也）。而象山則直承此直貫形態而立言，故尤近於孔孟也。（此自形態言，當然不自造詣境界言）。悠悠之口視之爲禪者，眞誣枉之見也。

此兩形態顯然有異，但以直貫橫，則融而爲一矣。但朱子若不肯認直貫形態，則不足與言融一，此象山之所以總斥其「見道不明」也。

5. 語錄：

> 或謂先生之學是道德性命，形而上者。晦翁之學，是名物度數，形而下者。學者當兼二先生之學。先生云：足下如此說晦翁，晦翁未伏。晦翁之學，自謂一貫。但其見道不明，終不足以一貫耳。吾嘗與晦翁書云：揣量模寫之

工，依放假借之似，其條畫足以自信，其節目足以自安。（案此見辯太極圖說第二書）。此言切中晦翁之膏肓。（見前章第四節所錄語錄第二十七條）。

落於第二義以漸磨，朱子之學亦是一途，固亦有其勁力，固亦有可欣賞處，但此靜涵系統非自律道德之直貫形態，故象山謂其「見道不明」也。

6. 語錄：

一夕步月，喟然而嘆。包敏道侍，問曰：先生何嘆？曰：朱元晦泰山喬嶽，可惜學不見道，枉費精神，遂自擔閣，奈何！（前所錄語錄無此條）。

案：落於第二義，歧出而成爲他律道德，固不見道，亦自是枉費精神，徒自耽擱，然自求得客觀知識以及文字理會之明確而言，朱子之追求工夫亦未見得盡是枉費，儘管有錯處。象山於此不甚能正視朱子之價值，而其自己個人於此方面亦太無興趣，因而工夫亦比較欠缺。彼固重在非分解之點示與啓發，然隨機對辯，分解明義亦甚重要。若不能平情了解對方，則不能啓沃對方，使之有轉進，而只益滋其弊與蔽。例如辯太極圖說時，當朱子說到「我日斯邁，而月斯征，各尊所聞，各行所知，亦可矣，無復可望其必同也」之時，象山卽答謂：「不謂尊兄遽作此語，甚非所望。君子之過也，如日月之食焉，過也，人皆見之，及其更也，人皆仰之。通人之過，雖微箴藥，久當自悟。諒今尊兄必渙然於此矣。」尚未辯明，朱子亦未服輸，卽斷定朱子有過，此則太過自信。朱子落於第二義，歧出而成爲他律道德，固可斥其不見道，然辯「無極而太極」，朱子未必不對，象山亦未見得卽對。今遽謂「君子之過也」云云，亦無乃太過乎？象山之辯太極圖說只是借題發揮耳。故云：「此數文皆明道之文，非止一時辯論之文也。」（見前章引象山全集卷十五與陶贊仲書）。此是就朱子根本不見道而言，非在辯「無極而太極」本身也。若就客觀研究，文字理會，而言，朱子不見得不對也。象山對此，自不及朱子之仔細。然象山對於此等「粘牙嚼舌」，全不在意。故與陶贊仲書又云：「元晦書，偶無本在此，要亦不必看；若看，亦無理會處。……看晦翁書，但見糊塗，沒理會。觀吾書，坦然明白。吾所明之理乃天下之正理、實理、常理、公理，所謂本諸身，徵諸庶民，考諸三王而不謬，建諸天地而不悖，質諸鬼神而無疑，百世以俟聖人而不惑者也。」此若就第一義本心之直貫說，是如此。但若就辯太極圖說而言，則不見得是如此。而竟謂「元晦書，……要亦不必看」，則太忽視對方矣。「觀吾書，坦然明白」。此若就辯太極圖說而言，則未免太自信。此等處皆是象山之過，故令朱子有「粗暴之氣」之感也。似此全部橫截，遂引起朱子之反動。自此以後，朱子愈益不能了解對方之眞，只成爲虛妄無謂之詬詆。此可慨也。

以下試看朱子方面之心態與反應。

第三節　朱子方面之心態與反應：中和舊說下之儱侗光景

1. 王懋竑朱子年譜三十九歲下，引朱子答何叔京書云：

> 向來妄論持敬之說，亦不記其云何。但因其良心發見之微，猛省提撕，使心不昧，則是做工夫底本領。本領旣立，自然下學而上達矣。若不察於良心發見處，卽渺渺茫茫，恐無下手處也。所喻多識前言往行，固君子之所急，熹向來所見亦是如此。近因反求，未得個安穩處，却始知此未免支離。如所謂因諸公以求程氏，因程氏以求聖人，是隔幾重公案？曷若默會諸心，以立其本，而其言之得失自不能逃吾之鑒耶？欽夫之學所以超脫自在，不爲言句所桎梏者，亦爲合下入處親切也。

案：此書所言居然是一象山矣。朱子寫此書時之心境，其背景正是中和舊說。所謂「近因反求」，即因近來反求心身以參究中和問題也。此中和問題正是朱子內聖工夫所以實施之緊要處，亦正是其心性之學所以建立之關鍵。及其思維已明，陳說已定，（此在四十歲時），則此中和定說即後來所謂中和新說便成朱子學終身之定規。而寫此書時却是在中和舊說之心境中。此舊說正是朱子所深悔而放棄者。

舊說大體是肯認天命流行之體爲吾人之性體。此天命流行之體，其具體意義即是生生不已之寂感眞幾。寂然不動即是未發，感而遂通即是已發。寂感不二，即是未發已發不二。此流行之體即是吾人之眞心眞性，在吾人之現實生活中隨時呈現。「故雖汨於物欲流蕩之中，而其良心萌蘖亦未嘗不因事而發見。學者於是致察而操存之，則庶乎可以貫乎大本達道之全體而復其初矣」。（中和舊說第一書）。此舊說本不甚差，猶近北宋諸儒所闡述之古義。此時心性之分並不顯著，故即以「良心萌蘖」指謂此流行之體，是則此流行之體亦可即曰「此心流行之體」。若必予以分別，則可說「已發者人心，而未發者皆其性也」，（重新潛玩舊說第一書之一書），而已發未發「了無間斷隔截處」（中和舊說第二書），故心與性亦不二也。既認此心性爲吾人之眞體，故吾人之工夫即在「致察而操存」此眞體，此時「致察」（察識）與「操存」（存養、涵養）並無分屬。故云：『存者、存此而已，養者、養此而已。必有事焉而勿正、心勿忘、勿助長也。從前是做多少安排，沒頓着處。今覺得如水到船浮，解維正柂，而沿洄上下，惟意所適矣。豈不易哉？始信明道所謂「未嘗致纖毫之力」者，眞不浪語』！（重新潛玩舊說第一書之一書，此書，朱子年譜亦繫於三十七歲下）。此義猶接近明道，故稱其「未嘗致纖毫之力」之語爲「眞不浪語」。若順此舊說第一書發展下去，旣可合於胡五峯，亦可契於陸象山。而前引三十九歲下答何叔京之一書，卽是在此舊說背景下寫成者。「但因其良心發見之微，猛省提撕，使心不昧，則是做工夫底本領。本領旣立，自然下學而上達矣。若不察於良心發見處，卽渺渺茫茫，恐無下手處也」。此言甚好，此卽孟子、五峯、象山之路。於此書下，又有答何叔京書云：「博觀之弊，誠不自揆。若使道可以多聞博觀而得，則世之知道者爲不少矣。熹近日因事方有省發處。如鳶飛魚躍，明道以爲與必有事焉而勿正之意同者，今乃曉然無疑。日用之間，觀此流行之體，初無間斷，方有下工夫處。乃知日前自誑誑人之罪，不可勝贖矣。此與守書册，泥言語，全無交涉。幸於日用間察之。知此，則知仁矣」。此亦顯然寫於舊說之背景下，故亦亟稱明道，且復云：「觀此流行之體，初無間斷，方有下工夫處」。

2. 三十七歲下，答何叔京書云：

熹孤陋如昨。近得伯崇過此，講論踰月，甚覺有益。所恨者不得就正於高明耳。李先生教人，大抵令於靜中體認大本未發時氣象分明，卽處事應物，自然中節。此乃龜山門下相傳指訣。然當時親炙之時，貪聽講論，又方竊好章句訓詁之習，不得盡心於此。至今若存若亡，無一的實見處，辜負教育之意。每一念此，未嘗不愧汗沾衣矣。

此亦正開始着力於中和問題時之心境。

3.又答何叔京書云：

體念操存，雖不敢廢，然無脫然自得處。但比之舊日，則亦有間矣。所患絕無朋友之助。終日兀然，猛省提掇，僅免憒憒而已。一小懈，則復惘然。此正天理人欲消長之幾，不敢不著力。不審別來高明所進復如何？向來所疑，已冰釋否？若果見得分明，則天性人心，未發已發，渾然一致，更無別物。由是而克己居敬，以終其業，則日用之間，亦無適而非此事矣。中庸之書，要當以是爲主。而諸君子訓義，於此鮮無遺恨。比來讀之，亦覺其有可疑者。雖子程子（伊川）之言，其門人所記錄，亦不能不失。蓋記者之誤，不可不審所取也。

案此亦中和舊說背景下之言，因其開始着力，故有新鮮活潑氣，雖伊川之言，「亦不能不失」。

4.又答何叔京書云：

昔聞之師，以爲當於未發已發之幾，默識而心契焉，然後文義事理，莫非此理之所出，不待區區求之於章句訓詁之間也。向雖聞此，而莫測其所謂。由今觀之，始知其爲切要至當之說，而竟亦未能一蹴而至其域也。……

案：此亦舊說背景下之言，亦與明道象山相近。

5.又答羅參議書云：

……大抵衡山之學，只就日用處操存辨察，本末一致，尤易見功。近乃覺知如此，非面，未易究也。

案：此所謂衡山卽胡五峯。此書亦舊說背景下之言，故猶稱賛胡五峯。

6.答許順之書云：

> 秋來心閒無事，得一意體驗，比之舊日，漸覺明快，方有下工夫處。目前真是一盲引衆盲耳。更有一絕云：半畝方塘一鑑開，天光雲影共徘徊。問渠那得清如許？爲有源頭活水來。

案：此亦開始着力於中和問題下之心境。

以上五書，加重新潛玩舊說第一書之一書（亦與張欽夫者），皆三十七歲時所寫，再加三十九歲時答何叔京之二書，共八書，皆舊說背景下之心境。大抵此時剛開始踏入內聖之學之門，其早期所讀北宋諸儒所闡述之天命流行之體猶大體彷彿於心目中，故猶稱明道及胡五峯。而有名之「半畝方塘一鑑開」一絕亦作於此時。此時之心境與氣象猶開朗活潑，力向高明簡易之路趨。然此一路究非其本質，此不過開始着力，憑北宋諸儒之闡述而來之一時之乍見，未能眞妥貼於其生命中也。

一、肯認天命流行之體以爲大本，於其良心萌蘖致察而操存之，以復其初，此中一方面體認本體，一方面指陳逆覺工夫，此兩義皆非朱子所能眞切正視而眞有得於生命中者。依朱子後來之分解精神，此天命流行之體正被分解而爲理氣，心與神俱屬於氣。自朱子後來觀之，此時所肯認之天命流行之體正是儱侗之光景。儱侗渾淪正是朱子所不喜，亦示此「流行之體」實不能眞切於其生命中也。旣不能眞切，故只是一光景。舊說第二書中云：「此所謂天下之大本，若不眞的見得，亦無揣摸處也。」若依後來朱子之定規觀之，朱子實亦未「眞的見得」也。此時說此話亦只是一時之門面話。故舊說第二書複述第一書所陳之義云：「當時乍見此理，言之惟恐不親切分明，故有指東畫西，張皇走作之態。自今觀之，只一念間，已具此體用。發者方往，而未發者方來，了無間斷隔截處。夫豈別有物可指而名之哉？」「只是來得無窮，便常有個未發底耳。若無此物，則天命有已時，生物有盡處，氣化斷絕，有古無今久矣。此所謂天下之大本，若不眞的見得，亦無揣摸處也。」此一複述，尤其惡劣。「發者方往，而未發者方來」，「只是來得無窮，便常有個未發底耳」。此數語卽示其於「天命流行之體」並無眞體認。故朱子一方自注云：「此書所論尤乖戾，所疑（伊川）語錄皆非是」，一方又與張敬夫書云：「大抵目前所見，累書所陳者，只是儱侗地見得個大本達道底影像，便執認以爲是了。却於致中和一句，全不曾入思議。所以累蒙敎，告以求仁之爲急，而自覺殊無立脚下工夫處。蓋只見得個直截根源，傾湫倒海底氣象。日間但覺爲大化所驅，如在洪濤巨浪之中，不容少頃停泊。（案天命流行之體，彼竟覺得有如此氣象，可知其對於天命流行之體根本無眞見）。蓋其所見一向如是，以故應事接物處，但覺粗厲勇果，增倍於前，而寬裕雍容之氣，略無毫髮。雖竊病之，而不知其所自來也。（案「所見一向如是」，不是天命流行之體有不是，乃是對此天命流行之體見錯了，根本無體認。）而今而後，乃知浩浩大化之中，一家自有一個安宅，正是自家安身立命主宰知覺處，所以立大本行達道之樞要。所謂體用一源，顯微無間者，乃在於此。而前此方往方來之說，正是手忙足亂，無着身處。道邇求遠，乃至於是。亦可笑矣。」案此最後一段，似是稍有覺悟，然對此天命流行之體究體悟到若何程度，亦難說，所謂「自有一個安宅」，對此「安宅」究如何把握，亦難說。故到中和新說，卽所謂定說，此套全放棄矣。並未以此天命流行之體爲自家之安宅也。故知舊說中肯認天命流行之體以爲大本，乃是儱侗光景之見，並未眞切地進入其生命中。

二、於良心萌蘖致察而操存之，朱子對此逆覺工夫亦不眞切，亦非其生命之本質。後來對胡五峯「知言」所表示之八端疑義，其中之一端卽是「不事涵養，先務知識」。此所謂「先務知識」卽先要察知此良心萌蘖以肯認心之本體，卽胡氏所謂「欲爲仁，必先識仁之體」也。察識而後言操存，察存工夫一是皆在於此本心。此義本爲明道所說。所謂「學者須先識仁」，「識得此理，以誠敬存之而已」是也。前引朱子三十九歲答何叔京書所謂「若不察於良心發見處，卽渺渺茫茫，恐無下手處也」，亦是此義。此時朱子猶因襲明道而亦學着如此說。於三十七歲時答羅參議書猶稱「大抵衡山之學，只就日用處操存辨察，本末一致，尤易見功」。然此究非其本質，彼亦不能妥貼信得及，故後來卽力反胡氏之「先務知識」，而對於明道則心存客氣，存而不論。其所以力反胡氏之「先識仁之體」，卽由於其中和新說成立後已成定局，故其於四十歲時答張欽夫書表示中和新說後，卽繼之批評張南軒「所謂學者須先察識端倪之發，然後可加存養之功」之義。彼謂「熹於此不能無疑。蓋發處固當察識，但人自有未發時。此處便合存養。豈可必待發而後察，察而後存耶？且從初不曾存養，便欲隨事察識，竊恐浩浩茫茫無下手處，而毫釐之差，千里之謬，將有不可勝言者。且如洒掃應對進退，此存養之事也。不知學者將先於此，而後察之耶？抑將先察識而後存養耶？以此觀之，則用力之先後判然可觀矣」。（四十歲時答張欽夫書，卽中和定說之書）。到此時，論調完全改觀。三十九歲時答何叔京猶謂「若不察於良心發見處，卽渺渺茫茫，恐無下手處也」。一年之隔突然大變，而謂：「且從初不曾存養，便欲隨事察識，竊恐浩浩茫茫，無下手處」。此誠爲有趣之事。此示以前只是浮說，非其本質。故其稱贊明道「眞不浪語」亦只是一時之光景，謂其「眞不浪語」者實一時之興會耳。而其稱胡氏「本末一致，尤易見功」，亦只是一時之浮稱，而終於大起疑議也。「知言疑義」之作必在中和新說之後也。

三、舊說中所謂於良心萌蘖之發見，致察而操存之，此所謂「致察」顯然是指良心本心說，而後來則將察識專限於中庸之「已發」，而此「已發」顯與孟子良心萌蘖之發見不同。彼於孟子良心發見之義本不能眞切，故不自覺易將孟子良心發見混同中庸之「已發」。不知中庸之「已發」不必是本心之發見也。旣想成中庸之「已發」，故後來言察識遂專限於已發，而孟子之學亦終生不入於其生命中矣。舊說中自天命流行之體言已發未發，心性猶不分異。已發爲心，未發爲性，皆自流行之體而言也。此義彼亦不能眞切，故後來只膠着於伊川「凡言心者皆指已發而言」之義言「已發」。伊川此語，自不周遍，故「以爲未當而復正之」。大體朱子卽於此着眼，而認有未發之心，有已發之心。未發之心卽「此心流行之體」「思慮未萌，而知覺不昧」者是也。已發之心卽「事物交至，思慮萌焉」之「七情迭用」者是也。故不能專以「已發」言心。而「已發」屬於經驗層上之情，則已與舊說中之已發不同其義矣。朱子不自覺此分別，遂以舊說中言「已發爲心」爲非是。彼於中和舊說序中言及「後得胡氏書，有與曾吉甫論未發之旨者，其論又適與余意合，用是益自信。雖程子之言有不合者，亦直以爲少作失傳而不之信也」。胡五峯答曾吉甫書固有「未發只可言性，已發乃可言心」之語。（參看宋元學案卷四十二，五峯學案）。此或可通於舊說之義。然胡氏之說此語，其背景是其知言中之心性論：「心也者，知天地、宰萬物，以成性者也」。心是形著原則。「已發」之心卽此形著之用之已發，非朱子心目中所想之已發也。知言中復云：「聖人指明其體曰性，指明其用曰心。性不能不動，動則心矣。聖人傳心，教天下以仁也」。而伊川亦言：「自性之有形者謂之心」。此皆本體論地言之，重心之形著之用。舊說中自天命流行之體言已發未發，心性不分異，本亦可通於此。然朱子本不眞切舊說中所浮陳之義；對於伊川「有形」二字亦不解；對於胡氏之心性論，舊說時，全不解，新說時，全不契。是以以其心目中之「已發」想胡氏之「已發」，非也。彼亦本不自覺舊說中之已發未發以及良心萌蘖之發見皆不同於其心目中所意識及之「已發」。彼只以中庸之「已發」而混視之，故以舊說爲非是。彼不知此根本是兩系之義理。舊說因襲其前輩，猶近孟子，而彼不能眞切，遂全捨棄而自成其中和之新說。彼終於仍歸信於伊川，憑藉伊川語以成其中和之定說。旣以已發爲情，（事物交至，思慮萌焉），而察識又專屬於已發，則於未發卽言涵養，此則爲涵養察識之分屬，而心、性、情三分，理氣二分之格局亦於焉以成矣，此則方眞是其生命之本質，而眞能妥貼自得於心者。至於察存同施於本心以表示逆覺工夫之孟子學，則全捨棄而終生不能入矣。

以上三義明，則中和新說（定說）可以明矣。新說明，則知其三十九歲時答何叔京書所云未可憑也，非其質也。

朱子自三十七開始參究中和，舊說大抵發於此年。三十八親往湖南（潭州）拜晤張南軒商討此事，因張氏得胡氏五峯學，故往從而問焉。（張氏實不解其師）。朱子云：「余早年從延平李先生學，受中庸之書，求喜怒哀樂未發之旨，未達而先生沒。余竊自悼其不敏，若窮人之無歸。聞張欽夫得衡山胡氏學，則往從而問焉。欽夫告予以所聞，予亦未之省也。退而沈思，殆忘寢食。一日喟然歎曰：人自嬰兒以至老死，雖其語默動靜之不同，然其大體莫非已發，特其未發者爲未嘗發爾。（案此根本荒謬）。自此不復有疑，以爲中庸之旨果不外乎此矣。後得胡氏書，有與曾吉父論未發之旨者，其論又適與余意合，用是益自信。雖程子之言有不合者，亦直以爲少作失傳而不之信也。（案以上述舊說之成）。然間以語人，則未見有能深領會者。乾道己丑之春，（案朱子斯年四十），爲友人蔡季通言之。問辨之際，予忽自疑。（案：自疑舊說之非）。斯理也，雖吾之所默識，然亦未有不可以告人者。今析之如此其紛糾而難明也，聽之如此其冥迷而難喩也，意者乾坤易簡之理，人心所同然者，殆不如是；而程子之言，出其門人高弟之手，亦不應一切謬誤，以至於此。然則予之所自信者，其無乃反自誤乎？則復取程氏書，虛心平氣而徐讀之，未及數行，凍解冰釋。然後知情性之本然，聖賢之微旨，其平正明白乃如此，而前日讀之不詳，妄生穿穴，凡所辛苦而僅得之者，適足以自誤而已。至於推類究極，反求諸身，則又見其爲害之大，蓋不但名言之失而已也。於是又竊自懼，亟以書報欽夫，及嘗同爲此論者。惟欽夫復書，深以爲然。（案：此見張氏並不解其師胡氏之學）。其餘則或信或疑，或至於今累年而未定也。（案：此中本有問題）。夫忽近求遠，厭常喜新，其弊乃至於此，可不戒哉？暇日料檢故書，得當時往還書稿一編，輒序其所以，而題之曰中和舊說，蓋所以深懲前日之病，亦使有志於學者讀之，因予之所戒而知所戒也。獨恨不得奉而質諸李氏之門。然以先生之所已言者推之，知其所未言者，其或不遠矣。壬辰八月。（案斯年朱子四十三歲）」。（中和舊說序）。

此是朱子四十三歲時回顧當時舊說之非與新說之成之經過。是則中和新說乃完成於四十歲，因與蔡季通問辨而悟焉。三十八、三十九兩年間猶在舊說中也。

第四節　中和新說之大義

新說之義，簡略述之，大體如下：

一、「以心爲主」論已發未發。中庸自喜怒哀樂言，由此透出心字，「以心爲主而論之」，並無不可。中庸言「愼獨」是由「道也者不可須臾離也」說起，故劉蕺山以爲中庸言愼獨是自「性體」言之。但性體太幽深玄遠，人無捉摸，故愼獨工夫之具體落實處卽在喜怒哀樂，而喜怒哀樂是具體之心靈表現，故「致中和」之工夫卽是「愼獨」工夫之推進一步說，由自性體而言之「愼獨」推進一步，具體落實於自心體而言之「致中和」，卽由心以體驗性也。大學由誠意言愼獨卽直接自心體言。故朱子在此透出「心」字，「以心爲主而論之」不誤。此是此新說論中和之「綱領」也。問題是單在對此「心體」以及「以心爲主」之主字如何了解耳。

二、據朱子之理解，其所謂「以心爲主」之主亦只是「關聯着」的意思，故語錄中亦常有「綰着心而論之」之語。並非直接卽以心體爲大主也。喜怒哀樂既是心靈之具體表現，則此卽是心之已發。然則「未發謂之中」，亦自可使吾人直接想到心亦有「未發」時。「未發」，朱子規定爲「事物未至，思慮未萌」。「已發」，則規定爲「事物交至，思慮萌焉」。未發時之心，則被體認爲「思慮未萌，而知覺不昧」，亦可說爲「寂然不動」。雖寂然不動，而並非死物，故亦被體認爲是「心體流行」。此「心體流行」可由「知覺不昧」了解之，亦可視爲心體默默任運而行，故亦可說爲「靜而無靜，動而無動」，動靜一如之境，而就未發言，亦可言「靜」時之心境也。而此心境本身却是動靜一如。此動靜一如之寂然不動之心境卽名曰「中」。「中」是直接就「思慮未萌，而知覺不昧」之心境言。以其不偏不倚，未有喜怒之偏注，故指目曰「中」。此亦可被體認爲清明純白之心境。

三、然此被說爲中之心境却亦不只是一心境。朱子云：「方其靜也，事物未至，思慮未萌，而一性渾然，道義全具」。（四十歲時答張欽夫書）。又云：「當此之時，卽是此心寂然不動之體，而天命之性全體具焉」。（四十歲時，與湖南諸公論中和第一書）。又云：「當此之時，卽是心體流行寂然不動之處，而天命之性體段具焉」。（四十歲時「已發未發說」）。在此又透出「性」字。有三種表示。

A、第一說：在此清明純白之心境中，「一性渾然，道義全具」。此卽言：在心寂然不動之時，見性體之渾然。心寂然，則性渾然。渾然者，渾而不分，其中之義理未有各別之彰顯，渾然而爲一性也。雖是渾然一性，然而全部分別說之義理盡含具於其中，無一欠缺，故云：「道義全具」。此云「道義」卽義理或理之別名。「全具」者全具於「渾然一性」中也。此具爲「性具」。「道義全具」之「渾然一性」卽由心之寂然不動而知覺不昧處呈現。心之寂然與性之渾然相平行。

B、第二說：「當此之時，卽是此心寂然不動之體，而天命之性全體具焉」。此言：當未發時，卽見「此心寂然不動之體」，體者對發時感而遂通之用而言也。此中體用皆直接就心言。此時，此心雖寂然不動，而「天命之性全體具焉」，此言無欠無缺全體之性卽具備於此，或完具於此，亦卽渾然全體之性呈現於此時。此第二說，初看好像是天命之性全體具於此心寂然不動之中。此義亦未嘗不可說。後來朱子亦常說「心具衆理」。若如此，則「天命之性全體具焉」之具卽是「心具」。但其語意，仔細一審，並不如此緊密，乃實是當靜時見「此心寂然不動之體」，而天命之性亦同時卽具備、完具、或呈現於此時。若如此，則心之寂然與性之渾然仍是平行呈現之意，此則較爲鬆散。我看朱子措辭之本意當是如此，故其直接之語意當是此鬆散之說法。

C、第三說語意與第二說同。卽言：當未發時，卽是心體流行寂然不動之處，而「天命之性之體段」亦卽同時具備、完具、或呈現於此時或此處。此亦是鬆散平行之意。「心體流行」卽默默任運而行，故亦是寂然不動。而卽在心之寂然不動處，見天命之性之「體段」。「天命之性」有何體段可言？卽因心之寂然而見其渾然，卽是其有「體段」可說處。朱子解析云：「周子曰：無極而太極。程子又曰：人生而靜以上不容說，纔說時便已不是性矣。蓋聖賢論性，因心而發。若欲專言之，則是所謂無極而不容言者，亦無體段之可名矣」。（已發未發說）。第一說之「一性渾然，道義全具」，第二說之「天命之性全體具焉」，乃至此第三說之「天命之性體段具焉」，皆是因心之寂然而見，卽朱子所謂「因心而發」也，故有體段可言。此體段觀念之形成，可用邵堯夫「性者道之形體，心者性之郛廓」之語以明之。

邵氏此兩語，亦朱子後來所喜引用者。道是統言之總名。性何以能是道之形體？必性有體段，乃可爲道之形體。性比道更具體而落實。性何以有體段？其體段何以成？「心者性之郛廓」，卽因心之爲其郛郭而有體段。此卽朱子所謂「因心而發」也。（此郛廓義可有更眞切而積極之講法。但朱子之說此，較爲鬆散。故只說到「因心而發」，而其實義只直接成爲寂然與渾然之平行。此義所關甚大。見後）。心又比性更具體而落實。性是太極之別名。太極是宇宙論地說，性是落於個體上說。落於個體，因心而發，卽有體段可言。若從太極天命處說，則亦無體段可言矣。太極、天命更超越而奧密，（但此超越而奧密之義，因朱子後來之分解精神漸喪失），性則更內在而清澈。內在是就其落於個體說，清澈是就其「因心而發」說。朱子此時於周濂溪之「無極而太極」亦同時有鑽研。其三十八歲時赴潭州晤張南軒，臨別，南軒以詩送之。其和詩後半篇云：「昔我抱冰炭，從君識乾坤。始知太極蘊，要眇難名論。謂有、寧有迹？謂無、復何存？惟應酬酢處，特達見本眞。萬化自此流，千聖同玆源。曠然遠莫禦，惕若初不煩」。……可見其此時於太極已有深切之體會矣。故此處因心之寂感，未發已發而言性，卽通太極而言之也。

心之寂然與性之渾然不只是平行關係，其進一步的關係如何規定？此在朱子頗不好說。朱子對此訖無明確的態度。性與太極的關係明白而確定。心與性的關係則不如此之明白而確定。此卽形成朱子學中之嚴重問題，而朱陸之爭之客觀義理上的最後癥結亦集中於此。朱子對此雖無明確之態度，然吾人却可由其全系統之總趨勢以及其各方面所表現之脈絡而逼近之，得一較爲明確之觀念。

朱子牢守伊川「性卽理也」之義，但却並不說「心卽理也」。却亦說心具衆理，如說「仁是心之德、愛之理」，卽表示仁是心所具之德或理。但旣說心具衆理，而又不說心卽理也，則知此「心具」必有一種特別意義，此須予以確定之。顯然「性具」與「心具」並不同。「一性渾然，道義全具」，此性具是分析的具，是必然的內含內具，是整全（渾全）與部分的包含關係，或渾一隱含與分別彰顯之隱顯關係。太極具萬理之一相與多相，亦復如此。但「心具」之具却並不是分析關係，而是綜和關係。心之具衆理並不是必然地內含與內具。朱子對於心，總是這樣平說，並不先肯認一超越的本心，而卽就此本心說。仁固是心之德，但心之具此德並不是本心之必然地具與分析地具。（此是用邏輯詞語表示。若如實言之，當說並不是本心之創發地具）。而是綜和地具與關聯地具。「心是知覺」，「心是氣之靈處」。其具德或具理是如理或合理之意。理（性）先是超越而外在於心，但通過一種工夫，它可以內在於心，此時卽可以說心具。在此心具中，心與理（性）卽關聯地貫通而爲一。語類中有一條云：「問：心是知覺，性是理，心與理如何得貫通爲一？曰：不須去著貫通，本來貫通。如何本來貫通？曰：理無心，則無著處」。此「本來貫通」是存有論地言之。此亦如「理無氣，則無掛搭處」。然自人之道德生活言之，如不肯認一超越之本心，則並不能說「本來貫通」。須通過一種修養工夫，才能使之「貫通爲一」。但無論是存有地言之，或修養地言之，其「貫通爲一」之「一」只是關聯地爲一，貫通地爲一，其背景是心與理爲二，而不是分析地爲一，創發地心卽理之爲一，此後者是表示超越的創造的道德本心卽是理之所從出，此卽是吾人之性。故心、性、理一也，而以本心爲創造的根源。此卽孟子以及陸王一系之所說。而此義顯然不爲朱學所具備。此消極面旣已顯然，則朱學中「心具」之具卽可漸漸得而確定矣。在孟子、陸、王一系中，心具是分析地具、創發地具，故心具卽心發。但在朱學中，心具是綜和地具，並不是分析地創發地具，故其心具並不是心發。此仍是認知並列之形態，（故其言心以知覺爲本質），而不是本體的立體直貫之形態。

在道德修業上，通過一種工夫使心與理關聯地貫通而爲一，此工夫卽是「敬」。敬在朱學中有眞切而決定性的作用。故朱子在表示中和定說之一書中有云：「然人有是心，而或不仁，則無以著此心之妙。人雖欲仁，而或不敬，則無以致求仁之功」。「仁則心之道，而敬則心之貞也」。仁是心之道並不是本然地、內在地爲心之道，而乃是後天地外在地爲其道。人通過敬的工夫，始能使心合仁道，此時仁卽與心貫通而爲一，而成爲心所具之德、所依之道。此具卽是綜和地關聯地具。心旣具而依此仁道矣，則心之寂然不動感而遂通之妙亦於焉以著。否則，心不必能寂然不動感而遂通也。此處見工夫之重要。故在中和定說中開始平說的未發是寂然不動，已發是感而遂通，並不是就事論事本然如此。而是預設著一種工夫使然。若不預設此工夫，只就事論事平說，則喜怒哀樂未發並不就是心體流行寂然不動之體，亦並不必就是「中」，已發亦並不就是各有攸主感而遂通之用，亦並不必就是「和」。「發而皆中節謂之和」，可見有中節，卽有不中節。而使之中節者，有工夫在焉。「未發謂之中」，亦不是以「未發」卽可分析地推出「中」，而是在未發預定一個「中」，此須就未發跳躍一步始得。至於由未發已發所透出之心、性以及對此心、性之體認與解析，雖不必就是中庸之本義，然至少朱子所成之一套是可得而如此解析而確定者。若由超越之本心而落於中和上說，則本心卽是未發之中，卽是已發之和，卽是寂然不動、卽是感而遂通。後來陽明、龍溪從良知上卽如此說。此是從本心之沛然莫之能禦說中和。問題是在如何復此本心，而不是如何用一種工夫使吾人之心如理合道而至「著此心之妙」。此兩系之不同是甚爲顯然者。

心與性的關係旣如此，則所謂天命之性「因心而發」而有體段，藉邵堯夫「心者性之郛廓」一語而表示，則心之「郛廓義」，如朱子所理解，卽是此關聯地心具義，關聯地貫通而爲一之「靜攝義」。「因心而發」卽關聯着心而說。「發」是呼應上句「聖賢論性」之「論」

字。關聯着心而論說，其實義卽是心通過「敬」之工夫而收歛凝聚以逐步靜攝此性，卽由此靜攝而可以說心是性之郛廓，由此郛廓而可以說天命之性有體段。心之寂然見性之渾然，心之感通見性之燦然。渾然燦然皆是性之體段。心之寂然不動感而遂通這一全體之妙用綜起來卽是性之郛廓。此是靜攝義之郛廓，亦是認知形態之郛廓。因此，心之寂然不動、感而遂通，雖是取於易傳，而其在朱子中和新說中所形成之意義與易傳原意不同。易傳之說此語是想藉卜筮感應之神以喻精誠之神化不測，是動態的生化義、實現義，形而上的道德的創生義、健行義，是於穆不已之另一種表示，是本體論的立體直貫義，此是眞正的天命流行之體。而在朱子，則成爲心之收歛凝聚所表現之如理合道之靜攝義，心之妙卽是此靜攝之妙。朱子云：「寂而常感，感而常寂，此心之所以周流貫徹，而無一息之不仁也」。此表面上雖用了許多生動活潑之詞語，然其實只是此心常自貞定、無往而不如理合道之「靜攝」。若自孟子以及陸、王一系之由本心之沛然不禦而言寂感，則却是合乎易傳之原意。是故心之郛廓義有積極的講法，有消極的講法，有認知靜攝之形態，有本體論的創生直貫之形態。朱子是消極的講法，是認知靜攝之形態。濂溪、橫渠、明道，甚至伊川所謂「性之有形者謂之心」以及胡五峯之「心以成性」（「心者知天地宰萬物以成性者也」），下屆陸王之「心卽理」，以及最後劉蕺山所謂「心其形之者與」，皆是積極之講法，本體論的創生直貫之形態，或形著實現之形態。此系分兩組，橫渠、伊川、五峯、蕺山，尚是心性對言，特重心之形著義，總之是胡五峯「心以成性」之原則，以心形著性，性之奧密要步步內在於心之充盡中而彰顯而朗現，此猶是孟子盡心知性知天之弘規。此形著之最高峯便是一心之朗現，性全融於心。而明道、象山、陽明則直接由此最高峯而自超越之本心以言心卽是性，心卽是理，惟是一心之沛然。心之形著義是前一階段，唯是一心之沛然是後一階段。形著義猶有郛廓義（不是靜攝之郛廓），及至「唯是一心之沛然」，則連郛廓義亦融化。最好用明道之一本論表示之：「只此便是天地之化」，「當下便認取，更不可外求」。（濂溪是開始，但其由誠神幾言聖人亦是本體論地言之）。此兩組爲一系，此是宋明儒之大宗。關鍵唯在悖不悖孟子盡心知性知天一弘規。而朱子於此有異解，卽不合孟子之弘規。因此異解，遂成爲其靜攝之形態。此亦甚顯然者。吾以爲創生直貫之形態，形著實現之形態，而爲宋明儒之大宗者，比較更能契合於孔孟之精神，而朱子之偉大則在其能獨闢一「靜攝之形態」，而世人鮮能知之也。

最後，惟此本體論的創生直貫之形態，形著實現之形態，始眞能保住「維天之命於穆不已」此一最古老最根源的形上智慧，始眞能保住天道太極之創生性而爲一眞實的生化原理、實現原理，保住仁之感通性而爲一道德的眞實生命，而爲一形上的眞實的生化原理與實現原理。然而在朱子之認知靜攝之形態，本體論的存有之形態，靜涵之平鋪中，則此生化原理、實現原理，皆不能保，太極只是理而不能動，「靜而無靜動而無動」之神妙義，寂感眞幾之誠神義皆被抽去，變者動者化者生者只是氣，神亦屬於氣，心亦是氣之靈處，則太極之爲生化原理，朱子所謂萬化之源卽不能保。和南軒詩所謂「萬化自此流」，辨太極圖認太極爲「萬化根本」，皆只是不自覺地因襲語，實與其靜涵系統不一致也。若仍視爲實現之理、生化之理，則須另講，亦不是先秦相傳之古義。此則吾已詳言之於論北宋四家中。玆不再論。

四、以上是心性的關係，最爲複雜而難董理。此既確定，則其餘之工夫問題卽易明矣。前言由心之寂然見性之渾然，由心之感通見性之燦然，卽在此寂然、渾然以及感通、燦然處有工夫之分屬，而一是皆以敬貫之。蓋前言就事論事，心不必本來就是「寂然不動感而遂通」者，此須預設一種工夫以著之。此工夫卽是涵養察識也。於未發時言涵養，於已發時言察識，此工夫之分屬也。未發爲靜時，已發爲動時，而一是皆以敬貫之，此卽所謂「敬貫動靜」。已發時有中節不中節之異，故須精察以爲鑑戒，以期去其病而著其道。未發時，寂然（心）渾然（性），無聲無臭，無可察，只可養。存養於平時之間，涵泳於不自覺之中，使吾人之心常清明而不昏墮，則發時縱偶有差池，亦可立卽鑑及之矣。察識涵養交相發明，使吾人之心常收歛凝聚，清明貞定，自可步步逼近於如理合道之境。故中和新說一書云：「蓋心主乎一身，而無動靜語默之間，是以君子之於敬，亦無動靜語默而不用其力焉。未發之前是敬也，固已立乎存養之實。已發之際是敬也，又常行於省察之間。方其存也，思慮未萌，而知覺不昧，是則靜中之動，復之所以見天地之心也。（案：靜是就思慮未萌說，動是就知覺不昧說。靜中之動其實是動而無動之動）。及其察也，事物紛糾，而品節不差，是則動中之靜，艮之所以不獲其身不見其人也。（案：此言察是就發而中節言。實則察識亦察其中節者，亦察其不中節者。朱子行文喜駢行，常有傷於語意。求文之整齊而有碍於義理之明確）。有以主乎靜中之動，是以寂而未嘗不感。有以察乎動中之靜，是以感而未嘗不寂。寂而常感，感而常寂，此心之所以周流貫徹，而無一息之不仁也。然則君子之所以致中和而天地位萬物育者，在此而已。蓋主於身而無動靜語默之間者，心也。仁則心之道，而敬則心之貞也。此徹上徹下之道。聖學之本，統明乎此。則性情之德、中和之妙，可一言而盡矣」。涵養察識之工夫，在此系統中，正見其有眞切而具決定性之作用。蓋屬靜攝形態也。此中和新說成立後，伊川之「涵養須用敬，進學則在致知」兩語眞進入朱子之生命中而有無比之親切。其生命之着力處正在此，此朱子之勁力也。

涵養察識既分屬而各有所施，則凡本孟子而言良心萌蘖、端倪之發見，著重察識本心之逆覺工夫者，皆非朱子所能理解，亦爲其所不喜，而舊說中就良心萌蘖「致察而操存之」之察存義亦全部放棄矣。蓋此亦是決定靜攝系統與直貫系統之不同之工夫上的本質關鍵。朱子之不喜固有其理論之一貫性。

在中和新說一書中，正面意思講明後，即繼之以批評張南軒所殘存其師胡五峯「先識仁之體」之「先察識端倪之發」之說云：

「來諭所謂學者須先察識端倪之發，然後可加存養之功，則熹於此不能無疑。蓋發處固當察識，但人自有未發時，此處便合存養，豈可必待發而後察，察而後存耶？且從初不曾存養，便欲隨事察識，竊恐浩浩茫茫無下手處，而毫釐之差、千里之謬，將有不可勝言者。且如洒掃應對進退，此存養之事也。不知學者將先於此，而後察之耶？抑將先察識而後存養耶？以此觀之，則用力之先後判然可觀矣」。

案：「先察識端倪之發」，此「端倪」是指本心言，即「良心之萌蘖」是也。良心本體固不易全現，然亦隨時有端倪呈露。於其呈露而察識之，是所以體證本心之道也。此即所謂逆覺之工夫。察識是就其當下呈露之端倪而體證其本體。此義是在表示：㈠、良心本體並非一空懸之抽象概念，而實是一眞實之呈現。如此，則肯定人人皆有此本體方有道德實踐上之實義。(二)、就其當下呈露之端倪而體證之，此示本心不假外求，當下即是。(三)、此當下呈露之端倪何以知其即是本心之端倪？焉知不是私欲之端倪？曰：即由孟子所說「非要譽於鄉黨，非納交於孺子之父母，非惡其聲而然」，而知其爲本心之端倪，而知此時即爲本心之發見，即，由其「不爲任何別的目的而單只是心之不容已，義理之當然」之純淨性而知其爲本心之端倪，爲本心之發見。若無法肯認此本心，則眞正之道德行爲即不可能。(四)、此一逆覺之工夫當下即判開感性界與超感性界而直指超越之本心，此則決不容含糊者。

是故「察識端倪之發」單指超越之本心而言，其義理根據完全在孟子。此察識不是朱子所說之施於已發之察識，而「端倪之發」是本心發見之發，亦不是喜怒哀樂已發之發。兩者混而同之，遂糾纏不清矣。張南軒不知其的義也，故無以致其辨。胡五峯所謂「先識仁之體」，明道所謂「學者須先識仁」，皆是指此超越的本心言，其所謂察存即察乎此，存乎此也。此亦孟子「存其心、養其性，所以事天也」之存養。朱子所說涵養於未發，察識於已發，此涵義察識所貫注之心並非此超越之本心，而乃是平說之就事論事之心，須待涵養察識工夫之貫注始能使其轉至寂然不動感而遂通之境，以著其如理合道之妙。涵養施之於未發不是孟子所說的存心養性，乃只是於日常生活中使心收斂凝聚，養成好習慣，不至陷於昏惰狂肆之境，故於其發也，易於省察，庶可使吾人易於逼近如理合道之境。故以「洒掃應對進退」爲「存養之事」。此種涵養於未發，並不能判開感性界與超感性界而直指一超越的道德之本心以爲吾人道德行爲之準則。此種涵養只在養成一種不自覺的從容莊敬的好習慣。於未發時，雖預定一「心體流行寂然不動之體」以及一「一性渾然道義全具」之性，然此種預定只是就未發而來的分解的預定，並不是如孟子之就良心呈現而來的逆覺的體證。逆覺的體證卽明道、五峯、乃至陸王等所說或所意許的「先識仁之體」中之察識：察識卽察此本心，察之卽存之，察存同施於本心。但是在朱子，則涵養中無此逆覺之察識，察識但施之於已發，故其涵養之工夫只是一種不自覺的好習慣，並不能在此體證並肯認一超越之本心，是則涵養工夫與所分解預定的「此心寂然不動之體」之間卽無緊接的嚴格關係。如果涵養中卽是自覺地意識到是涵養此「寂然不動之體」，則涵養之前必先預定一逆覺之察，如是則亦不必反對「先察識端倪之發」之說矣。但在朱子，涵養正是只施於未發，既未發矣，正是無可察者，焉有所謂逆覺而察之？故「寂然不動之體」乃成掛空者。如是，或是「寂然不動之體」只成掛空，涵養只是茫昧不自覺之習慣，或是涵養卽是自覺地意識到是涵養此「寂然不動之體」，涵養必預定一逆覺之察，此察與施於已發之察不同：此兩者必居其一。復次，卽使承認「涵養卽是自覺地意識到是涵養此寂然不動之體」，並不只是茫昧不自覺之習慣，但此「寂然不動之體」亦並不即是孟子之沛然不禦之本心，並無創生眞正道德行爲之足够力量，所謂「溥博淵泉而時出之」，而只是心之淸明知覺，其落實着力而見效果處却在已發後之察識，察識擴大而爲格物窮理。眞正工夫着力處實在格物窮理。故在朱子系統中，涵養只是消極的工夫，積極工夫乃在察識，全部事業、勁力全在格物窮理處展開。「一性渾然道義全具」之性體，在涵養中，亦無積極之用，其功用效果亦在格物窮理處彰顯展開，道義全具之爲「道義」亦在格物窮理處彰顯展開。而結果性理，客觀地說，只成本體論的「存有」形態之性理，主觀地說（關聯着心說），只成認識論的散列形態之性理，而對於心之未發已發所施之涵養察識之全部工夫只是使心收斂凝聚以期逐步逼近如理合道之境，此即最後形成所謂靜涵或靜攝之形態。

中和新說一書（與張敬夫）成後，是年復有「答林擇之書」云：

> 中庸徹頭徹尾說個謹獨工夫，卽所謂敬而無失，平日涵養之意。樂記却直到好惡無節處，方說不能反躬，天理滅矣。殊不知未感物時，若無主宰，則亦不能安其靜。只此便自昏了天性。不待交物之引，然後差也。……

案：此數語極好。但問題是在「未感物時」之「主宰」如何體認理解。說涵養並不差，但說涵養必反對孟子系之逆覺之察，卽成學派之對立。而亦未可以自己系統中之涵養混同其他一切也。中庸謹獨固可說爲「敬而無失、平日涵養之意」，然愼獨所體證之心性不必如朱子之講法，亦非必不函「逆覺之察」在內。而愼獨工夫亦非「敬而無失，平日涵養」所能盡。愼獨是戒愼其所不睹，恐懼其所不聞，莫見乎隱，莫顯乎微，正是要精察於自己之性體而念念護持之令其不昧，昭然呈現，以爲眞主宰，此豈只朱子所說之涵養之意耶？

「又答林擇之書」云：

前日中和之說看得如何？數日來玩味此意，日用間極覺得力。乃知日前所以若有若亡，不能得純熟，而氣象浮淺，易得動搖，其病皆在此。湖南諸友，其病亦似是如此。近看南軒文字，大抵都無前面一截工夫也。（案卽涵養一截）。大抵心體通有無，該動靜，故工夫亦通有無，該動靜，方無滲漏。若必待其發而後察，察而後存，則工夫之所不至多矣。惟涵養於未發之前，則其發處自然中節者多，不中節者少。體察之際，亦甚明審，易爲著力，與異時無本可據之說大不同矣。

案：此亦申述新說之言。朱子自可於此得其著力處，亦可是有本可據，但對於本之體證理解有不同，故著力之勁道亦不同。凡隨孟子而言者，第一關必先有逆覺之察，識本心也。察識存養同施於此。至於第二義之平日涵養察識非此系統之本質的關鍵，乃是人人都可作者，亦無可反對，此可說是常行。象山亦不反對此常行。其居象山，「雖盛暑，衣冠必整肅，望之如神」。此其涵養莊敬又如何！「湖南諸友」以及「南軒文字」，固可有病，此其踐履之不篤與不純熟，未可便以分屬之涵養察識衡之，謂其所以至此，正因其「無前面一截工夫」之故，或謂其正因其「先察識端倪之發」之故。

「又答林擇之書」云：

> 古人自幼子常視毋誑以上，洒掃應對進退之間，便是做涵養底工夫。豈待先識端倪而後加涵養哉？但從此涵養中，漸漸體出這端倪來，則一一便為己物。又只如平常地涵養將去，自然純熟。今曰：卽日所學，便當察此端倪，而加涵養之功，似非古人為學之序也。蓋義理、人心之固有，苟得其養而無物欲之昏，則自然發見明著，不待別求。格物致知，亦因其明而明之爾。（案：此又援引孟子義以明其所說之涵養，而不知孟子義與其中和新說固有間也。「苟

得其養，無物不長」。然亦必須先體證肯認此本心，然後始能自覺地作工夫。卽說「但從此涵養中，漸漸體出這端倪來，則一一便爲己物」，亦自無不可。但如朱子中和新說中之涵養，則不必能「體出這端倪來」，卽有所體出，亦不必是孟子所說之端倪。蓋對於心性之理解不同故也。未可援引憑藉以混同之。而孟子義非其所能正視也，非其質也。）今乃謂：不先察識端倪，則涵養個甚底？不亦太急迫乎？……

案：此最後之疑問，若依孟子義說，乃無意義者。朱子於三十九歲時答何叔京書云：「若不察於良心發見處，卽渺渺茫茫，恐無下手處也」。此本中和舊說而言者。中和說儘可修改，但當其說此語時，豈眞無絲毫意義之浪語耶？自己不能正視此義，姑一時之浮辭，而他人未必不能正視，亦未必不能眞切，而孟子亦未必卽是「太急迫」也。

以上爲中和新說之剖示。朱子之心態以及其學之系統、規模、格局俱定於此。自此以後，便無法能與象山相契，而亦決定其終生不解孟子。

第五節：中和新說後之發展

中和新說後，有如下之發展：

1.朱子四十一歲時「答呂伯恭書」云：

熹舊讀程子之書有年矣，而不得其要。比因講究中庸首章之旨，乃知所謂涵養須用敬，進學則在致知者，兩言雖約，其實入德之門無踰於此。方竊洗心以事斯語，而未有得也。不敢自外，輒以爲獻。

案：此兩語在朱學中實有決定性的作用，亦如「逆覺之察」之在陸、王系。但此並非謂陸王學即可無平日之涵養與察識，亦非謂其不須敬。

2.「答劉子澄書」云：

程夫子之言曰：涵養須是敬，進學則在致知。此二言者，實學者立身進步之要。而二者之功，蓋未嘗不交相發也。然夫子教人持敬，不過以整衣冠、齊容貌爲先；而所謂致知者，又不過讀書史、應事物之間，求其理之所在而已。非如近世荒誕怪譎、不近人情之說也。抑讀書之法，要當循序而有常，致一而不懈，從容乎句讀文義之間，而體驗於操存踐履之實，然後心靜理明，漸見意味。不然，則雖廣求博取，日誦五車，亦奚益於學哉？

案：此書簡易明白，其爲靜攝形態完全表出。

3.「答林擇之書」云：

熹哀苦之餘（四十歲秋九月丁母憂），無他外誘，痛自斂飭，乃知敬字之功親切要妙如此！而前日不知於此用力，徒以口耳浪費光陰。人欲橫流，天理幾滅。今而思之，怛然震慄，蓋不知所以措其躬也。

案：朱子講敬確有其眞切的感受，此却眞是存在地講。此卽是其道德意識之強烈處。眞切的敬卽可使其涵養之工逐漸浸潤到其心脾，所謂沁人心脾者，使「此心寂然不動之體」呈現，然後可以逐步「心靜理明」也。

4. 四十三歲時「答薛士龍書」云：

熹自少愚鈍，事事不能及人。頗嘗側聞先生君子之餘教，粗知有志於學，而求之不得其術。蓋舍近求遠，處下窺高，馳心空妙之域者，二十餘年。比乃困而自悔，始復進而求之於句讀文義之間，謹之於視聽言動之際，而亦未有聞也。方將與同志一二友朋，並心合力，以從事於其間，庶幾銖積絲累，分寸躋攀，以幸其粗知理義之實，不爲小人之歸，而歲月侵尋，齒髮遽如許矣。

案：其「求之於句讀文義之間，謹之於視聽言動之際」，「銖積絲累，分寸躋攀」，亦是其靜攝形態必有之途徑。此在朱子，既有其眞切處，亦有其本質的決定性之意義。惟此並不表示：在孟子學下，即可不「求之於句讀文義之間」，不「謹之於視聽言動之際」，即可不須「銖積絲累」，不須「分寸躋攀」。蓋義理各有當，勁力各有施，方式各有宜，皆不相碍也。象山從未反對博學，亦從未反對察存，亦並非不莊敬，亦並非不讀書，而唯朱子以種種不實辭語斥講「逆覺之察」者，視之爲異端、爲禪，則碍生自朱子，不生自象山，（至少在本質上是如此），此則究誰比較能貫通，不亦皎然甚明白乎？象山自不解朱子之妙處，然其第一義之「直貫」可函攝第二義之「靜攝」，而朱子之不解象山，則成爲對於第一義之直貫形態之抹殺、忽視、與不解。又彼自悔「馳心空妙之域者二十餘年」，此自是朱子自己之「馳心空妙」，若以象山亦爲如己之「馳心空妙」則非是。

5.「答汪尚書書」云：

> 又蒙語及前此妄論平易蹉過之言，稱許甚過，尤切皇恐。然竊觀來意，似以爲先有見處，乃能造夫平易，此則又似禪家之說，熹有所不能無疑也。（案此上，朱子年譜略，今據文集補錄之。）聖門之教，下學上達。自平易處講究討論、積慮潛心、優柔饜飫，久而漸有得焉，則日見其高深遠大而不可窮矣。程夫子所謂善學者求言必自近，易於近者非知言者也，亦謂此耳。今曰此事非言語臆度所及，必先有見，然後有以造夫平易，則是欲先上達而後下學，譬之是猶先察秋毫而後覩山岳，先擧萬石而後勝匹雛也。夫道固有非言語臆度所及者，然非顏曾以上，幾於化者，不能與也。今日爲學用力之初，正當學問思辨而力行之，乃可以變化氣質而入於道。顧乃先自禁切，不學不思，以坐待其無故忽然而有見，無乃溺心於無用之地，玩歲愒日，而卒不見其成功

乎？就使僥倖於恍惚之間，亦與天理人心敍秩命討之實了無交涉，其所自謂有得者，適足爲自私自利之資而已。此則釋氏之禍、橫流稽天而不可遏者，有志之士，所以隱憂浩歎而欲火其書也。

案：此朱子順中和新說後之學問規模首先表示其對於禪之忌諱者。此雖對汪尚書而發，汪尚書之造詣，吾人亦不得而知，其言或亦不足爲憑，然朱子之論點，吾人可視作一客觀問題而討論之。在當時以弘揚聖教之立場，與異教劃清界限是當該者，甚至加以闢斥亦有值得同情者，然要不能只以「下學上達」爲尺度斷定凡主「先有見處，乃能造夫平易」之說者皆爲「禪家之說」。夫既有「上達」矣，則先了解「上達」之何所是以定學問之方向與宗旨，不得卽認爲是「禪家之說」。若如此，卽認爲是禪家之說，則先對於「天命之性」、「無極而太極」、「寂然不動之體」等有所見者亦是「禪家之說」乎？顯然不可矣。夫「下學上達」，自初有知以至終老，凡所學所習皆是下學上達，對於任何學問亦皆是下學上達，然不能以此一般之程序抹除學問過程中到緊要關頭本質關鍵之轉進，以及「必先有見，然後有以造夫平易」之途徑，尤其不能卽認爲是「禪家之說」。而凡到緊要關頭以取此途徑者亦並不必卽反對下學而上達。所謂「必先有見」，大抵是就學問之本質言，亦須是對有相當程度者始能言，非是儱侗地凡是一開始卽漫言「必先有見」也。孔子固有「下學而上達」之語，固亦施博文約禮之教，固亦不廢經驗之學習，然其念念不忘於仁，敎門弟子爲君子儒，勿爲小人儒，則亦是「先有見處」也。仁之覺悟與理會非只下學上達所能把握也。若不知「仁」之爲何物，則只下學未必卽能上達，卽有上達，未必卽能達於仁以知天也。時時在學中，亦時時在「先有見處」以定方向中。平易、平實是其踐履之純熟，非專「下學上達」，「求言必自近」爲平易、平實也。「必先有見」非「先自禁切、不學不思、以坐待其無故忽然而有見」、「溺心於無用之地」之謂也。「必先有見」固不必卽能純熟；其所見者或許只在抽象之階段，尙未達具體之體現；未達具體之體現，卽不得爲眞實，也許是光景；牢執之，也許是幻念；入而不出，也許是鬼窟；抽離遠置，不能消化於生命中以清澈自己之生命，亦可能是意見，亦可能「適足爲自私自利之資」；然此皆工夫過程中純熟不純熟之問題。若自此而言「就使僥倖於恍惚之間，亦與天理人心敍秩命討之實了無交涉，其所自謂有得者，適足爲自私自利之資而已」，則可也。若原則上認定「先有見」卽是如此，而根本反對此「先有見」之轉進，且斷定其卽爲「禪家之說」，則大不可也。當時社會禪風流行，一般知識分子拾牙慧以資玩弄，或藉此以掩其昏墮，容或有之，此或亦不可免，然此道聽塗說之輩，本無與於學問之林，又何足爲憑？亦何足因彼輩而成忌諱？凡重「就事順取」之路，皆藉口平實以斥學問本質轉進中逆覺之路爲禪、爲佛老。朱子藉口「下學上達」以斥象山爲禪，葉水心卽據堯、舜、禹、湯、文、武之原始綜和構造之業績以斥曾子、子思、孟子、中庸、易傳爲非道之本統，並對孔子而亦不滿，至於周、張、二程以及朱子本人更被視爲學問之歧途，與佛老辨不清矣。言學至此，乃成學問之自殺。故凡無謂之忌諱，皆當審思明辨以解除之。開其心量，朗其慧照，順理而辨，不以妖妄蚊蝱自亂，不以無謂之忌諱自限，則學問之理境大，而眞同異亦得而明矣。朱子於此甚有憾也。至於耳食之輩，順朱子無謂之忌諱而下滾者，則只能誤引朱子於考據之途，並朱子學之眞精神亦全喪失無餘矣。

至四十六歲時，象山三十七歲，雙方爲鵝湖之會，象山講學宗旨已鮮明標出，而朱子中和新說已成，亦有其學問之定規，雙方自談不來。象山固有未解朱子中和新說之規模處，概斥之爲支離固非是，然而朱子自此以後，一口咬定象山爲禪，則相差尤遠。

6. 鵝湖會後，斯年「答張敬夫書」云：

> 子壽兄弟氣象甚好，其病却是盡廢講學，而專務踐履，却於踐履之中，要人提撕省察，悟得本心，此爲病之大者。要其操持謹質，表裡不二，實有以過人者。惜乎其自信太過，規模窄狹，不復取人之善，將流於異學而不自知

耳。

案：「於踐履之中，要人提撕省察，悟得本心」，此完全相應孟子精神而發，如何便是「病之大者」？似如此固執定本、沾滯成見，於他人眞切著力處全不理會，只料想揣度斷以爲病，學問如何能精進？理境如何能開擴？此種「窄狹」局量先已不好，而反責人「規模窄狹」耶？「提撕省察，悟得本心」只是辨志、明本心，先立其大之義，此爲自覺地相應道德本性而爲道德踐履之最本質的關鍵。人生不能不作事，眞有道德之誠者亦必然要作事，講學著書乃至其他事業皆是合應爲的，全不妨碍，象山從未曾廢，焉有所謂「盡廢講學，而專務踐履」之不通的料度！又與「異學」有何相干？視之爲禪全是忌諱心理所生之無謂之聯想。若如朱子所想，只要不是其中和新說中涵養察識之分屬，凡就良心發見而察識體證本心者，皆須是禪！世間焉有如此之義理！夫精神生活之精進，其表現方式自有必然之通途。若禪宗而有此方式，此不是吾人之「流於禪」，乃是禪之通於通途也。不應全推給禪，認爲禪家所專有，而自封自限自我貶抑也。若如朱子之想法，則葉水心不但可貶斥曾子、子思、孟子、中庸、易傳爲不傳聖人之道，即進而斥之爲禪、爲佛老，亦可也。

鵝湖之會前一年，朱子卽因傳聞而臆想象山爲禪。

7.「答呂子約書」云：

陸子靜之賢，聞之蓋久。然似聞有脫略文字直趨本根之意，不知其與中庸學問思辨然後篤行之旨又如何耳。

8.「又答呂子約書」云：

近聞陸子靜言論風旨之一二，全是禪學，但變其名號耳。競相祖習，恐誤後生。恨不識之，不得深扣其說，因獻所疑也。然想其說方行，亦未必肯聽此老生常談。徒竊憂歎而已。（以上兩書皆作於鵝湖會前一年。年譜繫於鵝湖年以類聚之。）

案：風聞豈可爲憑？成見在先，益以聯想，執虛爲實，遂終生視之爲禪。縱有兩次晤談（一鵝湖，一白鹿洞），亦終未得「深扣其說」究爲何是也。

9.五十二歲時，陸子靜來訪，（請朱子爲其兄子壽書墓誌銘），因講義利之辨於白鹿洞書院。事後，朱子「答呂伯恭書」云：

> 子靜到此數日。所作子壽埋銘，已見之。敍述發明，此極有功。卒章微婉，尤見用意深處。歎服歎服。子靜近日講論比舊亦不同。但終有未盡合處。幸其却好商量，亦彼此有益也。

案：朱子此書態度較平和。惟彼謂「子靜近日講論比舊亦不同」，此所謂「不同」，恐亦只是枝末處，其「辨志、明本心、立其大、溥博時出」之立體直貫型之基本精神仍不變。大抵此次相聚是互相切磋之最佳機緣。象山遭兄喪，來此請書墓誌銘，當然是抱着一種親敬之意而來。而朱子於白鹿洞書院請其升講席，講君子喻於義，小人喻於利，亦自有一番尊重推仰之誠。此見雙方互相敬慕之君子風度。在此氣氛下，最易脫落一切矜持，而以眞誠相見。此與鵝湖之會不同。鵝湖之會，雙方原不相識，且由呂伯恭從中邀請，雙方自不免矜持、戒防、攻伐之意。而此次則氣氛不同。尤其象山易於平情而落實。蓋一切觀念議論皆當融化於人倫眞情之實事實理之中。寧有自己不誠、對人不敬，而能爲父兄請人書墓誌銘者乎？而朱子之請其升講席，亦充分表露鄭重之意。此象山之所以眞切平正，而朱子亦有「比舊不同」、

「却好商量」之語也。惜乎此最佳之機緣仍未得善予利用。所謂「比舊不同」，並非象山有根本改變。只因平時朱子聯想其爲禪，今講義利之辨乃儒者之大義，禪之姿態不顯，遂覺其「比舊不同」矣。儒者於人倫日用、出處進退、存心涉世，本有其共同之原則，象山豈能悖之？然其講義利之辨仍首先標「辨志」。此仍是以「辨志、明本心、立其大」爲基本根據也。此本孟子之正義，朱子無不承認之理。只因其中和新說之規模與此不同，遂限制出「入路」之不同。而此基本不同，雙方仍未借此機緣、平心靜氣，予以檢討。此基本處之接觸不到，其原因頗不好說。或是由於雙方對此基本差異之義理根據自覺不够，如對於心性本身之理解，以及對於心性對於天道、天命之關係，乃至天道天命之本身之理解不同，皆足以形成此基本差異。朱子對於孟子之理解不足，其心態不相應，此甚顯然。然朱子不自覺也。象山亦未能就此而予以提醒，使其澈底檢討，正視孟子之義理，而只就表面之流弊謂其爲支離。朱子對於北宋諸儒承易傳下來所展示之天道、天命、太極、以及與心性之關係，皆極有興趣，而承伊川之分解精神，亦皆對之有其分解的表示，此則對於其中和新說之形成有決定性之關係，而象山對此部義理却不感興趣，其分解工夫亦不够，並未能深入分解之而復會歸於孟子，以明朱子何以終止於靜攝形態而不進，以明其於究極本源處之體認，如對於「維天之命於穆不已」這一原始而根本之智慧所引生之天道觀、天命觀、寂感眞幾之神化觀、天理觀之體認，亦有不合原意者，故亦影響其心性觀而不能相契於孟子。象山之欠缺此步工夫，不能予朱子以制衡，甚為遺憾。然而朱子則在此分解釐定，甚為著力，故覺其中和新說為不可搖動。只知聖賢之道為一道，只知其涵養察識之分屬為定本，而不知其所反對之「先察識端倪之發」為孟子義之所必函也。不能正視此義，而只向禪去聯想，遂全成為不相干之忌諱，而永不能相契矣。此所謂未能善用此機緣也。豈不惜哉！

10.同年，朱子又答呂伯恭書云：

> 子靜舊日規模終在。其論為學之弊病，多說：如此卽只是意見，如此卽只是議論，如此卽只是定本。熹因與說：既是思索，卽不容無意見；既是講學，卽不容無議論；統論為學規模，亦豈容無定本？但隨人材質病痛而救藥之，卽不可有定本耳。渠却云：正為多是邪意見、閒議論，故為學者之病。熹云：如此却是自家呵叱亦過分了！須著邪字閒字，方始分明，不教人作禪會耳。又教人恐須先立定本。却就上面整頓，方始說得無定本底道理。今如此一概揮斥，其不為禪學者幾希矣！渠雖唯唯，終亦未竟窮也。子靜之病，恐未必是看人不看理，自是渠合下有些禪底意思，又自主張太過，須說我不是禪，而

諸生錯會了，故其流至此。如所喻陳正己，亦其所訶以爲溺於禪者。熹未識之，未知其果然否也。大抵兩頭三緒，東出西沒，無提撮處。從上聖賢，無此樣轍。方擬湖南，欲歸途過之，再與仔細商訂。偶復蹉跎，未知久遠竟如何也。然其好處，自不可掩覆，可敬服也。他時或約與俱詣見，相與劇論尤佳。俟寄書扣之，或是來春始可動也。

案：象山白鹿洞講辭，本是從「辨志」說起。辨志卽函明本心，先立其大。其基本宗旨本無有變。其所呵斥之意見、議論、定本，乃至邪意見、閒議論、異端、陷溺等弊病，乃是本其所常說之「今天下學者惟兩途：一途樸實，一途議論」而來。此亦根本無變，謂其「舊日規模終在」，亦無不可。象山對此有切感，如何能變？其所謂「樸實」乃是本孟子而說之「勝義樸實」或「第一義樸實」。乃是指本心呈現之實事實理、坦然明白而說。異乎此者謂之異端，謂之歧出，謂之支離。歧出而支離，自不免於意見、議論、定本之譏。意見是邪意見，邪者偏差不正之謂。凡離乎本心呈現之實事實理坦然明白者而去籌度猜卜卽是意見。意見卽偏差不正。若是正正當當，只是實事實理之平鋪，自無意見可說。意見是「平地起土堆」，不是如理如實之正智正見。在意見中，自不免於閒議論。本心是呈現，非議論。凡議論皆

「閒」，卽所謂「粘牙嚼舌」，「簸弄於頰舌紙筆之間」者是也。由意見、議論而成之定本卽是一套擬議虛構之格局，所謂「揣量模寫之工，依放假借之似，其條畫足以自信，其習熟足以自安」者是也。凡此皆是陷溺，所謂溺於意見者是也。於此本心之沛然不禦皆不相干。故必須遮撥這一切，消化這一切，而後始能歸於「樸實」，此卽所謂勝義樸實，第一義樸實，乃直承本心呈現而說者。朱子對此勝義樸實無眞切之警悟，對象山所說之意見、議論、定本之弊無眞切之感受，故視之爲「一概揮斥」，而目之爲禪，謂其「合下有些禪底意思」。其實這與禪有何相干？明是相應道德本性而爲道德實踐之孟子學之精神之呈露，乃爲踐仁盡性之正大規範，何關於禪耶？

朱子所謂「旣是思索，卽不容無意見；旣是講學，卽不容無議論；統論爲學規模，亦豈容無定本」？此乃是落於後天積習之第二義上說。惟當吾人感覺到本心並不容易呈現，卽偶有呈露，亦並不容易卽至坦然沛然莫之能禦之境，始覺後天積習之培養工夫、磨練工夫、助緣工夫，所謂居敬集義、格物窮理等之第二義工夫之重要。此等第二義之工夫在此實有其眞實之意義。雖不免於支離、歧出，亦不能免於繞許多寃枉路，亦自有虛妄處，亦自有粘牙嚼舌處，亦自不能免乎閒議論之廢話，然而却不能單純地卽視爲閒議論、邪意見、虛說虛見、異端與陷溺。朱子所謂「思索」，卽是此層上之思索，自然有許多「意見」出現。所謂「講學」，亦是此層上之講學，自然有許多「閒議論」滋生。所謂「統論爲學規模」，亦是此層上之「爲學規模」，自然要想於異途紛歧之中間約出一個「定本」，如涵養察識、格物窮理等，以爲吾人下學上達所可遵循之道路。如果能正視相應道德本性而爲純正的道德實踐之艱難，此層之工夫便不可一概揮斥。朱子對此有切感，故於象山居於第一義上之揮斥感覺肉痛也。然而艱難雖是艱難，助緣畢竟是助緣，要不可不警悟本心呈現爲純正的道德實踐之本質的關鍵之第一義。若於此不能精澈，卽無眞正之道德可言，亦可終生迷其鵠的。象山於此有諦見，故視朱子爲支離歧出也。實則第二義上之支離歧出、議論、定本，亦有其眞實的意義。象山於此不能融化會通，應機而俯允之，亦未至圓成之境。如語錄所載：「臨川一學者，初見。問曰：每日如何觀書？學者曰：守規矩。歡然問曰：如何守規矩？學者曰：伊川易傳、胡氏春秋、上蔡論語、范氏唐鑑。忽呵之曰：陋說！良久復問曰：何者爲規？又頃，問曰：何者爲矩？學者但唯唯。次日復來，方對學者誦乾知大始，坤作成物，乾以易知，坤以簡能，一章畢，乃言曰：乾文言云：大哉乾元，（案此爲乾彖語），坤文言云：至哉坤元，（案此爲坤彖語），聖人贊易，却只是個簡易字道了。遍目學者曰：又却不是道難知也。又曰：道在邇而求諸遠，事在易，而求諸難！顧學者曰：這方喚作規矩！公昨日來，道甚規矩」！案此種呵斥有時可用，有時不可用，有其機緣性。若視作通例，一概揮斥，則不足以赴機。此臨川學者所說之規矩本是第二義甚至第三義上之初學規矩。若在朱子，便有商量。若依「夫子循循然善誘人」之風範，亦可順機逐步啓悟之。象山呵之曰「陋說」，亦可是應機之呵斥，亦可不是應機之呵斥。如應機，則藥到病除。如不應機，則適促成其反動。象山所說之規矩是第一義之規矩，有時可直顯，有時亦不能直顯。要之，平說須判教，次第展布，分際不亂。對答須赴機，循循善誘，通經合權。此種境界，朱陸皆未能至。象山固有「一概揮斥」之嫌，而朱子謂其是禪，「大抵兩頭三緒，東出西沒，無提撮處」，亦非達者之言。朱子總想與之「仔細商訂」，「相與劇論」，而究未能。若終守其定規，則雖商訂、劇論，亦無用也。蓋朱子於第一義之慧解甚差，於象山所說之「意見」等病亦根本未有理解。朱子語錄中對此亦有一條云：「某向與子靜說話，子靜以爲意見，某曰：邪意見不可有，正意見不可無。子靜說：此是閒議論，某曰：閒議論不可議論，合議論則不可不議論。又曰：大學不曾說無意，而說誠意。若無意見，將何物去擇乎中庸，將何物去察邇言？論語無意，只是無私意。若是正意，則不可無。又曰：他之無意見，只是不理會理，只是胡撞將去！若無意見，成甚麼人在這裡？」（朱子年譜五十二歲下引）。案此則愈說愈遠，簡直混擾，不成義理。象山所說之「意見」與誠意之意、無意之意、私意之意，根本不相干，如何拉在一起來混攪！象山之遮撥意見、議論、定本，豈「只是不理會理，只是胡撞將去」耶？

於以見朱子對於象山所重視之本心呈現坦然明白之實事實理之第一義根本無慧解，（至少不能正視），而於其所說之意見、議論、定本諸弊亦根本無理解、無切感也。故只顧說些不相干的話，愈說愈遠。在此情形下，雖「仔細商訂」，亦訂不出什麼結果來。若是「劇論」，必更糟透！

王懋竑朱子年譜考異卷之二，於朱子「五十二歲，二月陸子靜來訪」下，加以考異云：

> 按陸氏之學，與朱子合下不同，故朱子於未相識時，卽斷其爲禪學。（原注：與張、呂書可考）。鵝湖之會，議論不合。然察其操持謹質，表裡不二，實有爲己之功。又精神氣魄，感動得人，可爲吾道之助。故雖不合，而常有招徠勸誘之意。蓋於陸氏兄弟惓惓有深望焉。其後子壽從朱子之說，而子靜卒不變。（原注：見年譜）。南康來訪，或子壽之意；而請書墓誌，疑亦子壽之遺命。子靜白鹿洞講義，力言義利之辨，而終之以博學審問愼思明辨篤行。其于朱子之論，殆無以異。而平日所言，終不之及。其前後敍詞，極爲謙下。故朱子跋語，亦亟稱之。壬寅、子靜入爲國子正。癸卯、遷勅令所刪定官，名位略與朱子侔矣。至甲辰、因曹立之表，遂與朱子忤。然輪對五劄，朱子與書、

明謂其自葱嶺帶來。子靜復書，雖有不樂，而亦未肆其辨。（查象山文集中輪對五劄並無西來之禪意。朱子謂其自葱嶺帶來，不知從何說起，無可考。）迨丙午既歸，（時象山年四十八），講學象山，聲名益甚，徒黨益衆。戊申遂有無極太極之辨，詆訾不遺餘力，判然與朱子爲敵矣。（時象山年五十）。朱子誦言攻之，亦在乙巳丙午之後，知其必不可以合也。子壽而在，子靜末年未必猖狂至此。然子靜自信甚篤，自待甚高，亦非子壽之所能挽回。假使子靜先卒，則其說不至盛行，後來可無異同之論矣。此天實爲之，亦吾道之不幸也。

案：此種俗見，鄙陋已極。末後「假使子靜先卒」云云，直不成話。從頭至尾，全是俗情，根本不知義理差異之客觀意義。象山豈無眞實諦見，眞實立處？而可讓人「招徠勸誘」耶？朱子「斷其爲禪」，已根本差謬，于其「一途樸實，一途議論」之義亦根本無理解，何從而能「招徠勸誘」耶？見地不能超越而涵蓋之，造詣不能消化而容受之，即不可言「招徠勸誘」。而何況根本誤解耶？朋友切磋共期至善，朱子自不無此意。而若不互相契解，諦見利弊，則並此亦不可得。若復謂朱子存有招徠勸誘之意，及見誘之不得，「知其必不可以合」，始「誦言攻之」，則所以抬高朱子者適所以誣朱子。王懋竑爲此說，全是順朱子之誤解而不加深察之門戶之見下之鄙見。彼于此考異中復有云：「而朱子于南康日，謂其舊日規模終在，三頭兩緒，東出西沒，無提撮處，蓋于來訪時，已逆料其不能盡舍舊習矣。而猶以望于子壽者望之，故亟稱其講義，而于其與符復仲者，亦有取焉。癸卯與項平父書，有去短集長之言。丁未與子靜書，又言：所幸邇來日用工夫，頗覺有力，（「有」、一作「省」）無復向來支離之病。其所以招徠勸誘之者至矣。而子靜後來聲望益高，徒黨益盛，恣其舊說，日以橫肆。朱子不得已，而始誦言攻之。」此尤鄙陋。若如所云，則朱子之言「去短集長」以及「無復向來支離之病」，皆成「招徠勸誘」之權言。及誘之不得，乃「始誦言攻之」，此則成何心腸，尚復有學術之眞誠耶？依吾人現在觀之，「陸氏之學與朱子合下不同」，此誠然也。但此不同根本是孟子學與中和新說之不同。朱子自始「卽斷其爲禪學」，亦根本差謬，蓋朱子之心態根本與孟子不相應故也。于象山，不能正視其順承孟子處之基本精神，而只就其遮撥「意見」處聯想爲禪，此種聯想當然無意義，象山自不能服，不但不服，且可根本視爲不相干之浮辭。白鹿洞講義，「于朱子之論，殆無以異」，此並非其基本精神有變，乃只是儒者自有共同之主張。「平日所言，絕不之及」，亦蓋一人不能一時俱說。「前後敍詞極爲謙下，故朱子跋語亦亟稱之」，此亦不錯。吾固以爲白鹿洞之訪是雙方仔細檢察之最佳機緣，但結果只表示雙方互相尊重之君子風度，而于基本義理處之差異，則絲毫未有觸及。

王懋竑考異中復云：

其年，（卽白鹿洞講義利之辨年），祭呂東萊文：追維曩昔，粗心浮氣，徒致參辰，豈足酬義？蓋亦自言鵝湖之非矣。

案此只表示當時態度之非，（有粗浮處），並不表示基本主張之非也。細會原文可知。是以自鵝湖之會至辨無極太極，這其間雖未正式指摘，亦只是雙方各自含忍，而路向之不同實則隨時表露，並無隱藏。「迨丙午旣歸，講學象山，聲名益甚，徒黨益衆」，此正是其生命頂盛之時，學問成熟之期，遂藉無極太極之辨，正式暴露其與朱子之不同，並正式斷定朱子之不見道。（辨無極太極只是借題發揮。此辨本身，象山未必對，但其基本精神則因此充分表露。故象山與陶贊仲書云：「此數文皆明道之文，非止一時辯論之文也」。所謂「明道之文」卽明「一途樸實、一途議論」之義也。故責斥朱子，非必專在責其篤信太極圖說，乃根本在責其落入「議論之途」也。故象山語錄有云：「吾嘗與晦翁書云：揣量模寫之工，依放假借之似，其條畫足以自信，其節目足以自安。此言切中晦翁之膏肓」。）而朱子于乙巳丙午之後之正式「誦言攻之」，卻只是攻其爲禪。顯然象山之揮斥意見、議論、定本，不能卽視之爲禪。

第六節 朱子對于象山之稱賞

朱子對于象山亦有稱賞，但其賞識不及呂伯恭。象山年譜：三十四歲，「春試南宮奏名時，尤延之袤知舉，呂伯恭祖謙爲考官。讀先生易卷，至：狎海上之鷗，遊呂梁之水，可以謂之無心，不可以謂之道心。以是而洗心退藏，吾見其過焉而溺矣。濟溱洧之車，移河內之粟，可以謂之仁術，不可以謂之仁道。以是而同乎民、交乎物，吾見其淺焉而膠矣。擊節嘆賞。又讀天地之性人爲貴論，至：嗚乎！循頂至踵，皆父母之遺體。俯仰乎天地之間，惕然朝夕，求寡乎愧怍，而懼弗能，倘可以庶幾于孟子之塞乎天地，而與聞夫子人爲貴之說乎！愈加嘆賞。至策，文意俱高。伯恭遽以內難出院，乃囑尤公曰：此卷超絕，有學問者，必是江西陸子靜之文，此人斷不可失也。又併囑考官趙汝愚子直。二公亦嘉其文。遂中選。他日，伯恭會先生曰：未嘗款承足下之教，一見高文，心開目明，知其爲江西陸子靜也。」

呂伯恭能賞識象山于考卷之中，而謂「一見高文，心開目明」，則象山之爲高明爽朗之人物可知。呂伯恭能賞識此高明爽朗型之人物，其品藻之識亦不凡。故象山祭呂伯恭文云：「辛卯之冬，行都幸會。僅一往復，揖讓而退。既而以公，將與考試。不獲朝夕，以吐肝肺。公素與我，不交一字。糊名謄書，幾千萬紙。一見吾文，知非他士。公之藻鏡，斯已奇矣」。（象山全集卷二十六、祭文）。

象山年譜：三十六歲：「訪呂伯恭于衢。伯恭與汪聖錫書云：陸君相聚五六日。淳篤敬直，流輩中少見其比。又與陳同甫書云：自三衢歸，陸子靜相待累日，又留七八日，昨日始行。篤實淳直，朋游間未易多得。渠云：雖未相識，每見尊兄文字，開豁軒翥，甚欲得相聚。覺其意甚勤，非論文者也」。

象山之高明爽朗表現于內聖之學，故伯恭又稱其「淳篤敬直」，「篤實淳直」。而陳同甫者則是高明爽朗之表現于「事功之學」者，故重英雄之生命。高明爽朗在此轉而爲慷爽。其文字「開豁軒翥」卽是英雄主義之慷爽之表現，而此種風格亦特爲象山所喜，故「甚欲得相聚」也。象山自與同甫殊途，彼亦不必看得起同甫，然在此「開豁軒翥」上，則是氣味相投者。然而對于此種高明爽朗型之人物，朱子却極不賞識。彼于象山，不正視此高明爽朗本身之正義，却專想其爲禪。彼于陳同甫，不欣賞其「開豁軒翥」，却視之爲千奇百怪，神出鬼沒。彼既不正視此高明爽朗型本身之正義，故亦不能正視此高明爽朗中所表現之孟子學之義理，而只就其揮斥意見、議論、定本，而想其爲禪。彼既不欣賞陳同甫之「開豁軒翥」，故亦不能正視此「開豁軒翥」中所表現之生命世界，而只就其推尊漢唐，斥之爲千奇百怪。

朱子之心態是沈潛細密型，彼所喜愛者是收斂凝聚，而不是高明爽朗，故于象山完全不能正視其正面之精神與正大之義理。彼亦有極稱賞象山處，但大都是浮泛不切，而不能直就其義理之諦處與實處以稱之，故終于重點只落在斥其爲禪也。試看自鵝湖會後，朱子稱象山之辭爲如何：

1. 答張敬夫書云：

> 子壽兄弟氣象甚好。其病却是盡廢講學，而專務踐履；却于踐履之中，要人提撕省察，悟得本心，此爲病之大者。要其操持謹質，表裡不二，實有以過人者。惜乎其自信太過，規模窄狹，不復取人之善，將流于異學而不自知耳。（鵝湖之會年）。

此書已錄于前。今再錄于此，以觀其對于象山所說之利弊。此書稱其「氣象甚好」，稱其「操持謹質、表裡不二」。人能至此，豈是容易？若非天縱之資，自然如此，卽是學有諦見，故氣象開朗。但朱子于其學之路向，于其見之諦處、實處，全不正視，而卻認爲是「病之大者」。此無異于謂其行是而學非。得失相形，乃見其所稱之得，全成浮泛。其得無「學之是」以實之，故只想其「流于異學而不自知」，又料想其「盡廢講學，而專務踐履」。

2. 答呂伯恭書云：

「子靜舊日規模終在」云云，（全文見前引。）然其好處，自不可掩覆，可敬服也。（白鹿洞講義利之辨年）。

其「好處」何在？却終不就其見之諦處實處說，故終成浮泛。其所謂「敬服」者只是有一個生命在此，有種種「效驗」，（朱子謂象山輪對、「語意圓轉渾浩、無凝滯處。亦是渠所得效驗」。），不易降伏耳。其「所得效驗」，彼以爲不是由孟子來，乃是由禪學來。故仍是行是而學非。

3. 答林擇之書云：

此中見有朋友數人講學，其間亦難得有樸實頭負荷得者。因思日前講論，只是口說，不曾實體于身。故在己在人都不得力。今方欲與朋友就日用之間，常切檢點氣習偏處，意欲萌處，與平日所講相似與不相似，就此痛著工夫，庶幾有益。陸子壽兄弟，近日議論却肯向講學上理會。其門人有相訪者，氣象皆好，但其間亦有舊病。此間學者却是與渠相反。初謂只如此講學漸涵，自能入德。不謂末流之弊，只成說話！至于人倫日用，最切近處，亦都不得毫毛氣力。此不可不深懲而痛警也。（此書書于朱子五十一歲，年譜繫于五十二歲、陸子靜來訪、白鹿洞講義利之辨下。）

此書是檢點自己路向之病痛，但却從不肯正視象山之孟子路向之利以及其見之諦處與實處，（順孟子而來之義理之實），而只注意其「肯向講學上理會」與否耳。彼所謂「講學」只是讀書、理會文字。方見此路「只成說話」，却仍以「子壽兄弟肯向講學上理會」爲有改進。此豈非向己之病處拖，而全忽人之諦處與實處耶？當然，順朱子之路向，亦可漸涵入德（他律道德下之德），儘管過程中有「只是口說」之病。但亦不可不正視象山路向之諦處與實處。當然，象山亦並非不講學，亦並非不讀書。只是相應道德本性而爲道德實踐確是以孟子義理爲諦爲實，讀書講學亦不過是啓發此義理，深明此義理，以期至乎「人品」之挺立耳。此是讀書、講學、明理之第一義，當然主旨不在客觀研究作學究也。象山及其門人之氣象好皆本于此，而朱子不肯正視也。却以其不肯客觀研究作學究，便認爲是禪，天下寧有此理耶？當然朱子亦不純是客觀研究作學究，但其此方面之興趣極濃，並以之爲漸涵（磨練）入德之門耳。而象山之重點與中點却不落在此。吾人豈能因其重點中點不在此，便謂之是禪耶？象山並非「教外別傳、不立文字」者也。佛家禪宗之教外別傳、不立文字，亦只因佛教發展至唯識、華嚴，章疏太煩，故撥開文字之葛藤，直指本心，實悟實證以作佛耳。然則象山直就人品之挺立，順孟子之義理，相應道德本性而爲道德實踐，崇樸實，黜議論，有何不可，而必以爲如此便是禪耶？豈聖人之教必以讀書理會文字爲第一義耶？毋乃心眼不開、識見不廣乎？此不可以世俗平實爲藉口也。

4.與吳茂質書云：

> 近來自覺向時工夫，止是講論文義，以爲積集義理，久當自有得力處。却于日用工夫全少點檢。諸朋友往往亦只如此做工夫，所以多不得力。今方深省而痛懲之，亦願與諸同志勉焉。幸老兄徧以告之也。陸子壽兄弟、近日議論，與前大不同，却方要理會講學。（案子壽或有不同。象山並無不同）。其徒有曹立之、萬正淳者來相見，氣象皆儘好。却是先于性情持守上用力，此意自好。但不合自主張太過。又要得省發覺悟，故流于怪異耳。若去其所短、集其

所長，自不害爲入德之門也。然其徒亦多有主先入、不肯舍棄者。萬、曹二君却無此病也。（此書亦書于陸子靜來訪前一年，其年子壽卒。年譜亦繫于「來訪」年。）

案：此書檢點自己之病痛，與前書同。惟于象山方面「先于性情持守上用力，此意自好」，此所謂「好」，仍是泛說，不肯落實見其諦處。朱子亦可在「性情持守上用力」，但只是在中和新說下用力，不是孟子之精神。故同一「先于性情持守上用力」，却不必眞能諦見孟子之精神。若眞能諦見，便無所謂「主張太過」。豈有認得是，而不堅持之者乎？又，若眞能諦見，則于利欲汩沒之中，「省發覺悟」，肯認本心之良，乃係必然者，此如何是「病之大者」？又如何是「怪異」？故「去其所短，集其所長」，亦只是浮說。若短在「主張太過」，而至抹殺其他知識學問，則「去其所短」，猶有可說。若並「省發覺悟」亦認爲是短，而同去之，則是根本抹去孟子學之精神，而所謂「先于性情持守上用力」、「自不害爲入德之門」者，亦只是中和新說下之「于性情持守上用力」以爲入德之門也，非孟子學之「入德之門」也。又，若眞能諦見孟子精神，則決不肯敎人「舍棄」，今責「其徒亦多有主先入，不肯舍棄者」，是卽未能諦見孟子學之眞精神也。敎人「舍棄」，何所之乎？無非歸于中和新說一路而已！此非去短集長之謂也。

5. 答項平父書云：

示諭曲折、及陸國正語，三復爽然，所警于昏惰者爲厚矣。大抵子思以來，教人之法惟以尊德性、道問學兩事爲用力之要。今子靜所說，專是尊德性事，而熹平日所論，却是道問學上多了。所以爲彼學者多持守可觀，而看得義理全不仔細。（案此指客觀文字義理言）。又別說一種杜撰道理遮蓋，不肯放下。（案講說孟子義理、直下承當、體而行之，並非「一種杜撰道理」。此而放下，只有廢棄孟子，或只作客觀文字義理理會工作。蓋象山理會孟子之文字義理亦並不錯。不惟不錯，且已到深造自得左右逢源之境。故能透過客觀文字義理之理會而肯認其爲道德實踐上之真實義理，並能直下承當而體之于生命中。以此爲入德之第一義，不以客觀的文字義理之廣博研究與多方理會爲入德之門也）。而熹自覺雖于義理不敢亂說，（案此指文字義理說。儘管有錯，而「不敢亂說」亦確是真的。），却于緊要爲己爲人上，多不得力。今當反身用力，去短集長，庶幾不墮一邊耳。（此書，書于癸卯，朱子五十四歲。年譜亦繫于「陸子靜來訪」下。）

案：以尊德性與道問學判兩家之異，本不錯。關此，吾已明之于前，可覆案，玆不贅。吾所欲進而說明者，乃在朱子不能正視象山之尊德性是孟子學之尊德性，不是泛說之尊德性。蓋朱子本其中和新說，亦可以尊德性也。雖其「講論文義」與相應道德本性而爲道德踐履無本質的關係，此卽爲岐出，爲支離，爲他律道德，故「于緊要爲己爲人上多不得力」，然彼亦可藉此磨練漸涵，使身心端靜，落于尊德性上以爲入德之門。但此爲中和新說下之尊德性，非孟子學之尊德性。象山不取此「定本」，却以孟子學爲規範。此種差異，朱子不及知也。至于道問學，則于孟子學之尊德性有直接相干者，（此如講者講此，明者明此等），有不直接相干者或甚至是不相干者。直接相干者，象山並不反對也。不但不反對，而且有必然之關聯。知尊德性，始有道問學。象山不以朱子之「去短集長」爲然，而曰「旣不知尊德性，焉有所謂道問學」，（象山年譜四十五歲），正是指這直接相干的道問學而言。至于不直接相干者，則宇宙內事是已分內事，皆是合應爲者，亦無所用其反對，此不是問題之所在，亦無所用其爭論。蓋言有宗主，不可濫也。而朱子必斤斤于此，以爲象山反對講論文義，反對讀書，以爲如此便是禪，此則離題太遠，宜象山之不服也。不但不服，且可認爲此種責難根本不值一顧。朱子自始卽視象山爲禪，此成見在心，一見象山，便滿眼是禪。此實于根本上卽輕忽對方，故有此無謂之聯想。卽此一點，便足惹起象山之反感。其一切稱贊皆浮泛不切也。宜象山之從未有一語酬應也。辨太極無極時之充分表露乃根本是對此輕忽與無謂聯想之答覆。（但從無一字辯禪不禪，因根本不值一辯故。）

6. 答陳膚仲書云：

陸學固有似禪處，然鄙意近覺婺州朋友專事見聞，而于自己身心全無工夫，所以每勸學者兼取其善，要得身心端靜，方于義理知所抉擇，非欲其兀然無作，以冀于一旦豁然大悟也。吾道之衰，正坐學者各守己偏，不能兼取衆善，所以終有不明不行之弊。非是細事。（此書、朱子年譜亦繫于「陸子靜來訪」下。）

答呂伯恭書云：

道間與季通講論，因悟向來涵養工夫全少，而講說又多強探，必取尋流逐末之弊。推類以求，衆病非一，而其源皆在此。恍然自失，似有頓進之功。若保此不懈，庶有望于將來。然非如近日諸賢所謂頓悟之機也。（此書、朱子年譜繫于四十七歲下，即鵝湖之會之次年。以意與前書同，故附于此，合併論之。）

案：此兩書皆言自己專事見聞、講說之病，而欲會歸于自己身心之涵養，然隨之卽遮「頓悟」之說。蓋彼以禪視陸學，故以大悟、頓悟、覺悟爲忌也。茲且乘機以言頓悟之義，以見中和新說下之身心工夫與孟學下之身心工夫之不同。孟子說：「是故所欲有甚于生者，所惡有甚于死者。非獨賢者有是心也，人皆有之，賢者能勿喪耳。一簞食，一豆羹，得之則生、弗得則死，嘑爾而與之，行道之人弗受，蹴爾而與之，乞人不屑也。萬鍾則不辨禮義而受之，萬鍾于我何加焉？爲宮室之美、妻妾之奉，所識窮乏者得我與？鄉爲身死而不受，今爲宮室之美爲之，鄉爲身死而不受，今爲妻妾之奉爲之，鄉爲身死而不受，今爲所識窮乏者得我而爲之，是亦不可以已乎？此之謂失其本心！」接着又說：「仁、人心也。義、人路也。舍其路而弗由，放其心而不知求，哀哉！人有鷄犬放，則知求之，有放心而不知求！學問之道無他，求其放心而已矣。」（告子章）。

依孟子，人皆有惻隱、羞惡、辭讓、是非之「本心」，人皆有「所欲有甚于生，所惡有甚于死」之本心。人陷溺于利欲之私，乃喪此本心。故「學問之道無他，求其放心而已矣」。放卽放失之放。放失之，則求有以復之而已耳。求其放心卽復其本有之本心。本有之「本心」呈現自能相應道德本性而爲道德的實踐，卽不爲任何別的，而唯是依本心所自具而自發之義理之當然而行，此卽爲人品之挺立。此本有之本心乃超越乎生死以上之絕對的大限，超越乎一切條件（如爲宮室之美、妻妾之奉，所識窮乏者得我等等）之上而爲絕對的無條件，唯是一義理之當然。承此而行，方是眞正之道德生活。

但問題是在：當人汩沒陷溺于利欲之私、感性之雜之中而喪失其本心時，又如何能求有以復其本心？答此問題誠難矣哉！其難不在難得一思考上之解答，而在雖得一思考上之解答而不必眞能復其本心使之頓時卽爲具體之呈現。蓋此種問題非如一數學問題或一科學知識問題之有答或無答之簡單。此一問題，說到最後，實並無巧妙之辨法可以使之「復」。普通所謂教育、陶養、薰習、磨練，總之所謂後天積習，皆並非本質的相干者。但唯在積習原則下，始可說辨法，甚至可有種種較巧妙之辨法。但這一切辨法，甚至一切較巧妙之辨法，到緊要關頭，仍可全無用。此卽示這一切辨法皆非本質的相干者。說到本質的相干者乃根本不是屬于辨法者，此卽示：說到復其本心之本質的關鍵並無巧妙之辨法。嚴格說，在此並無「如何」之問題，因而亦並無對此「如何」之問之解答。其始，可方便虛擬一「如何」之問，似是具備一「如何」問題之樣子，及其終也，說穿了，乃知並無巧妙辨法以答此「如何」之問，隨而亦知在此根本無「如何」之問題，而撤銷其爲問題之樣子。記住此義，乃知覺悟、頓悟之說之所由立。覺悟、頓悟者，卽對遮巧妙辨法之謂也。知一切巧妙辨法，到緊要關頭，皆無用，然後始正式逼出此覺悟、頓悟之說矣。

此「人皆有之」之本心不是一個假設、預定，乃是一個呈現。孟子說「有之」之「有」不是虛懸地有，乃是呈現地有。惟當人汩沒于利欲之私、感性之雜，乃始漸放失其本心。「賢者能勿喪耳」，卽能使其常常呈現也。不肖者雖漸放失其本心，然亦並非不隨時有「萌蘗之生」，有端倪呈現。是以孟子曰：「雖存乎人者，豈無仁義之心哉？其所以放其良心者，亦猶斧斤之于木也。旦旦而伐之，可以爲美乎？其日夜之所息、平旦之氣，其好惡與人相近也者幾希？則其旦晝之所爲，有梏亡之矣。梏之反覆，則其夜氣不足以存。夜氣不足以存，則其違禽獸不遠矣。人見其禽獸也，而以爲未嘗有才焉者，是豈人之情也哉」？（告子章）。「未嘗有才」之才是仁義之心之自然向善爲善之能，卽良能，此亦卽人之性能，由本心而見者。「梏之反覆」而放失其本心，便以爲根本無此性能，是豈人之實情乎？然則人之實確有此自然向善爲善之性能，而且亦隨時透露其端倪。雖在梏亡之中，然亦未始不在平旦清明之氣中略有呈現。是則所謂放失亦只是被利欲之私感性之雜所蒙蔽而無力以爲主耳。喧賓奪主，故沈隱而不能呈其用。

所謂「覺悟」者，卽在其隨時透露之時警覺其卽爲吾人之本心而肯認之耳。肯認之卽操存之，不令放失。此是求其放心之本質的關鍵。一切助緣工夫亦無非在促成此覺悟。到有此覺悟時，方是求其放心，復其本心之切要處。一切積習工夫、助緣工夫並不能直線地引至此覺悟。由積習到覺悟是一步異質的跳躍，是突變。光是積習，並不能卽引至此跳躍。躍至此覺悟，其本質之機還是在本心透露時之警覺。人在昏沈特重之時，也許永不能自己警覺，而讓其滑過。此時本質之助緣卽是師友之指點。指點而醒之，讓其警覺。警覺還是在自己。其他一切支離歧出之積習工夫、文字義理工夫，卽老子所謂「爲學日益」工夫，雖亦是助緣，但不是本質的助緣。卽此本質的助緣畢竟亦只是助緣，對求其放心言，亦仍不是本質的主因，不是本質的關鍵。本質的關鍵或主因唯在自己警覺——順其呈露、當下警覺而肯認之。除此以外，再無其他巧妙辦法。此卽「如何復其本心」中如何一問題之答覆。但此「警覺」實不是普通所謂辦法，亦不是普通說明「如何」一問題之說明上的解答。普通對「如何」一問題之說明、解答，卽是可劃歸于一更高之原則，通過另一物事以說明此物事。如應用此方式于「如何復其本心」上而想一另一物事如積習之類，以說明此「如何」，以爲此是一種辦法或巧妙之辦法，則到最後將見此一切辦法可皆無用，或至少不是本質的相干者。卽依此義，此「如何」一問乃喪失其爲一問題之樣子，而可說在此乃根本無「如何」之問題者。此卽示：此問題乃根本不許吾人就「如何」之問、繞出去從外面想些物事以作解答。乃須當下收回來卽就自己本心之呈露而當下警覺以肯認之。此警覺不是此本心以外之異質的物事，乃卽是此本心之提起來而覺其自己。故卽在此「提起來而覺其自己」中醒悟其利欲之私、感性之雜、總之所謂隨軀殼起念，乃根本是墮落、陷溺、逐物之歧出，而非其本心、非其眞正之自己、眞正之原初之心願。此種醒悟亦是其本心所透示之痛切之感，亦可以說是其本心之驚蟄、震動所振起之波浪。由其所振起之波浪反而肯認其自己、操存其自己，亦卽自覺其自己，使其自己歸于其正位以呈現其主宰之用，此卽是「求其放心」，使放失之心復位。放失之心一旦復位，則由驚蟄、震動所振起之波浪卽復消融于此本心中而歸于平平，此時卽唯是本心之坦然與沛然，溥博淵泉而時出之。大抵本心之震動與本心之平平時在交融爲用中。其始也，其震動有痛切之感。久之，則歸于輕安，雖震動而無痛感。有痛感，卽所謂懺悔。輕安而無痛感，則震動卽轉而爲常惺惺。平平卽是常寂寂。最後，寂寂卽惺惺，惺惺卽寂寂，則卽是「不思而得，不勉而中，從容中道，聖人也」。此已說遠，且止。現在且說，于汨沒中初步之警覺卽是本心有痛感之震動。因震動而認識本心，卽因本心之震動而認識本心自己。此卽所謂復其本心，求其放心。除此以外，別無其他巧妙之辦法。其他辦法皆是助緣：本質的或非本質的。本質的主因唯在自己警覺，卽本心自己之震動，因其震動而肯認其自己。而本心之震動並非一辦法也。本心自己不震動，無有外在的物事能使之震動也。是故「如何復其本心」之問之解答卽是其本身自己之震動。本來「本心」本是在那裡，本無所謂「放」，亦無所謂「復」，亦猶伊川所謂「心豈有出入？只是據操舍而言之耳」。孔子曰：

「操則存、舍則亡。出入無時，莫知其鄉，惟心之謂與」？（告子章引）。出入自操存之工夫上言，不自存在上言。操則存、卽入也。舍則亡、卽出也。「出」卽孟子所謂「放」。只因汩沒于利欲之私、感性之雜，心沈隱而不動，遂謂之爲「放失」，此亦「舍則亡」之意，實則亦無所謂「亡」，亦無所謂「放」，只是潛隱而不震動，故亦不起作用耳。然而本心實是一活物，豈有終不震動之理？其隨時可呈露端倪，卽隨時可震動也。本心之不容已亦自有一種力量，雖梏之反覆，亦終壓不住也。此爲覺悟所以可能亦卽其必然之最內在的根據。從此着眼而言道德實踐之本質的工夫爲覺悟決是孟子學所必有之涵義，此與禪學決無關係。

此種覺悟亦名曰逆覺。逆覺者卽逆其汩沒陷溺之流而警覺也。警覺是本心自己之震動。本心一有震動卽示有一種內在不容已之力量突出來而違反那汩沒陷溺之流而想將之挽回來，故警覺卽曰逆覺。逆覺之中卽有一種悟。悟卽醒悟，由本心之震動而肯認本心之自己卽曰「悟」。悟偏于積極面說。直認本心之謂悟。覺而有痛感，知汩沒之爲非，此雖較偏于消極面，而同時亦認知本心之爲是，故亦通于積極面。通于積極面而肯認之卽爲悟。由覺而悟，故曰「覺悟」。

從悟一面進而說大悟或頓悟。大悟、頓悟者悟此本心無限量之謂也。當吾人順本心透露而警覺時，雖已肯認此本心矣，然此時之本心仍在重重錮蔽中被肯認，卽在限制中被肯認，此亦卽本心之受限性。顯然錮蔽所成之限制並非卽本心自己之限制。汩沒于利欲之私、感性之雜中，一切是有條件有限制，而本心之呈用無任何條件，唯是一義理之當然，一內在之不容已，自無任何限制性。本心自體當是無限制者。由無限制而說其爲「無限量」，此卽普通所謂無限性。惟此無限性尚是消極者，由對遮錮蔽，自錮蔽中解脫而顯者。此可由分解而得之。對此種無限性（形式的無限性），不必曰頓悟。此可由分解之思以悟之。惟當本心自體之無限性由消極進而爲積極，由抽象的、形式的，進而爲具體的、勝義實際的，方可言頓悟，乃至大悟。此具體的、勝義實際的無限量是何意義？曰：道德的本心同時卽形而上的宇宙心是也。形式的無限性須能頓時普而爲萬物之體，因而體萬物而不遺，方是落實而具體的無限性，卽勝義實際的無限性。面對此無限性直下肯認而滲透之名曰「頓悟」。此種具體的、勝義實際的眞實無限性不只是抽離的形式的無限性普遍性，而是「融于具體之殊事殊物中而爲其體」之無限性、普遍性。說單純，則「至當歸一，精義無二」，只是一心，只是一理，「此心此理實不容有二」；說豐富，是無窮的豐富，說奧秘是無窮的奧秘。既不容有二，則悟必頓。既是無窮的豐富，無窮的奧秘，悟亦必頓。此中無任何階梯漸次可以湊泊也。由覺而悟，必須悟到此境，方是悟到本心自體之眞實的無限性。必須悟到此眞實的無限性，本心義始到家。到家者，道德實踐而成聖所必須如此之謂也。

覺悟乃至頓悟固爲孟子所未明言，然亦未始非其所必函。「學問之道無他，求其放心而已矣」。就求其放心言，學、問卽學以覺之、問以「覺」之也。豈有不覺此本心、繞出去學習問聞那不相干的物事，而能求其放心乎？「心之官則思，思則得之，不思則不得也」。思卽覺也。「欲貴者、人之同心也。人人有貴于己者，弗思耳」。弗思卽弗覺。覺則乃知人人皆有貴于己之「良貴」。若非逆覺其本心，焉有所謂「良貴」？「誠者，天之道也。思誠者，人之道也」。思誠卽逆覺而肯認其本有之誠體也。「舜之居深山之中，與木石居，與鹿豕遊，其所以異于深山之野人者幾希？及其聞一善言，見一善行，若決江河，沛然莫之能禦也」。由于一聞一見，卽沛然莫之能禦，則其覺悟之速可知也。一旦覺悟，則萬善中出，故沛然莫之能禦也。「由仁義行，非行仁義也」。此則已由「覺悟」而至頓悟矣。

至于「萬物皆備于我矣。反身而誠，樂莫大焉」。此卽函頓悟義。「夫君子所過者化，所存者神，上下與天地同流，豈曰小補之哉」？此亦函有一頓悟義于其中。且不只一頓悟，且已至「大而化之之謂聖，聖而不可知之之謂神」之境矣。「盡其心者，知其性也。知其性，則知天矣」。知性卽知天，卽函有頓悟義。故程明道云：「只心便是天，盡之便知性，知性便知天，當下便認取，更不可外求」。可謂圓頓之至矣。豈是孟子所本無而妄意之哉？

朱子中和舊說中云：「雖汨于物欲流蕩之中，而其良心萌蘗亦未嘗不因事而發見。學者于是致察而操存之，則庶乎可以貫乎大本達道之全體，而復其初矣」。此亦是本孟子而言之覺悟義。三十九歲以中和舊說爲背景答何叔京書云：「但因其良心發見之微，猛省提撕，使心不昧，則是做工夫底本領。本領旣立，自然下學而上達矣。若不察于良心發見處，卽渺渺茫茫，恐無下手處也。」此亦是本孟子以覺悟爲「做工夫底本領」，卽爲復其本心之本質的關鍵。惟朱子不能眞切乎此義，在此用不上力，故瞬卽放棄矣，旣以「覺悟」爲大忌，而力斥之爲禪，復以「先致察于良心發見」爲非是而極力攻擊之。此其終不解孟子可知。至于張南軒本其師胡五峯之知言，猶主「學者須先察識端倪之發，然後可加存養之功」，此亦本孟子覺悟求放心之義，本不誤，而朱子必以察識涵養配屬于已發與未發，而竭力反對之，遂離孟子學愈遠矣。胡五峯「須先識仁之體」以及「齊王見牛而不忍殺，此良心之苗裔，因利欲之間而見者也」等義，固有承于明道，亦不悖于孟子。至于明道之一本論，「當下便認取，更不可外求」，更是覺悟復本心之孟子學之精神。張橫渠「大其心體天下之物」，「心能盡性，人能宏道也」，亦不悖孟子之本心義及盡心知性知天義。象山直承本心之坦然沛然而說話，雖不常言覺悟求放心，然其實早已跨過此關而直至承體而說之境矣。語錄云：「吾于踐履，未能純一，然纔自警策，便與天地相似」。此已直下至圓頓之悟矣。「心之體甚大。若能盡我之心，便與天同」。此亦由覺悟而至圓頓之悟，卽，「盡我之心」之盡的悟。「萬物森然于方寸之間。滿心而發，充塞于此，無非此理」。此明是孟子「萬物皆備于我」之另一種表示。「滿心而發」，不但是頓悟，而且由頓悟而至一體之沛然。此皆明是孟子學之基本大義，根本與禪無關涉，而朱子必以覺悟、大悟、頓悟爲忌何耶？此豈是空口迷離惝恍說大話之謂耶？徒見其不能眞切乎本心之義而已矣。覺悟、頓悟之詞容或來自佛家，然名者公器，豈必不可使用耶？佛家自竺道生講「頓悟成佛」以來，天臺、華嚴皆講圓、頓之教，至禪而盛言頓教，然佛家自是佛家義，豈是因一講覺悟、頓悟，便是禪耶？如此忌諱，勢必日趣卑下瑣碎而不敢自處于高明與切要，豈是善紹孔孟之教者耶？故朱子此種忌諱與逃避全屬無謂。禪不禪只當看義理骨幹，豈決定于名言耶？儒釋道講到心性之學，自有其共通處。蓋同以主體性爲主，故其表現之方式、思路、以及發展之形態自不能免乎有相似也。只要眞能見到其義理內容不同斯可矣。通乎學術之原委者，自可不以忌諱累其心也。

7.答諸葛誠之書云：

示諭競辨之端，三復惘然。愚意比來深欲勸同志者，兼取兩家之長，不可輕相詆訾。就有未合，亦且置勿論，而姑勉力于吾之所急。不謂乃以曹表之故，（朱子曾爲曹立之作墓表），反有所激，如來諭之云也。不敏之故，深以自咎。然吾人所學喫緊着力處，止在天理人欲二者相去之間耳。如今所論，則彼之因激而起者，于二者之間果何處也。子靜平日所以自任，正欲身率學者一于天理，而不以一毫人欲雜于其間，恐決不至如賢者之所疑也。義理，天下之公。而人之所見有未能盡同者，正當虛心平氣，相與熟講，而徐究之，以歸于是，乃是吾黨之責。而向來講論之際，見諸賢往往皆有立我自是之意。厲色忿詞，如對仇敵，無復長少之節、禮遜之容。蓋常竊笑，以爲正使真是仇敵，亦何至此？但觀諸賢之氣方盛，未可遽以片辭取信，因默不言，至今常不滿也。

（此書、朱子年譜繫于五十六歲「辨陸學之非」下）。

案：此書亦仍表示「兼取兩家之長」，並肯認象山「正欲身率學者一于天理，而不以一毫人欲雜于其間，恐決不至如賢者之所疑」，此亦大君子之雅量。蓋朱子歷來本甚敬重象山之人品，惟不以其學爲然耳。是則由于朱子之心態與孟子有距離故。附和朱子者，如諸葛誠之之類，施以不堪之臆測，朱子類能止之，正見惺惺惜惺惺之意。象山年譜五十一歲下亦略繫朱子此書，並隨之復繫云：「包顯道侍晦庵。有學者因無極之辯，貽書詆先生者，晦庵復其書云：南渡以來，八字着脚，理會著實工夫者，惟某與陸子靜二人而已。某實敬其爲人，老兄未可以輕議之也」。無極之辯，雙方極不愉快，而朱子仍如此稱之，且禁止浮薄者之「輕議」，此可見君子之克己。惜乎「敬其爲人」，而不解其學，此亦一間之未達。而所謂「兼取兩家之長」亦成浮泛不着實之虛語。而着實者唯在識其爲禪耳。然禪學之識實亦無謂之聯想，毫無相應處也。「着實」者主觀幻結之堅執耳。象山與路彥彬書：「竊不自揆，區區之學，自謂孟子之後，至是而始一明也」。（象山全集卷十）。象山之學明是「因讀孟子而自得之」，孟子之道至是而始一明，而朱子必幻想其爲禪，是則不能說不離題太遠也。是亦孟子所慨嘆之「智之于賢者也，命也，有性存焉，君子不謂命也」。雖不謂命，而畢竟爲「命」所限。朱子雖常克己，欲取兩家之長，而究未能盡性以相喻。此賢者之智之受限也。孟子、象山學之精神，唯在「自汨沒中求放心」之超拔，自有其警策精當處，而沈潛委順以漸磨者不易受也。朱子亦終限于此，自安于習熟，自信于條畫，而不能有警悟，故亦終不相喻也。象山之提撕振拔，自感動得人。後生爲其所感動者，稍有洞悟，張皇不遜處自不能免。此非朱子所能堪也。既不能由正視孟子學以契之，復不能具幽默以容之，終于因附和者之不遜而益增其反感，並堅其禪學之聯想，遂亦終于不能含忍，而「誦言以攻之」矣。至于象山之不以朱學之支離歧出爲然，蓋時在表露中，且亦從未有改變。其不以爲然而譏斥之，決不如諸葛誠之之所猜想，因曹表之故而「有所激」也。此則王懋竑之考異已辨明之矣。

（參看朱子年譜考異卷之三，「五十六歲，辨陸學之非」一條下）。據吾人今日平情觀之，象山方面似並無激情，只是實見得如此，故斥其爲「議論之途」。而朱子之「誦言攻之」却顯得心情之激動躍然于紙上。蓋象山之氣盛，「自信太過」，以及附和者之不遜，「立我自是」，朱子甚受氣，非其所能堪。始也含忍、自制，欲取兩長，而取兩長不能落實，終也暴發，攻其爲禪，而攻不相應。總不順適調暢，故不免激情于中也。顯然象山不以禪學之譏爲意，而朱子却不能忘懷于支離之斥也。

以下試觀其「誦言以攻之」。

第七節　朱子之「誦言以攻之」

1.王懋竑謂「朱子誦言攻之，亦在乙巳、丙午之後，知其必不可合也」。案丙午年，象山四十八，朱子五十七。是年，朱子答程正思書云：

> 所論皆正當確實，而衞道之意又甚嚴，深慰懷抱。祝汀洲見責之意，敢不敬承。蓋緣舊日曾學禪宗，故于彼說（指象山說），雖知其非，而不免有私嗜之意；亦是被渠（象山）說得遮前掩後，未盡見其底蘊。譬如楊、墨，但知其

爲我兼愛，而不知其至于無父無君，亦不知其便是禽獸也。去冬，因其徒來此，狂妄凶狠，手足盡露，自此乃始顯然鳴鼓攻之，不復爲前日之唯阿矣。

案：此即「誦言攻之」之開始。朱子自謂「舊日曾學禪宗」，故于象山之說，「雖知其非，而不免有私嗜之意」。又謂：因象山「說得遮前掩後，未盡見其底蘊」。實則彼亦究未絲毫見其底蘊。此不可以孟子闢楊墨爲類比。爲我、兼愛是思想內容問題，而象山之駁落意見、議論、定本，以及一切支離歧出，以復本心，則是表現呈露眞實心之超拔，是表現眞實義理之方式問題，此固有類于禪宗之精神或風格，但凡肯認超越之本心者，于求放心中，此乃必然應有之共同方式，顯然不得因爲有此即爲禪，更不得因其徒之狂妄不遜，便謂「盡見其底蘊」，而謂其學可以類比于楊墨之「無父無君、是禽獸也」之惡果，而斷定其必是禪。朱子之所謂禪顯然乃不相干者。

2. 答趙幾道書云：

所論時學之弊甚善。但所謂冷淡生活者，亦恐反遲而禍大耳。孟子所以舍中商而距楊墨者，正爲此也。向來正以吾黨孤弱，不欲于中自相矛盾，亦厭

> 繳紛競辯，若可羞者，故一切容忍，不能極論。近乃深覺其弊，全然不曾略見天理，彷彿一味只將私意東作西捺，做出許多詖邪淫遁之說；又且空腹高心，妄自尊大，俯視聖賢，蔑棄禮法，只此一節、尤爲學者心術之害，故不免直截與之說破。渠輩家計已成，決不肯舍。然此說既明，庶幾後來者免墮邪見坑中，亦是一事耳。

案：象山辨志、明本心，正在去私意，求放心、以見本心之天理，而謂其「全然不曾略見天理」，「只將私意東作西捺，做出許多詖邪淫遁之說」，此能得象山之實乎？朱子與象山之異，亦猶海德格所說柏拉圖傳統之「本質倫理」與康德傳統之「方向倫理」之不同。(見心體與性體綜論部)。此兩型心態常不易相契。然康德傳統之「方向倫理」確是由深入「本質倫理」見其有不足而轉出者，此是推進一步之高級型態。象山確是比朱子更推進了一步，朱子不能知也。

3. 答趙子欽書云：

> 子靜後來得書，愈甚于前。大抵其學于心地工夫，不爲無所見。但便欲

恃此陵跨古今，更不下窮理細密工夫，卒並與其所得者而失之。人欲橫流，不自知覺，而高談大論，以爲天理盡在是也。則其所謂心地工夫者，又安在哉？

案：只曰「其學于心地工夫、不爲無所見」，何不曰其學本自孟子？若于此眞見得到，則以下之批評皆可不作。今只浮泛過去，輕輕許以「于心地工夫不爲無所見」，則其不能得象山之實亦明矣。「人欲橫流」云云，顯屬輕忽之甚！前謂其徒「多持守可觀」，今何忽變如此？

4.答劉公度書云：

臨川近說愈肆。荆舒祠記、曾見之否？此等議論，皆學問偏枯，見識昏昧之故，而私意又從而激之。若公度之說行，則此等事，都無人管，恣意橫流矣。試思之如何！

案：象山荆國王文公祠堂記作于五十歲，乃其平生得意之筆，亦成熟之筆，自以爲「乃是斷百餘年未了底大公案。自謂聖人復起，不易吾言」。（與胡季隨書、象山全集卷一）。而朱子則因學問之不契而如此陋視之，寧謂平情之論乎？此方是「私意」潛于激情之中而不自知耳。

5.答項平父書云：

> 告子之病，蓋不知心之慊處卽是義之所安，其不慊處，卽是不合于義，故直以義爲外而不求。今人因孟子之言，却有見得此意，而識義之在內者，然又不知心之慊與不慊，亦必有待講學省察而後能察其精微者，故于學聚問辨之所得皆指爲外，而以爲非義之所在，遂一切棄置而不爲。此與告子之言雖若小異，然其實則百步五十步之間耳。以此相笑，是同浴而譏裸裎也。由其所見之偏如此，故于義理之精微，氣質之偏蔽，皆所不察，而其發之暴悍狂率無所不至，其所慨然自任、以爲義之所在者，或未必不出于人欲之私也。

案：孟子以仁義內在明本心，以本心明性善。本心不失，則仁不可勝用，義不可勝用，若決江河，沛然莫之能禦。此是自律自主之本心之立體直貫型的義理。此爲內聖之學之第一義。義不義之第一義惟在此自律自主之本心所自決之無條件之義理之當然，此卽爲義之內在。內在者、內在于本心之自發、自決也。孟子說：「長者義乎？長之者義乎？」此一疑問，卽由自外在之「長者」處（卽他處）說義扭轉而自內在之「長之者」處（卽己處）說義。此種自發自決之決斷、不爲某某，而唯是義理之當然，卽爲本心之自律。一爲什麼某某而爲，便不是眞正的道德，便是失其本心。承本心之自律而爲，便曰承體起用。此種承體起用顯是道德的當然之創造性之表現，卽道德的目的性之實現。孟子主仁義內在而明本心之沛然，卽在點醒此義。必見到此種立體直貫型之創造（承體起用），卽「方向倫理」，方是眞見到仁義內在之實義與切義。象山是眞能見到此義者，而朱子則落于「本質倫理」之他律。其所謂「心之慊處」與「不慊處」卽浮泛不切之語，並不眞能切于仁義之內在。蓋心之慊與不慊可由自律而見，亦可由他律而見。由他律而見之義是「義者宜也」之義。此可完全受決于外在者。如合于風俗習慣、合于外在之禮法、合乎外在之本質秩序，合于知識上之是非，皆可以使吾人得到心之慊。一字一句若有不對，便覺心不安，一典出處不明或弄錯，亦覺心不安。心之慊（快足）是合于義（義之所安），心之不慊卽是不合于義（義之所不安）。但此種義不義却正是外在者，正是他律者；而心之慊不慊亦正是因關聯于他律而足不足，此是認知之明之足不足。此不是眞正「第一義道德」之自律，亦不是本心自律上之安不安。而朱子却正是向「關聯于他律以定足不足」而趨，而象山却是向「本心自律之安不安」而趨。此仍是一縱一橫，第一義與第二義之別也。

若眞見到「本心自律上之安不安」爲內聖之學之第一義，則只有補充，而無對遮，亦無所謂禪之聯想。象山之揮斥意見、議論、定本，其目的惟在遮撥他律之歧出，而使人收回來向裡深入、透顯本心之自律。而朱子却一概聯想爲禪，又誤會爲對于「講學省察」與「學聚問辨」之忽視與抹殺。象山自謂其學「不過切已自反，改過遷善」，此正是省察之要者，如何能謂其輕忽省察，「棄置而不爲」？惟此省察是扣緊念慮之微而省察：是利欲、意見之私乎？是本心之所發乎？是歧出之他律乎？是本心之自律乎？此正是道德省察之第一義，而不是省察于文字義理之精微也。象山語錄：「有士人上詩云：手抉浮翳開東明。先生頗取其語，因云：吾與學者言，眞所謂取日虞淵，洗光咸池」。此其講學惟在自人之汨沒陷溺中啓廸開悟其本心之自律，如何能謂其輕忽講學，「棄置而不爲」？惟其講學不以讀書、理會文字爲主耳。並非不讀書、讀時亦並非不理會文字也。尅就啓廸開悟本心之自律言，讀書、理會文字正非本質的相干者，甚至是歧出之不相干。「學聚問辨」亦然。不以讀典藉之學聚問辨爲主，而以開啓本心之學聚問辨爲主也。孟子言「集義」豈只限于讀典藉之學聚問辨耶？就開啓本心之自律言，讀典藉之學聚問辨，客觀研究之義理精微，正非本質的相干者，甚至是歧出的不相干者。縱十分精微，亦只是他律。此豈道德行爲之本性乎？

至於「氣質之偏蔽」，此乃朱子責象山之切要處，以爲只講一本心之沛然，而不察「氣質之偏蔽」，正有不能沛然處。好底壞底「一齊滾將去」，「都把做心之妙理」，豈不害事！

朱子語錄云：

> 陸子靜之學，千般萬般病只在不知有氣稟之雜，把許多粗惡底氣，都把做心之妙理，合當恁地自然做將去。向在鉛山、得他書云：看見佛之所以與儒異者，止是他底全在利，吾儒止是全在義。某答他云：公亦只見得第二著。看他意只說儒者絕斷得許多利欲，便是千了百當，一向任意做出，都不妨。不知初自受得這氣稟不好，今纔任意發出許多不好底，也只都做好商量了，只道這是胸中流出自然天理，不知氣有不好底夾雜在裏，一齊滾將去，道害事不害事！看子靜書，只見他許多粗暴底意思，可畏。其徒都是這樣。纔說得幾句，便無大無小，無父無兄。只我胸中流出底是天理，全不著些工夫。看來這錯處，只在不知有氣稟之性。

又有一條云：

> 陸子靜之學，只管說一個心本來是好底物事，上面著不得一個字。只是人被私欲遮了。若識得一個心了，萬法流出，更都無許多事。他却是實見得個道理恁地，所以不怕天、不怕地，一向胡叫胡喊！又曰：如東萊便是如何云云，不似他見得恁地直拔俊偉。下梢東萊學者，一人自執一說，更無一人守其師說，亦不知其師緊要處是在那裏，都只恁地衰塌不起了。其害小。他學者是見得個物事，便都恁地胡叫胡說，實是卒動他不得。一齊恁地無大無小。便是天上地下，惟我獨尊。若我見得，我父不見得，便是父不似我。兄不見得，便是兄不似我。更無大小。其害甚大。不待後世，卽今便是！

案：開悟本心之自律正所以取以爲準則藉以化除「氣質之偏蔽」，以至本心之沛然與坦然，此所謂「自誠明謂之性」。若氣質之偏蔽難化，不能至本心之沛然，則正須「切己自反，遷善改過」，以漸使之沛然，此所謂「自明誠謂之教」。焉有唯在發明本心自律之第一義者，尚天理人欲不分，「把許多粗惡底氣都把做心之妙理」耶？孟子、象山所說之本心之沛然，豈是蘇東坡之「任吾情卽性，率吾性卽道」之直情逕行耶？嚴守「本心之自律」正是天理人欲分得太嚴，故一切意見、議論、定本皆須刋落，方能扭轉、廻機就已。故如此「直拔俊偉」，唯是一義理之當然挺立在前。此所謂壁立千仞，八風吹不動，故「實是卒動他不得」。此亦有見於眞而然。若見處不諦不實，焉能「動他不得」耶？只因自己不能正視此義，繫念於他律之義不義而不肯暫時放下，故見其揮斥意見、議論、定本，便視之爲「粗惡底氣」、「粗暴底意思可畏」、「暴悍狂率無所不至」；見其「實見得個道理恁地」，「見得恁地直拔俊偉」，便視之爲「不怕天、不怕地、一向胡叫胡喊」，「無大無小」。此豈非離題太遠乎？前稱之爲「操持謹質，表裏不二」，「氣象皆甚好」，何以忽爾竟至「胡叫胡喊」，「無大無小、無父無兄」耶？此種責難，顯是心中有蔽，故流於激情而不自知。若自家已見得「本心之自律」，在此第一義處與象山同，則再進一步說到體現問題，正視氣質之偏蔽，以此警戒象山，則象山必欣然受教，決無話說。今自己之細密精微，工夫磨練，全走向他律之道德而不自知，在第一義處並未把握得住，而復如此相責，則顯然不對題，宜象山不受也。若忽視見道不見道之根本，或以爲朱陸在見道上爲同一，而覺得朱子切實，象山粗淺，此則非是，此正有不知根本之異之過，或故意泯眞實問題之嫌。

前言若眞見到本心自律上之安不安爲內聖之學之第一義，則只有補充，而無對遮。何謂

「只有補充，而無對遮」？蓋緣本心自律只表示存心之純正，亦只表示一道德目的性之方向。此心不失，一處不忍，到處不忍，此爲仁之不可勝用。一處羞惡，到處羞惡，此爲義之不可勝用。一處辭讓恭敬，到處辭讓恭敬，此爲禮之不可勝用。一處是非炯然，到處是非炯然，此爲智之不可勝用。此卽「此心炯然，此理坦然」，「若決江河，沛然莫之能禦」，亦是「溥博淵泉而時出之」，「盈科而後進，有本者若是」。此尅就道德之本性言，亦無不足。但若處於一特殊之境遇，一存在之決斷固有賴於本心之自律，但亦有待於對此境遇之照察。照察清澈不謬，亦有助於本心自律之明確以及其方向之實現。照察不謬是智之事，此卽是以智輔仁。推之，朱子所謂「講學省察」、「學聚問辨」上之「義理之精微」，客觀研究乃至文字理會上之「義理之精微」，皆有其意義與作用，此皆是「認知之明」上之慊不慊。此種慊不慊皆足輔助本心自律上之慊不慊。但不能停滯於此認知之明上之慊不慊而不進，以此他律之第二義上的「義」爲自足而對遮本心自律之第一義上的「義」，並對之施以種種之攻擊與無謂之聯想。朱子正是滯於本質倫理之他律，而不能正視方向倫理之自律者。此問題至王陽明由本心而進至講良知時，尤顯。俟至該處，將再詳辨而深明之。

6.最後，朱子答方賓王書云：

> 所論近世識心之弊，則深中其失。古人之學所貴於存心者，蓋將推此以窮天下之理。今之所謂識心者，乃欲恃此而外天下之理。是以古人知益崇而禮益卑，今人則論愈高，而其狂妄恣睢也愈甚。得失亦可見矣。

案：「古人之學所貴於存心者，蓋將推此以窮天下之理」，此至少非孟子之「存心」義。「推此以窮天下之理」，此正是朱子之靜攝型態，而非孔孟之立體直貫之型態。當然孔孟亦並不廢博文約禮，以窮天下之理，然而其所謂仁，其所謂本心，亦決不止於在認知之明上表現其窮天下之理之用，此則非朱子之所及知矣。「今之所謂識心者，乃欲恃此而外天下之理」，案此「所謂識心」正是指象山之啓悟「本心之自律」言，此正是孟子之盡心知性、存心養性之立體直貫之型態。識心者察識良心發見之端倪以復其本心之沛然之謂也。此正是扭轉他律而歸自律，以正視道德行爲之本性，成就內聖之學之第一義也。此亦非「外天下之理」。「萬物皆備於我」，無一理之能外，此是勝義之一本論，立體直貫之遍體天下之物而不遺之統攝義。然而「其次致曲」，則是本末義，此亦非「外天下之理」而不究，然而有本有末，有縱有橫，象山亦不廢也。至於「知益崇而禮益卑」，則有認知上之謙卑與本心自律上之謙卑，謙卑豈盡限於「窮天下之理」耶？知有內在德性之知，有外在窮究之知，豈盡於

「窮天下之理」上顯其崇高博富耶？故「今人所論愈高，而其狂妄恣睢也愈甚」，此非相應之責難。總之，朱子停滯於靜攝型態而不能正視孟子、象山之直貫型態。故種種責難皆不相應，此可慨也。

第八節　朱子之攻其爲禪

以下試觀其如何攻其爲禪。

1. 朱子語錄云：

陸氏之學只是禪。初間猶自以吾儒之說蓋覆，如今一向說得熾，不復遮護了。渠自說有見於理，到得做處，一向任私意做去，全不睹是。人同之則喜，異之則怒。至任喜怒，胡亂便打人罵人。後生纔登其門，便學得不遜無禮出來。極可畏。世道衰微，千變百怪如此。可畏可畏！

2. 語錄又云：

陸子靜之學，自是胸中無奈許多禪何！看是甚文字！不過假借以說其胸中所見者耳。據其所見，本不須聖人文字得。他却須要聖人文字說者，此正如販鹽者，上面須得數片鯗魚遮蓋，方過得關津，不被人捉了耳。

案：朱子說象山爲禪，不過是由象山之揮斥「議論之途」中意見、議論、定本，而不正視其所以揮斥之實義切義，聯想而來。顯然不能以揮斥意見、議論、定本，即認爲是禪。勝義樸實，「此心炯然，此理坦然」，（與趙監書，象山全集卷一），自無意見、議論、定本可言。「默而識之，不言而信，存乎德行」，寧有意見、議論、定本可說乎？「發憤忘食，樂以忘憂，不知老之將至」，寧有意見、議論、定本可說乎？「文王之德之純，純亦不已」寧有意見、議論、定本可說乎？「若決江河，沛然莫之能禦」，「溥博淵泉，而時出之」，「肫肫其仁、淵淵其淵、浩浩其天」，此正是「自誠明謂之性」，亦是「不怨天、不尤人，下學而上達，知我者其天乎」，總之是踐仁以知天，盡心知性以知天，此種實理實事寧有粘牙嚼舌、咬文嚼字、膠著於文字義理之間，翻騰出許多意見、議論、定本之「平地起土堆」乎？直接相應此實理實事而開悟出此「本心之沛然」，而刊落一切意見、議論、定本之歧出與支離，而唯是一本心自律之義理之當然挺立在前，即謂爲「勝義樸實」。此種勝義樸實之實事實理如何不可以「聖人文字」表示，而必謂爲是「如販私鹽者」之「遮蓋」、「蓋覆」以求「過得關津，不被人捉了」耶？吾以爲此正是消化、通透了孔孟踐仁知天之大中至正之弘規而轉出的勝義樸實之地道的儒家之義理——相應道德本性而爲道德實踐之徹底的唯是一道德意識之挺立之義理。此如何能說爲是禪？豈是只准蜷伏於六經典籍之文字義理之間，逐旋磨將去，方可爲儒者、爲聖人之道乎？若如此滯碍封限，正是聖人之道之死板化，適應於初學下乘，未始不可，豈得專以此爲「定本」乎？然則其視之爲禪者正是未能消化通透孔孟之教之驚怖心理耳。至於由其揮斥意見、議論、定本，而驚怖，由驚怖而誤會爲「胡亂便打人罵人」，更是離題太遠，亦不必言矣。

3.朱子語錄又云：

因看金溪與胡季隨書中說顏子克己處，曰：看此兩行議論，其宗旨是禪尤分曉。此乃捉著真贓正賊。惜方見之，不及與之痛辯。其說以忿欲等皆未是己私，而思索講習却是大病，乃所當克治者。如禪家說乾屎橛等語，其上更無意義，又不得別思義理，將此心都禁遏定，久久忽自有明快處，方謂之得。此之謂失其本心！故下梢忿欲紛起，恣意猖獗，如劉淳叟輩所爲，皆彼自謂不妨者也。又曰：金溪學問真正是禪。欽夫、伯恭，緣不曾看佛書，所以看他不破，只某便識得他。試將楞嚴、圓覺之類一觀，亦可粗見大意。

案：此條謂象山與胡季隨書中說顏子克己處，其宗旨是禪。「其說以忿欲等皆未是己私，而思索講習却是大病，乃所當克治者」。茲查象山全集卷一「與胡季隨書」中，都無此意，不知朱子何以如此置斷。朱子最重平心理會人文字，何以於此便不平心順人語脈理會人文字？書云：「學者之難得，所從來久矣。道不遠人，人自遠之耳。人心不能無蒙蔽。蒙蔽之未徹，則日以陷溺。諸子百家往往以聖賢自期，仁義道德自命。然其所以卒畔於皇極，而不能自拔者，蓋蒙蔽而不自覺，陷溺而不自知耳。顏子之賢，夫子所屢歎。氣質之美，固絕人甚遠。子貢非能知顏子者，然亦自知非儔偶。論語所載：顏淵喟然之歎，當在問仁之前；爲邦之問，當在問仁之後；請事斯語之時，乃其知之始至、善之始明時也。以顏子之賢，雖其知之未至，善之未明，亦必不至有聲色貨利之累，忿狠縱肆之失。夫子答其問仁，乃有克己復禮之說。所謂己私者，非必如常人所見之過惡，而後爲己私也。己之未克，雖自命以仁義道德，自期以可至聖賢之地者，皆其私也。〔朱子所謂「看此兩行議論，其宗旨是禪尤分曉。此乃捉着眞贓正賊」。所謂「此兩行議論」當卽指此數語言。試看此數語有如朱子所理解者乎？有「以忿欲未是己私」之意乎？又與禪有何關係？「眞贓正賊」之語尤其鄙曲。〕顏子之所以異乎衆人者，爲其不安乎此，極鑽仰之力，而不能自已，故卒能踐克己復禮之言，而知遂以至、善遂以明也。若子貢之明達，固居游夏之右。見禮知政，聞樂知德之識，絕凡民遠矣。從夫子游如彼其久，尊信夫子之道如彼其至。夫子既歿，其傳乃不在子貢，顧在曾子。私見之錮人，難于自知如此！曾子得之以魯，子貢失之以達。天德、己見，消長之驗，莫著於此矣。（朱子所謂「而思索講習却是大病」當是指此處象山之嘆惜子貢而爲料度之言。試看此處象山之嘆惜子貢有以「思索講習」爲「大病」者乎？象山謂「私見之錮人，難於自知如此」。「天德、己見，消長之驗莫著於此」。此豈以「思索講習」爲「大病」者乎？」學問之初，切磋之次，必有自疑之兆。及其至也，必有自克之實。此古人物格知至之功也。己實未能自克，而不以自疑，方憑之以決是非，定可否，縱其標末如子貢之屢中，適重夫子之憂耳。況又未能也？物則所在，非達天德、未易輕言也。所惡於智者，爲其鑿也。如智者，若禹之行水也，則無惡於智矣。禹之行水也，行其所無事也。如智者亦行其所無事，則智亦大矣。宰我、子貢、有若，智足以知聖人。三子之智，蓋其英爽足以有所精別，異乎陳子禽、叔孫武叔之流耳。若責之以大智，望之以眞知聖人，非其任也。顏子請事斯語之後，眞知聖人矣。曾子雖未及顏子，若其眞知聖人，則與顏子同。學未知止，則其知必不能至。知之未至，聖賢地位未易輕言也」。

案此書自「王文公祠記乃是斷百餘年未了底大公案，自謂聖人復起，不易吾言」說起，故知此書亦寫於五十歲之時，亦義理精熟之筆，故言之如此精透正大。而朱子竟謂其「眞正是禪」，甚矣「智之於賢者」之「有命」也！

象山之謂「己私」，由粗入細，由淺入深，層層深入觀察，「忿欲」固是私，卽「意見」亦是私也。故「與鄧文範書」云：「愚不肖者之蔽在於物欲，賢者智者之蔽在於意見。高下汙潔雖不同，其爲蔽理溺心而不得其正，則一也。然蔽溺在汙下者，往往易解，而患其安焉而不求解，自暴自棄者是也。蔽溺在高潔者，大抵自是而難解，諸子百家是也」。（象山全集卷一）。上錄「與胡季隨書」中「所謂己私者，非必如常人所見之過惡而後爲己私」，此非言過惡、忿欲等不是己私，乃言己私不必止於此也。「己之未克，雖自命以仁義道德，自期以可至聖賢之地者，皆其私也」，此卽深入一層而言「意見」之爲己私。此種微細深隱之己私，不覺不化，「雖自命以仁義道德，自期以可至聖賢之地者，皆其私也」。此承此書前文「諸子百家，往往以聖賢自期，仁義道德自命，然其所以卒畔於皇極而不能自拔者，蓋蒙蔽而不自覺、陷溺而不自知耳」而言。此非言：其所表露於外面之「以聖賢自期，仁義道德自命」之事本身爲己私、爲不當有，乃言：雖自命、自期，而眞實生命之仁不透露，此心不炯然，此理不坦然，天德不暢達，而爲意見、議論、曲說所蒙蔽，日陷溺於其中而爲其所固結，其生命全部爲一意見固結之生命，其心全部爲一意見固結之私心，故雖自命、自期，而其期、命之根（發源）却是植於意見之私，故聖賢、仁義、道德只成空話，簸弄於頰舌紙筆之間而成爲粘牙嚼舌之資料，故卒遠違於聖賢，而仁義道德亦不能至，而亦終不能眞知聖賢之生命是如何，眞實之仁義道德是如何也。因意見固結之私，其隔聖賢仁義道德不知有幾重山也。此種意見之私最難克，最難自知自覺，蓋有觀念系統爲之固結，足以自安、自信、自是也。實則皆是虛妄，皆是幻結，如蜘蛛之結網以自寄託其固結之生命者也。故「克己復禮爲仁」，最後關頭之「克己」即在化此意見固結之私而使眞實生命呈露耳。眞實生命之「純亦不已」即仁也。此之謂「天德」。顏淵請事斯語之後，至少可說已至知「眞實生命何所是」之境。知此謂之知至，明此謂之明善。

象山謂：「若子貢之明達，固居游、夏之右。見禮知政，聞樂知德之識，絕凡民遠矣。從夫子游，如彼其久。尊信夫子之道，如彼其至。夫子既歿，其傳乃不在子貢，顧在曾子。私見之錮人，難於自知如此！曾子得之以魯，子貢失之以達。天德已見消長之驗，莫著於此」。此言深遠正大，一眼洞澈子貢生命之體段矣。難說子貢還有什麼「私見」、「己見」！子貢並非如諸子百家之有觀念系統。然而象山竟謂「私見之錮人難於自知如此」！又謂「天德已見消長之驗莫著於此」！子貢之私見、己見，誠難言也。然而子貢之生命畢竟是停於私見己見之中，畢竟是滯於某種固結之習中而未能眞知（不要說眞至）天德之生命。此種固結之習何耶？曰：即以其「明達」定！子貢很有世智之明達，亦很有其原始生命之才華，亦自有其聞見之博雅，耳聰目明之速捷，此即所謂天資之「英爽」。然而就是一間未達，未能達夫子「純亦不已」之眞實生命之坦然與沛然，其自己亦未能撥開其天資之英爽而深進一步至乎此眞實生命之體當，故終不免只停於揮洒於世智之明達中而成其爲平面的外部的明達之格局（體段）。此一世智明達之格局、天資英爽之體段、原始生命才華之體段、博雅速捷之體段，揮洒既久，卽固結而爲生命之習氣，成爲一己生命之底據，此卽是其生命之私見、己見，而足以蒙蔽其「天德」而有碍於其呈露。封於此格局中，而無「自疑之兆」，卽無「自克之實」，故亦不能化除此固結而升進一步，而至乎本心自律之坦然與沛然，而達乎「天德」之純亦不已也。其「從夫子游如彼其久，尊信夫子之道如彼其至」，然其所習聞習見以及其所尊信大體恐只是夫子外部之風範，至於夫子所體現之內在眞實生命之純亦不已，（此卽是生命之源、德性之門、天德之實），彼恐未有絲毫體悟也。此而不能體悟體當，卽無由傳夫子之道。傳道者，道豈眞可傳？亦只是德慧生命之前後相輝映、相啓悟，故能相續不斷耳。外部之風範，過則寂然，豈能相續？自己之生命停滯於世智之明達，體盡於形，亦過則逝焉，只留遺迹於人間，並無眞實生命之相啓悟，又焉能傳夫子之道耶？故「曾子得之以魯，子貢失之以達，天德已見消長之驗莫著於此」，旨深哉此言也！正大哉此言也！而朱子謂其是禪何哉？此中並無「思索講習却是大病」之意。亦無「如禪家說乾屎橛等語，其上更無意義，又不得別思義理，將此心都禁遏定，久久忽自有明快處」之意。「學問之初，切磋之次，必有自疑之兆。及其至也，必有自克之實」。此正是思索講習，化除己見，以達天德。豈是如此便是禪耶？若問曾子何以能「得之以魯」？則答曰：不「體盡於形」，守約愼獨是也。

4. 朱子語錄又云：

陸子靜說克己復禮云：不是克去己私利欲之類，別自有個克處。又却不肯說破。某常代之下語云：不過是言語道斷，心行路絕耳。因言此是陷溺人之深坑，學者切不可不戒。

案：試看與胡季隨書中曾有此意否？忿欲固是己私，意見、私見、己見亦是己私。「別自有個克處」，非謂「己私利欲之類」不當克，乃是推進一步說。推進一步，即是化除己見，又有何「不肯說破」耶？此與「言語道斷，心行路絕」有何關涉？

5. 語錄又云：

或說象山說克己復禮，不但只是欲克去那利欲忿懥之私，只是有一念要做聖賢便不可。〔案此是歪曲之傳說，與胡書中並無此意。乃故借「非心非佛」以便誣其爲禪耳。」曰：此等議論，却如小兒則劇一般，只管要高去。聖門何嘗有這般説話！人要去學聖賢，此是好底念慮，有何不可？若以爲不得，則堯、舜之兢兢業業，周公之思兼三王，孔子之好古敏求，顏子之有爲若是，孟子之願學孔子之念，皆當克去矣。看他意思只是禪。誌公云：不起纖毫修學心，無相光中常自在。他只是要如此。然豈有此理？只如孔子答顏子克己復禮爲仁，據他説時，只這一句已多了！又何況有下頭一落索？只是顏子才問仁，便與打出方是！及至恁地説他，他又却諱。某嘗謂人要學禪時，不如分明去學禪和，一棒一喝便了。今乃以聖賢之言夾雜了説，道是龍又無角，道是蛇又有足。子靜舊年也不如此，後來弄得直恁地差異！如今都教壞了後生，個個不肯去讀書，一味顛蹶，沒理會處。可惜可惜！正如荀子不睹是，逞快胡罵，教得個李斯出來，遂至焚書坑儒。若使荀卿不死，見斯所爲如此，必須自悔。使子靜今猶在，見後生輩如此顛蹶，亦須自悔其前日之非。又曰：子靜説話，常是兩頭明，中間暗。或問暗是如何？曰：他是那不説破處。他所以不説破，便是禪。所謂鴛鴦繡出從君看，莫把金針度與人。他禪家自愛如此。

案：象山與胡季隨書中並無「只是有一念要做聖賢便不可」之意，統觀象山全集亦無此語句。這只是「或說」之人憑其所聞於禪家之風光所加之誣枉之聯想，藉以爲譏笑之資。而朱子卽藉此「或說」之言，說了一大套禪家奇詭之風光而加之於象山。此亦全是誣枉之聯想。禪家之「不起纖毫修學心，無相光中常自在」，以及「一棒一喝」與「不說破」之姿態，皆是本「般若掃相」、「涅槃寂靜」、六祖惠能所謂「卽心是佛」、「無心爲道」而來。最後歸於平平，如是如是。象山本孟子本心之沛然，中庸之「溥博淵泉而時出之」，而言「此心炯然，此理坦然」，而主勝義樸實，雖亦只是平平，實理實事之平平，實理實事之如是，然却正不須禪家那些奇詭姿態。不是有所忌諱而不須如此，乃是本義理之自然，正根本不須如此，自然不須如此。順破執之路以顯空寂，禪家之奇詭姿態乃必然者。道家之由玄智以顯無爲之自然，亦類乎此，故道家亦有奇詭之辭。此道家之玄智與佛家之般若智之相通者，雖其義理內容之底據有不同。而儒家則自道德義理之當然、道德的悱惻之心之沛然而立言，自不須有此奇詭之姿態，而自然貞定平平，亦自然刋落一切執著，而不得有一毫之精采。（象山語錄云：「若是聖人，亦逞一些子精采不得」）。此是實事實理之平平，悱惻的眞實心之直、方、大，沛然莫之能禦。只有一義理之當然，只有一仁心之感潤：感是感通，潤是朗潤。何用奇詭爲！

推進一步，若偏就本心之大、久、虛、靈、圓、明、平、實，體現而至「大而化之」之境，「不言而信」之境，纖波不起，光景不存，化一切相，忘一切念，純在一超自覺之「於穆不已」之境，則此時亦容不得「要做聖賢」之念。凡有念，則有凸起，有意有心，有作有爲，便不是本心之平平，亦不是無言之化境。象山所謂「平地起土堆」者是也。在此，容不得任何「起」、任何「念」。明道所謂「天地之常，以其心普萬物而無心，聖人之常，以其情順萬事而無情」；陽明所謂「眼中固容不得砂礫，即金玉屑亦容不得」；蕺山嚴分意與念，而言「化念還心」：凡此等等皆是就此本心之平平或聖心之化境而平說。在道家，則即說爲「絕聖而後聖功存，棄仁而後仁德厚」（王弼語），「後其身而身先，忘其身而身存」（老子）；在佛家，則即說爲「非般若波羅蜜，是之謂般若波羅蜜」，「若人執有空，大聖所不化」，此即所謂「空」空，亦即「不起纖毫修學心，無相光中常自在」，總之乃是「無心爲道」也。此種化境或本心之平平，平說亦可，用詭辭顯之亦可。儒者喜就化境而平說，而佛老則喜用詭辭。其意相通，平說與詭辭不相碍也。人或以爲儒者言此，係來自佛老，朱子於此力斥象山爲禪，而吾以爲此是內聖之學之所固有，即佛老發之，吾亦發之，此亦只是共法，非佛老所專有。儒者順大而化之，不言而信，自能內在地自然發出，非必來自佛老也。若必以爲來自佛老，則亦何不可謂佛老來自儒聖耶？孔子不亦言「毋意毋必毋固毋我」

乎？實則說誰來自誰，皆無意義。凡有實心實得者皆能自契也。此其所以為共法，焉能因此即謂之是禪耶？禪不禪，孔佛老之別，不在此也。而朱子於此斤斤，亦云陋矣。若必專推給佛老，而予以堵截，是則無異自絕於高明，而亦永不能有會於聖心也。夫儒者之學豈專在沿門乞火耶？

6. 語錄又云：

> 問陸象山道當下便是。曰：看聖賢教人曾有此等語無？聖人教人，皆從平實地上做去。所謂克己復禮，天下歸仁，須是先克去己私方得。孟子雖云人皆可以為堯舜，也須是服堯之服，言堯之言，行堯之行方得。聖人告顏子以克己復禮；告仲弓以出門如見大賓，使民如承大祭；告樊遲以居處恭、執事敬、與人忠；告子張以言忠信，行篤敬，這個是說甚底話？又平時告弟子也須道是學而時習，行有餘力，則以學文。又豈曾說個當下便是底語？

案：此段反對「當下便是」。聖賢教人固無此語，然豈無此意乎？「夫仁豈遠乎哉？我欲仁，斯仁至矣」。此豈非當下便是乎？「萬物皆備於我矣。反身而誠，樂莫大焉」。此豈非當下便是乎？「道不遠人，人之爲道而遠人，不可以爲道」。此豈非當下便是乎？象山言「當下便是」，㈠、本「道在邇而求諸遠，事在易而求諸難」兩語所反示之簡易言，㈡、本本心之呈露、「若決江河，沛然莫之能禦」言。此皆當下便是，不容歧出而外求者也，亦所謂勝義樸實者是。朱子所學聖賢之言，豈必有碍於「當下便是」乎？明道不云乎？「居處恭、執事敬、與人忠，此是徹上徹下語，聖人原無二語。」恭、敬、忠、誠正是本心之呈露，「當下便認取，更不可外求。」（明道語）。豈必如朱子之所意想乎？克己復禮，固須克去己私，象山未曾反對，不但不反對，而且私之意推至其極隱微處，皆須澈底淨盡。然「一日克己復禮，天下歸仁」，此正面之言，豈非「當下便是」乎？「服堯之服，言堯之言，行堯之行」，若不只是外部的裝飾，虛僞的模倣，而出之以本心之至誠，則本心之沛然豈非「當下便是」乎？聖人不廢學。「學而時習之，不亦悅乎」？然亦是隨時學、隨時消化，而轉爲自己之德慧，方能「學而不厭，誨人不倦」，而唯是一「於穆不已」之仁體之呈露。是則聖人之學，目擊而道存，隨時是學，亦隨時當下便是道也。故能「不怨天不尤人，下學而上達，知我者其天乎」？此豈是純然知解之學乎？明道云：「但得道在，不繫今與後，己與人」。今後、己人，乃至枝節、曲折，彼此、分別，皆不碍當下便是道也。若必執着於今後、己人、乃至枝節、曲折、彼此、分別，而反對「當下便是」，則亦終於支離無道而已矣。朱子於此不徹，每造成無謂之滯碍，亦形成無謂之拘蔽與禁忌，是亦內聖之學之不得沛然也。有象山沛然而發之，朗然而暢之，豈不甚善？而必斥之爲禪何哉？

7. 語錄又云：

> 一便如一條索，那貫底物事，便如許多散錢。須是積累得這許多散錢了，却將那一條索來一串穿。這便是一貫。若陸氏之學，只是要尋這一條索，却不知道都無得穿！且其爲說，喫緊是不肯教人讀書，只恁地摸索悟處。譬如前面有一個關，纔跳得過這一個關便是了。此煞壞學者。某老矣！日月無多。方待不說破來，又恐後人錯以某之學亦與他相似。今不奈何，苦口說破。某道他斷然是異端，斷然是曲學，斷然非聖人之道！但學者稍肯低心向平實處下工夫，那病痛亦不難見。

案：此段復從一貫說起。但問題是在「這一條索」却並不眞像一條索那樣現成擺在那裏，待吾人積累多了，便取來一串穿。這一條索豈眞如一條索那樣現成擺在手邊可以任意去取耶？若如是，則一條索處便無關汝事，乃人替你預備好，我不必在此着力，我只在積累錢上着力便是了。如是，積累縱多，亦只是錢的事，而不關道的事。結果，亦只成一大富翁，而不是成聖也。這一條索實只是本心之沛然不禦，須要你就其當下呈露而當下認取、不令放失，方能日充日擴，如火之始然，泉之始達，而至沛然莫之能禦之境。此處正須要你着力，正是自己之事，正須自己努力預備，開出這條索來，豈有如朱子說的那麼容易，可以取現成耶？此開源暢流之功，豈可待他人預備好，而自己取來行船運貨以便經商耶？朱子之着力正落在經商方便之第二義，而開源暢流之實功則却忽而不為，此豈聖人第一義之道乎？復次，本心之沛然不禦正自然能創生富有日新之大業，無量德業，無量知識，無量義理，皆從此生。若必取一條索一串穿之喻，則亦是如此穿，非如朱子之取現成之索以穿其所積累之多也。正有無量德業可穿，亦非如朱子所云「都無得穿」也。象山豈是「只是要尋這一條索，却不知道都無得穿」耶？是故象山之「本心沛然、開而出之」之勝義樸實之學，非只如普通所謂之一與多之統一關係也，因一與多之貫穿統一可有各層面之說法；亦非只空尋一條寡頭的索，而空無內容可穿也。此一貫之喻未能恰合象山學之精神也。此非先博後約，或先約後博之問題也。又求其放心，使本心呈現，亦非所謂「只恁地摸索悟處」也。此既非可以瞎摸索而得，亦非只教人讀書卽能使之呈露也。如是，朱子「道他斷然是異端，斷然是曲學，斷然非聖人之道」，此種「斷然」決無相應處，只表示其靜攝系統之確有實得與甘苦，而却一生總不契亦不解象山之立體的直貫系統耳。勝義樸實與靜攝平實固有間也。此與禪有何關係哉？「恐後人錯以某之學亦與他相似」，故「苦口說破」。然自吾觀之，實並未「說破」也。朱學固不似陸學，然此「不似」乃在其為靜攝系統，為他律道德，而此顯非先秦儒家之正宗，顯不優於陸學之為直貫系統，為自律道德（方向倫理）。吾今承朱子意證成此「不相似」，無背於朱子處。然朱子見結果如此，恐亦爽然若失矣，非其所始料也。然朱子既自信如此其堅，吾亦未背其意，則雖如此，當亦無憾。為之彌縫而躲閃此根本不相似者，朱子亦未必感激也。

8. 又文集中答孫敬甫書云：

> 陸氏之學，在近年一種浮淺頗僻議論中，固自卓然非其傳匹。其徒傳習，亦有能修其身，能齊其家，以施之政事之間者。但其宗旨本自禪學中來，不可揜諱。當時若只如晁文元、陳忠肅諸人，分明招認，著實受用，亦自有得力處。不必如此隱諱遮藏，改名換姓，欲以欺人，而人不可欺，徒以自欺，而自陷於不誠之域也。然在吾輩，須但知其如此，而勿為所惑。若於吾學果有所見，則彼之言，釘釘膠粘，一切假合處，自然解拆破散，收拾不來矣。切勿與

辨，以啓其紛拏不遜之端，而反爲卞莊子所乘也。少時喜讀禪學文字，見杲老（案卽大慧杲）與張侍郎書云：左右旣得此把柄入手，便可改頭換面，却用儒家語，說向士大夫，接引後來學者。後見張公（案卽張侍郎橫浦）經解文字，一用此策。但其遮藏不密，漏露處多，故讀之者一見便知其所自來，難以純自託於儒者。若近年則其爲術益精，爲說浸巧，拋閃出沒，頃刻萬變，而幾不可辨矣。然自明者觀之，亦見其徒爾自勞，而卒不足以欺人也。

案：此書寫於丙辰，朱子六十七歲，時象山已卒四年矣。而猶如此議論故舊，豈不可傷？學問縱不相契，何至億及心術！象山豈是巧僞遮飾，自欺以欺人者乎？試觀象山文字，直是充沛正大，有一毫是「釘釘膠粘」，有一毫是「假合處」乎？象山語錄云：「天下之理無窮。若以吾平生所經歷者言之，眞所謂伐南山之竹，不足以受我辭。然其會歸，總在於此」。象山自謂若此，實非自誇。彼其充實不可以已，確能造乎此境。而朱子竟謂其「釘釘膠粘，一一切假合處，自然解拆破散，收拾不來矣」。此有一毫相應者乎？象山語錄又載「吳君玉……再三稱嘆云：天下皆說先生是禪學，獨某見得先生是聖學」。此人曾在象山處親聞講授，其言當有實感。而朱子却終生無此實感，自始至終，一口咬其爲禪，至晚年尤甚，且憾恨之情溢於言表，其忌嫉之亦甚矣。此已超出禪不禪之範圍矣。朱子答詹元善書云：「子靜旅櫬經由，聞甚周旋之。此殊可傷。見其平日大拍頭、胡叫喚，豈謂遽至此哉！然其說頗行於江湖間，損賢者之志，而益愚者之過，不知此禍又何時而已耳」。又答趙然道書云：「荊門之訃，聞之慘怛，故舊凋落，自爲可傷，不計平日議論之同異也。來喻謂恨未及見其與熹論辨有所底止，此尤可笑。蓋老拙之學，雖極淺近，然求之甚難，而察之甚審。視世之道聽塗說於佛老之餘，而遽自謂有得者，蓋嘗笑其陋而譏其僭。豈今垂老而肯以其千金易人之敝帚者哉」？此兩書氣象皆不佳。後書直以「敝帚」視人，以「千金」自居。其靜攝（靜涵）系統固足成家，然象山開源暢流之本體論的立體直貫系統豈非聖學之宏規？惡得遽視爲敝帚也哉？於以知其見識之不廣，而總因則在其不解孟子也。種種不佳之表現，亦不足論矣。

以上所引朱子書札及語錄共八條，俱見王懋竑朱子年譜五十六歲「辨陸學之非」項下。吾所以不厭其煩，詳爲徵引，逐條疏解，其主旨非專爲象山辯護，乃意在去朱子之禁忌，明聖學之宏規，顯靜涵系統與直貫系統之面貌，不因其主觀不相契之蔽而泯此中「眞問題所在」之實，且進而袪除流俗對於宋明儒概視爲「陽儒陰釋」之誣枉也。（此種誣枉極爲愚陋，極其無聊，根本不知學術之艱苦。歷來流俗妄言不足聽，然未有如中國之幾以妄言爲普遍之定論。此道喪其統、學失其軌之故也。吾故詳言切言，徹底論之，以解此中之惑。）

象山「與侄孫濬」書云：

由孟子而來，千有五百餘年之間，以儒名者甚衆，而荀、楊、王、韓獨著，專場蓋代，天下歸之，非止朋遊黨與之私也。若曰傳堯舜之道，續孔孟之統，則不容以形似假借，天下萬世之公，亦終不可厚誣也。至於近時伊、洛諸賢，研道益深，講道益詳；志向之專，踐行之篤，乃漢唐所無有，其所植立成就，可謂盛矣。然「江漢以濯之，秋陽以暴之」，未見其如曾子之能信其「皜皜」；「肫肫其仁，淵淵其淵」，未見其如子思之能達其「浩浩」；「正人心、息邪說、距詖行，放淫辭」，未見其如孟子之長於「知言」，而有以承三聖也。故道之不明，天下雖有美材厚德，而不能以自成自達，困於聞見之支離，窮年卒歲，而無所至止。若其氣質之不美，志念之不正，而假竊傳會，蠹食蛆長於經傳文字之間者，何可勝道？方今熟爛敗壞如齊威秦皇之尸，誠有大學之志者，敢不少自強乎？於此有志，於此有勇，於此有立，然後能克己復禮，遜志時敏，真地中有山謙也。不然，則凡爲謙遜者，亦徒爲假竊緣飾，而其實崇私務勝而已。比有一輩沉吟堅忍以師心，婉孌夸毗以媚世，朝四暮三，以悅衆狙，尤可惡也。不爲此等所眩，則自求多福，何遠之有？道非難知，亦非難行，患人無志耳。及其有志，又患無眞實師友，反相眩惑，則爲可惜耳。凡今所以爲汝言者，爲此耳。蔽解惑去，此心此理我固有之，所謂萬物皆備於我。昔之聖賢，先得我心之所同然耳。故曰：周公豈欺我哉？（象山全集卷一）

讀者試觀此書，焉有如此正大光暢之志識而可謂爲禪乎？伊、洛諸賢成就固不凡，然「未見其如曾子之能信其皜皜」，「未見其如子思之能達其浩浩」，「未見其如孟子之長於知言而有以承三聖」。此數語可謂千古絕唱，實已達皜皜浩浩之境。北宋諸儒實未至如此「直拔俊偉」。（朱子譏諷象山語）。儒聖「踐仁知天」之教，正大光暢之弘規，以其直拔俊偉之生命，一念相應，全部道出。焉有如此相應之儒者生命而可謂爲「隱諱遮藏改名換姓」之禪乎？「方今熟爛敗壞」云云，乃在表示當時學者「時文之見」與「議論」之途之虛浮。彼對於時代風氣自有其存在之實感，故力主辨志而開「樸實」之途。「仰首攀南斗，翻身倚北辰，擧頭天外望，無我這般人。」（見象山全集，卷三十五、語錄）。撥開時文之惡習，挑破虛說、議論、意見、定本之陋風，直從生命之源上立根，而達皜皜浩浩之境，此即象山所謂「樸實」，「此心炯然，此理坦然」之樸實，此乃所謂「勝義樸實」。不固結於虛僞不眞實之惡習陋風中以自安，而敢於直下面對眞心實理以立根，以暢達其生命，此即爲大勇，此即爲有志，此即爲眞實有立處。「於此有志，於此有勇，於此有立，然後能克己復禮、遜志時敏，眞地中有山謙也。」若非眞見到諦處，實有所得，焉能有如此貼體落實之貞定，說出如此坦蕩之謙遜實理？蓋彼一眼看破不貞定於「眞地」中之謙遜皆是虛僞不實之謙遜，「徒爲假竊緣飾，而其實崇私務勝而已。」夫謙遜豈眞易言哉？焉有如此相應之儒者襟懷，而可斥爲「大拍頭胡叫喚」乎？美哉乎「眞地中有山謙」之言也！（案謙卦爲艮下坤上。艮爲山，坤爲地。象曰：「地中有山：謙」。象山於「地」上加「眞」字，明地爲眞實地也，即本心實理爲「眞地」。朱子注云：「以卑蘊高，謙之象也。」）

再看其與王順伯之書：

> 某嘗以義利二字判儒釋，又曰公私，其實即義利也。儒者以人生天地之間，靈於萬物，貴於萬物，與天地並而爲三極。天有天道，地有地道，人有人道。人而不盡人道，不足與天地並。人有五官，官有其事。於是有是非得失，於是有教有學。其教之所從立者如此，故曰義曰公。釋氏以人生天地間，有生

死、有輪廻、有煩惱，以爲甚苦，而求所以免之。其有得道明悟者，則知本無生死，本無輪廻，本無煩惱。故其言曰：生死事大。如兄所謂菩薩發心者，亦只爲此一大事。其敎之所從立者如此，故曰利曰私。惟義惟公，故經世。惟利惟私，故出世。儒者雖至於無聲無臭，無方無體，皆主於經世。釋氏雖盡未來際普渡之，皆主於出世。今習釋氏者，皆人也。彼旣爲人，亦安能盡棄吾儒之仁義？彼雖出家，亦上報四恩。日用之間，此理之根諸心，而不可泯滅者，彼固或存之也。然其爲敎，非爲欲存此而起也。故其存不存，不足爲深造其道者輕重。若吾儒，則曰：人之所以異於禽獸者幾希？庶民去之，君子存之。釋氏之所憐憫者，爲未出輪廻；生死相續，謂之生死海裏浮沉。若吾儒中聖賢，豈皆只在他生死海裏浮沉也？彼之所憐憫者，吾之聖賢無有也。然其敎不爲欲免此而起，故其說不主此也。故釋氏之所憐憫者，吾儒之聖賢無之。吾儒之所病者，釋氏之聖賢則有之。試使釋氏之聖賢，而繩以春秋之法，童子知其不免矣。從其敎之所由起者觀之，則儒釋之辨，公私義利之別，判然截然，有不可同者矣。……（象山全集卷一）

同卷又與王順伯書云：

……若尊兄初心，不爲生死，不知因何趨向其道？來書：實際理地，雖不受一塵，而佛事門中、不捨一法。若論不捨一法，則虎穴魔宮悉爲佛事，淫房酒肆盡是道場。維摩使須菩提置鉢欲去之地，乃其極則。當是時十地菩薩猶被呵斥，以爲取舍未忘，染淨心在。彼其視吾詩禮春秋，何啻以爲緒餘土苴？唯其教之所從起者如此，故其道之所極亦如此。故某嘗謂儒爲大中，釋爲大偏。以釋與其他百家論，則百家爲不及，釋爲過之。原其始，要其終，則私與利而已。來教謂：佛說出世、非舍此世而於天地之外別有樂處。某本非謂其如此。獨謂其不主於經世，非三極之道耳。又謂：若衆聖所以經世者，不由自心建立，方可言經世異於出世而別有妙道也。吾儒之道，乃天下之常道，豈是別有妙道？謂之典常，謂之彝倫，蓋天下之所共由，斯民之所日用。此道一而已矣，不可改頭換面。前書固謂：今之爲釋氏者，亦豈能盡捨吾道？特其不主於是，而其違順得失，不足以爲深造者之輕重耳。……

語錄亦云：

> 釋氏立教本欲脫離生死，唯主於成其私耳。此其病根也。且如世界如此，忽然生一個謂之禪，已自是無風起浪，平地起土堆了！（象山全集卷三十四）

語錄又云：

> 我說一貫，彼亦說一貫，只是不然。天秩、天敍、天命、天討，皆是實理，彼豈有此？（卷三十五）。〔案：此中之「彼」即指釋氏言。〕
>
> 佛老高一世人，只是道偏，不是。（卷三十五）

其判儒佛如此肯要精切，而謂其「眞正是禪」，「以聖賢之言夾雜了說，道是龍又無角，道是蛇又有足」，此豈能服人之心乎？前引朱子語錄云：『向在鉛山得他書云：「看見佛之所以與儒異者，止是他底全在利，吾儒止是全在義。」某答他云：「公亦只見得第二着」。』就判儒佛言，義利公私之別正是第一着。而朱子却謂爲第二著，又岔出去說別的了。見前第七節。此本質之辨別本是本明道而來。明道云：「佛學只是以生死恐動人」；又曰：「皆利心也」。此肯要點，明眼人皆可看出，而象山言之最精透。其於儒家道德意識守之最堅，相應最諦，而又發之如此光暢正大，而朱子竟謂其是禪，不亦太陋矣乎？「儒爲大中，釋爲大偏」；「佛老高一世人，只是道偏。」此眞能正視佛老而以儒者眞實生命頂上去，調適上遂，以立定自己，而弘揚儒聖「踐仁知天」之弘規者也。豈可以其揮斥意見、議論、定本，而卽斥之爲禪乎？佛老影響如此之大且久，其義理如此深遠，而若不能予以正視，採駝鳥之策以自護，視彼方若不可觸者然，造作禁忌，動輒斥人爲禪，則其斥責之無謂與不相應蓋不可免。此卽爲淺陋。自此而言，朱子之造詣不及象山遠甚。

從陸象山到劉蕺山

第三章　王學之分化與發展

第一節　王學是孟子學

附錄：致知疑難

第二節　王學底分派

第三章 王學之分化與發展

二十年前吾曾寫「王陽明致良知教」一小册，大體是就傳習錄中之文獻隨文領義。悟解雖不致太差，然當時於前乎王學者，如朱子，以及北宋四家，無透徹明確之理解，於後乎王學者，如劉蕺山，亦無透徹明確之理解，甚至於屬於王學而爲王學之繼承者如浙中派之王龍溪，泰州派之羅近溪，以及江右派之聶雙江與羅念菴，亦無脈絡分明之了解，遂致凡有涉及皆不能有諦當之判斷。王學雖可獨立地講，然如想於限制中了解其義理系統之獨特性格，則亦究不能割截其他而不顧也。近十年來，措心於北宋諸儒以及南宋之朱子與胡五峯，並明末最後一個理學家劉蕺山，鑽研結果，乃寫成「心體與性體」一書。設以王學爲中心，則覺於王學之前後諸牽連似有較明確之理解，不像以前之恍惚與模糊。茲綜括敍述如下，不能詳盡其中之委曲。

第一節　王學是孟子學

（1）王陽明於三十七歲時在貴州龍場驛悟良知。人們對於其悟良知之現實主觀機緣雖可根據其生活之發展而加以敍述，並於文獻不足徵處而加以種種猜測，然根據其所自道，其主要問題是對朱子而發則無疑，因此，不管其悟良知之主觀機緣爲如何，其學之義理系統客觀地說乃屬於孟子學者亦無疑。

孟子之槃槃大才確定了內聖之學之弘規，然自孟子後，除陸象山與王陽明外，很少有能接得上者。孟子言性善，其言性善之關鍵唯在反對告子之「生之謂性」，其正面之進路唯在「仁義內在」。「內在」者是內在於心。「內在於心」者不是把那外在的仁義吸納於心，心與之合而爲一，乃是此心卽是仁義之心，仁義卽是此心之自發。如果把仁義視爲理，例如說道德法則，則此理卽是此心之所自發，此卽象山陽明所說之「心卽理」。「心卽理」不是心合理，乃是心就是理；「心理爲一」不是心與理合而爲一，乃是此心自身之自一。此心就是孟子所謂「本心」。孟子云：「非獨賢者有是心也。人皆有之。賢者能勿喪耳」。此所謂本心顯然不是心理學的心，乃是超越的本然的道德心。孟子說性善，是就此道德心說吾人之性，那就是說，是以每人皆有的那能自發仁義之理的道德本心爲吾人之本性，此本性亦可以說就是人所本有的「內在的道德性」。旣是以「內在的道德性」爲吾人之本性，則「人之性是善」乃是一分析命題。

陽明言「良知」本於孟子「人之所不學而能者，其良能也，所不慮而知者，其良知也。孩提之童，無不知愛其親也。及其長也，無不知敬其兄也。親親仁也。敬長義也。無他，達之天下也。」（盡心篇）。孟子這樣言良知只是就人之幼時與長時而指點，其眞實的意指却實是在言人之知仁知義之本心。本心能自發地知仁知義，此就是人之良知。推而廣之，不但是知仁知義是良知，知禮知是非（道德上的是非）亦是人之良知。陽明卽依此義而把良知提升上來以之代表本心，以之綜括孟子所言的四端之心。故陽明云：「良知只是個是非之心。是非只是個好惡。只好惡就盡了是非，只是非就盡了萬事萬變。是非兩字是個大規矩。巧處則存乎其人。」（傳習錄卷三）。這是把孟子所說的「是非之心智也，羞惡之心義也」兩者合一而收於良知上講，一起皆是良知之表現。良知底是非之智就是其羞惡之義。陽明說「好惡」就是孟子所說的「羞惡」。是非是道德上的是非，不是我們現在所熟知的認知上的是非，因此，它就是羞惡上或好惡上義不義的是非。故是非與好惡其義一也。陽明又云：「良知只是一個天理自然明覺發見處，只是一個眞誠惻怛，便是他本體。故致此良知之眞誠惻怛以事親便是孝，致此良知之眞誠惻怛以從兄便是弟，致此良知之眞誠惻怛以事君便是忠。只是一個良知，一個眞誠惻怛。」」（傳習錄卷二答聶文蔚）。此是以「眞誠惻怛」說良知。眞誠惻怛，從「惻怛」方面說是仁心，從「眞誠」方面說，則恭敬之心亦含攝於其中。如是，孟子所並列說的四端之心一起皆收於良知，因而亦只是一個良知之心。而「眞誠惻怛」便就是他的本體。「他的本體」意卽他的自體，他的當體自己，他的最內在的自性本性。他這個最內在的自性本性在種種特殊的機緣上，便自然而自發地表現而爲各種不同的「天理」，如在事親便表現爲孝，在從兄便表現爲弟，在事君便表現而爲忠。孝。弟、忠、便是所謂「天理」（道德法則）。這些天理不是外在的，而是良知本身所自然明覺之而且是自發之者。良知不只是一個光板的鏡照之心，而且因其眞誠惻怛而是有道德內容者，此卽陽明之所以終屬儒家而不同於佛老者。因此之故，故陽明總說「良知之天理」。此「天理」二字不能割掉。但天理不是良知底對象，乃卽在良知本身之眞誠惻怛處。天理就是良知之自然明覺之所呈現，明覺之卽呈現之，故云「良知只是一個天理自然明覺發見處」，此語若詳細以今語說之，便等於說：「良知就只是天理之自然明覺底一個發見處」。此言「天理之自然明覺」在什麼地方可以發見呢？答曰：卽在良知處可以發見之。在良知處發見之，亦函着說在良知處表現之——自發地表現之。「天理之自然明覺」一語頗不好講，意卽「天理之自然地而非造作地，昭昭明明而卽在本心靈覺中之具體地而非抽象地呈現」。天理之這樣的呈現無處可以發見，只有在良知處可以發見。凡陽明說「明覺」皆是就本心之虛靈不昧而說。其直指當然就是良知本身，惟良知才可以說「明覺」。但關聯着別的說，如關聯着「天理」說，關聯着心之發動之意說，關聯着「行」說，亦可以將明覺移於天理，心之發動之意，或行而說。如此處說「天理之自然明覺」，天理本身本無所謂「明覺」，然天理不是外在的抽象之理，而是卽內在於本心之眞誠惻怛，而卽由此眞誠惻怛之本心而昭明地具體地而且自然地呈現出來，故亦可說「天理之自然明覺」矣。在答羅整菴少宰書中有云：「理一而已。以其理之凝聚而言，則謂之性；以其凝聚之主宰而言，則謂之心；以其主宰之發動而言，則謂之意；以其發動之明覺而言，則謂之知；以其明覺之感應而言，則謂之物。」（傳習錄卷二）。此處言「明覺」是就主宰之發動而言。發動本身是意，發動得昭昭明明便是良知。又他處言：「知之眞切篤實處卽是行，行之明覺精察處卽是知」（傳習錄卷二，答顧東橋書）。此明覺卽移於「行」處說。行是行動或活動。行動得明覺精察而不盲爽發狂卽是知。「卽是知」者明覺之知卽在行中也。此之謂知行合一。故凡陽明言明覺皆是內斂地主宰貫徹地言其存有論的意義，而非外指地及物地言其認知的意義。故「天理之自然明覺」卽是「天理之自然而非造作地，昭昭明明而卽在本心靈覺中之具體地非抽象地呈現」，天理之這樣的呈現卽在良知處發見。故良知之心卽是存有論的創發原則，它不是一認知心。它不是認知一客觀而外在的理，它的明覺不是認知地及物的或外指的，它是內斂地昭昭明明之不昧，它這一昭昭明明之不昧卽隱然給吾人決定一方向，決定一應當如何之原則（天理）。當其決定之，你可以說它卽覺識之，但它覺識的不是外在的理，乃卽是它自身所決定者，不，乃卽是它自身底決定活動之自己，此決定活動之自己卽呈現一個理，故它覺此理卽是呈現此理，它是存有論地呈現之，而不是橫列地認知之。而就此決定活動本身說，它是活動，它同時亦卽是存有。良知是卽活動卽存有的。我們可以把陽明這句話更收緊一點說：良知是天理之自然而明覺處（傳習錄卷二陽明答歐陽崇一書云：「良知是天理之昭明靈覺處，故良知卽是天理」），天理是良知之必然而不可移處。良知是天理之自然而明覺處，則天理雖客觀而亦主觀；天理是良知之必然而不可移處，則良知雖主觀而亦客觀。此是「心卽理」，「心外無理」，「良知之天理」諸語之實義。

（2）以上是良知一概念之分解的表象。這樣的良知雖可追源於孟子，但王陽明却不必是由於精研孟子而得之。若由於精研孟子而得之，則是學者之常分，不必是其一生中之大事。古人無不自幼而熟讀四書五經。然習焉而不察，不必能了解其中之實義。一個道理之實得於心須賴自己之獨悟。當其一旦獨悟而自得之時，其前所素習者好像不相干然。惟由於獨悟才是一生中之大事。此中國往賢所以常喜說實理所在，千聖同契，不是經由研究某某人而得也。然其所素習者亦不能說默默中無影響。故一經獨悟而實得，事後一經反省，便覺與往聖所說無不符契，就良知而言，便自然合於孟子也。孟子所說之本心，所說之良知，亦只有如陽明之所悟者始能定得住，而孟子之實義亦實如此也。若謂孟子所說之良知良能，由孩提之童而指點者，乃是自然之習性，或自然之本能，則大悖。此定如康德所說，乃是超越的道德本心。

有人說唐朝圭峯宗密曾說「知是心之本體」，今陽明亦說「知是心之本體」（傳習錄卷一），陽明之悟良知或許是由圭峯宗密而來。此完全是考據家之湊字，不知義理之學之甘苦。思想義理之發展自有其規範與法度，人人皆能實得而自說出，何待假借他人？圭峯宗密所說之「知」是來自神會和尚之「立知見」之知，即於無住心空寂之體上有靈知之用。此一念靈知乃是菩提覺之根據。故神會亦云：「知之一字衆妙之門」。圭峯宗密承之而言靈知眞性，與如來藏自性清淨心會合。彼亦判性宗與空宗之不同。其言「靈知」者是性宗也。（華嚴宗禪宗皆是其所謂性宗）。王陽明之言良知乃自始即是道德的，故必然是孟子學，與圭峯宗密有何關係？如謂孟子並未說「知是心之本體」，故陽明必不同於孟子。其實孟子亦根本無「本體」字樣，然此有何相干？孟子所無者多矣。後人隨義立詞，展轉增加，多不勝舉。

豈可以此判同異？陽明不但說「知是心之本體」，亦說「定者心之本體，天理也」（傳習錄卷一），亦說「樂是心之本體」，「雖哭，此安安處卽是樂也，本體未曾有動」。（傳習錄卷三）。凡此皆是就超越的道德本心展轉引申，實皆是分析的辭語。凡言「本體」皆是當體自己之實性之義，每一實性皆滲透於其他實性而徹盡一切實性。舉一可，無窮無盡說之亦可。如見言「定者心之本體」，而謂其來自佛家之禪定可乎？

本心具有種種實性，每一實性皆是其當體自己。但是你不要抽象地想那個心體自己，因此，陽明便說「心無體」。本心並沒有一個隔離的自體擺在那裏。此只是遮撥那抽象地懸空想一個心體自己，並不是眞沒有本心自體也。故曰：「目無體，以萬物之色爲體。耳無體，以萬物之聲爲體。鼻無體，以萬物之臭爲體。口無體，以萬物之味爲體。心無體，以天地萬物感應之是非爲體。」（傳習錄卷三）。心除以「感應之是非」爲其本質的內容以外，並無任何其他內容。它的全部感應之是非之決定就是它的體，就是它的當體自己，它以是非之決定爲本質的內容卽以是非之決定爲其自己。除此以外，並沒有一個隔離的寡頭的本體，亦卽再找不到一個它自己。此亦類乎禪家「作用見性」之義矣。良知本體就在當下感應之是非之決定處見。由此亦可言「當下卽是」。此只是叫人不要停在那抽象的光景中。分解地言之，言良知本體，言超越的道德本心，具體地言之，則言「當下卽是」，然不要看成是形上形下不分也。「江右派的羅念菴說：『陽明先生只說「知者意之體，物者意之用」。未嘗以物爲知之體也。而緒山乃曰：「知無體，以人情事物之感應爲體，無人情事物之感應則無知矣。」夫人情事物感應之於知猶色之於視，聲之於聽也。謂視不離色，固有視於無形者，而曰「色卽爲視之體，無色則無視也」可乎？謂聽不離聲，固有聽於無聲者，而曰「聲卽爲聽之體，無聲則無聽也」可乎？』（明儒學案卷十八）。錢緒山之言明是本陽明之言而來，而羅念菴不解何耶？念菴亦明提到「猶色之於視，聲之於聽」。則似不得謂其未曾見陽明此段話。然則其駁緒山卽駁陽明也。可見其對於陽明思路之隔膜。在此一提，須注意。後講江右派時再詳。」

（3）不特此也，良知感應無外，必與天地萬物全體相感應。此卽函着良知之絕對普遍性。心外無理，心外無物。此卽佛家所謂圓教。必如此，方能圓滿。由此，良知不但是道德實踐之根據，而且亦是一切存在之存有論的根據。由此，良知亦有其形而上的實體之意義。在此，吾人說「道德的形上學」。這不是西方哲學傳統中客觀分解的以及觀解的形上學，乃是實踐的形上學，亦可曰圓教下的實踐形上學。因爲陽明由「明覺之感應」說物（「以其明覺之感應而言，則曰物」，見上）。道德實踐中良知感應所及之物與存在之物兩者之間並無距離。當然如果我們割離道德實踐而單客觀地看存在之物，自可講出一套存有論，而不必能說它是道德的形上學。但這樣割離地客觀地看存在之物不是儒家之所注意，而且卽使這樣講出一套存有論，亦不是究竟的，儒家可以把它看成是知解層上的觀解形上學，此則是沒有定準的，由康德的批判卽可知之。因此，說到究竟，只有這麼一個圓教下的實踐的形上學，此則乃是必然的。儒家自孔子講仁起，（踐仁以知天），通過孟子講本心卽性（盡心知性知天），卽已函着向此圓教下的道德形上學走之趨勢。至乎通過中庸之天命之性以及至誠盡性，而至易傳之窮神知化，則此圓教下的道德形上學在先秦儒家已有初步之完成。宋明儒繼起，則是充分地完成之。象山陽明是單由孔子之仁與孟子之本心而直接完成之者。北宋濂溪、橫渠、明道下開胡五峯以及明末之劉蕺山則是兼顧論、孟與中庸、易傳有一回旋而完成之者。伊川朱子則歧出而未能及。時人大都不甚解何以能有一道德的形上學。此不必說由於不解儒家內聖之學之傳統（旁及道家與佛教），卽就時人之自以爲熟習於西方哲學（實不必熟習，只是崇尚而已）而言之，亦由於不讀不解康德故也。拜克（Lewis White Beck）在其康德實踐理性批判之疏解中，當論及「實踐理性之辯證」時，卽說康德以上帝之存在一設準保證最高善（圓善）之可能乃是一「實踐的獨斷形上學」，此完全不同於「道德底形上學」。（參看其書二四五頁）。拜克亦用「實踐的形上學」一詞，不過就康德而言，加上一個「獨斷的」形容詞而已。依拜克，在康德所以是「獨斷的」，因爲他的「最高善不是一個實踐的概念，但只是理性底一個辯證的理想。」拜克此意，康德不必承認，因爲他亦視「最高善」爲意志底一個必然對象。可是，無論如何，在儒家總不是獨斷的，故說爲「圓教下的實踐形上學」。此中問題甚爲深微，我在這裏不討論此問題。不過讀者至少由康德的道德哲學可以知「道德的（實踐的）形上學」一詞並非不可理解。

陽明從良知（明覺）之感應說萬物一體，與明道從仁心之感通說萬物一體完全相同，這是儒家所共同承認的，無人能有異議。從明覺感應說物，這個「物」同時是道德實踐的，同時也是存有論的，兩者間並無距離，亦並非兩個路頭。這個物當該不是康德所謂現象，乃是其所謂物自身。從明覺感應說萬物一體，仁心無外，我們不能原則上說仁心之感通或明覺之感應到何處爲止，我們不能從原則上給它畫一個界限，其極必是以天地萬物爲一體。這個「一體」同時是道德實踐的，同是也是存有論的——圓教下的存有論的。聖人或大人與天地合德，與日月合明，與鬼神合吉凶，乃必然如此。「感應」或「感通」不是感性中之接受或被影響，亦不是心理學中的刺激與反應。實乃是卽寂卽感，神感神應之超越的、創生的、如如實現之的感應，這必是康德所說的人類所不能有的「智的直覺」之感應（康德不承認人類能有此種直覺，但良知之明覺，仁心之感通就含有這種直覺，這是中西哲學之最大而又最本質的差異點。）

試看以下的問答：

問：人心與物同體。如吾身原是血氣流通的，所以謂之同體。若於人（他人），便異體了。禽獸草木益遠矣。而何謂之同體？

先生曰：你只在感應之幾上看。豈但禽獸草木？雖天地也與我同體的，鬼神也與我同體的。

請問。

先生曰：你看這個天地中間什麼是天地的心？

對曰：嘗聞人是天地的心。

曰：人又什麼教做心？

對曰：只是一個靈明。

曰：可知充天塞地中間只有這個靈明，人只爲形體間隔了。我的靈明便是天地鬼神的主宰。天沒有我的靈明，誰去仰他高？地沒有我的靈明，誰去俯他深？鬼神沒有我的靈明，誰去辨他吉凶災祥？天地鬼神萬物離却我的靈明便沒有天地鬼神萬物了。我的靈明離却天地鬼神萬物亦沒有我的靈明。如此，便是一氣流通的，如何與他間隔得？

又問：天地鬼神萬物千古見在，何沒了我的靈明，便俱無了？

曰：今看死的人，他這些精靈遊散了，他的天地萬物尚在何處？

（傳習錄卷三）

案：良知靈明是實現原理，亦如老子所說「天得一以清，地得一以寧」云云。一切存在皆在靈明中存在。離却我的靈明（不但是我的，亦是你的，他的，總之，乃是整個的，這只是一個超越而普遍的靈明），一切皆歸於無。你說天地萬物千古見在，這是你站在知性底立場上說，而知性不是這個靈明。

再看以下的問答：

先生遊南鎮。一友指岩中花樹問曰：

天下無心外之物。如此花樹在深山中自開自落，於我心亦何相關？

先生曰：你未看此花時，此花與汝心同歸於寂。你來看此花時，則此花顏色一時明白起來，便知此花不在你的心外。

（同上）

案：這不是認識論上的「存在即被知」，既不是柏克萊的獨斷的觀念論，亦不是笛卡爾的懷疑的觀念論，亦不是康德的超越的觀念論。這也是「存在依於心」，但却不是有限心認知的層次，而乃是相當於柏克萊的最後依於神心之層次。「依於神心」是存有論的，縱貫的；「依於有限心」是認識的，橫列的。這是兩個不同的層次，其度向亦不同。

最後，陽明曰：

良知是造化的精靈。這些精靈生天生地，成鬼成帝，皆從此出。真是與物無對。人若復得他完完全全，無少虧欠，自不覺手舞足蹈。不知天地間更有何樂可代？（同上）

案：「良知是造化的精靈」，這是存有論地說。「人若復得他」以下是實踐地說。「復得他完完全全，無少虧欠」，即函着圓頓之教。這同於孟子所說「萬物皆備於我矣，反身而誠，樂莫大焉」。從「復」轉下「致良知」。

（4）陽明言「致」字，直接地是「向前推致」底意思，等於孟子所謂「擴充」。「致良知」是把良知之天理或良知所覺之是非善惡不讓它爲私欲所間隔而充分地把它呈現出來以使之見於行事，卽成道德行爲。直接的意思是如此，再進而不間斷地如此，在此機緣上是如此，在彼機緣上亦如此，隨事所覺皆如此，今日如此，明日亦如此，時時皆如此，這便是孟子所謂「擴而充之」，或「達之天下」。能如此擴而充之，則吾之全部生命便全體皆是良知天理之流行，此卽是羅近溪所謂「抬頭舉目，渾全只是知體著見，啓口容聲，纖悉盡是知體發揮」（盱壇直詮卷下），亦孟子所謂「睟然見於面，盎於背，施於四體，不言而喩」也。（盡心篇）。到此，便是把良知「復得完完全全，無少虧欠。」故「致」字亦含有「復」字義。但「復」必須在「致」中復。復是復其本有，有後返的意思，但後返之復必須在向前推致中見，是積極地動態地復，不只是消極地靜態地復。後來江右派在此見不淸，遂鬧出許多歧出。見下。

「致」表示行動，見於行事。但如何能「致」呢？此並無繞出去的巧妙方法。只因良知人人本有，它雖是超越的，亦時時不自覺地呈露。致良知底致字，在此致中卽含有警覺底意思，而卽以警覺開始其致。警覺亦名曰「逆覺」，卽隨其呈露反而自覺地意識及之，不令其滑過。故逆覺中卽含有一種肯認或體證，此名曰「逆覺體證」。此體證是在其於日常生活中隨時呈露而體證，故此體證亦曰「內在的逆覺體證」，言其卽日常生活而不隔離，此有別於隔離者，隔離者則名曰「超越的逆覺體證」。不隔離者是儒家實踐底定然之則，隔離者則是一時之權機。此兩者不可混同，亦不可於此起爭端。後來江右派於此鬧不清，遂致有許多纒夾。見下。

人人有此良知，然爲私欲蒙蔽，則雖有而不露。卽或隨時可有不自覺的呈露，所謂透露一點端倪，然爲私欲，氣質，以及內外種種主觀感性條件所阻隔，亦不能使其必然有呈露而又可以縮回去。要想自覺地使其必然有呈露，則必須通過逆覺體證而肯認之。若問：卽使已通過逆覺體證而肯認之矣，然而私欲氣質以及種種主觀感性條件仍阻隔之，而它亦仍不能順適調暢地貫通下來，則又如何？曰：此亦無繞出去的巧妙辦法。此中本質的關鍵仍在良知本身之力量。良知明覺若眞通過逆覺體證而被肯認，則它本身卽是私欲氣質等之大尅星，其本身就有一種不容已地要湧現出來的力量。此卽陽明所以言知行合一之故，亦卽孟子所言之良知良能也。良知固卽是理，然此理字是從良知明覺說，不是離開良知明覺而與心爲二的那個空懸的寡頭的理。「心理是一」（不是合一）的心（良知明覺）才有那種不容已地要湧現出來的力量。若與心爲二的那個空頭的理，則無此力量，因此，要想使理能够通貫下來，則必須繞出去而講其他的工夫，如居敬（後天的敬），涵養，格物，窮理等等，此便是朱子之一套。這一些工夫並非不重要，但依王學看來，則只能是助緣，而不是本質的工夫。本質的工夫唯在逆覺體證，所依靠的本質的根據唯在良知本身之力量。此就道德實踐說乃是必然的。以助緣爲主力乃是本末顛倒。凡順孟子下來者，如象山，如陽明，皆並非不知氣質之病痛，亦並非不知教育，學問等之重要，但此等後天的工夫並非本質的。故就內聖之學之道德實踐說，必從先天開工夫，而言逆覺體證也。

又，逆覺之覺，亦不是把良知明覺擺在那裏，而用一個外來的無根的另一個覺去覺它。這逆覺之覺只是那良知明覺隨時呈露時之震動，通過此震動而反照其自己。故此逆覺之覺就是那良知明覺之自照。自己覺其自己，其根據即是此良知明覺之自身。說時有能所，實處只是通過其自己之震動而自認其自己，故最後能所消融而爲一，只是其自己之眞切地貞定與朗現（不滑過去）。

（5）以上是「致良知」之本義。然而因爲自朱子後，大學成了討論底中心，故陽明之致良知亦套在大學裏說，以扭轉朱子之本末顛倒。大學中有正心、誠意、致知、格物。故言良知亦須在心意知物之整套關聯中而言之。即使不落在大學上說，而從「致良知」本身之分析，亦定須分析出心，意，知，物等概念。如是，吾人可進而看陽明如何就大學之致知格物而言致良知。陽明曰：

若鄙人所謂致知格物者，致吾心之良知於事事物物也。吾心之良知卽所謂天理也。致吾心良知之天理於事事物物，則事事物物皆得其理矣。致吾心之良知者致知也。事事物物皆得其理者格物也。（傳習錄卷二答顧東橋書）

是則所謂「致知」者是對於「吾心之良知」不讓其爲私欲所間隔而把它推致擴充到事事物物上。而所謂把良知推致擴充到事事物物上，並不是把良知之認知活動推致到事事物物上而認知事事物物之理，乃是把「良知之天理」（良知自身卽天理）推致擴充到事事物物上而使之「得其理」，「得其理」是得其合於「良知天理」之理。如是，陽明必訓「格物」之格爲「正」。「格物」者是以良知之天理來正物，並不是以吾人心知之認知活動來窮究事物本身之理。窮究事物本身之理是朱子的說法，而心知之知亦不是良知之知，而乃是認知之知，這是認知心之活動。這樣，認知心下之「致知究物」是認識論的能所爲二之橫列的，而良知下之「致知正物」則是道德實踐的攝物歸心心以宰物之縱貫的，擴大說，則是本體宇宙論的攝物歸心心以成物之縱貫的。

「格」字原初意思爲降神，故直接意思爲「來」爲「至」，引申而爲「正」。陽明取「正」底意思是以義理系統定，不是以字義究如何而定。格是正，物是事。事是行爲，故吾亦曾以「行爲物」說之。擴大言之，亦可以是「存有物」。如是，吾人須看陽明如何說「物」。

> 心者身之主也。而心之虛靈明覺卽所謂本然之良知也。其虛靈明覺之良知應感而動者謂之意。有知而後有意，無知則無意矣。知非意之體乎？意之所用必有其物。物卽事也。如意用於事親，卽事親爲一物。意用於治民，卽治民爲一物。意用於讀書，卽讀書爲一物。意用於聽訟，卽聽訟爲一物。凡意之所用無有無物者。有是意，卽有是物。無是意，卽無是物矣。物非意之用乎？
>
> (同上)

事親，治民，讀書，聽訟，皆是事，亦卽是行爲物。此就道德實踐說。此處說「良知應感而動謂之意」，此意是從良知發，亦卽是順從良知明覺之意，故以知爲意之體。但意之發亦可有善有惡，如是，則意亦可順從良知，亦可不順從良知。是則良知爲意之體乃是以良知爲意之超越的評判標準之意。此處的說法稍欠簡別，亦嫌急促，當以別處說法爲準。試看以下的說法：

> 理一而已。以其理之凝聚而言，則謂之性。以其凝聚之主宰而言，則謂之心。以其主宰之發動而言，則謂之意。以其發動之明覺而言，則謂之知。以其明覺之感應而言，則謂之物。（答羅整菴少宰書）

據此，則心之發動爲意，發動之明覺爲知，明覺之感應爲物。發動得明覺，則意卽是從知之意。但有時爲感性條件所影響，亦可發動得不明覺，此便不是從知之意。從知不從知，良知皆知之。故必須致良知以誠其意。意之所用爲物。意之所用固有時可是中性的，只是一件事，如事親，治民，讀書，聽訟等，作得合良知之天理爲好，否則爲不好。但有時亦可起一惡念，此時意之所用便是惡。當然亦可起一善念。意之發動總是有種種顏色的。故必須通過致良知皆使之成爲善者。及其皆成爲善者，則意之發動皆是順從良知明覺而發，如是，則說意之所用爲物卽等於說明覺之感應爲物，而物亦皆在明覺之天理中而無不正者。從明覺之感應說物，嚴格講，與從意之所用說物，是不同其層次的。後者的說法，意與物是有種種顏色的，故必有待於致良知以誠之與正之。而前者的說法，則無如許參差，唯是良知天理之流行，意不待誠而自誠，物不待正而自正。後來王龍溪即喜從此處着眼，所謂四無，所謂先天之學，皆是從此處說。由後者的說法，則有四有句。

……只要知身心意知物是一件。

九川疑曰：物在外，如何與身心意知是一件？

先生曰：耳目口鼻四肢身也。非心安能視聽言動？心欲視聽言動，無耳目口鼻四肢亦不能。故無心則無身，無身則無心。但指其充塞處言之，謂之身。指其主宰處言之謂之心。指心之發動處謂之意。指意之靈明處謂之知。指意之涉着處謂之物。只是一件。意、未有懸空的，必着事物。故欲誠意，則隨意所在某事而格之，去其人欲，而歸於天理，則良知之在此事者無蔽，而得致矣。此便是誠意的工夫。

（傳習錄卷三）

案此即從意之所用處或所在處或涉着處說物。此即四有句也。最完整的說法如下：

先生曰：先儒解格物爲格天下之物。天下之物如何格得？且謂一草一木皆有理，今如何去格？縱格得草木來，如何反能誠得自家意？我解格作正字義，物作事字義。大學之所謂身卽耳目口鼻四肢是也。欲修身，便是要目非禮勿視，耳非禮勿聽，口非禮勿言，四肢非禮勿動。要修這個身，身上如何用得工夫？心者身之主宰。目雖視，而所以視者心也。耳雖聽，而所以聽者心也。口與四肢雖言動，而所以言動者心也。故欲修身，在於體當自家心體，常令廓然大公，無有些子不正處。主宰一正，則發竅於目，自無非禮之視；發竅於耳，自無非禮之聽；發竅於口與四肢，自無非禮之言動。此便是修身在正其心。

然至善者心之本體也。心之本體那有不善？如今要正心，本體上何處用得功？必就心之發動處才可着力也。心之發動，不能無不善。故須就此處著力，便是在誠意。如一念發在好善上，便實實落落去好善，一念發在惡惡上，便實實落落去惡惡。意之所發，既無不誠，則其本體如何有不正的？故欲正其心，在誠意。工夫到誠意，始有着落處。

然誠意之本又在於致知也。所謂人雖不知，而己所獨知者，此正是吾心良知處。然知得善，却不依這個良知便做去，知得不善，却不依這個良知便不去做，則這個良知便遮蔽了，是不能致知也。吾心良知既不能擴充到底，則善雖知好，不能着實好了，惡雖知惡，不能着實惡了，如何得意誠？故致知者意誠之本也。

然亦不是懸空的致知。致知在實事上格。如意在於爲善，便就這件事上去爲；意在於去惡，便就這件事上去不爲。去惡固是格不正以歸於正，爲善、則不善正了，亦是格不正以歸於正也。如此，則吾心良知無私欲蔽了，得以致其極，而意之所發，好善去惡，無有不誠矣。誠意工夫實下手處，在格物也。若如此格物，人人便做得。人皆可以爲堯舜，正在此也。

（傳習錄卷三）

案：此段解說最爲淸楚而明確，不煩再釋。這一完整的解說，簡縮之，卽是四有句：「無善無惡心之體，有善有惡意之動，知善知惡是良知，爲善去惡是格物」。此卽所謂徹上徹下的四句敎也。「無善無惡心之體」是就「至善者心之本體」而說。無善無惡是謂至善。然則無善無惡者是「無有作好無有作惡」之意。善惡相對的謂詞俱用不上，只是一自然之靈昭明覺停停當當地自持其自己，此卽爲心之自體實相。至善是心之本體，猶言是心之自體實相，簡言之，就是心之當體自己也。此心須當下卽認爲是超越之本心，不是中性的氣之靈之心也。心之自體是如此，然其發動不能不受私欲氣質之阻隔或影響因而被歪曲，因此「有善有惡意之動」。其發動卽得名曰「意」。故「意」可以說是經驗層上的。然發動的或善或惡，此心之自體卽其靈昭明覺之自己未嘗不知之，此卽所謂良知。如是，這良知卽越在經驗層上的意之上而照臨之。意有善惡兩歧，而照臨此意的良知則是絕對的純一，故它是判斷底標準。它是那抽象地說的心之自體自己之具體地彰用，彰其超越的照臨之用，因而卽轉而形着那心之自體之爲至善。故「至善是心之本體」是虛說，卽籠綜地先一提，而由良知之超越的照臨之用反而形着其爲至善，則是實說，卽具體地決定其定然如此。故至善是心之本體實卽等於說良知明覺是其本體，故陽明亦云：「知是心之本體」。至於「定是心之本體」，「樂是心之本體」，乃至「眞誠惻怛是心之本體」，皆是由「知是心之本體」展轉引申而來的種種說法，而一是皆是實說。然良知之照臨不只是空頭地一覺，而且卽在其照臨的一覺中隱然自決一應當如何之方向，此卽所謂良知之天理。而且又不只是決定一方向，它本身的眞誠惻怛就具有一種不容已地要實現其方向（天理）於意念乃至意念之所在（物）以誠之與正之之力量。由此始能說誠意乃至格物，此卽「爲善去惡是格物」之一句，亦卽「致吾心良知之天理於事事物物，則事事物物皆得其理」之謂。

（6）這樣的致知誠意，爲善去惡（格物），人人皆能作。及至致得久而自然，良知完全作得主，則意純從知起，絲毫不從軀殼起念，（卽不爲私欲氣質所影响，不爲感性條件所制約）。如是，則意念之動（一切作意）皆是良知天理之流行，而意之所在之物（行爲物）亦皆無不合乎良知之天理而爲吾人之德行，此卽是文王之德之純，而純亦不已也。同時，意之所在爲物卽是良知明覺之感應爲物，而在此明覺之感應中，有事亦有物，如是，則物字旣可是事（行爲物），亦可是物（存在物或個體物），如是，則訓物爲事，不免稍狹，蓋此只就意之所在爲物而言也。實則陽明所謂「事事物物」不必是籠統地泛說而一是皆歸於事，很可卽就此「事事物物」而事物兩指。蓋就明覺之感應而言物，則物必兩指也。試就此而詳言之。例如前引答聶文蔚書：「致此良知之眞誠惻怛以事親，便是孝；致此良知之眞誠惻怛以從兄，便是弟；致此良知之眞誠惻怛以事君，便是忠。」事親，從兄，事君，都是事（行爲物）。推之，答顧東橋書中所謂事親，治民，讀書，聽訟，皆是意之所用或所在，亦皆是事。但若提升至明覺之感應而言之，則實可事物兩彰而皆備。感應於親，而有事親之行（事）；感應於兄、民、書、君、訟等等，而有從兄，治民，讀書，事君，聽訟等等之事。

親，兄、民、書、君、訟等，則所謂物也（存在物或個體物。視親、兄、民、君等爲物好像有點不敬或不雅，但此只就其爲一獨立的存在而言。訟本亦是事，但對聽訟而言，則訟卽指兩造之對質）。事親，從兄，治民，讀書等，則所謂事也。事是感應於物而有以對之或處之之態度或方式。這些態度或方式便就是我的行爲。眞誠惻怛之良知，良知之天理，不能只限於事，而不可應用於物。心外無事，心外亦無物。一切蓋皆在吾良知明覺之貫徹與涵潤中。事在良知之貫徹中而爲合天理之事，一是皆爲吾之德行之純亦不已。而物亦在良知之涵潤中而如如地成其爲物，一是皆得其位育而無失所之差。此可就大學問而明之。「陽明子曰：大人者以天地萬物爲一體者也。……大人之能以天地萬物爲一體也，非意之也，其心之仁本若是其與天地萬物而爲一也。豈惟大人，雖小人之心亦莫不然，彼顧自小之耳。是故見孺子之入井而必有怵惕惻隱之心焉，是其仁之與孺子而爲一體也。孺子猶同類者也。見鳥獸之哀鳴觳觫而必有不忍之心焉，是其仁之與鳥獸而爲一體也。鳥獸猶有知覺者也。見草木之摧折而必有憫恤之心焉，是其仁之與草木而爲一體也。草木猶有生意者也。而瓦石之毀壞而必有顧惜之心焉，是其仁之與瓦石而爲一體也。是其一體之仁也，雖小人之心亦必有之。是乃根於天命之性而自然靈昭不昧者也。」（陽明全集卷二十六）。由眞誠惻怛之仁心之感通，或良知明覺之感應，而與天地萬物爲一體。感應於孺子，卽與孺子爲一體，而孺子得其所；感應於鳥獸，草木，瓦石、亦皆然。「親親而仁民，仁民而愛物」，亦皆然。「老者安之，少者懷之，朋友信之」，亦皆然。感應於物而物皆得其所，則吾之行事亦皆純而事亦得其理。就事言，良知明覺是吾實踐德行之根據；就物言，良知明覺是天地萬物之存有論的根據。故主觀地說，是由仁心之感通而爲一體，而客觀地說，則此一體之仁心頓時卽是天地萬物之生化之理。仁心如此，良知明覺亦如此。蓋良知之眞誠惻怛卽此眞誠惻怛之仁心也。中庸言「誠者物之終始，不誠無物」。此物字亦可概事與物兩者而言。一切事與物皆是誠體之所貫而使之成始而成終。此明是本體宇宙論的縱貫語句。中庸又言：「誠者非自成己而已也，所以成物也。成己仁也，成物智也，性之德也，合外內之道也。」誠體既成己，亦成物。「成己」是就事言，「成物」則是就物言。成己是內，成物是外。就此內外而言，則有仁智分屬之權說。然仁與智皆是性之德（本質的內容），亦卽皆是誠體之內容，故此成己成物之誠體便是合內外而爲一之道。中庸言誠，至明道而由仁說，至陽明而由良知明覺說，其實皆是說的這同一本體。是故就成己與成物之分而有事與物之不同，然而其根據則是一本而無二。就成己而言，是道德實踐；就成物而言，是形上學，然而是在合內外之道之實踐下，亦卽是在圓教下的形上學，故是實踐的形上學，亦曰道德的形上學。（然非「獨斷的」，乃是有必然的確定性的。若與康德相比，則牽連的太多。主要的關鍵乃在「智的直覺」之有無。在此不論）。是故陽明落於大學上言「格物」，訓物爲事，訓格爲正，是就意之所在爲物而言。若就明覺之感應而言，則事物兼賅，而「格」字之「正」義在事在物俱轉而爲「成」義，格者成也。格物者成己成物之謂也。「成」者實現之之謂也。卽良知明覺是「實現原理」也。就成己言，是道德創造之原理，卽引生德行之「純亦不已」。就成物言，是宇宙生化之原理，亦卽道德形上學之存有論的原理，使物物皆如如地得其所而然其然，卽良知明覺之同於天命實體而「於穆不已」也。在圓敎下，道德創造與宇宙生化是一，一是皆在明覺之感應中朗現。

(7) 在此，若依康德底哲學而問：此明覺感應中之物與事是何身分的物與事？陽明必答曰：物是「物之在其自己」的物，事亦是「事之在其自己」的事。前者易解，後者似有疑。蓋在明覺感應之貫徹中，物物，從孺子，到鳥獸，草本，瓦石，一切皆如如地得其所而然其然，此如如地然其然卽是依「物之在其自己」而然其然。明覺感應之知之卽實現之，此知是無知而無不知之知。若依康德，此必是智的直覺之知，而不是通過感觸的直覺而依範疇去作判斷的知性之知，因此，物亦不是對感性知性而爲對象的物，卽，不是作爲現象的物，因此，必是作爲「物之在其自己」的物。作爲「物之在其自己」的物不是認知之對象，但可是明覺感應之非對象的如相，亦卽智的直覺之所照之非對象的如相。依康德，上帝之創造萬物，是當作「物之在其自己」而創造之。上帝並不創造現象。現象是對人之感性與知性而言。而上帝之創造卽是其智的直覺之創造。是故在智的直覺面前，物只能是物之在其自己，而不能是現象。在良知明覺面前，物亦是如此。但可惜的是康德並不認爲吾人可有此智的直覺，然陽明從良知明覺之感應則必承認此智的直覺。人從感性與知性來看是有限的存在，儒者並不妄自尊大，但若從良知明覺來看，則雖有限而亦無限，亦不妄自菲薄。此當是東西哲學之最大而亦最本質的差異點。

就成己之事言，事是行爲物，是吾人之活動。依康德，意志自由可在智思界（睿智界），而其所創生之結果則在感觸界。如是，行爲物似乎當是現象，而不是事之在其自己。依中國哲學詞語說，作爲行爲物的活動是屬於氣，似亦當該說爲現象，何以說爲「事之在其自己」？一般籠統地這樣說，似亦可許。但若依康德現象與物之在其自己之超越的區分，此行爲物並不必是現象。須知屬於氣並非卽是現象義。物亦並非無氣。着迹着相是現象。着相而排列之於時空中並依範疇去思解之，它便是現象。但明覺感應中成己之事不著相，它是在明覺感應中而爲合天理之實德，而不是對感性與知性而爲吾人所認知之對象。因此，它是「事之在其自己」之事，而不是現象之事。在明覺感應中之一切活動皆是知體之流行，誠如羅近溪所謂「抬頭舉目渾全只是知體著見，啓口容聲纖悉盡是知體發揮」。此時之「抬頭舉目」，「啓口容聲」，便不可以作現象看，而只是「在其自己」之如相。如相無相，是卽實相：不但無善惡相，並亦無生滅來去一異常斷相，焉得視爲現象？它是知體之著見，卽是如如地在知體中呈現。此時全知體是事用，全事用是知體。全知體是事用，則知體卽在用；全事用是知體，則事用卽在體。儒者所謂體用，所謂卽體卽用，所謂體用不二等，並不可以康德的現象與物自身之分而視之，蓋此用並非康德所說的現象，倒正是康德所說的「物之在其自己」之用也。其所以爲「事之在其自己」正因爲它繫屬於知體而爲知體之著見。若對於感性與知性而爲認知之對象，則它卽轉成現象矣。

中國哲學，儒釋道三家，皆可證成康德的現象與物自身之分。在佛家，對識心而言卽爲現象，對智心而言卽爲物之在其自己。在道家，對成心而言卽爲現象，對玄智而言卽爲物之在其自己。在儒家，對見聞之知而言卽爲現象，對德性之知而言卽爲物之在其自己。惟三家在以前皆未像康德那樣就現象擺出一個知識論，蓋其言學之重點不在此故也。然今日要可依康德之規模而開出之，而使之套於智的直覺中，如是，則康德之不足處亦可得其調適上遂之發展。此則在乎學者之深思，吾在此不欲多論。詳見現象與物自身。

附錄：致知疑難

意之所在便是物。如意在於事親，卽事親便是一物。意在於事君，卽事君便是一物。意在於仁民愛物，卽仁民愛物便是一物。意在於視聽言動，卽視聽言動便是一物。所以某說無心外之物，無心外之理。（傳習錄卷一。）

案：此段言物是就意之所在，卽四有句中之物也。對於致良知之疑難，全在此「物」字之訓解上發，亦全有賴於此物字之詳細考慮而得決。陽明在此所謂「物」是吾日常生活所牽連之種種行爲也，實卽具體之種種生活相也。旣是生活相或生活行爲，自必繫於吾之心意。吾之每一生活，每一行爲，吾自必對之負全部責任。吾旣對之負全責，自必統於吾之心意。吾之心正意誠，則吾之生活行爲自必一歸於正，而無有不正。無有不正者卽一是皆爲吾心良知天理之所潤澤而貫徹也，亦卽皆爲心律所主宰也。心律卽在天心中，故心外無理也。而心不懸空，必及於種種生活行爲。生活行爲對心而言，雖是客物，不似心律之卽在天心中，然旣云生活行爲，則自與桌子椅子電子原子不同其義，是以雖客物而實在心律之主宰中，故曰心外無物也。此言離「心之意及」，無可言生活行爲也。是以生活行爲不能離心而獨在。（此與「心外無理」義異）。此蓋可以極成而無復可疑者。惟是生活行爲固物也。除此卽無物可言乎？事親爲一物，而此物卽行爲也。陽明在此訓物不指「親」言，而指「事親」言，事親固爲一件事，以此而亦爲一物。然則「親」是否亦可以是一物。親自不是吾之一件生活行爲。然「親」竟不可以實是一物耶？親是父母，父母是關係詞。然此關係詞所指之對象究不是一物耶？吾意他終究不是個非有（虛無）。如不是非有，它卽是個「有」矣。如是個有，它卽是個物矣。「用桌子」是一件生活行爲，而「桌子」究是一個物。若把物只限於生活行爲，則凡桌子椅子等等豈卽非物耶？若亦是物，此將如何亦可云心外無物耶？此物豈非與吾心爲對而爲二乎？此將如何亦可順致良知之教而正之耶？若指作聖賢言，則物限於生活行爲上說，自已足矣。然而不礙尚有桌子椅子等等一種物。此將如何統攝之於致良知之教中？復次，此物如其爲一物，有理乎？無理乎？如有理也，將何以窮之？此自非窮良知之天理卽可盡。良知之天理流於生活行爲中而貫之，亦流於桌子椅子中而成其爲桌子椅子耶？此固甚難矣。然則，吾將如何對付此一種物？此自是知識之問題，而爲先哲所不措意者。然在今日，則不能不有以疏解之。關於桌子椅子之一套與陽明子致良知之一套完全兩會事，然而不能不通而歸於一。桌子椅子亦在天心天理之貫徹中，此將亦爲可成之命題。然徒由吾人日常生活之致良知上則不能成立之。如成立此命題，不知要經多少曲折。蓋此爲一形上學之命題，繫於客觀而絕對之唯心論之成立，卽「乾坤知能」之成立，亦卽「無聲無臭獨知時，此是乾坤萬有基」一主斷之成立。然無論將來如何，卽使此命題成立矣，而在眼前致良知中，總有桌子椅子一種物間隔而度不過，因而總有此遺漏而不能盡。吾人須有以說明之。看它如何能進入致良知之教義中。此是知識問題也。至「乾坤知能」一層，則是形上學問題，尤非一二言所能了。茲先順致良知，看如何能攝進對于桌子椅子之知識。

道之大端易於明白。此語誠然。顧後之學者，忽其易於明白者而弗由，而求其難於明白者以爲學。此其所以道在邇而求諸遠，事在易而求諸難也。孟子曰：「夫道若大路然。豈難知哉？人病不由耳。」良知良能，愚夫愚婦，與聖人同。但惟聖人能致其良知，而愚夫愚婦不能致，此聖愚之所由分也。節目時變，聖人夫豈不知？但不專以此爲學。而其所謂學者，正惟致其良知以精察此心之天理，而與後世之學不同耳。……夫良知之於節目時變，猶規矩尺度之於方圓長短也。節目時變之不可預定，猶方圓長短之不可勝窮也。故規矩誠立，則不可欺以方圓，而天下之方圓不可勝用矣。尺度誠陳，則不可欺以長短，而天下之長短不可勝用矣。良知誠致，則不可欺以節目時變，而天下之節目時變不可勝應矣。毫釐千里之謬，不於吾心良知一念之微而察之，亦將何所用其學乎？……吾子謂「語孝於溫凊定省孰不知之」。然而能致其知者鮮矣。若謂粗知溫凊定省之儀節，而遂謂之能致其知，則凡知君之當仁者，皆可謂之能致其仁之知，知臣之當忠者，皆可謂之能致其忠之知，則天下孰非致知者耶？……夫舜之不告而娶，豈舜之前已有不告而娶者爲之準則，故舜得以考之何典，問諸何人，而爲此耶？抑亦求諸其心一念之良知，權輕重之宜，不得已而爲此耶？武之不葬而興師，豈武之前，已有不葬而興師者爲之準則，故武得以考之何典，問之何人，而爲此耶？抑亦求諸其心一念之良知，權輕重之宜，不得已而爲此耶？使舜之心而非誠於爲無後，武之心而非誠於爲救民，則不告而娶與不葬而興師，乃不孝不忠之大者。而後之人不務致其良知以精察義理於此心感應酬酢之間，顧欲懸空討論此等變常之事。執之以爲制事之本，以求臨事之無失，其亦遠矣。（傳習錄卷二，答顧東橋書。）

案：顧東橋以爲節目時變之詳，毫釐千里之謬，必待學而後知。如舜之不告而娶，武之不葬而興師，以及養志養口，小杖大杖，割股廬墓等事，處常處變，過與不及之間，必須討論是非爲制事之本。然後心體無弊，臨事無失。此種節目時變，固不足以難陽明。故陽明解其惑如是其易也。蓋此種節目時變亦皆吾人所自負責所自作爲之生活行爲也。將考之何典耶？問諸何人耶？夫既云時變，則縱有何典可考，何人可問，亦不可拘以爲典要，惟有求諸吾心一念之良知以決之耳。參以典要，預以定本，則良知之純之直早已喪失而無餘。故云此種節目時變不足以難陽明。亦不可以此等時變以判良知之不足，而有待於學問之外知。夫眞有待於學問而外知者，惟桌子椅子等物耳。良知之天理所斷制者生活行爲也。其是非善惡，宜不宜之辨，乃道德的，行爲的也。吾人有行爲之宇宙，有知識之宇宙。全宇宙可攝於吾之行爲宇宙中，故云以言乎天地之間則備矣。參天地贊化育，則天地亦不外吾心之良知。一念蔽塞，則天地閉，賢人隱。一念靈明，則天地變化草木蕃。此固吾之行爲宇宙之蓋天蓋地。然而吾人亦復有知識之宇宙。全宇宙亦可攝入吾之知識宇宙中。然此必待學問而外知的萬物之何所是，非良知之斷制行爲者之所能斷制也。良知能斷制「用桌子」之行爲，而不能斷制「桌子」之何所是。然則桌子之何所是，亦將何以攝入致良知中有以解之而予以安置耶？良知斷制吾「用桌子」之行爲，亦斷制吾「造桌子」之行爲。試就此例而明之。在吾之發念造此桌子也，吾之良知必自知吾此行爲之是非善惡而斷制之。若知之而不爲，則汝對此行爲須負責，負此行爲之未成爲行爲之責，因而自愧於意不誠心不正。若此負責之念起，自愧之心生，則必須致良知而成就此行爲，以求於無愧，無自欺。此良知天理之所貫徹也。然在此行爲之成就中，不能不於桌子有知識。汝當知此桌子之結構本性之何所是，汝當知造桌子之手術程序之何所是。否則，汝將無所措手足。雖有造桌子之誠意，而意不能達；雖有良知天理之判決此行爲之必應作，然終無由以施其作。此不得咎良知天理之不足，蓋良知天理所負之責任不在此。此應歸咎於對造桌子之無知識也。就此觀之，造桌子之行爲要貫徹而實現，除良知天理以及致良知之天理外，還須有造桌子之知識爲條件。一切行爲皆須有此知識之條件。是以在致良知中，此「致」字不單表示吾人作此行爲之修養工夫之一套，（就此套言，一切工夫皆集中於致），且亦表示須有知識之一套以補充之。此知識之一套，非良知天理所可給，須知之於外物而待學。因此，每一行爲實是行爲宇宙與知識宇宙兩者之融一。（此亦是知行合一原則之一例）。良知天理決定行爲之當作，致良知則是由意志律而實現此行爲。然在「致」字上，亦復當有知識所知之事物律以實現此行爲。吾人可曰：意志律是此行爲之形式因，事物律則是其材質因。依是，就在「致」字上，吾人不單有天理之貫徹以正當此行爲，且卽於此而透露出一「物理」以實現此行爲。（實現不只靠物理，而物理却也是實現之一具）。是以在致字上，吾人可攝進知識而融於致良知之敎義中。要致良知，此「致」字迫使吾人吸收知識。一切活動皆行爲。依是，致良知乃是超越之一套，乃是籠罩者。在此籠罩而超越之一套中，知識是其中之一分。就此全套言，皆繫於良知之天理，猶網之繫於綱。從此言之，心外無物，心外無理。然而此全套中單單那一分却是全套之出氣筒，却是一個通孔。由此而可以通於外。在此而有內外之別，心理之二。此個通孔是不可少的。沒有它，吾人不能完成吾人之行爲，不能達致良知之天理於陽明所說之事事物物上而正之。是以此知識之一外乃所以成就行爲宇宙之統於內。由孔而出之，始能自外而至之。（自外至者無主不止。）

此言將知識攝入致良知敎義中。然知識雖待外，而亦必有待於吾心之領取。領取是了別。了別之用仍是吾心之所發。徒說知識攝入致良知，尚不足以盡此融攝之眞實義。蓋此不過將一現成之知識參入其中耳。此融攝之眞實義，須如此說：吾心之良知決定此行爲之當否，在實現此行爲中，固須一面致此良知，但卽在致字上，吾心之良知亦須決定自己轉而爲了別。此種轉化是良知自己決定坎陷其自己：此亦是其天理中之一環。坎陷其自己而爲了別以從物。從物始能知物，知物始能宰物。及其可以宰也，它復自坎陷中湧出其自己而復會物以歸己，成爲自己之所統與所攝。如是它無不自足，它自足而欣悅其自己。此入虎穴得虎子之本領也。此方是融攝知識之眞實義。在行爲宇宙中成就了知識宇宙，而復統攝了知識宇宙。在知識宇宙中，物暫爲外，而心因其是識心，是良知自己決定之坎陷，故亦暫時與物而爲二。然及其會歸於行爲宇宙而爲行爲宇宙之一員，則卽隨行爲宇宙之統攝於良知之天心天理而亦帶進來。「造桌子」之行爲爲一超越而整全之行爲。在此整全行爲中，「知桌子」爲一其中部分之行爲。是以每一行爲必帶着一個知識中之物的知識而爲其一員。譬如，依陽明，「事親」爲一物，實卽一行爲。在此「行爲物」中，必有「親」一個物爲其中之一員。「事親」這個行爲物，必帶着「親」這個知識物。旣帶着這個物，則對於這個物自必有一個了當才行。是以在致良知而成就「事親」這件「行爲物」中，必有一套致良知而成就「知親」這件事爲其一副套。「知親」這件事就是一種「知識的行爲」。「知親」中的親是這個知識中的對象。知親固是一種知識，而要去知親，則亦表示是一種行爲。這行爲就是成就知識或使吾獲得知識的行爲。旣是一種行爲，則亦必由於吾良知天理之所決定。良知天理決定去事親，同時亦須決定去知親。故云：在致良知而成就「事親」這件行爲物中必有一套致良知而成就「知親」這件事（亦是一行爲物）爲其一副套。「知親」這件行爲既在成就知識，故「知親」中的親就是知識中之對象，亦就是「知識物」也。是以副套之致良知的行爲皆是成就知識或獲得知識之行爲。在良知天理決定去成就「知親」這件行爲中，良知天心即須同時決定坎陷其自己而爲了別心以從事去了別「親」這個「知識物」。就在此副套之致良知行爲中，天心即轉化爲了別心。既爲了別心，必有了別心之所對。故即在此時，心與物爲二，且爲內外。「知親」這件行爲爲良知天理之所決，故不能外於良知之天理，故曰心外無物。然在「知親」這件行爲中，要去實實了解「親」這個知識物，則天心轉化爲了別心，了別心即與「親」這個知識物爲二爲內外。了別心是天心之坎陷，而二與內外即因此坎陷而置定。

吾甚至且可說：即在成就「事親」這件行爲中，同時亦必有致良知而決定去成就「知事親」這件知識行爲。即「事親」固爲一行爲物，而同時亦爲一「知識物」。既爲一「知識物」，吾良知天心在決定事親中亦須決定坎陷其自己而了解此知識物。此即是知什麼是事親，如何去事親也。「知事親」爲一知識行爲，亦是良知天心之所決。而在此知識行爲中，實實知道什麼是事親，則天心即須轉化爲了心。是以每一致良知行爲中不但有一副套之致良知行爲而去了別知識物，且每一致良知行爲自身即可轉化爲一知識物因而發出一致良知之行爲而去知道這個知識物。是以每一致良知行爲自身有一雙重性：一是天心天理所決定斷制之行爲系統，一是天心自己決定坎陷其自己所轉化之了別心所成之知識系統。此兩者在每一致良知之行爲中是凝一的。譬如「事親」既爲一行爲系統，而其自身亦復爲一知識系統。蓋既要從事「事親」這件事，則必須知道什麼是事親，如何去事親。這一個知道，便表示一個知識系統。在知識系統中，「事親」便是一客物，而與了別心爲內外。此時良知之天心即決定坎陷其自己而爲了別心。此種坎陷亦是良知天理之不容已，是良知天理發而爲決定去知什麼是事親如何去事親這個知識行爲中必然有的坎陷。坎陷後而了解什麼是事親如何去事親，然後才能實現「事親」這件行爲。至於我爲什麼應當事親，却是良知天心所自決，此是屬於行爲系統者。又事親爲什麼應當孝，這亦是良知天心所自定之天理而無可外求者，此亦是屬於行爲系統者。是以陽明所言之良知只是決定道德行爲之天心天理，而致亦是只致此。而對於良知自己決定坎陷其自己而成了別心因之而成知識系統則忽而不察矣。殊不知「事親」這一件行爲自身同時卽是一知識系統也。譬如溫凊之定省，奉養之節目，卽是一個知識系統也。此皆含在「事親」行爲中。至於事親爲什麼便當溫凊定省，那却是道德天心所自決，而無可外求者。大凡一成知識系統，便須客化而靜化，靜化而置定之爲一「是」。既爲一「是」矣，便須與心對而爲外，而此時之心亦爲了別心。一成行爲系統，便須主體化動態化，動態化而提之屬於主屬於能。旣屬於能矣，自不能與心爲對也，而此時之心卽爲一天心。原來天心與了別心只是一心。只爲要成就這件事，天心不能一於天心，而必須坎陷其自己而爲一了別心。而若此坎陷亦爲良知天理之不容已，則了別心亦天心矣。每一致良知之行爲皆可如此論。「行事親」與「知事親」是同時並起的。惟「知事親」是一知識行爲，由此行爲可以成知識系統。「知事親」旣爲一知識行爲，亦發於良知天心所自決。惟此「知事親」一知識行爲不必再言其雙重性，卽不必再言知「知事親」也。蓋此「知」只爲一自覺，不能成一知識系統也。因此，無無窮後退過。但雖不能向後作無窮的自覺，而可以反而作一步的反省。此一步的反省就是知識論。譬如，在「知事親」一知識行爲中，我旣知道什麼是事親，如何去事親，我亦可反而再問什麼是知，如何成知。我作此步考量時，卽成功知識論。惟此知識論之一步，可以截斷無窮之後退。卽此步反省，並非無窮的自覺之謂也。此步成功知識論之反省惟在知識行爲中表現。知識行爲見於兩處：一在致良知之整全行爲中之副套之成知識之致良知行爲，一在每一致良知行爲自身卽是一知識系統。前者如「事親」中之知「親」，「造桌子」中之知「桌子」。後者如「事親」自身卽爲一知識系統，卽必須知什麼是事親，如何去事親也。前者成功知「親」知「桌子」之知識系統，後者成功知「事親」之知識系統。對於此兩種知識行爲，再加以反省，便成功知識論，而知識論並非一知識系統也。是以對於知識行爲作一步知識論之反省，卽可停止無窮的追溯，而不必對知識行爲再言雙重性也。雙重性只可就行的行爲如「事親」「造桌子」言，不可就知的行爲如知「親」，知「事親」言。在知「親」，知「事親」，乃至知「桌子」，知「造桌子」之知識行爲中，吾人一方獲得對象之知識，而成功知識之系統，一方對此「知識行爲」加以反省而明白如何成知，此就是知識論。在此步反省中，知識方法，邏輯，數學，純幾何，乃至一切知識條件，皆有安頓。而同時此知識行爲既是一行爲，則致良知之敎義仍可用其上。卽「知識行爲」亦是良知天心所自決。旣決定有此行爲，便須貫徹此良知之決定而成就此件行爲。吾人由對於一切行爲之反省而知其皆源於良知天心之決定，皆統屬於良知之天理，則此步反省卽成功道德形上學。而在此形上學中，吾人點出天心天理之實體，以爲人生宇宙之大本，此就是孔孟以及理學家之所一線相傳，而直至於陽明之致良知敎亦不過就是此線之結集。吾人處於今日，則又提出知識行爲而融納知識系統於此骨幹中，因而亦卽融納一知識論於此形上學中。此亦是一線相傳之結集。必如此而後可以無遺漏。

陽明所言之良知常有取現成之知識，好似不言而喻或世間極成之知識，以爲良知。此在當時順所擧例，方便說出，亦無不可。又因先哲講學，只在期於爲人爲聖賢，至於吾人有生以來，所知所學之種種知識學問以及本領，彼自不甚措意，故亦不曾提出而考論之。陽明常曰：如何不講求，只是要有個頭腦。說到頭腦，便又是期在作人作聖。然吾人此時不可不提出而注意之。前既言如何統攝知識矣。玆再指明，不可取世間極成之知識以爲良知。此須在原則上予以簡別出。那怕是最簡單的例子，亦可在原則上去指別之。譬如「知如何而爲溫凊之節，知如何而爲奉養之宜者，所謂知也」。此所謂「知」自是良知。然嚴格言之，此種知實是屬於知識系統者。奉養之宜，溫凊之節，是「事親」這件行爲系統中之知識系統。什麼是奉養之宜，什麼是溫凊之節，須有以知之，知之，卽知識系統也。惟獨爲什麼當事親，事親爲什麼應當孝，此種「應當」之決定，方是良知天心之所決定。卽在奉養之宜，溫凊之節上說，到了親饑餓時，爲什麼應當奉養，此是良知之決定。念念在親之身體變化以及幾不爽失而以甘旨以適應之，此都是汝之良知天理之充塞流行。假若有一毫昏墮而不能常惺惺，則汝之心意卽被隔斷，則對於奉養甘旨便忘了或助了。凡屬於提起而不從物，自發自動而常惺惺以決定自己之作爲者，皆屬良知之天心。至於身體變化與甘旨奉養之相順相違的那一套事物歷程却是屬於知識系統者。在此最簡易而於自己又最親切之例子上，良知與知識常易混而不辨。實則原則上是可以辨別的。此義既明，則良知天理只是一個應當不應當之先天的決定。是非善惡則只是這個應當不應當，而此皆發之於良知天心之不昧，故亦云良知之天理也。常惺惺而無間隔，（或忘或助卽是間隔），便是天理流行也。是以良知，說到最後，只是一個天心之靈明，故它自能知是知非知善知惡，對於何者應當何者不應當作一先天的應當之決定，而作爲吾身動作之主宰。後來二溪皆從此靈明處說話矣。對物欲言，爲提起爲常惺惺，而自此常惺惺之天心之本身言，則一體平鋪，所謂天理流行，自無所謂提起不提起。此却須仔細認取。

良知既只是一個天心靈明，所以到致良知時，知識便必須含其中。知識是良知之貫徹中逼出來的。否則，無通氣處，便要窒死。良知天理自然要貫徹。不貫徹，只是物欲之間隔。若自其本性言，或吾人良知天理眞實湧發時，它必然要貫徹，不待致而自致。致良知原爲有物欲間隔者說。去其間隔而一旦發現出本性之眞實無妄，則良知天理之眞誠惻怛，或良知天理之善，自能不容已其湧發而貫徹於事事物物。其湧發不容已，則其坎陷其自己而爲了別心亦不容已，蓋此卽其湧發貫徹歷程中之一廻環。若缺少此一廻環，它還是貫徹不下來。一有廻環，便成知識。知識便有物對。有物對便有物之理而在外。此問題若予以形上之解析，便是「個體」問題。靈知是一，吾的靈知便是蓋天蓋地的那個靈知。然蓋天蓋地那個靈知是乾坤之知能，是總攝全宇宙而言之的。而吾的知能雖就是那個乾坤之知能，而「我」却是一個體。良知在「我」這個個體，亦在「他」那個個體。說到個體便有對，有對便有殊。有對，此其所以與我爲二而爲內外；有殊，此其所以彼此個體皆有其自理，（此理是形下的），因而必須從物而知之。所以知識系統在個體上成立。良知雖一，而不能不有分殊。個體便在分殊上說。乾坤知能既成就了全宇宙以及萬萬個體，所以在「我」這個個體上要致良知而成行爲宇宙，而將全宇宙攝於吾之行爲宇宙中，便不能不有一知識宇宙，而復將全宇宙攝於知識系統中。吾人於此知識宇宙只在說明知識之融納爲已足。此所說之知識之融納，不惟陽明無此義，卽朱子亦無此義也。蓋朱子之格物窮理義，雖可以順而至於含有知識義，而其本意實不在言知識。其所謂格物窮理，意在當機體察，乃含於動察之中：察之於念慮之微，求之于文字之中，驗之於事物之著，索之于講論之際，皆是格物，亦皆是窮理。而此格物窮理却是去病存體，旨在求得普遍而超越之一貫之理，所以仍是一套道德工夫，不在成知識也。吾人現在既順致良知教而融納知識，則朱子此一套在整個系統之關鍵上自不甚肯要，然于慮的工夫上，則亦無甚可譏議也。吾人將在知識系統之統於行爲系統上說明知識義之窮理，將在行爲系統之發於良知天心上說明陽明義之窮理盡性，將在慮的心之工夫上吸納朱子之動察靜養。而若識得良知天心之大本原，握得致良知之大頭腦，則動察靜養皆無不可，亦無所謂支離矣。

吾以上就「致知疑難」開出「心與物」之知識問題以及「乾坤知能」之天心形上學問題，並從知識中簡別出「良知天理只是一個應當不應當之先天的決定」。故良知之心是指導並統攝行爲宇宙的。「行爲」，在陽明卽說爲人心感應之所及，對于天地萬物之感應，日常酬酢云爲之事變，俱在內；而格物之「物」亦在此處說。酬酢感應之萬事萬變皆物也。故前云此物卽爲「行爲物」。對于一一事變如何感應酬酢之「當然之理」，良知自能先天地知之，亦卽皆內在于良知之心中。良知之先天地知之卽先天地決定之。良知之知並決定當然之理，卽曰「良知之天理」。此是一個最後的決定是非善惡之標準。此卽是透露最內在的價值之源，價值之主體，而一切價值判斷之標準不能自外取明矣。除此良知之知與決定外，不能有任何外在的典要與格套可資襲取以爲標準。此種良知之知與決定，當然是指最根本而超越處言。吾人酬酢感應中之辨別當然常有亦必有知識夾雜參與于其內。然指導吾人行爲之「當然之理」，其最後之源必在良知天理之心，而不在知識。因爲知識是實然，而成知識之「認識心」亦了別「實然」，而不能決定當然也。孟子卽心言性，心理亦一，而且亦充分彰著出此心性卽是指導吾人行爲之道德的心性。然而孟子尚是仁義禮智並列地言之，而陽明則就其所言之是非之心之智而言良知，將智冒上來而通徹于仁義禮中，通徹于心德之全部，以彰著並保住心之超越性，涵蓋性，主宰性，純粹至善無對性。就此而言之，吾人可說：仁義禮是心之實，而智是實亦是用。（用就靈明言。）心惟有此「旣實亦用」之一德，始能先天地知而決定是非善惡之當然之理。而是非善惡旣是當然之理，故必通于仁義禮之實而表現：發心動念（卽意）之仁不仁，義不義，禮不禮，卽是是不是，善不善，而是非善惡之當然之理存焉。甚至智不智，明不明，亦是是不是，善不善之所在。而此是非善惡之當然之理俱賴「良知之明」之知與決定。故良知之知與決定卽一方引生出仁義禮（甚至智）之實，一方卽越乎仁義禮（甚至智）之上而通徹于仁義禮智，以彰明心之爲仁義禮智四德甚至無量德俱備之心，以保住心之純粹至善無對性。心之純粹至善無對性以良知之純粹至善無對性而印證而保住。良知之知與決定越乎仁義禮智之上而通徹于仁義禮智，而引生仁義禮智，故陽明總說「良知之天理」也。而心之純粹至善無對性以良知之天理而印證而保住，故亦說「心卽理也」。故將智冒上來而通徹于仁義禮中，而言良知之知與決定，則心之全德乃至全體大用一時俱活，而知善知惡，爲善去惡之致良知工夫始可得而言。若言良知而忽略或忘却「天理」二字，只言一寡頭之靈明，則遠離而蕩矣。此非儒家精神，亦非陽明之本旨也。陽明後對于良知教致誹議者，如李見羅之類，皆由于寡頭靈明而起，而此誤會大抵由王龍溪之不愼不密好孤言靈明以及口耳之輩之吠影吠聲所引起。試看陽明之言：

> 良知只是個是非之心。是非只是個好惡，只好惡，就盡了是非。只是非，就盡了萬事萬變。又曰：是非兩字是個大規矩。巧處則存乎其人。

（傳習錄卷三。）

此是非當然不是「知識命題之眞假」之是非，而是當然之理之是非。故云：「是非只是個好惡」，而好惡是好善惡惡。良知通徹于心德之全，通徹于仁義禮智之實，故能超越地先天地知是知非，知善知惡，因而始能好善惡惡，而若眞是發之于良知之好之惡之，則自能爲善去惡，而至于純善無惡也。在孟子，是非之心，智也，羞惡（卽好惡）之心，義也。兩者並列而言。而此則是非好惡縐于一而言之，是則良知非寡頭之靈明，而有天理含其中矣。故云「良知之天理」。普通以「義」表示道德的當然之理。此只表示「當然」不能求之于外在的實然中，而須求之于內在主體中。此所表示的「當然之理」尙是一般的，抽象的，尙不能表示道德的眞實心之具體創發性與泛應曲當性。孟子以仁義禮智四德言心，卽已能表示道德的眞實心之具體創發性與泛應曲當性，而當然之理又不只是那一般的抽象的當然（義），而是由仁義禮智之心之感應于一一事變之曲當而爲具體而特殊之表現。然在孟子猶是並列而言，尙未彰著出心之表現當然之理之于是非善惡上之內在地自樹立其標準性或準則性。至陽明，將智冒上來言良知，通徹于心德之全部，則不但能彰著道德的眞實心之具體創發性與泛應曲當性，而且能彰著其于是非善惡上之內在地自樹立其準則性：卽，良知之點出，則當然之理不只是泛然的「應當」，而且于感應事變上，發心動念，良知自能超越地先天地知而且決定何者爲是，何者爲非，何者爲善，何者爲惡，而內在地自作斷制，自立準則。此在此學問之講明上，自是推進一大步。此準則性一立，則價值之源與價值主體乃爲不可搖動者。故孟子有功于聖門，而後來王陽明又是進一步有功于聖門也。

聖人無所不知，只是知個天理，無所不能，只是能個天理。聖人本體明白，故事事知個天理所在，便去盡個天理。不是本體明後，却于天下事物，都便知得，便做得來也。天下事物，如名物度數，草木鳥獸之類，不勝其煩。聖人便是本體明了，亦何緣盡能知得？但不必知的，聖人自不消求知。其所當知的，聖人自能問人。如子入太廟每事問之類，先儒謂雖知亦問，敬謹之至。此說不可通。聖人于禮樂名物不必盡知。然他知得一個天理，便自有許多節文度數出來。不知能問，亦卽是天理節文所在。（傳習錄卷三。）

案：此明區別良知天理與知識之不同。聖人之所以爲聖，只在其知天理，能天理，不在經驗知識之多寡也。在人心中點出良知之天理，便是開闢價值之源，樹立價值主體，而成人成聖，創造各人自己之人格與境界，俱以此爲關鍵也。

良知之天理既經與知識區別開，則良知之于表現當然之理之準則性，即可易明也。關此，吾友唐君毅先生言之甚透。茲錄之以代吾之說明，且爲讀者進一解也。

> 然吾人道德生活中最大之問題，蓋在吾人如何知一至當不易的表現仁義禮智之特殊方式。具體特殊之事物，萬變不窮。吾人所以應之之或是或非之方式，亦萬變不窮。吾將何自而盡知之？具體特殊之事物之散陳于吾前者，吾又將如何權衡其輕重，而知所先後以作斷制？故人恒欲求知一普遍之道德規律或行爲之法則，以御萬變不窮之事物。然實則尅就具體特殊事物之具體特殊性而言，吾人乃永不能有一固定之規律法則，可以先知之而一勞永逸，以之應事，而即永無錯誤者。世之言道德規律者，亦如吾人上所言之仁義禮智。仁義禮智或其他道德規律之爲普遍，皆在其只規定吾人之存心，而不規定吾人在當機之如何表現吾人存心之道德行爲方式。此吾人上所以言實際之道德生活必爲吾人精神上之一新新不已之創闢也。然吾人不能先知此當機而應之至當不易之道德行爲方式，並不碍吾人之能行道德。而吾人既有仁義禮智之心，能以仁義禮智

存心，吾人自能當機而知所當爲並擇其所當爲。此卽爲吾人之良知。西方人言良心，多只自其具備各種道德原理或道德情操言。中國先哲如王陽明言良知，則重在言人之本來能知如何應當下之具體事物之當然之理，而依之以行。自中國儒家人生思想以觀，人如原不能知如何應當下之具體事物之當然之理，而依之以行，則人亦將無處而求得此道。人如不能自信其能知善，能行善，則人將唯以奉行他人之命令，襲取世俗之陳言，或倣效他人之行爲，以定其行爲之方式。則一切道德行爲皆爲向外襲取，而非自發，亦卽失其道德性。故人必須先自信其性之本善，心本來能知善，本來能知在當下之特殊具體之事物前，如何應之之「當然之道」也。（「中國文化之精神價值」，第八章，第七節。頁一五八—一五九。）

案：唐先生此處所言「人本來能知如何應當下之具體事物之當然之理」，卽陽明所說之「良知之天理」一語之註解。「本來能知」，卽內在地自作斷制，自立準則也。讀者細體此意，則于良知之理解庶可無憾矣。

〔此文爲吾前作王陽明致良知教一小册中之一章，今摘取以爲附錄，該書可作廢。〕

第二節　王學底分派

以上所述七端是王學之大綱脈。必先有此了解，而後可以評判王門之紛歧。否則順其競辯而支離，難知其本也。

當時王學遍天下，然重要者不過三支：一曰浙中派，二曰泰州派，三曰江右派。此所謂分派不是以義理系統有何不同而分，乃是以地區而分。每一地區有許多人，各人所得，畸輕畸重，亦不一致。然皆是本於陽明而發揮。浙中派以錢緒山與王龍溪爲主，然錢緒山平實，而引起爭論者則在王龍溪，故以王龍溪爲主。泰州派始自王艮，流傳甚久，人物多駁雜，亦多倜儻不羈，三傳而有羅近溪爲精純，故以羅近溪爲主。江右派人物尤多，以鄒東廓，聶雙江，羅念菴爲主。鄒東廓順適，持異議者爲聶雙江與羅念菴，故以此二人爲主。本文重義理之疏導，非歷史考索之工作，故删繁從簡。而評判此四人孰得孰失，孰精熟於王學，孰不精熟於王學，孰相應於王學，孰不相應於王學，必以陽明本人之義理爲根據，否則難的當也。

(1) 先說王龍溪

王龍溪以倡「四無」著名。吾前言陽明言「物」本有兩方式，一是從意之所在或所用言物，一是從明覺之感應言物。由前者卽有四有句，由後者卽有四無句。然則龍溪所言非無本也，亦非不相應於陽明之義理也。

何謂四有？何謂四無？本只是四句：「無善無惡心之體，有善有惡意之動，知善知惡是良知，爲善去惡是格物」。這四句是陽明致良知教落於大學上對於正心誠意致知格物之解釋之綜括。人或謂這是錢緒山綜括成的，但無論如何亦不背於陽明之意旨，故傳習錄卷三以及陽明年譜與王龍溪語錄卷一皆記載此事而直說爲是陽明之教言。卽使是錢緒山綜括成的，陽明亦首肯也。但王龍溪心思靈活，穎悟過人，以爲此四句是

> 夫子立教隨時，謂之權法，未可執定。體用顯微只是一機，心意知物只是一事。若悟得心是無善無惡之心，意卽是無善無惡之意，知卽是無善無惡之知，物卽是無善無惡之物。蓋無心之心則藏密，無意之意則應圓，無知之知則體寂，無物之物則用神。天命之性粹然至善，神感神應，其機自不容已，無善可名，惡固本無，善亦不可得而有也。是謂無善無惡。若有善有惡，則意動于物，非自然之流行，着于有矣。自性流行者，動而無動；着于有者，動而動也。意是心之所發。若是有善有惡之意，則知與物一齊皆有，心亦不可謂之無

矣。（王龍溪語錄卷一，天泉證道記。）

此解說較傳習錄與年譜所載爲詳，故以此爲準。但末句「若是有善有惡之意，則知與物一齊皆有，心亦不可謂之無矣」，此所謂「一齊皆有」，「不可謂之無」，究竟是什麼意思？此則須予以解釋。其所謂「無」一面，如「無心之心」，「無意之意」，「無知之知」，「無物之物」，云云，其言雖玄，其義似較明確，亦易領悟，此蓋是作用上「無相」之意。亦如禪家所謂「即心是佛，無心爲道」。前句是有，後句是無。如「無」義既定，則其所謂「一齊皆有」亦可得而定矣。惟頗費分疏，未可儱侗過去。

首先，意之所在爲物。意之發動有善有惡，則其所意在之物亦必有善有惡，有正有不正。但吾人不能說知善知惡之知亦有善有惡，如云善的知與惡的知，此則不成話，乃成爲良知之否定，亦不能說無善無惡是謂至善之「心之體」亦有善有惡，如云善的心之體與惡的心之體，此亦不成話，蓋亦成爲至善的「心之體」之否定。然則心之體與良知之爲有，與意物有善有惡之有，其意不同矣。有善有惡是說意與物有好的有壞的。對此有好有壞而說心之體與良知一齊皆有，並不是說有好的心之體與不好的心之體，有好的良知與不好的良知，其意義必轉進一層而爲另一意義的「有」。若說意是心之所發動的，所發動出的既有善有惡，則發動出此意的根亦必不能純淨，亦必有可善可惡的傾向或種子。此是直線而推。如是，則心之體成善惡混的中性，不過未經發動而分化出來而已。但，這不是陽明說無善無惡是謂至善之「心之體」之意，亦不是王龍溪之意。因王龍溪明說「天命之性粹然至善，神感神應，其機自不容已，無善可名，惡固本無，善亦不可得而有」。然則自心之發動言意，必不是直線地推說，乃是曲折地說。在這曲折地說中，必認定心之體爲超越的本心自己，發動而爲意是在感性條件下不守自性歧出而着于物或蔽于物，因而成爲意。如是，則意自意，而心體自心體，不能因意有善惡，而心體亦有善惡也。若云既如此，則兩者不相干，如何要說是心之發動？此蓋因意究竟亦是屬于心的，此猶波浪究竟屬于水。意蓋是憑依心體而起的波浪，只因爲私欲氣質所影響而逐于物，因此遂脫離了心體而獨自成爲意。若無此憑依關係，則意將不可化而使之歸于心矣。所謂「化」，譬如風止，則波浪卽無，而仍只是水。此憑依關係卽是一曲折。因此，必顯出心之體爲超越的，意之動爲感性的，而不是直線的推說也。

此義既定，則所謂心之體與良知以及物「一齊皆有」，此所謂「有」亦可得而定矣。此「有」蓋卽是本分解地說的正面的「有」而各顯其相也。蓋對有善有惡的意而言，欲想作道德實踐以化其不善以歸于善，則必須有一超越的標準與一能化除之之內在的動力，此卽是心之體與良知之肯定。這一肯定是超越地分解地對應意而建立。意是依實然的分解觀點而被表示（邏輯地說亦可以說被建立，但道德地說則不能說被建立，只能說被表示），物亦然。這四者皆是各別地正面說，這是「是什麼」底問題。凡是「是什麼」的問題都是屬于「有」的：意是這樣地有，物是那樣地有，而心之體與良知又是另樣地有。此「有」是存有之有，與有善有惡之有不同。意與物是經驗層上的感性的有，而心之體與良知則是超越層上的睿智的有。有之層次不同，然皆是有也。凡正面分解地說者皆欲建立或表示有也。建立有或表示有卽有「有」相，有「有」相，就實踐之對治說，卽各就其爲有而顯其「相」。良知之爲知善知惡的有卽順意之有善有惡而顯其知善知惡之知相而非無知之知矣。「無知之知則體寂」，此顯一知相之有知之知卽顯一浮動之決定相，或凸現一決定之知相，而其體不寂矣。此卽知之亦爲有也。此有是有「相」之有。同理，心之體之爲無善無惡是謂至善的有卽順意之有善有惡而顯其至善之相而不同于意，因而亦非無心之心矣。「無心之心則藏密」，此顯一至善之相之心卽凸顯一決定之至善心相而其藏不密矣。此卽心之亦爲有也。此有亦是有「相」之有。物之爲有是隨意之爲有而有，而且其爲有是有正有不正之有，正的物有物相，不正的物亦有物相，而非無物之物矣。「無物之物則用神」，此有物相之物其爲意之所用之用卽多滯碍而不神矣。此而不神卽反顯有善有惡之意爲有意相之意，而非無意之意矣。「無意之意則應圓」，此有意相之意卽爲動于物而滯于物而不能圓應無方矣。是以若從意之動着眼，則因對治關係，心與知物亦隨意之爲有相而一齊皆有相也。此蓋是王龍溪所以說四句教爲四有之實義。他那簡略的幾句話藏有許多曲折與分際，這些曲折是不容易表達出來的。然其實義却可由其文義而烘託出必須是如此。

四有之所以爲有既如此，則「無」義如何了解亦顯然矣。此由王龍溪之解說而可知也。其意義蓋卽是「無心爲道」之意義。心意知物，分解地說，是那樣的有，則就心之體與良知說，我們在實踐上卽須如其本性而朗現之。旣如其本性而朗現之，卽不能着于其有而有此有之「有」相。有此有之「有」相，卽是有「相」，有「相」卽不能如其無相之有而朗現之。體現此有之工夫上的心旣有相，那無相的實體性的有便等于潛隱而未顯，而吾人工夫上的心卽等于是識心。必工夫上的心全如那無相的實體性的心之無相，那實體性的無相心始全部朗現，此時工夫的心與實體性的心全合而爲一，而只是那事先分解地肯認的無相心之如如朗現而無一毫沾滯。如是，此所謂「無」乃是工夫上作用地無執無着無相之無，與那存有上的實體性的無相之有不同層次也。此如分解地說般若如何如何，此是般若之爲有也。然如果要想眞體現此般若，則必須「般若非般若，是之謂般若」。「非般若」卽是體現上之作用的無。若無此作用，般若便不能朗現。故「卽心是佛」，是正面說，是有，但他們（禪家）又說「非心非佛」，此卽是「無心爲道」，亦卽是般若，此是從體現那「卽心是佛」這體現上的無相說，因而亦就是無。必須是這樣的「無」，這樣的「般若非般若是之謂般若」，這樣的「以不住法住般若」，那才眞正是佛，卽如來藏自性清淨心才全部朗現而爲佛。此亦如明道所說「天地之常以其心普萬物而無心，聖人之常以其情順萬事而無情」。「以其心」是有，「普萬物而無心」，無心于普而自普，是無。必須這樣的無，那才是天地之心。此是就心與知說。若就意與物說，則須有層次上的轉進。蓋意與物起初是有善有惡，通過致良知，化意歸心，純從知起，則本是經驗層上者卽提升而爲超越層，如是則意亦是「無意之意」，而亦爲粹然至善無相之意矣。不但是那有善惡兩歧的意已化而爲純善的意，而卽此純善的意亦如心之無相而亦無意相矣。意既如此，則意之所在之物亦如此。物無物相卽爲「無物之物」，無物之物亦至善而純是「知體著見」也。焉有所謂善惡相對之差別相？不但無此差別相，卽「物」相亦無矣。不着于物卽無物相。一方它是「知體著見」，一方它是絕對的「如」相。當然事親從兄還是事親從兄，乃至草木瓦石還是草木瓦石，這還是差別，但這不是有善有惡的差別。差別之物皆是如相之物，則卽差而無差。如相之物純是知體著見，純是良知天理之所貫徹，純是明覺之感應，則物不爲碍矣。物不爲碍，則意之所用卽爲不可測度之神矣。意用之神卽明覺感應之神也。

是故王龍溪云：「無心之心則藏密，無意之意則應圓，無知之知則體寂，無物之物則用神」。這層意思雖十分詭密，然亦十分明確，亦不難領悟。此是儒釋道三家之所共者，並非來自禪而又與禪不分也。儒釋之分不在此。

是故若從意之所在說物，便須步步對治，心意知物亦須分別彰顯，卽各別地予以省察與反照（對意與物言曰省察，對心與知言，曰反照），如是，吾人之心境自然落于有中，不能一體而化。此卽四句教之所以爲有也。若從明覺之感應說物，則良知明覺是心之本體，明覺感應自無不順適；意從知起，自無善惡之兩歧；物循良知之天理而現，自無正與不正之駁雜。如是，明覺無所對治，心意知物一體而化，一切皆是如如呈現。明覺無知無不知，無任何相可着，此卽所謂四無，四無實卽一無。此兩種方式，若從解說上說，前者是經驗的方式，後者是超越的方式。若從工夫上說，前者是從後天入手，對治之標準是先天的，此是漸教；後者是從先天入手，無所對治，此則必須頓悟，蓋無有可以容漸之處。依前者之方式作工夫，則致久純熟，私欲淨盡，亦可至四無之境，此卽所謂「卽工夫便是本體」。（此所謂「便是」，若在對治過程中，則永遠是部份地「便是」，而且永遠是在有相中的「便是」。必須無所對治時，才是全體「便是」，才是無相地「便是」，而此時工夫亦無工夫相。）依後者之方式作工夫，則直悟本體，一悟全悟，良知本體一時頓現，其所感應之事與物亦一時全現，此卽所謂圓頓之教（頓必函着圓，圓必函着頓），亦卽所謂「卽本體便是工夫」，而本體亦無本體相，工夫亦無工夫相，只是一於穆不已純亦不已也。依前者之方式作工夫者自是中下根人，一般說來，大體皆然。依後者之方式作工夫者自是上上根器，世間少有。所謂上下根不單是聰明與否的問題，最重要者還是私欲氣質的問題。上根人似乎合下私欲少，不易于爲感性所影響，所謂「堯舜性之也」，故易于自然順明覺走。中下根人私欲多，牽繞重，良知總不容易貫下來，故須痛下省察與反照底工夫。

是故王龍溪記載陽明對于四有四無之會通云：

> 吾教法原有此兩種。四無之說爲上根人立教，四有之說爲中根以下人立教。上根之人悟得無善無惡心體，便從無處立根基，意與知物皆從無生，一了百當，卽本體便是工夫。易簡直截，更無剩欠，頓悟之學也。中根以下之人未嘗悟得本體，未免在有善有惡上立根基，心與知物皆從有生，須用爲善去惡工夫，隨處對治，使之漸漸入悟，從有以歸于無，復返本體，及其成功一也。
>
> 〔王龍溪語錄卷一，天泉證道記。〕

傳習錄卷三所記，上下根與此相同，但無「從無處立根基，意與知物皆從無生」，「從有善有惡處立根基，心與知物皆從有生」等話頭。此等話頭自是王龍溪的解說，但不能說錯。惟其意義須照上文的疏解來了解。所謂「從無處立根基」卽「立足」義。此是一體而化，亦無對治。「卽本體便是工夫」，本體無本體相，而工夫亦無工夫相，只是一「純亦不已」也。因既無對治，則致良知以誠意之致底工夫便無可言。此當然是頓悟之學，一了百當也。但是所謂「中根以下之人未嘗悟得本體」，此所謂「未嘗悟得本體」並不是說對于無善無惡的心之體或良知本體壓根無有悟解或無有肯認，因爲四有句明亦有「無善無惡心之體」，「知善知惡是良知」，兩語，而王陽明亦云「乃若致知則存乎心悟」。若未曾悟得，如何能致？是以此所謂「未嘗悟得」當該是沒有頓悟得或達到無善無惡一體而化的化境。既未至此而須從對治入手，故分別地就其爲有而顯其「相」，此卽所謂「心與知物皆從有生」。「未免在有善有惡上立根基」此語不甚妥，容易生誤會。此所謂「立根基」亦當是「立足」義，實卽是從有善有惡之意上着眼或下手之意。意有善有惡卽表示意是這樣的有（存有）。此存有之有與有善有惡之有不同。意既是這樣的「有」，物之有亦如之，然而心與知却仍是至善的有，卽超感性的純智思的有。此四種「有」雖有不同，然皆是有也。只因有善有惡的意一經凸出而爲這樣的有，未至純從知起，化而爲無意之意，故心與知物亦各自分別凸出而爲各如其相的「有」，是卽所謂「皆從有生」也。此「皆從有生」卽王龍溪所謂「後天之學」。「在有善有惡上立根基」一語實函着兩語，即：（一）從意上着眼或下手，（二）從「有」上立根基即立足。如是，那頓悟之學（亦曰先天之學）中「從無處立根基」一語亦當函着兩語：（一）從先天心體上着眼或下手，（二）從無處立根基即立足。如此，方成對稱。

王龍溪另有一段即從先天後天說此兩種學問：

先生謂遵巖子（王遵巖）曰：正心先天之學也，誠意後天之學也。遵巖子曰：必以先天後天分心與意者何也？先生曰：吾人一切世情嗜欲皆從意生。心本至善，動于意始有不善。若能在先天心體上立根，則意所動自無不善，一切世情嗜欲自無所容，致知工夫自然易簡省力，所謂後天而奉天時也。若在後天動意上立根，未免有世情嗜欲之雜。纔落牽纏，便費斬截，致知工夫轉覺繁難；欲復先天心體便有許多費力處……。〔王龍溪語錄卷一，三山麗澤錄。〕

案：此處以「正心」爲先天之學，此「正心」之「正」實無意義，只是借用「正心」表示頓悟，不是大學語脈中的「正心」，亦不是陽明解說正心誠意致知格物係絡中的「正心」。依陽明，正心底工夫在誠意。「工夫到誠意，始有着落處」。「正心」只是虛說，其工夫實處在誠意。誠意是焦點。誠意底根據是致知。龍溪單提正心是先天之學，顯然不是陽明解說係絡中的正心。陽明底解說係絡是四有句，而龍溪底先天之學則意在說四無，「正心」實卽直下頓悟本體也。若「悟得本體，便從無處立根基，意與知物皆從無生」，自然隨着來，故「易簡直截，更無剩欠」。而此處亦云：「若能在先天心體上立根，則意所動自無不善，一切世情嗜欲自無所容，致知工夫自然易簡省力。」此兩說法意義大致相同。只說「在先天心體上立根」，正心之「正」字便無意義。若問如何「能在先天心體上立根」，則其根據自是頓悟，心意知物皆一體而化，不但是「致知工夫自然易簡省力」，而且實亦根本無「致」底工夫可言，蓋無對治故也。故在此再說「致知工夫易簡省力」便成多餘，而且易生誤會，因爲可令人想到有兩套致知工夫也。一套是省力的，一套是繁難的。其實在頓悟四無之下，便無「致知」可言。要說致知，只有一套，便是四有句。王龍溪在此先天後天對翻，把四有句說爲「在後天動意上立根」，與前天泉證道記所說同。此語亦當含有兩語：（一）在動意上着眼或下手，（二）在「有」上立根卽立足。此處的致知工夫對頓悟之四無而言自「轉覺繁雜」。理上自有此兩境，但于此說難易，便可令人有捨難趨易的想法，因爲既有易簡省力之路，爲什麼不走呢？這便是毛病，這毛病就是蕩越。須知頓悟談何容易，亦並不是人人可走的路，卽使是上上根器，亦不能無世情嗜欲之雜，不過少而易化而已。（人總是有限的存在，亦總是有感性的存在）。如是，這先天後天底對翻，並于此置難易底估價，這是不妥當的。致良知，嚴格講，只有在四有句上成立，在四無上，便無「致」之可言。如是，先天後天對翻，頓漸對翻，顯得籠統而含混。四有句爲漸是怎樣的漸呢？是否是徹底的漸呢？是否是徹底的後天之學呢？這需要我們仔細檢查一下。

四有句之通過致良知以誠意雖在動意上着眼，在「有」上立根，然誠意底工夫却不是後天地展轉對治。說誠意是工夫底着落處，這只是說意之動是問題底所在處，而解決問題底根據，卽誠意所以可能底超越根據，却在良知。意之動是後天的，而良知却是先天的。是則雖是對治，而對治底根據却是先天的。立根于動意是說在動意上着眼，在「有」上立根。若從對治底工夫說，則此對治底工夫是立根于良知的。故「在後天動意上立根」之語不函着誠意底工夫是後天地展轉對治。因爲依良知教，道德實踐底本質工夫在致良知，並不在繞出去有待于問學（道問學只是助緣）；而致良知之工夫所以可能之根據亦正在良知之本身，並不是把良知空擺在那裏而繞出去取一套外在的工夫以致那良知。良知並不是朱子所說的心性爲二，心理爲二的性或理也。良知本身是理亦是心，是心理爲一者。它本身就有一種不容已地要湧現出來的力量。此只有心才可。若只是理，則無此力量。因爲心有活動義故。（此活動不是氣之動）。此亦如佛家言如來藏自性清淨心者，心眞如，眞如心，眞如與心是一，故可言眞如熏習，卽眞如心有熏無明而使之微弱的力量，但只言阿賴耶者，則眞如是「但理」，是「凝然眞如」，它旣不可被熏，亦無能熏之力，故宗奘傳唯識者必力反起信論之眞如熏習也。（在此，朱子與唯識宗是同一形態，故皆是徹底的漸敎，純是後天地展轉對治，故亦是徹底的後天之學。）但良知是心理爲一者，它自有不容已地要湧現出來的力量。對誠意而言，說致良知。就良知之「致」言，實只是良知之自致，而非他致。故必肯認良知可不自覺地隨時隨處有呈露。逆覺體證亦必就其呈露而當下體證之，而逆覺之覺亦不是用一個與它無關的覺來覺它，乃卽是其本身之震動力驚醒吾人而使吾人反照以肯認之，故此逆覺之覺實卽是其本身震動力之反照其自己也。是故良知之致是自致，非他致。故當言致良知以誠意時，必先認定對此良知已有證悟。否則致良知根本無從說起。故王陽明云：「乃若致知則存乎心悟，致知焉盡矣。」（大學古本序，陽明全集卷七）。是則雖在四有句之致知亦須對于良知本體有一種「心悟」。只因有對治關係，心與知物始一齊皆有。是則四有句之所以爲有，其關鍵唯在有對治。無對治卽是四無。因此，天泉證道記中所記陽明和會之言如「上根之人悟得無善無惡心體，便從無處立根基」云云，「中根以下之人未嘗悟得本體，未免在有善有惡上立根基」云云，只以「悟得」與「未悟得」來對翻，這是不妥當的。如果四有句是屬于中根以下之人，則如果他們「未嘗悟得本體」，則他們如何能致良知？而且與「致知存乎心悟」這句話亦相矛盾！是以四有四無俱須悟得本體（悟得良知卽是悟得心之本體），上下根之分不在悟得與未悟得，而在有無對治。因此，那個和會底說法似乎當該這樣修改，卽：「上根之人頓悟得無善無惡心體，便從無處立根基，一體而化，無所對治。意與知物皆從無生」云云。「中根以下之人雖亦悟得本體，然因有所對治，不免在有善有惡上着眼或下手，因而在有上立根卽立足，是以心與知物皆從有生」云云。這樣，便清楚明確。因此，四有句便不是徹底的漸教，亦不是徹底的後天之學。着眼于動意是後天，然其對治底根據是良知，則又是先天。其爲漸是只因有所對治而爲漸。這種漸是有超越的根據的，因而亦含有頓之可能之根據。（頓教必承認有本心始可能。無超越的本心，便只有是徹底的漸教與後天之學，此如朱子與唯識宗。）這種漸就好像起信論之爲漸，其函着頓就好像華嚴宗根據起信論而進一步就華嚴經言圓頓。這樣說，四句教雖是漸，亦含有頓之可能而可通于頓。因此，王龍溪說四無，于陽明學中並非無本。而同時四句教亦可以說是徹上徹下的教法，是實踐之常則，因縱使是上根人亦不能無對治，亦不能無世情嗜欲之雜，不過少而易化而已。因此，四無乃是實踐對治所至之化境，似不可作一客觀之教法。四句教既含有頓之根據，則頓時卽化境，不頓卽漸境。（徹底的漸教與純粹的後天之學永不能有頓）。上根人亦可以一下子卽頓，中下根人亦有頓之可能之根據。對上下根而言，似乎可說是兩種教法，然自法而言，則只是四句教一教法，四無並不能獨自成一教法。其爲一教法似乎只是對上根人之「性之」而說，所謂天縱之聖。然旣是「性之」，又是天縱，如何可說是教法？（天台宗說頓是化儀，非化法。我們在此則說頓是利根人的頓，或四句教中頓時之頓。）但是，王龍溪只以先天後天對翻，好像教人捨後天趨先天，這便有病；把先天之學看得太容易，又把四句教只看爲後天，而忽略了其致良知之先天義，這便成了蕩越。但是除這四無之說外，其他處他亦只就良知說。他常說，如信得良知過時，便如何如何。這樣，于致良知之四有中亦卽可以通于無矣，這便可無病。

王龍溪那些閃爍模稜的話頭，因思之不審，措辭之疏濶不盡與不諦，故多有蕩越處，而招致人之譏議。王陽明亦爲其頴悟所聳動，以上下根和會之，未能詳予疏導。而依傳習錄之記載，他又說四句教「原是徹上徹下工夫」（王龍溪的記載不提此義，蓋視之爲權法故），此又不只限于中下根矣；但又未明其所以，不足以解龍溪之蔽。

吾以上的疏解，把王龍溪那些閃爍話頭使之澄清落實，糾正其不諦，如是，則四有四無皆可說，頓漸亦可說，四句教是徹上徹下工夫亦可說。這些辭語皆有其諦義，只在把分際弄清楚。我的判斷是如此，卽：王龍溪之頴悟並非無本，他大體是守着陽明底規範而發揮，他可以說是陽明底嫡系；只要去其蕩越與疏忽不諦處，他所說的大體皆是陽明所本有；他比當時其他王門任何人較能精熟于陽明之思路，凡陽明所有的主張他皆遵守而不渝，而亦不另立新說，他專主于陽明而不參雜以其他（此其他可只限于宋儒說）；他只在四無上把境界推至其究竟處，表現了他的穎悟，同時亦表現了他的疏濶，然若去其不諦與疏忽，這亦是良知教底調適而上遂，並非是錯。

黃宗羲明儒學案卷十二論龍溪處有云：「先生親承陽明末命，其微言往往而在。」又云：「先生疏河導源，于文成之學，固多所發明也。」此亦是實情。但說他的四無「是不得不近于禪」，「于儒者之矩矱未免有出入」，則非是。蓋黃梨洲于禪非禪之關鍵亦並未弄清楚也。

(2) 再看泰州派底羅近溪

泰州派始自王艮（王心齋）。王艮比王龍溪怪誕多了。他講學立義並不遵守陽明底軌範；他的一些新說，如對于格物的講法，也只是一說而已，並無什麼義理上的軌道。但黃宗羲論之云：「陽明而下，以辯才推龍溪，然有信有不信。唯先生于眉睫之間，省覺人最多。謂百姓日用卽道。雖僮僕往來動作處，指其不假安排者以示之，聞者爽然。」（明儒學案卷三十二，泰州學案一，述王艮處。）此數語可以表示泰州派特殊風格。他以爲道眼前卽是，主平常，主自然，全無學究氣，講學大衆化，故其門下有樵夫，有陶匠，亦有田夫。他又特別重視了陽明「樂是心之本體」一語，因此，他作了一首樂學歌：「人心本自樂，自將私欲縛。私欲一萌時，良知還自覺。一覺便消除，人心依舊樂。樂是樂此學，學是學此樂。不樂不是學，不學不是樂。樂便然後學，學便然後樂。樂是學，學是樂。嗚乎！天下之樂何如此學？天下之學何如此樂？」因此，平常，自然，洒脫，樂，這種似平常而實是最高的境界便成了泰州派底特殊風格，亦卽成了它的傳統宗旨。

他的兒子王襞（王東崖）師事龍溪與緒山。從他父親處繼承了平常，洒脫，自然，樂之宗旨，又從龍溪處繼承了「見在良知」之指點（眼前呈現的良知與分解地說的良知本體無二無別）。如是，他說：「鳥啼花落，山峙川流，饑食渴飲，夏葛冬裘，至道無餘蘊矣。充拓得開，則天地變化草木蕃，充拓不去，則天地閉賢人隱。」又說：「纔提起一個學字，却似便要起幾層意思。不知原無一物，原自現成，順明覺自然之應而已。自朝至暮，動作施爲，何者非道？更要如何，便是與蛇畫足！」又說：「人之性天命是已。視聽言動，初無一毫計度，而自無不知不能者，是曰天聰明。於玆不能自得，自昧其日用流行之眞，是謂不智而不巧，則其學不過出于念慮臆度、展轉相尋之私而已矣，豈天命之謂乎？將議論講說之間，規矩戒嚴之際，工焉而心日勞，勤焉而動日拙，忍欲希名而誇好善，持念藏穢而謂改過，據此爲學，百慮交錮，血氣靡寧。」又有：「問：學何以乎？曰：樂。再問之，則曰：樂者心之本體也。有不樂焉，非心之初也。吾求以復其初而已矣。然則必如何而後樂乎？曰：本體未嘗不樂，今曰必如何而後能，是欲有加于本體之外也。然則遂無事于學乎？曰：何爲其然也？莫非學也，而皆所以求此樂也。樂者樂此學，學者學此樂。吾先子蓋嘗言之也。如是，則樂亦有辨乎？曰：有。有所倚而後樂者，樂以人者也。一失其所倚，則慊然若不足也。無所倚而自樂者，樂以天者也。舒慘欣戚，榮悴得喪，無適而不可也。旣無所倚，則樂者果何物乎？道乎心乎？曰：無物故樂，有物則否矣。且樂卽道，樂卽心也。而曰所樂者道，所樂者心，是床上之床也。……」（以上皆見明儒學案卷三十二，泰州學案一，東崖語錄）。

黃宗羲論之曰：

> 白沙云：「色色信他本來，何用爾脚勞手攘？舞雩三三兩兩，正在勿忘勿助之間。曾點些兒活計，被孟子打併出來，便都是鳶飛魚躍。若無孟子工夫，驟而語之以曾點見趣，一似說夢！」（案此是陳白沙與林緝熙書中之語。）
>
> 蓋自夫子川上一歎，已將天理流行之體一口併出。曾點見之而爲暮春，康

節見之而爲元會運世。故言學不至于樂，不可謂之學。至明而爲白沙之藤蓑，心齋父子之提唱，是皆有味乎其言之。然而此處最難理會。稍差便入狂蕩一路。所以朱子言曾點不可學；明道說康節豪傑之士，根本不貼地；白沙亦有「說夢」之戒。細詳先生之學未免猶在光景作活計也。〔泰州學案一，論王東崖處。〕

案論語子路、曾晳、冉有、公西華侍坐章（先進篇），孔子問諸弟子之志，及至問到曾晳（名點）曰：『「點，爾何如」？鼓瑟希，鏗爾，舍瑟而作，對曰：「異乎三子者之撰」。子曰：「何傷乎？亦各言其志也」。曰：「莫春者，春服旣成，冠者五六人，童子六七人，浴乎沂，風乎舞雩，詠而歸」。夫子喟然嘆曰：「吾與點也」。』曾點所說卽表示一種輕鬆的樂趣，其志不在作什麼事業。此是一時獨出彩頭。孔子喟然嘆曰「吾與點也」，這亦不過是一時的幽默。他們師弟二人都不是在此想表示道體流行之境界。此由子路、冉有、公西華三子離開後，曾晳復與孔子正式討論三子之所說，卽可知之。及至宋儒才把這種樂趣與道體流行之境界打併一起說。論語子罕篇記載「子在川上曰：逝者如是夫！不舍晝夜」。這孤零零的一句，很難決定孔子心中究竟是在想什麼。但是到了二程，伊川就說：「言道之體如此」；明道就說：「此見聖人之心純亦不已也」，他是以「純亦不已」、「於穆不已」去想孔子這句話。想到道體，道體流行于形形色色，眼前即是，自然有一種洒脫，因此，道體流行遂與輕鬆的樂趣打併在一起，成了一點雖平常而實極高的境界。當然聖人都有這種境界，亦實能達至此境。但論語這兩段文獻不必能表示此義。、宋儒既這樣聯想在一起，我們即作一體道之境界看。這種境界可以說是儒家內聖之學中所共同承認的，亦是應有的一種義理，亦可以說是儒釋道所共同的，禪家尤喜歡這樣表示。（若云喜歡多說此，便流于禪，則非是。）宋儒周濂溪亦有這種風格。故二程自見周茂叔後，吟風弄月而歸。而二程講學有一重要課題便是「識孔顏樂趣」。邵堯夫（康節）亦喜歡在這裡出彩，但他是以道家的意味表現，又轉而以數學推算來籠罩往古來今，故黃宗羲說「康節見之而爲元會運世」，此則與術數家的窺破造化的曠達相聯合。但既是一種共同的境界，又須看個人的造詣，便不是關鍵的所在，多說亦無意思。因此，朱夫子很不喜歡這一套。所以他說「曾點不可學」。其不可學倒不在那一時的「風乎舞雩」，根本是在不可把學問（實踐的工夫）當作四時景緻來玩弄。正好因爲曾點說了這暮春底景緻，遂把這一路向由他來代表。（當然曾點本人亦有些狂蕩氣）。至明而有陳白沙「學宗自然」，亦特別喜愛這一套。他雖知道「若無孟子工夫，驟而語之以曾點見趣，一似說夢」，然其本人實並無眞正孟子工夫也。至乎心齋父子，特別着重此義，成爲家風，成了泰州派底特殊風格，遂演變而爲狂蕩一路，所謂狂禪，劉蕺山所謂「情識而肆」。當然王東崖說道理亦並不錯，譬如說樂是「無所倚而自樂」，這「無所倚」亦如莊子之言「無待」爲逍遙，這當然不容易，不但不容易而且是極高的神境。此義，以往凡言此境界者大都能知之，故現在人若見了這種境界底描畫，決不可以西方的自然主義，快樂主義，來聯想，因爲這雖然說平常，自然，洒脫，樂，却不是感性的，而乃是超越與內在之打成一片的。至道不離「鳥啼花落，山峙川流，饑食渴飮，夏葛冬裘」，然而並不是說穿衣吃飯之生理的感受就是道。此絕不可誤解。然而吾前說既是共同的境界，又須看個人的造詣，這便不是關鍵底所在，多說亦無意思。因此，歷來言學重點都不在此義上多加宣揚。因此，若專以此爲宗旨，（此既是一共同境界，實不可作宗旨），成了此派底特殊風格，人家便說這只是玩弄光景。依此義而言，我們可名這一傳統曰曾點傳統。

然既是一光景，而此光景又粘附着良知說，則就良知教說，良知本身亦最足以使吾人對此良知本身起一種光景。良知自須在日用間流行，但若無眞切工夫以支持之，則此流行只是一種光景，此是光景之廣義；而若不能使良知眞實地具體地流行于日用之間，而只懸空地去描畫它如何如何，則良知本身亦成了光景，此是光景之狹義。我們既須拆穿那流行底光景（卽空描畫流行），亦須拆穿良知本身底光景（空描畫良知本身）。這裏便有眞實工夫可言。順泰州派家風作眞實工夫以拆穿良知本身之光景使之眞流行于日用之間，而言平常，自然，洒脫與樂者，乃是羅近溪，故羅近溪是泰州派中唯一特出者。

羅近溪是顏山農底弟子。從王艮到近溪已是四代（王艮—徐波石—顏山農—羅近溪）。如果以羅近溪與王龍溪相比，王龍溪較爲高曠超潔，而羅近溪則更爲清新俊逸，通透圓熟。其所以能如此，一因本泰州派之傳統風格，二因特重光景之拆穿，三因歸宗于仁，知體與仁體全然是一，以言生化與萬物一體。陽明後，能調適上遂而完成王學之風格者是在龍溪與近溪，世稱二溪。

明儒學案卷三十四，黃宗羲論述羅近溪云：

少時，讀薛文清（薛敬軒）語，謂：「萬起萬滅之私亂吾心久矣。今當一切決去，以全吾澄然湛然之體。」決志行之，閉關臨田寺，置水、鏡几上，對之默坐，使心與水、鏡無二。久之而病心火。偶過僧寺，見有榜急救心火者，以爲名醫，訪之，則聚徒而講學者也。先生從衆中聽良久，喜曰：此眞能救吾心火。問之，爲顏山農。山農者名鈞，吉安人也，得泰州心齋之傳。先生自述其不動心于生死得失之故，山農曰：是制欲，非體仁也。先生曰：克去己私，復還天理，非制欲，安能體仁？山農曰：子不觀孟子之論四端乎？知皆擴而充之，若火之始燃，泉之始達。如此體仁，何等直截？故子患當下日用而不知，勿妄疑天性生生之或息也。先生時如大夢得醒。明日五鼓，卽往納拜稱弟子，盡受其學。……

又嘗過臨清，劇病，恍忽見老人語之曰：君自有生以來，觸而氣每不動，勌而目輒不瞑，擾攘而意自不分，夢寐而境悉不忘，此皆心之錮疾也。先生愕然曰：是則予之心得，豈病乎？老人曰：人之心體出自天常，隨物感通，原無定執。君以夙生操持，強力太甚。一念耿光，遂成結習。不悟天體漸失，豈惟心病？而身亦隨之矣！先生驚起叩首，流汗如雨。從此執念漸消，血脈循規。……

先生之學以赤子良心不學不慮爲的。以天地萬物同體、徹形骸、忘物我爲大。此理生生不息，不須把持，不須持續，當下渾淪順適。工夫難得湊泊，卽以不屑湊泊爲工夫。胸次茫無畔岸，便以不依畔岸爲胸次。解纜放船，順風張棹，無之非是。學人不省，妄以澄然湛然爲心之本體。沈滯胸膈，留戀景光，是爲鬼窟活計，非天明也。論者謂龍溪筆勝舌，近溪舌勝筆。微談劇論，所觸若春行雷動；雖素不識學之人，俄頃之間，能令其心地開明，道在眼前；一洗理學膚淺套括之氣，當下便有受用，顧未有如先生者也。

案：據此三段敍述，可以得知近溪之工夫經歷以及其造詣之輪廓。當然黃宗羲下文還有評論，但其評論不見得中肯，吾今不取，故不錄。

羅近溪何以如此重視破光景？蓋因道體平常，卽在眼前故也。道體平常實卽道體之旣超越而又內在，此本是儒家之通義，何以他人不于此重視破除光景之義，而唯近溪特重視之？此非他人不重視，亦非他人不知光景之須破除，只因在展現此學之過程上，他人多重義理之分解以立綱維，故心思遂爲此分解所吸住，而無暇正視光景問題矣。但自北宋開始，發展而至陽明，分解已到盡頭。依陽明，天也，道也，理也，性也，皆是虛說，唯一本心才是實說。卽使本心亦是虛說，唯良知才是實說。問題到此，只收縮成一知體，只是一知體之流行，知體之無所不在。欲說天，良知卽是天；欲說道，良知卽是道；欲說理，良知卽是理；欲說性，良知卽是性；欲說心，良知卽是心（不但卽是心，而且是本心）。如關聯着其他如意與物乃至其他種種工夫（除致良知工夫外）說，陽明亦皆分解無餘蘊矣。故順王學下來者，問題只剩一光景之問題：如何破除光景而使知體天明亦卽天常能具體而眞實地流行于日用之間耶？此蓋是歷史發展之必然，而近溪卽承當了此必然，故其學問之風格卽專以此爲勝場。此亦如禪宗之出現乃承當了佛教發展史之必然，蓋義理分解，綱維張施，前人已言之備矣，到禪宗實已無可再言者。近溪決不就每一概念之分解以立新說，他的一切話頭與講說皆是就「道體之順適平常與渾然一體而現」而說，並無新說可立。然此順適與渾淪，就吾人之體現（所謂受用）說，實非容易，光是一「致良知」亦並不足以盡其蘊。（從立綱維說，足以概括，然從眞實體現上說，實不足以盡其蘊）。此「當下渾淪順適」，「工夫難得湊泊，卽以不屑湊泊爲工夫」。此「不屑湊泊」之工夫必須通過光景之破除，以無工夫之姿態而呈現，並非眞不需要工夫也。此是一絕大之工夫，弔詭之工夫。此不是義理分解中之立新說，而是無說可立，甚至亦無工夫可立，而唯是求一當下呈現也。此一勝場乃不期而爲羅近溪所代表。至于他個人作到什麼程度，那是另一問題，要之其特殊風格確在此則無可疑。必如此，才能了解泰州派下的羅近溪。人或以歸宗于仁，以言一體與生化，爲其學之特點，此則顢頇，未得其要也。

良知心體圓而神，譬如一露水珠，眞難把握。然如不悟此良知，還講什麼順適平常，眼前卽是？眼前卽是者，焉知其非情識之放縱恣肆耶？故必須先對于良知本身有所悟解。但一經悟解，良知卽凸起而被投置于彼，成了一個對象或意念，而不復是天明，這便是良知本身所起的光景。光景者影子之謂也。認此影子爲良知則大誤也。人人皆欲悟良知，然何以終不得受用呢？正因工夫勁道在僵持中，未得全體放下故也。展轉于支撐對治底虛妄架構之中永無了期，如何能得渾淪順適眼前卽是耶？是故羅近溪底工夫卽在此處用心，其一切講說亦在點明此義。以此爲工夫底中心，則一切分解的講說，如正心誠意致知格物之層層關係底解說，皆只是立綱維，立實踐底軌轍，而眞正地作起來，却無分解的軌轍可言，而却是須進一步達至那無工夫的工夫，亦卽弔詭的工夫。此若說是軌轍，則乃是弔詭的軌轍，而非分解的軌轍也。對此而言，那一切分解的綱維皆成外在的，表面的，只是立教之方便也。眞實切要之工夫唯在此一步。此羅近溪之所以能「一洗理學膚淺套括之氣，當下便有受用」之故也，亦吾之所以謂其「更爲清新俊逸通透圓熟」之故也。

試看以下的文字：

> 人生天地間，原是一團靈氣，萬感萬應，而莫究「其」根源，渾渾淪淪而初無名色。只一心字亦是強立。後人不省，緣此起個念頭，就會生做見識。因識露個光景，便謂吾心實有如是本體，實有如是朗照，實有如是澄湛，實有如是自在寬舒。不知此段光景原從妄起，必隨妄滅。及來應事接物，還是用着天

然靈妙渾淪的心。此心儘在爲他作主幹事，他却嫌其不見光景形色，回頭只去想念前段心體，甚至欲把捉終身以爲純一不已，望顯發靈通以爲宇泰天光，用力愈勞，而違心愈遠矣。〔盱壇直詮上卷。〕

又有：

此心之體極是微妙輕清，纖塵也容不得。世人苦不解事，却使着許多粗重手脚，要去把捉搜尋。譬之一泓定水，本可鑑天徹地。纔一動手，便波起明昏。世人惟怪水體難澄，而不知自家亂去動手也。〔同上〕。

又有：

會中一友用工，每坐便閉目觀心。子問之曰：君今相對，見得心中何如？曰：烱烱然也。但恐不能保守，奈何？曰：且莫論保守，只恐未是耳。曰：此處更無虛假。曰：可知烱烱有落處。其友頗不豫。久之，稍及他事。隨歌詩一首，乃徐徐謂曰：乃適來酬酢，自我觀之，儘是明覺不爽，何必以烱烱在心爲乎？況聖人之學本諸赤子，又徵諸庶民。若坐下心中烱烱，卻赤子原未帶來，而與大衆亦不一般也。蓋渾非天性，而出自人爲。今日天人之分，便是將來神鬼之關。能以天明爲明，則言動調暢，意氣舒展，不爲神明者無幾。若只沈滯胸襟，留戀景光，幽陰旣久，不爲鬼者亦無幾。噫！豈知此一念烱烱翻爲鬼種，其中藏乃鬼窟也耶？〔同上。〕

又有：

子因一友謂吾儕今日只合時時照管本心，事事歸依本性者，反復訂之而未解。時一二童子捧茶方至。子指而歎之曰：君視此時與捧茶童子何如？曰：信得更無兩様。頃之，子復問曰：不知君此時何所用功？曰：此時覺心中光光晶晶，無有沾滯。子曰：君前云與捧茶童子一般，說得儘是。至曰心中覺光光晶晶，無有沾滯，說得又自己翻帳也。此友沈思久之，遽然起曰：我看來並未翻帳。先生何爲此言？子曰：童子現在，請君問他心中有此光景否？若無此光景，則分明與他兩樣矣。曰：此果似兩樣。不知先生心中工夫却是何如？子曰：我底心也無個中，也無個外，所用工夫也不在心中，也不在心外。只說童子獻茶來時，隨衆起而受之。已而從容啜畢，童子來接茶甌時，又隨衆而與之。君必以心相求，則此無非是心；以工夫相求，則此無非工夫；若以聖賢格言相求，則此亦可說動靜不失其時，而其道光明也。其友乃恍然有省。〔同上。〕

又有：

子按騰越，州衛及諸鄉大夫士，請大舉鄉約。迨講聖諭畢，父老各率子弟以萬計，咸依戀環聽，不能舍去。子呼晉講林生問曰：適纔汝爲衆人講演鄉約，善矣！不知汝所自受用者復是何如？林生曰：自領教來，常持此心不敢放下。子顧諸士夫歎曰：只恐林生所持者未必是心也。林生竦然曰：不知心是何物耶？子乃徧指面前所有示曰：汝看此時環侍老小，林林總總，個個仄着足而立，傾着耳而聽，睜着眼而視，一段精神果待他去持否？豈惟人哉？兩邊車馬之旁列，上下禽鳥之交飛，遠近園花之芳馥，亦共此段精神，果待他去持否？

豈惟物哉？方今高如天日之明熙，和如風氣之暄煦，藹如雲烟之霏密，亦共此段精神，果待他去持否？林生未及對，諸老幼咸躍然前曰：我百姓們此時懽忻的意思，真覺得同鳥兒一般活動，花兒一般開發，風兒一般和暢，也不曉得要怎麼去持，也不曉得怎麼是不持，但只恨不早來聽得，又只怕上司去後，無由再聽也。……

林生復同諸士夫再三進曰：公祖謂諸老幼所言旣皆渾是本心，則林生所言者何獨不是心耶？子復歎曰：謂之是心亦可，謂之不是心亦可。蓋天下無心外之事，何獨所持而不是心？但旣有所持，則必有一物矣。諸君試看許多老幼在此講談一段精神，千千萬萬，變變化化，倏然而聚，倏然而散，倏然而喜，倏然而悲，彼旣不可得而知，我亦不可得而測，非惟無待于持，而亦無所容其持也。林生于此心渾淪圓活處，曾未見得，遽去持守，而不放下，則其所執者或只意念之端倪，或只聞見之想像，持守益堅，而去心益遠矣。故謂之不是心亦可也。〔盱壇直詮下卷。〕

近溪此類話頭甚多，不必多引。上錄五段甚爲清楚明確，亦不煩再釋。人唯有如此作工夫，始能使知體具體地流行于日用之間而眼前卽是，亦始能「一洗理學膚淺套括之氣，而當下便有受用」。黃梨洲以此語用之于羅近溪非常恰當，未見其可以用來說他人者。此卽足以示羅近溪之特殊風格當從拆穿光景說，不當從其歸宗于仁，言生化與一體說也。此後者明道早已盡之矣。「理學膚淺套括之氣」是表示庸俗。（套括猶言八股）。「一洗……」之語不可用來說別人，並非說程朱陸王等亦庸俗。只因他們分解義理，立綱維，有主斷，故成理學大家，而不可以用此語說。但須知此學本不同于一般的專學。只當分解地說之時，始有系統，有軌道，有格套，亦因而好像是一專學。然而當付之于踐履時，則那些系統相，軌道相，格套相，專學相，便一齊消化而不見，此時除那本有而現成的知體流行于日用之間外，便什麼也沒有，它能使你成一個眞人，但不能使你成一個專家。以此學爲專家，如今教授之類，就此學言，乃是下乘而又下乘者。羅近溪在此學之發展中消化了此學之專學相，故能「一洗理學膚淺套括之氣」，而表現一「清新俊逸」之風格。但欲作此工夫，達此境界，亦必須預設那些義理分際而不可亂，亦如禪家雖教外別傳，而仍不能不預設那些教理也。故羅近溪仍是理學家也。

陽明後，唯王龍溪與羅近溪是王學之調適而上遂者，此可說是眞正屬于王學者。順王龍溪之風格，可誤引至「虛玄而蕩」，順羅近溪之風格（嚴格言之，當說順泰州派之風格），可誤引至「情識而肆」。然這是人病，並非法病。欲對治此種人病，一須義理分際淸楚，二須眞切作無工夫的工夫。若是義理分際混亂（卽不精熟于王學之義理），則雖不蕩不肆，亦非眞正的王學也。依是，吾人須進而看江右派之聶雙江與羅念菴。

（3）江右派之聶雙江與羅念菴

江右派人物甚多，然無獨特的統一風格。鄒東廓，歐陽南野，陳明水，黃洛村，劉兩峯，劉師泉等皆陽明之及門弟子，此中前三人大體守師說而無踰越，尤以鄒東廓爲最純正，恰如浙中之錢緒山。後三人，則因受聶雙江羅念菴之影響而已不能守師說而無踰越矣。聶雙江與羅念菴是江右中首發難端者，故凡論及江右者皆注目于此二人。但此二人皆非及門而親炙者。聶雙江于陽明歿後，自設位拜師稱弟子。羅念菴未曾見陽明。陽明歿後，校訂陽明年譜，猶自稱後學，不稱門人。錢緒山勸其改稱，其改稱蓋甚勉强也。人可曰其勉强是勉强于禮（于禮不合稱門人），非勉强于學。又可曰：未及門者未必不能了解陽明之學，私淑而勝于及門者多矣。然此二人畢竟于陽明之思路未能熟習，其本人皆沿襲一些傳統之觀念，而又未能瞭然傳統發展中義理之各種分際以及陽明言良知之所以獨特。故此二人于陽明生前未執弟子禮，或因無緣見面，或因無緣多見（雙江只一見），或亦因根本上未能相契，猶有隔膜，或簡單言之，根本未能了解。徵諸其後來之議論，雖皆已稱門人，而實未能了解陽明之思路。

黃宗羲明儒學案卷十六論江右王門學案云：「姚江之學惟江右爲得其傳，東廓，念菴，兩峯，雙江，其選也。……是時越中流弊錯出，挾師說以杜學者之口，而江右獨能破之，陽明之道賴以不墜。」此總斷未見其是。說東廓、兩峯能得陽明之傳尚可，（兩峯晚而信雙江，已不能無問題），說雙江念菴亦能得其傳，則非，說其獨能破越中之囂張亦非。雙江念菴所不滿者主要是在王龍溪。王龍溪與錢緒山是王門底嫡系，而又親炙于陽明之日久，尤以王龍溪天資高爽，頴悟過人，恐不免有盛氣凌人之處，即無盛氣凌人之處，同門輩亦不必盡服，而何況念菴與雙江未得及門，此中更不能無委曲，故首唱異議也。此或以俗情度人，然人非聖賢，此輩學人恐亦未能盡免俗情也。

茲先綜論聶雙江與羅念菴。後有致知議辯疏解章詳明聶雙江之思路之非王學。更後有專章論劉兩峯、劉師泉與王塘南。

雙江與念菴底主要論點是以已發未發之格式想良知，把良知亦分成有已發與未發，以爲表現爲知善知惡之良知是已發的良知，尚不足恃，必須通過致虛守寂底工夫，歸到那未發之寂體，方是眞良知；若於此未發之體見得諦，養得眞而純，則自發而無不中節矣，此是以未發寂體之良知主宰乎已發之良知，而所謂致知者卽致虛歸寂以致那寂體之良知以爲主宰也；又以爲「致知如磨鏡，格物如鏡之照，格物無工夫者以此」，「致知之功要在于意欲之不動，非以周乎物而不過之爲致也」。（見王龍溪語錄卷六致知議辯）。

此一想法幾乎全非王學之思路。人或以爲此種「致虛守寂」或「歸寂」之路是近乎陽明初期講學之方式。陽明自悟良知後，在南京時「以默坐澄心爲學的，收斂爲主，發散是不得已。有未發之中，始能有中節之和。其後學者有喜靜厭動之弊，故以致良知救之」。須知默坐澄心，收斂爲主，是欲存養良知之體。此是人隨時當有之常行，此不能決定義理系統之方向。良知是未發之中。已發未發，若依中庸原義解之，這是說在喜怒哀樂未被激發起的時候，我們體認良知爲中體。有此中體不昧，始能使喜怒哀樂有發而中節之和。已發未發是就情說，並不說良知本身有已發未發也。此是伊川、龜山、延平、朱子相傳的本乎中庸言已發未發之老方式。但後來陽明答陸原靜書，隨原靜之問，亦將已發未發收于良知本身上講。此不合中庸原義。人滑口說久，遂忘其原義，不期而有此使用。但若如此使用，自有如此使用之講法，義理精熟者自不會有差謬。陽明答陸原靜之問云：

> 未發之中卽良知也，無前後內外而渾然一體者也。有事無事，可以言動

> 靜，而良知無分于有事無事也。寂然感通可以言動靜，而良知無分于寂然感通也。動靜者所遇之時，心之本體固無分于動靜也。理無動者也。動卽爲欲。循理，則雖酬酢萬變，而未嘗動也。從欲，則雖槁心一念，而未嘗靜也。動中有靜，靜中有動，又何疑乎？有事而感通，固可以言動，然而寂然者未嘗有增也。無事而寂然，固可以言靜，然而感通者未嘗有減也。動而無動，靜而無靜，又何疑乎？

又答云：

> 知此，則知未發之中，寂然不動之體，而有發而中節之和，感而遂通之妙矣。

此言寂感俱從良知本身上講，而已發與未發亦相應寂感而收于良知本身上講。此發是發用或顯見底意思。與中庸就情講不同。就情講，是激發之發。良知，若關聯于私欲說，則只有隱顯，而不可說發與未發。若就良知本身說發與未發，則不是激發，而是顯發或顯現。就人之有事無事說寂感，則寂感可分動靜。但就良知本身說，則既不可以分有事無事，亦不可以把寂感分動靜。良知之寂感是卽寂卽感的，亦如中庸易傳言誠體神體是卽寂卽感的。我們不能把良知本身分成有寂然不動時，有感應或感通時。是以若在良知本身說發與未發，這也是卽發卽未發而無分于發與未發的，是卽中卽和而亦可說是無分于中與和的。中是就其自體說，和是就感應說。我們可以抽象地單思那中體自己，把那感應暫時撇開，但良知中體本身却不能停在那抽象地思之之狀態中，它是分析地必然地要在感應中。故它本身既無分于有事無事，亦無分于寂感，更無分于動靜。陽明已言之透矣。而聶雙江似乎若不知然，或雖知之，而完全不解也。是卽明其于陽明言良知之思路完全未能把握得住。

王龍溪說：

> 良知者本心之明，不由學慮而得，先天之學也。……良知卽是未發之中，卽是發而中節之和。此是千聖斬關第一義，所謂「無前後內外而渾然一體者也」。若良知之前別求未發，卽是二乘沈空之學。良知之外別求已發，卽是世儒依識之學。或攝感以歸寂，或緣寂以起感，受症雖若不同，其爲未得良知之宗，則一而已。（王龍溪語錄卷六致知議略。）

王龍溪說「良知卽是未發之中，卽是發而中節之和」，這明是本陽明答陸原靜書而說。「無前後內外而渾然一體」明是陽明語。「良知之前別求未發」云云明是對雙江念菴而發。因爲「良知卽是未發之中，卽是發而中節之和」，而實亦無分于中與和，則良知卽是最後的，自不能猶有在良知之前者，若再於良知之前求未發之中，則卽是沈空；良知之感應卽是和，其感應卽使不離喜怒哀樂，而喜怒哀樂亦上提而內在于良知之感應，故不能于良知以外別求和，若在良知以外別求和，則是依識說和，而不是依良知明覺之感應說和。此明是本陽明而來，並無過差。然而聶雙江則辯之云：「良知是未發之中，先師嘗有是言。若曰良知亦卽是發而中節之和，詞涉迫促」。此雖駁龍溪，實亦未解陽明之意也。又云：「良知之前無未發，良知之外無已發，似是渾沌未判之前語。設曰良知之前無性，良知之外無情，卽謂良知之前與外無心，語雖玄，而意則舛矣。（案良知卽是本心，說良知之前與外無心，並不乖舛）。尊兄高明過人。自來論學，只是混沌初生，無所汙壞者而言。而以見在爲具足，不犯做手爲妙悟，以此自娛可也，恐非中人以下之所能及也。」（王龍溪語錄卷六，致知議辯）

王龍溪所言皆本于陽明，而曰「混沌未判之前語」，蓋亦對于陽明所言之良知未有諦解也。夫點出良知卽是判開混沌。設再以此爲混沌，將如何再判耶？豈必就良知再分未發與已發始得爲判耶？

依陽明，「無聲無臭獨知時，此是乾坤萬有基」。「獨知」時之「知」卽是良知。同樣，知善知惡之知亦卽是良知。然而聶雙江則以爲「獨知是良知的萌芽處，與良知似隔一塵。此處着功，雖與半路修行不同，要亦是半路的路頭也。致虛守寂，方是不睹不聞之學，歸根復命之要」。何以如此說？蓋因獨知已是已發，尚不是未發之寂體。同樣，知善知惡之知亦是已發之知，尚不是未發之寂體。此完全非陽明意。依陽明，獨知是良知，知善知惡是良知，良知隨時有表現，卽就其表現當下肯認而致之，故眼前呈現之良知與良知自體本質上無二無別，因此有王龍溪之「以見在爲具足」。然而聶雙江則以「見在」者爲已發，此不能算數，必致虛守寂而歸于未發之寂體才算眞良知。此亦非陽明義，蓋因把良知分成已發與未發之兩截故。依陽明，「致」是擴充義，前進地推致之于事事物物上以使事事物物皆得其理。然而聶雙江則以爲歸寂才算致良知，是則致字是向後返，此亦非陽明義。王龍溪本陽明義而說「格物是致知日可見之行，隨事致此良知使不至于昏蔽也。」（致知議略）。而聶雙江駁之曰：「今曰格物是致知日可見之行，隨在致此良知，周乎物而不過，是以推而行之爲政，全屬人爲，終日與物作對，能免牽己而從之乎？」（致知議辯）。龍溪答之曰：『公見吾人爲格致之學者，認知識爲良知，不能入微，致其自然之覺，終日在應迹上執泥有象，安排湊泊，以求其是當，故苦口拈出虛寂話頭以救學者之蔽，固非欲求異于師門也。然因此遂斬然謂格物無工夫，雖以不肖「隨在致此良知，周乎物而不過」之說，亦以爲「全屬人爲，終日與物作對，牽己而從之」，恐亦不免于徵羹吹虀之過耳。』（致知議辯）。龍溪此答亦甚能原其意而諒其情。說其「固非欲求異于師門」，而吾今日實可說其根本未了解于師門之義理也。否則何以有如是之乖違？縱使王龍溪有病，然其言本于陽明則無病。何以不加察乎？或者根本未讀陽明之語，或者讀之而根本未解，或者其不滿龍溪實不滿陽明也。三者有一，即不能說爲得陽明之傳。又焉能破龍溪耶？吾觀致知議辯，見雙方往復論難，龍溪一本于師門而頭頭是道，雙江則記聞雜博，其引語發義皆不本于陽明，縱有所當，亦非陽明之學，故處處睽隔，總覺不通，固不契于龍溪，實亦乖于陽明也。黃宗羲之斷語顯然非是。其如此說，亦或因激矯而然。然要不可因激矯時弊而有背于陽明。

雙江之唱異議，王門中皆不贊同，「唯羅念菴深相契合。謂雙江所言眞是霹靂手段，許多英雄瞞昧，被他一口道着，如康莊大道，更無可疑。」（明儒學案卷十七，江右王門學案二，黃宗羲論述聶雙江中之語）。羅念菴之稱讚實誇奢過分，故作驚人之筆。即不論王學，「致虛守寂」亦不過延平觀未發氣象，求未發之中之老路，有何霹靂手段？又有何英雄曾瞞昧之而不之知？故知是秀才漫發大言以驚人也。然就王學而論，則念菴稱之，是足明念菴亦根本不熟悉陽明之思路也。

念菴曰：

往年見談學者皆曰知善知惡卽是良知，依此行之，卽是致知。予嘗從此用力，竟無所入。久而後悔之。夫良知者言乎不學不慮自然之明覺，蓋卽至善之謂也。吾心之善吾知之，吾心之惡吾知之，不可謂非知也。善惡交雜，豈有爲主于中者乎？中無所主，而謂知本常明，恐未可也。知有未明，依此行之，而謂無乖戾于旣發之後，能順應于事物之來，恐未可也。故知善知惡之知隨出隨泯，特一時之發見焉耳。一時之發見未可盡指爲本體，則自然之明覺固當反求其根源。（甲寅夏遊記，見明儒學案卷十八、念菴學案。）

案：此所言與聶雙江爲同一思路，以「獨知」之知，「知善知惡」之知，爲良知之萌芽，爲一時之發見，尚不是眞正之良知，卽不是寂體之良知，此種已發之知作不得主，必須反求其根源以主之。此種想法完全不合陽明之思路。念菴把這知善知惡之知旣看成是已發，又看成是普通中性的知覺，隨善惡念而追逐，故云「善惡交雜，豈有爲主于中者乎？中無所主，而謂知本常明，恐未可也。」此則以此知不是良知，不是常明之明覺。但依陽明，獨知之知卽是良知，卽是常明之明覺，卽是寂體，卽是主宰，何可此外更求主宰？知善知惡之知卽是良知，卽是主宰，卽是卽寂卽感之寂體，常明之明覺，它不是隨逐的不足爲準的知覺，它是駕臨于善惡念之上的越超標準，善惡念在下，可說交雜，而此知在上只是純一，何可言交雜？它卽是主，更何可再爲之求主？旣有此爲主之知，則自可依此知而行以成己成物，此卽所謂致知以格物（正物）也。陽明言之旣詳且備，而念菴却謂「予嘗從此用力，竟無所入」，此豈非旣無所知于陽明之義理，亦未曾眞識得良知耶？如是，乃悔之，別求一認良知之路，是則從雙江，非從陽明也。雙江曰：「先師良知之教本于孟子。孟子言孩提之童，不學不慮，知愛知敬，蓋言其中有物以主之，愛敬則主之所發也。今不從事於所主，以充滿乎本體之量，而欲坐享其不學不慮之成難矣。」王龍溪答之曰：「先師良知之說倣于孟子不學不慮，乃天所爲自然之良知也。惟其自然之良，不待學慮，故愛親敬兄觸機而發，神感神應。惟其觸機而發，神感神應，然後爲不學不慮自然之良也。自然之良卽是愛敬之主，卽是寂，卽是虛，卽是無聲無臭，天之所爲也。若更于其中有物以主之，欲從事于所主以充滿其本然之量，而不學不慮爲坐享之成，不幾于測度淵微之過乎？」（致知議辯）。龍溪之言陽明義也，而雙江念菴之言則別是一思路也。孟子就孩提之童知愛知敬，指點人人本有之良知，而雙江念菴則必以爲此尚不過癮，尚不是最後的知體，必以爲此知愛知敬之知以上更有一物以主之始能使其爲如此之不學不慮，此豈非不學不慮爲最後者反成非最後乎？此豈孟子之意乎？此眞落于穿鑿矣。

念菴又把「良知」一詞拆開，先單看知只是知覺，因此，知覺有良有不良，如是，必求那使之所以爲良者以爲之主。這樣七拆八拆，把陽明良知教弄成面目全非的古怪樣子，而又自稱爲王學，此豈非別扭之甚乎？及門不及門誠有別也。其不熟于師門之義理甚顯然也。

錢緒山曰：「心之本體純粹無雜，至善也。良知者至善之著察也，良知卽至善也。心無體，以知爲體，無知卽無心也。知無體，以感應之是非爲體，無是非卽無知也。意有動靜，此知之體不因意之動靜有明暗也。物有去來，此知之體不因物之去來爲有無也……。」（明儒學案卷十一，緒山學案，會語。）此本陽明之義而說也。就中「知無體，以感應之是非爲體，無是非卽無知也」，此明是本陽明「目無體，以萬物之色爲體。耳無體，以萬物之聲爲體。……心無體，以天地萬物感應之是非爲體。」（傳習錄卷三）一段話而來。然而羅念菴駁之曰：『陽明先生又曰：「知者意之體，物者意之用」。未嘗以物爲知之體也。而緒山乃曰：「知無體，以人情事物之感應爲體，無人情事物之感應，則無知矣。」夫人情事物感應之于知，猶色之于視，聲之于聽也。謂視不離于色，固有視于無形者，而曰色卽爲視之體，無色則無視也，可乎？謂聽不離聲，固有聽于無聲者，而曰聲卽爲聽之體，無聲則無聽也，可乎？』（明儒學案卷十八，念菴學案，戊申夏遊記。）若謂念菴不曾見陽明傳習錄中那一段話，則其忽視師門之文獻已甚矣。觀其以視聽爲例，似乎又不是不知者。如知之，而又如此反駁錢緒山，則其不解陽明之語亦顯然矣。其駁緒山即駁陽明也。如此滯笨而又不虛心切認原語之意義，焉能讀王學？陽明原語是「心無體，以天地萬物感應之是非爲體」。緒山原語是「知無體，以感應之是非爲體」。而念菴之引述則爲「知無體，以人情事物之感應爲體」，略「是非」二字，此猶可也，而謂陽明「未嘗以物爲知之體」，好像錢緒山始「以物爲知之體」，此不但略是非，亦略感應，直說「以物爲知之體」以誣人，此大不可也。總之，是根本不解而已矣，故上下其辭而妄辯也。念菴雙江之辯破王龍溪大抵皆此類也。故讀之極不順適，亦極難董理。今不暇一一致辯，只舉以上最顯豁而重要者指明之，即可知其想法之爲另一套。

他們因不熟習于陽明之義理，而自己鑽研，當然都有其個人之體會處。惟又依附陽明之一二話頭而夾雜以致辯，把陽明之義理弄得七零八碎，則大不可。

大抵自陽明悟得良知並提出致良知後，其後學用功皆落在如何能保任而守住這良知，即以此「保任而守住」以爲致，故工夫皆落在此起碼之最初步。如鄒東廓之「得力于敬」，以戒懼爲主；錢緒山之唯求「無動于動」；季彭山之主龍惕不主自然，此皆爲的使良知能保任守住而常呈現也。此本是常行，不影響陽明之義理。雙江念菴之致虛守寂，若亦是如此，如陽明初期講學以收斂爲主，則亦不影響陽明之義理。經過枯槁寂寞之後，一切退聽，而後天理烱然，此等于閉關，亦等于主靜立人極，等于靜坐以觀未發氣象。然經過此一關以體認寂體或良知眞體，並不能一了百當，這不過是抽象地單顯知體之自己，並不能表示其卽能順適地貫徹下來。故延平經過觀未發氣象後，必言冰解凍釋，始能天理流行。用于良知亦復如此。一切退聽而歸寂矣，及出來應事，仍不免有意念之私，私欲氣質之雜，良知天理還是下不來。陽明言致良知是從此能否貫下來處着眼以言致，致卽使其貫下來之謂。如何能貫下來，還須靠良知本身有不容已地要湧現出來之力量，並無其他繞出去的巧妙辦法。說起來，是一個圈子。爲打斷這循環的圈子，必就良知當下呈現而指點之，指點以肯認之卽是逆覺，步步逆覺體證之卽步步致以擴充之。故只言致良知卽足矣。並不須停止這致良知，回頭枯槁一番以後返地致此良知之寂體。你若以爲需要或願意有此枯槁，你就去作好了，這只是隨個人而定。及至眞要使良知寂體流行于日用之間，還是要作陽明所說的那一套。若如此，則不影響陽明之義理。乃雙江念菴爲講枯槁而支解陽明之義理，弄得面目全非，而最後又未能跳出陽明之圈套，此眞亂動手脚空勞擾攘矣。

依以上疏解，王龍溪與羅近溪是順王學而調適上遂者，江右之雙江與念菴則不得其門而入，恐勞擾攘一番而已。順龍溪與近溪之路走，若無眞切工夫與確當的理解，亦可有病。然這病是人病，非法病。而卽此人病亦是王學下的人病，病亦各從其類也。孔子曰：「人之過也，各于其黨。」此誠然矣。

就王學下之人病（所謂虛玄而蕩，情識而肆）而從新消融王學以獨成一義理系統者乃是劉蕺山。此非本章之所能及。

從陸象山到劉蕺山

第四章 「致知議辯」疏解

甲　引言

乙　王龍溪「致知議略」原文

丙　龍溪雙江「致知議辯」：雙江難，龍溪答

第一辯　關於先後天、良知卽中卽和、良知卽寂卽感、以及現成良知等之論辯

第二辯　關於「乾知」之論辯

第三辯　關於「獨知」之論辯

第四辯　關於「幾」之論辯

第五辯　關於「不學不慮」之論辯

第六辯　關於「空空」之論辯

第七辯　關於「格物有工夫無工夫」等之論辯

第八辯　關於「誤現成良知爲告子生之謂性」之論辯

第九辯　餘　辯

第四章 「致知議辯」疏解

甲、引言

前章對於江右派之聶雙江與羅念菴之思路有綜括之評述，然而未及詳引。今再取聶雙江與王龍溪之辯論所成之「致知議辯」（見王龍溪語錄）而疏解之，以見其詳。蓋在雙方對辯中易見一人之思路究爲如何也。王龍溪原有「致知議略」。聶雙江即對此「議略」起疑難，故有龍溪之答，因而遂輯成「致知議辯」。此辯凡九難九答，乃王門中一重要之論辯，故須予以疏通。惟在疏解「致知議辯」以前，須先有以下之文獻以引之。

王龍溪語錄卷一「撫州擬峴臺會語」中有一段云：

先師首揭良知之敎以覺天下，學者靡然宗之，此道似大明於世。凡在同門得於見聞之所及者，雖良知宗説不敢有違，未免各以其性之所近擬議攙和，紛成異見。有謂良知非覺照，須本於歸寂而始得。如鏡之照物，明體寂然而妍媸自辨。滯於照，則明反眩矣。有謂良知無見成，由於修證而始全。如金之在鑛，非火符煉鍛，則金不可得而成也。有謂良知是從已發立教，非未發無知之本旨。……此皆論學同異之見。差若毫釐，而其謬乃至千里，不容以不辨者也。寂者心之本體。寂以照爲用，守其空知（寂）而遺照，是乖其用也。見入井之孺子而惻隱，見嘑蹴之食而羞惡，仁義之心本來完具，感觸神應，不學而能也。若謂良知由修而後全，撓其體也。良知原是未發之中，無知而無不知。若良知之前復求未發，即爲沈空之見矣。

案：此三「有謂」實只指聶雙江而說。聶雙江首發此異議，羅念菴從而和之。而三「有謂」之義其實只一義耳。卽視「獨知」之良知，「知是知非」之良知爲已發，此不足恃，故須更求未發之寂體以爲主宰。因此而謂「良知無見成」，因此而主「歸寂」。

所謂「良知非覺照，須本於歸寂而始得。」此兩語是何意義？若說良知不是覺照，覺照了便不是良知，把良知與覺照分開，這似乎很難索解。這分開看是何意義？蓋卽是把良知分成已發與未發之意。依雙江，「獨知」之知，「知善知惡」之知，都屬於可睹可聞之已發。依是，知，覺，照都是可睹可聞之已發，因此，遂有「覺無未發，亦不可以寂言」之說。既屬已發，當然不是未發。既發動而爲知，覺，照，當然不是未發之寂體。以已發與未發分良知，又把良知之呈現視爲已發，這根本是詞語之誤用，這且不言，因爲可方便借用故。而且雙江認爲知，覺，照都是發動出來而與感性混雜的，而且是汙壞了的，而且成了氣性的，中性的，自然生命的知覺運動，這不是眞良知，這是完全不可靠的。這種自然生命的知覺運動不可靠，卽不保其必良，故這現在的現成良知並不是具足的，而且亦根本無現成的良知，當下具足的良知。人所誤認爲現在現成的良知實只是氣性的知覺運動，並不眞正是良知。眞正的良知必在未發前求之，必是無知，無覺，無照之寂體。此則必須「歸寂而始得」之。但依陽明，「無聲無臭獨知時」，此獨知之知卽是人所不睹不聞之眞良知。把這知視爲已發，而又別求未發，這根本是不對的。假若再別求未發，則那無知，無覺，無照的寂體究竟是什麼呢？若還名之曰良知，則是自相矛盾，因爲既是良知，必有知故。若眞可名之曰良知而必有知有覺有照，這又成已發，又須另爲之求未發，這便成無窮追溯。是以把良知與覺照分開，這是不通的。若說這寂體只是一虛明不動之體，則既是虛明而又不覺不照，這亦是不通的。把當下呈現的良知視爲氣性的，中性的知覺運動之知覺，而且是汙壞了的，必待修整而後全，故無現成的良知，這亦根本非是。若如此，則不學不慮者變成有待於學慮，而且良知將根本不可呈現。此既非孟子意，亦非陽明意，亦非龍溪意。種種不通，龍溪辨之是也。

又，卷一「三山麗澤錄」中有一段云：

> 遵巖子問曰：荆川謂吾人終日擾擾，嗜欲相混，精神不得歸根，須閉關靜坐一二年，養成無欲之體，方爲聖學。此意何如？
>
> 先生曰：吾人未嘗廢靜坐。若必藉此爲了手，未免等待，非究竟法。聖人之學主於經世，原與世界不相離。古者教人只言藏修游息，未嘗專說閉關靜坐。若日日應感，時時收攝，精神和暢充周，不動於欲，便與靜坐一般。況欲根潛藏，非對境則不易發。如金體被銅鉛混雜，非遇烈火，則不易銷。若以見在感應不得力，必待閉關靜坐，養成無欲之體，始爲了手，不惟蹉却見在功夫，未免喜靜厭動，與世間已無交涉，如何復經得世？……

案：此雖對唐荆川（唐順之）而發，亦可用於聶雙江與羅念菴。蓋他們主歸寂，即是閉關歸寂以復未發寂體。羅念菴且閉關三年，所謂「枯槁寂寞一番，一切退聽，而後天理炯然」

也。此本是權法。此只是默識良知自體自己。王龍溪說「未免等待」。如果願意或需要等待一番，卽等待一下亦未嘗不可。然要不可以此而影響陽明義理。但聶羅之主歸寂，却支解陽明之義理，此則非是。

又「三山麗澤錄」中復有一段云：

> 遵巖子曰：千古聖賢之學只一知字盡之。大學誠正修身以齊家治國平天下，只在致知。中庸誠身以悅親，信友，獲上，治民，只在明善。明善卽致知也。雙江云：「格物無工夫」，吾有取焉。
>
> 先生曰：此正毫釐之辨。若謂格物有工夫，何以曰盡於致知？若謂格物無工夫，何以曰在於格物？物是天下國家之實事，由良知感應而始有。致知在格物，猶云欲致良知，在天下國家實事上致之云爾。知外無物，物外無知。如離了悅親、信友、獲上、治民，更無明善用力處。亦非外了明善，另有獲上、治民、悅親、信友之功也。以意逆之，可不言而喻矣。

案：聶雙江以歸寂見未發之寂體爲致知之功，故云「致知如磨鏡，格物如鏡之照，謬謂格物無工夫者以此」。把鏡體磨明了，自然會照。工夫全在磨，而照處無工夫可言也。此由歸寂言致知，非陽明義。陽明言致知是擴充義。「致知在格物」猶言在意之所在之事事物物上以致其知使事事物物皆得其理也。亦非言於格物本身專有其一套工夫也。（朱子在格物上有工夫，因以格物爲窮究物之理故）。工夫只在致知。而致知亦是知之自致，亦非另有一套巧妙工夫以致之也。依此，卽在陽明，說格物無工夫，亦未嘗不可。致知在格物，是說在實事上致，致之以正物，非謂格物（正物）自身有一套工夫也。如此而言無工夫，與聶雙江之言無工夫異。雙江言致知、是閉關歸寂，如磨鏡。鏡明自然照，故照無工夫。此是形式地作分析命題看。然閉關歸寂所見之寂體，所謂天理烱然，只是抽象地單顯寂體之自己，亦很可只是一光景。一旦落於實際踐履上，此寂體並不一定能自然照，卽是說，並不一定能自然地貫徹於意與物上而誠之與正之。出關以後，七顚八倒者多矣。要想能貫下來，還是陽明所說之一套，卽：在事事物物上自致地致之以誠意與正物。雙江所說根本是在反對陽明擴充義的致知，重點倒不在格物有工夫無工夫也。歸寂以致知，則離倫物之感應矣，此非陽明言致知之精神。依陽明，此只是致知前之收斂工夫，尚根本說不上致知；尚根本未接觸到物字，如何言格物有工夫無工夫？格物本身無工夫，言非於致知外別有格物一套工夫。格物有工夫，言在事物上致知以正物，能正物卽是工夫。「致知以正物」這一整語既見致知之眞工夫，亦見為善去惡（正物）之眞工夫。陽明在廣西征思田時，「答聶文蔚（雙江）書」，卽為之盛言「必有事焉」，如：

> 我此間講學却只說個「必有事焉」，不說「勿忘勿助」。「必有事焉」者，只是時時去集義。若時時去用「必有事」的工夫，而或有時間斷，此便是忘了，卽須勿忘；時時去用「必有事」的工夫，而或有時欲速求效，此便是助了，卽須勿助。其工夫全在「必有事焉」上用。「勿忘勿助」只就其間提撕警覺而已。若是工夫原不間斷，卽不須更說勿忘；原不欲速求效，卽不須更說勿助。此其工夫何等明白簡易，何等洒脫自在！今却不去「必有事」上用工，而乃懸空守着一個「勿忘勿助」，此正如燒鍋煮飯，鍋內不曾漬水下米，而乃專去添柴放火，不知畢竟煮出個甚麼物來？吾恐火候未及調停，而鍋已先破裂矣。近日一種專在「勿忘勿助」上用功者，其病正是如此。終其懸空去做個勿忘，又懸空去做個勿助，渀渀蕩蕩，全無實落下手處。究竟工夫只做得個沉空守寂，學成一個痴騃漢。才遇些子事來，卽便牽滯紛擾，不復能經綸宰制。此皆有志之士，而乃使之勞苦纏縛，擔擱一生，皆由學術誤人之故，甚可憫矣！

> 夫「必有事焉」只是集義，集義只是致良知。說集義，則一時未見頭腦。說致良知，卽當下便有實地步可用工。故區區專說致良知。隨時就事上致其良知，便是格物。着實去致良知，便是誠意。着實致其良知，而無一毫意必固我，便是正心。着實致良知，則自無「忘」之病。無一毫意必固我，則自無「助」之病。故說格致誠正，則不必更說個忘助。

陽明此書言之極爲眞切警策。此年冬，陽明于歸途中卽卒。此眞可謂晚年定論矣。惜乎雙江未能領會。雖于陽明卒後，自設神位拜師，稱弟子，然而終身不入，亦可謂辜負其師矣。其歸寂求未發，雖與此處空說勿忘勿助稍有不同，然亦是「沈空守寂，學成一個痴騃漢」。其說背于其師之矩矱，而且支解其師之義理，其于陽明之致良知教未能相應，甚顯然矣。

至若羅念菴則尤悖謬。竟謂順陽明所說之致良知「用力，竟無所入」。（詳見前章）。蓋必枯槁寂寞一番，始有所入也。

王龍溪語錄卷二「松原晤語」云：

> 予不類，辱交於念菴子三十餘年。兄與荆川子齊雲別後，不出戶者三年於

玆矣。海內同志，欲窺見顏色，而不可得，皆疑其或偏於枯靜。予念之不能忘。因兄屢書期會，壬戌仲冬，往赴松原新廬，共訂所學。至則見其身任均役之事，日與閭役之人執冊布算，交涉紛紛，其門如市，耐煩忘倦，略無一毫厭動之意；夜則與予聯床趺坐，往復證悟，意超如也。自謂終日紛紛，未嘗敢憎厭，未嘗敢執着，未嘗敢放縱，未嘗敢褻侮，自朝至暮，惟恐一人不得其所。是心康濟天下可也，尚何枯靜之足慮乎？

因舉乍見孺子入井怵惕未嘗有三念之雜，乃不動於欲之真心，所謂良知也，與堯舜未嘗有異者也。若於此不能自信，亦幾於自誣矣。苟不用致知之功，不能時時保任此心，時時無雜念，徒認現成虛見，附和欲根，而謂卽與堯舜相對未嘗不同者，亦幾於自欺矣。

蓋兄自謂終日應酬，終日收斂安靜，無少奔放馳逐，不涉二境（動靜二境），不使習氣乘機潛發。難道功夫不得力？然終是有收有制之功，非究竟無爲之旨也。

至謂世間無有現成良知，非萬死功夫，斷不能生。以此較勘世間虛見附和之輩，未必非對病之藥。若必以現在良知與堯舜不同，必待功夫修整而後可得，則未免於矯枉之過。曾謂昭昭之天與廣大之天有差別否？此區區每欲就正之苦心也。

案：羅念菴思路同於聶雙江。其所謂「無現成良知」乃是因爲體現工夫之艱難與無有現成之聖人，遂誤認當下呈現之良知本身亦不現成也。故謂眼前呈現之良知，知善知惡之良知，乃是已發的良知，甚至亦不能必其是良，而只是一可良可不良之知覺耳，此卽非眞良知，故眞良知必待修整而後得。修整之道卽在歸寂以求未發之寂體也。殊不知良知只可以隱顯說，不可以已發未發說。若眼前呈現者不足恃，則將永無可恃者。是故王龍溪云：「乍見孺子入井怵惕未嘗有三念之雜，乃不動於欲之眞心，所謂良知也。若於此不能自信，亦幾於自誣矣。」既是「不動於欲之眞心」，便就是眞良知，便不可以可良可不良之「知覺」視之。是見羅念菴之想法與陽明之致良知教未能相應，而龍溪則相應也。

乙、王龍溪「致知議略」原文

徐生時舉將督學敬所君之命，奉奠陽明先師遺像於天眞，因就予而問學。

臨別，出雙江、東廓、念菴三公所書贈言卷，祈予一言以證所學。三公言若人殊，無非參互演繹，以明師門致知之宗要。予雖有所言，亦不能外於此也。

1. 綜　綱

①夫良知之與知識差若毫釐，究實千里。同一知也，如是則爲良，如是則爲識，如是則爲德性之知，如是則爲聞見之知，不可以不早辨也。良知者本心之明，不由學慮而得，先天之學也。知識則不能自信其心，未免假於多學億中之助，而已入於後天矣。

②良知卽是未發之中，卽是發而中節之和，此是千聖斬關第一義，所謂無前後內外渾然一體者也。若良知之前別求未發，卽是二乘沉空之學；良知之外別求已發，卽是世儒依識之學。或攝感以歸寂，或緣寂以起感，受症雖若不同，其爲未得良知之宗則一而已。爰述一得之見，釐爲數條，用以就正於三公，並質諸敬所君，且以答生來學之意。

2. 條　舉

①獨知無有不良。不睹不聞，良知之體。顯微體用通一無二者，此也。戒愼恐懼，致知格物之功，視於無形，聽於無聲，日用倫物之感應而致其明察者，此也。知體本空，着體卽爲沉空。知本無知，離體卽爲依識。

②易曰：「乾知大始」。乾知卽良知，乃渾沌初開第一竅。爲萬物之始，不與萬物作對，故謂之獨。以其自知，故謂之獨知。乾知者，剛健中正純粹精也。七德不備，不可以語良知。中和位育皆從此出。統天之學，「首出庶物，萬國咸寧」者也。

③良知者無所思爲，自然之明覺。卽寂而感行焉，寂非內也。卽感而寂存焉，感非外也。動而未形，有無之間，幾之微也。動而未形，發而未嘗發也。有無之間，不可以致詰。此幾無前後，無內外。聖人知幾，賢人庶幾，學者審幾。故曰：幾者動之微，吉之先見者也。知幾故純吉而無凶，庶幾故恒吉而寡凶，審幾故趨吉而避凶。過之則爲忘幾，不及則爲失幾。忘與失所趨雖異，其爲不足以成務均也。

④顏子有不善未嘗不知，未嘗復行，正是德性之知。孔門致知之學，所謂不學不慮之良知也。纔動卽覺，纔覺卽化，未嘗有一毫凝滯之迹，故曰「不遠復，無祇悔」。子貢務於多學，以億而中，與顏子正相反。顏子歿而聖學亡。子貢學術易於湊泊，積習漸染，至千百年而未已也。先師憂憫後學，將此兩字信手拈出，乃是千聖絕學。世儒不自省悟，反鬨然指以爲異學而非之。夜光之珠，視者按劍，亦無怪其然也。孔子曰：「吾有知乎哉？無知也」。言良知之外別無知也。鄙夫之空空與聖人之空空無異，故叩其兩端而竭。兩端者是與非而已。空空者道之體也。口惟空，故能辨甘苦；目惟空，故能辨黑白；耳惟空，故能辨清濁；心惟空，故能辨是非。世儒不能自信其心，謂空空不足以盡道，必假於多學而識以助發之，是疑口之不足以辨味，而先漓以甜酸，目之不足以別色，而先泥以鉛粉，耳之不足以審音，而先淆以宮羽，其不至於爽失而眩瞶者幾希矣。

⑤學覺而已。自然之覺良知也。覺是性體。良知卽是天命之性。良知二字性命之宗。格物是致知日可見之行，隨事致此良知，使不至於昏蔽也。吾人今日之學，謂知識非良知，則可，謂良知外於知覺，則不可；謂格物正所以致知

則可，謂在物上求正，而遂以格物爲義襲，則不可。後儒謂纔知卽是已發，而別求未發之時，所以未免於動靜之分，入於支離而不自覺也。

⑥良知無奇特相，無委曲相。心本平安，以直而動。愚夫愚婦未動於意欲之時，與聖人同。纔起於意，萌於欲，不能致其良知，始與聖人異耳。若謂愚夫愚婦不足以語聖，幾於自誣而自棄矣。

丙、龍溪雙江「致知議辯」：雙江難，龍溪答

第一辯 關於先後天、良知卽中卽和、良知卽寂卽感、以及現成良知等之論辯

雙江難

雙江子曰：

邵子云：「先天之學心也，後天之學迹也」。先天言其體，後天言其用。蓋以體用分先後，而初非以美惡分也。〔案此難綜綱①先後天。〕

良知是未發之中，先師嘗有是言。若曰良知亦卽是發而中節之和，詞涉迫促。〔案此難綜綱②〕。

寂、性之體，天地之根也，而曰「非內」，果在外乎？感、情之用，形器之迹也，而曰「非外」，果在內乎？抑豈內外之間別有一片地界可安頓之乎？「卽寂而感存（行）焉，卽感而寂行（存）焉」，以此論見成似也。若爲學者立法，恐當更下一轉語。易言內外，中庸亦言內外，今曰無內外。易言先後，大學亦言先後，今曰無先後。是皆以統體言工夫，如以百尺一貫論種樹，而不原枝葉之碩茂由於根本之盛大，根本之盛大由於培灌之積累。此鄙人內外先後之說也。〔案此難條擧中之③寂感無內外〕。

「良知之前無未發，良知之外無已發」，似是渾沌未判之前語。設曰良知之前無性，良知之外無情，卽謂良知之前與外無心，語雖玄，而意則舛矣。〔案此難綜綱中之②沉空與依識〕。

尊兄高明過人。自來論學，只是〔自〕混沌初生無所汙壞者而言。而以見在爲具足，不犯做手爲妙悟，以此自悞可也，恐非中人以下之所能及也。〔案此綜論龍溪言學之風格。〕

龍溪答

先生曰：

寂之一字千古聖學之宗。感生於寂，寂不離感。舍寂而緣感，謂之逐物。離感而守寂，謂之泥虛。夫寂者未發之中，先天之學也。未發之功却在發上用，先天之功却在後天上用。明道云：「此是日用本領工夫，却於已發處觀之」。（案此非明道語，乃截取伊川言中和之語）。康節先天吟云：「若說先天無個字，後天須用着工夫」。可謂得其旨矣。先天是心，後天是意。至善是心之本體。心體本正，纔正心便有正心之病。纔要正心，便已屬於意。欲正其心先誠其意，猶云舍了誠意，更無正心工夫可用也。良知是寂然之體，物是所感之用，意則其寂感所乘之機也。知之與物無復先後可分，故曰致知在格物。致知工夫在格物上用，猶云大學明德在親民上用，離了親民更無學也。良知是天然之則。格者正也，物猶事也。格物云者致此良知之天則於事事物物也。物得其則，則謂之格。非於天則之外別有一段格之之功也。前謂未發之功只在發上用者，非謂矯強矜飾於喜怒之末，徒以制之於外也。節是天則，卽所謂未發之中也。中節云者循其天則而不過也。養於未發之豫，先天之學是矣。後天而奉天時者，乘天時行，人力不得而與。曰奉曰承，正是養之之功。若外此而別求所養之豫，卽是遺物而遠於人情，與聖門復性之旨，爲有間矣。

案：此答雙江先後天之難。雙江根據邵子之語，以爲先天後天是以體用分，非以美惡分。龍溪議略原以良知與知識（亦簡稱識）分先後天，此自有美惡意。顏子「纔動卽覺，纔覺卽化」，是德性之知。子貢多學億中是聞見之知。聞見之知是知識，從識上立根，故爲後天之學。德性之知是良知，從心體上立根，故爲先天之學。前者自不如後者爲得其要。此亦可以說是以美惡分。邵子云「先天之學心也，後天之學迹也」。此固可以體用說，然亦無碍於以美惡分。但一說到迹，籠統地說是用，而實際地落於實踐上說，則迹不能無善惡。善者可謂用，惡者不可謂用也。必化其惡而一於善，方可成體用。從知識上立根是不好，但順良知而多學，亦可以成體用。故體用與美惡兩不相妨也。

就道德實踐說，「先天是心，後天是意」。「先天工夫在後天上用」，此本陽明致知誠意格物之解說而言也。意既是後天，故有善惡。以有善惡，故須「着工夫」，化其惡而一於善，如是方可成體用。非可籠統地直以體用言也。龍溪之答卽就此「着工夫」言。正心工夫只在誠意，「舍了誠意更無正心工夫可用」。「良知是寂然之體，物是所感之用，意則其寂感所乘之機」。此本陽明而變換一種說法。陽明本說意之所用或所在爲物，又說明覺之感應爲物。直從意之所用或所在說物，則意有善惡，物亦有正與不正。從明覺之感應說物，則物無不正；然其中仍然藏着一個意，一個無意之意。若從明覺之感應說物，則物固無不正，而意從明覺，亦無不誠。如是，便是一體而化，卽王龍溪所謂四無。但意總是問題所在，故須言「誠」。它亦可以從明覺，亦可以不從明覺。如不從，故須致知以誠之。及其誠也，則仍是一體而化。這裡有一個跌宕。故以良知之寂感爲準，則說意是「寂感所乘之機」。「所乘之機」一語來自朱子。朱子謂動靜是太極之理所乘之機，並不是太極之用。龍溪此處說「意是良知寂感所乘之機」。「良知是寂然之體，物是所感之用」。此是從明覺感應說物。這也是本陽明而來的。（陽明說物有兩方式：一是自明覺感應說，一是自意之所在或所用說）。這樣，則良知明覺卽寂卽感。「卽寂而感行焉，寂非內也。卽感而寂存焉，感非外也」。此種寂感爲一中的物是無有不正的，亦是王龍溪所謂「無物之物」。此是從超越之體上說。然畢竟還有一個經驗意義的意，或說感性層上的意。此意卽是「良知寂感所乘之機」。機者機竅，卽是良知明覺乘之以見其爲寂感之實並見其寂感之實踐上的超越作用也。此作爲機的意，其動有善有惡。如從此說物，（意之所在爲物），則物亦有正與不正。當意動時，無論其爲善爲惡，良知皆知之，是卽良知乘其動而顯感應之相。致知以誠之，使其動一於善而無惡，則意卽爲「無意之意」。無意之意純從知起，而亦起而無起。如是，物亦成爲明覺感應中之物。此時，良知是卽寂卽感而寂感爲一的，而意之「機」義亦泯。當意之動有動相（卽有善有惡）時，寂感可分別地說。動時，良知知之，顯良知感應之相。不動，所謂「不起意」，則見良知爲寂然之體。雖顯感應之相，而寂體未嘗不存焉，以良知明覺不浮動故也。雖於意不動時見良知爲寂然之體，而感應未嘗不行焉，以良知明覺非空懸也。故當意動時，良知卽乘之以見其爲寂爲感之實，並見其寂感爲一之實，並見其寂感爲一之實於實踐上（誠意上）之超越的作用也。惟此時可以逐步分別地說而已。此卽四句敎之所以爲「有」也。當意誠物正，意從知起，起而無起之時，則意爲「無意之意」（此是積極地說），或根本「不起意」（此是消極地說）。無意之意或根本不起意卽示此時純是一知體之流行，而卽寂卽感，寂感爲一，亦不可分別說，此卽王龍溪所謂「寂非內」，「感非外」等辭語之所示，而意之爲「所乘之機」一義亦泯。不但此也。此時心意知物一體而化。意爲「無意之意」，物爲「無物之物」，則心亦爲「無心之心」，而知亦爲「無知之知」矣。此卽王龍溪所謂「四無」。（在此四無中，心意知三者之分別可無，只是一知體明覺之流行。如是，只剩下無知之知與無物之物之一體呈現。）

「致知在格物」，並不說欲致其知者先格其物，故龍溪云：「知之與物無復先後可言」意卽致知與格物無先後可言。致知只在正物亦卽成已成物上致。物不必只訓事。就成已說，是事。就成物說，實仍是物。故意之所在說是事，就明覺之感應說，則事物兩賅。陽明之致知以格物卽中庸之由誠以成已與成物。致知之致是擴充義，必須在事事物物上擴充，亦卽孟子「必有事焉」之義。陽明曾以此義詳答聶雙江（見傳習錄答聶文蔚書），惜乎雙江終未領悟也。「致知工夫在格物上用」，是卽表示「格物云者致此良知之天則於事事物物也。物得其則謂之格，非於天則之外別有一段格之之功也」。故言格物無獨特工夫亦可。然與雙江所說之「格物無工夫」（見下）不同。雙江是以後返的歸寂爲致，（此亦見下），而陽明則是前進地擴充以爲致，故必須必有事焉在格物上用。龍溪之解說本陽明而來，不誤也。後返歸寂以爲致，則致知者是閉關離物單顯寂體自己也。雙江以爲必如此始可說致知工夫。這種工夫，他以爲如磨鏡。鏡體明，則自照物。鏡之照卽格物，故云「格物無工夫」。形式地說是如此。然從實踐上說，閉關離物單顯寂體自己，此只是抽象的隔離，從嗜欲混雜中顯出寂體自己來。這是寂體之在抽象狀態中，在懸隔狀態中。若停於此，卽在光景中。單顯寂體之明，這明只是一個概念，並非天明。及其應事接事，並不眞能自然照，手忙脚亂者多矣。如是，要想眞能把那寂體貫下來，還須前進地擴充以爲致，仍須歸於陽明之所說。依此而言，雙江之後返地歸寂以爲致實未眞正地致，只是致之預備耳。此步預備工夫亦並非不可，先澄淸一下亦是好的。此卽陽明早期講學以默坐澄心爲學的之說也。然這樣作預備，却不要影響陽明致良知之義理規範。而雙江之誤處却正在影響陽明之義理規範。雖駁龍溪，實不解陽明也。見下自明。這裡先一提。

問題是：依陽明之致良知敎，此種閉關離物之歸寂工夫是否必要？依陽明，此不必要。龍溪亦說「此未免等待」。此現實上不是人人所能作的，而原則上亦不是必須作的。就立敎之常則言，旣肯認人人有良知，而良知亦不是一不能呈現的抽象概念之預定，所以只就其當下呈現或呈露而指點之或警覺之，卽是「致」之工夫之下手處。此一下手處卽含有悟（陽明云：「乃若致知則存乎心悟」），同時亦含有前進的擴充，同時亦含有後返的復。「復」是使良知朗現，是在擴充中復。旣擴充而復，則意自誠而物自正，並不是後返離物以爲復也。人隨時默坐澄心，減淡嗜欲，則是常行。若言致底工夫，則不須如此。若言眼前呈現或呈露的良知不是眞良知，必別求未發（未呈現）之寂體以主之，則此寂體是什麼呢？又依何而知其足以爲作主之寂體？此眞沈空渺茫之見矣。若言眼前呈露之良知是良知之萌芽，卽由此萌芽以追溯其寂體，而可以爲眼前呈現者之主，則良知只是一良知，並不可分拆而爲主與被主。若分拆之，則其爲被主者不但是良知之萌芽，而且亦根本不可說爲良知矣。因爲良知不能被主故。被主者既非良知，則作主之寂體是什麼吾人亦無由而知，此卽沈空而渺茫，亦不必能知其爲良知矣。故必認眼前呈現的眞心卽是良知，不睹不聞的「獨知」亦卽是良知，此就是寂感爲一的寂體。良知本身無分於有事無事，無分於未發已發，亦未分於動靜，無分於中和。陽明於答陸原靜書中已言之備矣。雙江不解何耶？若問眼前呈現的何以知其卽是良知，此則以孟子就孺子入井怵惕無三念之雜所指點的爲準，亦卽依道德行爲之爲無條件而斷定，外此沒有答覆可言。

良知之本性以及其被肯認既如此，則直就其本性而養之，不待其對境（對意與物）而發爲知相而始「致」之，則卽是王龍溪此處所說「養於未發之豫，先天之學是矣。後天而奉天時者，乘天時行，人力不得而與。曰奉曰乘，正是養之之功也」。此處所謂「養於未發之豫」卽是天泉證道記中所謂從心體着眼，在無處立根，一了百當，頓悟之學也。「乘天時行，人力不得而與」，卽表示意與物皆順明覺之感應一體而化，後天者亦一起超升而爲先天矣。此種養既從「奉」從「乘」而說，自是完全從心體着眼，在「無」處立根，自亦必函着頓悟也。如此用功，卽是四無。若就對境而「致」，則是四有。雙江不信眼前呈現者爲良知，以爲不足恃，必閉關歸寂別求未發之寂體以主之，此卽是王龍溪此處最後所說「若外此而別求所養之豫（別求所養以爲豫），卽是遺物而遠於人情，與聖門復性之旨爲有間矣」。此則既非四無之頓，亦非四有之漸，非王學之所有也。（四有之漸不是純粹的漸，亦含有頓之可能之根據）。

以上疏解是大綱脈。必先有如此之了解，始能分判其辯論之是非。

> 卽寂而感行焉，卽感而寂存焉，正是合本體之工夫。無時不感，無時不歸於寂也。若以此爲見成，而未及學問之功，又將何如其爲用（功）耶？寂非內，而感非外，蓋因世儒認寂爲內，感爲外，故言此以見「寂感無內外」之學，非故以寂爲外，以感爲內，而於內外之間別有一片地界可安頓也。既云寂是性之體，性無內外之分，則寂無內外可不辨而明矣。

案：此答雙江對於無內外先後之難。雙江之難自無道理。其主有內外先後，雖根據易傳中庸與大學而說，然並不可因彼等經典說內外先後，遂認良知之寂感亦必有內外先後。是故若據之以破無內外先後之說，此不但不解龍溪，亦與陽明不相應也。龍溪此說明本陽明而來。雙江橫施辯難何也？然雙江可說，卽使如此，此亦只是說良知之自體相是如此，此何關於工夫耶？關此，則可這樣答：旣肯認良知自體相是如此，則或頓悟以順之，此卽先天四無之學，卽本體便是工夫，（此處龍溪說「正是合本體之工夫」），或對境以致之，此卽後天四有之學，卽工夫便是本體，而致亦是良知之自致（其本身卽有不容已地要湧現出來之力量），並無其他巧妙的辦法以致之，故對境致知還須對於良知有一種心悟以及信得及之肯認，它始能自致地朗現出來以誠意與正物（成物）。就其自體相說，是見成，就致之之工夫說，亦須靠此現成者當下呈現之自力，卽通過對於此當下呈現者之逆覺體證（心悟）而由其本身之力量以自致，並不是把它擺在那裡，我可以用一套外在的工夫把它致出來。無論從四無用功或從四有用功，俱須對於良知本體有此寂感爲一而無內外的體悟。龍溪原語本是就良知本身說此義。雙江以爲「以此論見成似也，若爲學者立法，恐當更下一轉語」。自然須更下一轉語。但這轉語亦只能如上四無四有而轉。龍溪下文言幾，正是用工夫處。聖人知幾是四無。賢人庶幾，學者審幾，是四有。工夫不過如此。惟龍溪不就知幾，庶幾，審幾答雙江，而只就寂感無內外（卽寂而感行，卽感而寂存）說這「正是合本體之工夫」，義涉疏濶，不足以解雙江之蔽。故須作如上之疏解始能暢通。惟雙江輕忽這種「現成」之體悟，以爲必把良知之寂感爲一而無內外，分拆而爲有內外有先後，以閉關歸寂，然後始可爲致知之工夫，則非但對於陽明所說之良知無相應之理解，亦違反其致良知教之軌範也。

良知之前無未發者，良知卽是未發之中，若復求未發，則所謂沉空也。良知之外無已發者，致此良知卽是發而中節之和，若別有已發，卽所謂依識也。語意似亦了然。「設為良知之前無性，良知之外無情，卽謂之無心」，而斷以為混沌未判之前語，則幾於推測之過矣。

案：此答雙江對於「良知卽是未發之中，卽是發而中節之和」之難。龍溪此說本於陽明於答陸原靜書中說：「未發之中卽良知也，無前後內外而渾然一體者也。有事無事可以言動靜，而良知無分於有事無事也。寂然感通可以言動靜，而良知無分於寂然感通也。動靜者所遇之時，心之本體固無分於動靜也。……有事而感通，固可以言動，然而寂然者未嘗有增也。無事而寂然，固可以言靜，然而感通者未嘗有減也。動而無動，靜而無靜，有何疑乎？……未發在已發之中，而已發之中未嘗別有未發者在。已發在未發之中，而未發之中未嘗別有已發者在。是未嘗無動靜，而不可以動靜分者也。」良知無分於有事無事，無分於寂然感通，無分於動靜。其言有事無事是就寂然感通說。其言動靜亦是就有事而感通與無事而寂然說。其言未發已發亦是就寂然與感通說。依是，亦可以說良知無分於未發已發，良知無分於中與和。有事無事，寂然感通，未發已發，動靜中和，其義一也。依是，良知卽未發卽已發而無分於未發已發，良知卽中卽和而無分於中與和。依是而說「良知卽是未發之中，卽是發而中節之和」，其詞不算「迫促」，這當然是可以說的。陽明這些「無分於某某」的說法都是就良知本身來體會，道理自如此。惟說良知卽未發卽已發可，卽中卽和可，而說「卽是未發之中，卽是發而中節之和」，則有歧義。良知就是中，就是節（天理天則），無所謂中節不中節。說「中節之和」乃是順經典原語而不自覺地帶上去的。若已自覺而如此說，則中節之和可指意與物說。意與物中節之和卽在良知感應流行之內，而不在良知之外。王龍溪解說云：「良知之外無已發者，致此良知卽是發而中節之和」。此是就「致此良知」說，而不是就良知本身說矣。致此良知而貫徹於意與物中卽是「發而中節之和」矣。是則「發而中節之和」當該是就意與物說。此是合於中庸原義的。致此良知而有此結果，則發而中節之和是依順良知而在良知之內，不在良知以外。如是而謂「良知卽是發而中節之和」是綜和地說，是通過致而帶着意與物說。若在良知之外別有已發，則是依識。此顯然是說已發之和是只能在良知以內求，不能在良知以外求。但依陽明，良知卽未發卽已發，而無分於未發已發，良知卽中卽和，而無分於中與和，此和是就良知自身之感通說，亦卽就良知明覺之感應說。此是分析地說，自非綜和地說，而亦不可再說「中節之和」矣，而亦不須通過「致」而始然也。良知卽寂卽感而無分於寂然感通，良知卽有事卽無事而無分於有事無事，良知卽動即靜而無分於動與靜，良知即未發即已發而無分於未發已發，良知即中即和而無分於中與和：凡此皆是就良知自身之體段而分析地說，非綜和地說。「動靜者所遇之時」，則可以言動靜之寂然感通與有事無事亦皆是隨所遇之時而作分別說耳。然而良知本身則無分於動靜，無分於有事無事，無分於寂然感通也。如是，說良知即是未發之中，即是已發之和，可有兩說：一是分析地說，一是綜和地說。依前者，不可說中節，即使明覺之感應不離意與物，而此時所帶上的意與物亦是無意之意，無物之物，純是明覺感應之流行，如此說已發之和仍是分析地說，而已發即在未發之中，未發即在已發之中，是即已發即未發而無分於未發與已發而一體而化也。依後者，則可說中節，但此是就意與物之依知不依識說，又須通過「致」而始然。綜和地說者，若確定地擺出來，當該如此說：良知即是發而中節之和者，其意乃是良知即是使意與物可以爲中節之和者，致此良知於意與物，則意與物即現實地成中節之和矣，如是，良知之外別無已發之和，若別有已發，即所謂依識也，而不必眞能和矣。當然，此綜和地說者最後仍可歸於分析地說。是則說「良知即是發而中節之和」總當是可以說的，惟須把其歧義分別清楚而已。龍溪未加分別，遂致雙江有「詞涉迫促」之疑。依陽明之分析地說，非迫促也。若以此爲「見成」，則此現成之體悟是必要的。依龍溪之綜和地說，亦非迫促，因依知不依識故也。問題倒不在迫促不迫促，而在「中節」兩字，故作如上之分疏。

聶雙江以爲「良知之前無未發，良知之外無已發，似是混沌未判之前語。設曰良知之前無性，良知之外無情，即謂良知之前與外無心，語雖玄，而意則舛矣」。夫良知即是未發之中體，即是最後的，如何可再于良知之前求未發？然則說「良知之前無未發」，不誤也。「良知之外無已發」，依分析與綜和兩義說，亦不誤也。依分析義而說，良知自身即未發即已發而無分于發已發，如何能于良知之外有已發？良知之外的已發是情識之激發，非就良知自身之感通而說的已發也。依綜和義而說，則良知統攝意與物而使之爲中節之和，是意與物之已發依知不依識，而良知之外亦無已發也。若再有已發，則是依識而不依知也。點出如此之良知即是判開混沌，非混沌未判之前語也。若以爲如此無前無外之良知即是混沌未判前之大混沌，則良知無分于已發未發，無分于寂然感通，如何可再予以分判而謂其有前有外？然則此不可再分判之混沌正是判開混沌之紅輪也。此所以王龍溪常喜說「自混沌立根」也。此紅輪是整一，如何再能分拆而爲有已發之良知，此不算數，又有未發之寂體，此方是眞良知？此種分拆對于陽明所說之良知未有諦解也。聶雙江所以說那是混沌未判之前語，正想對于良知欲施以分拆也。（見下。）龍溪謂其「幾于推測之過」，顯然已甚客氣矣。至于「設曰良知之前無性，良知之外無情，即謂良知之前與外無心，語雖玄，而意則舛矣」，此尤不通，眞所謂「推測之過矣」！良知即是本心。若良知之前與外尚有心，那心必是識心。若如此，則良知之外亦可有情（激情之情）。既承認良知之前無性，良知之外無情，而謂「良知之前與外無心」爲乖舛，其不通甚顯。此有何乖舛處！不比「良知之外無情」爲更乖舛也。見理不明，故語多穿鑿而錯亂。

> 公謂不肖「高明過人，自來論學只從混沌初生無所汙壞者而言，而以見在爲具足，不犯做手爲妙悟」。不肖何敢當？然竊窺立言之意，却實以爲混淪無歸着，且非汙壞者所宜妄意而認也。觀後條於告子身上發例可見矣。愚則謂良知在人本無汙壞。雖昏蔽之極，苟能一念自反，卽得本心。譬之日月之明，偶爲雲霧之翳，謂之晦耳。雲霧一開，明體卽見，原未嘗有所傷也。此是人人見在具足不犯做手本領工夫。人之可以爲堯舜，小人之可使爲君子，舍此更無從入之路，可變之幾。固非以妙悟而妄意自信，亦未嘗謂非中人以下所能及也。

案：此答雙江最後綜論龍溪言學之風格，實卽答雙江對于「見在具足不犯做手」之疑難。蓋雙江認爲無現成良知。眼前呈現的良知實不足恃，並非無所汙壞。他把眼前呈現的良知視爲與告子之「生之謂性」同。他于後面第八辯中，卽提到此意。他說：「告子曰生之謂性，亦是認氣爲性，而不知係于所養之善否。杞柳湍水食色之喻亦以當下爲具足。勿求于心，勿求于氣之論，亦以不犯做手爲妙悟。」此大誤也。此蓋受朱子之影響。朱子視象山爲告子，以「生之謂性」中之知覺運動視象山所言之本心。以心爲性等于「生之謂性」，等于以自然生命之中性的知覺運動爲性。朱子心性爲二，心理爲二，以理爲性，並不以心爲性，彼視心爲氣之靈，並無孟子象山所說之本心。彼之誤解尚可說。今聶雙江自認是王學，而亦認言見在現成良知者爲告子，則大不可解也。如此，焉得可稱爲王門之弟子？眼前呈現或呈露的良知固可與利欲混雜，然混雜是一義，呈露的良知其自身是現成的，是最後的，是具足的，又是一義。否則焉得說良知？孟子就眼前呈露的本心而指點之，令人逆覺而體證之，肯認之，利欲歸利欲，本心歸本心，此本心仍是現成而具足的。吾人能認此本心爲「生之謂性」乎？爲自然生命之中性的知覺運動乎？孟子力闢告子之「生之謂性」，不應如此顚倒又落于告子之窩臼也。良知亦復如此，蓋良知卽本心也。焉可以告子之「生之謂性」視眼前呈現的良知？良知雖與利欲混雜，然因着混雜，利欲只能蒙蔽它，不能汙壞它，亦不能損傷它。它亦不是中性的知覺運動須待做手從事做作一番始成爲善。「苟得其養，無物不長，苟失其養，無物不消」。以此原則用于本心，養本心而使之常常呈現，此養並不是對之從事做作一番也。若待做手而始爲善，焉得說是本心？焉得說是良知？故與利欲混雜，不得其眼前呈現（見在）爲現成具足也。只因其隨時可以呈現，故有可以下手之處，從入之路，此卽所謂「逆覺體證」也。由此而有道德實踐，致良知以成己而成物。王龍溪所說不誤也。因此，所謂現成良知，見在具足，是就呈露的良知自身說，並不是說人在隨時不自覺地混雜呈現這個現實的狀態中就是聖人，現成具足不是就這個現實狀態說。道在眼前流行。這個現實狀態當然亦有道，但必須經過逆覺體證始能成聖賢。說滿街都是聖人，這等于說愚夫愚婦都是潛在的聖人，因爲他亦有隨時呈現的良知故。故如指點之而使自覺，他亦可以爲堯舜，可以爲君子。這等于佛教華嚴經所說「心佛與衆生，是三無差別」。這本不是難了悟的道理。龍溪如此說，陽明本亦如此說也。否則道德實踐便無直接可行的入路，而成聖亦無必然的根據。聶雙江把就良知自身說的「見在具足」與一個人的現實狀態混而爲一，視此現實狀態爲現成具足，因而遂致疑見在具足的良知，而說無現成的良知，此大誤也。人的現實狀態可不具足，而見在良知可具足。無現成的聖人，但並非無現成的良知。兩者焉可混同視之而混亂致疑？只因這一混亂，遂致與陽明全部義理不能相應。

第二辯　關於「乾知」之論辯

雙江難

雙江子曰：

本義云：「乾主始物，而坤作成之」。已似于經旨本明白。知字原屬下文。今提知字屬乾字，遂謂乾知爲良知，不與萬物作對爲獨知，七德咸備爲統天。彖曰：「大哉乾元，萬物資始，乃統天」。是以「統天」贊「乾元」，非贊「乾」也。及以下文照之，則曰「乾以易知，坤以簡能」。又以易簡爲乾坤之德，而知能則其用也。人法乾坤之德，至于易簡，則「天下之理得，而成位乎其中」。他〔處〕又曰：「夫乾天下之至健也，德行恒易以知險。夫坤天下之至順也，德行恒簡以知阻」。健順言其體，易簡言其德，知能言其才，阻險言其變，能說能研言聖人之學，定吉凶成亹亹，言聖人之功用。六經之言，各有攸當，難以一例牽合也。

龍溪答

先生曰：

「乾知大始」，大始之知混沌初開之竅，萬物所資以始。知之爲義本明，不須更訓「主」字。下文證之曰「乾以易知」，以「易知」爲易主可乎？此是統天之學，贊元卽所以贊乾，非二義也。其言以體，以德，以才，以變，以學，以功用，雖經傳所有，屑屑分疏，亦涉意象，恐非易簡之旨。公將復以不肖爲混沌語矣。

案：此辯，雙江之難是難龍溪原文條擧中之②關于「乾知」者。其所引本義之語，本義是朱子周易本義。朱子以主訓「乾知大始」之知字。「乾知大始」猶言乾主始。主始者主爲萬物之始也。故乾彖云：「大哉乾元，萬物資始」。乾卽元，萬物資以爲始。「大」是贊詞。乾主始，主者主管義，充當義，是自動詞。乾卽是萬物之始，因而爲元，故曰「乾元」。若云「乾知道大始」，則不通也。蓋若如此，則知字便成爲他動詞（及物動詞）。它知道始，而它本身不是始。然它本身就是始，故知字只應作主解，不應作知解，卽只應內轉，不應外及。知本有主義。如言知縣知府，知一縣之事卽主管一縣之事，知府亦然。此知字卽知主兩通。但「乾知大始」之知則只應作主解，因「大始」非對象也。

「乾知大始」旣如此，則直接承之而來的「乾以易知」，此知亦應作主解 。「以易知」者，此言乾之主始甚易而無所難也。蓋以其健行之德（主動地創生萬物這創生之德）自然而可爲萬物之大始也。「坤以簡能」，言坤之作成萬物（終成萬物）甚簡而不煩也。蓋以其順承乾元之創始萬物而自能終成之也。「能」者效其終成萬物之能也。朱子注此兩語云：「乾健而動。卽其所知，便能始物而無所難，故爲以易而知大始。」此則便模稜，未能扣緊「主」字而措辭。「坤順而靜。凡其所能皆從乎陽而不自作，故爲以簡而能成物。」此則順適。總之，乾主始，坤主終。乾之創始也易，坤之終成也簡。此言乾坤之德也。

繫辭上傳下文順易簡而言：「易則易知，簡則易從」云云，則是離乾坤之德就人事一般而泛言之也，亦可以說此是「言人法乾坤之道」（朱子注語）也。故繫辭下傳又云：「夫乾確然示人易矣。夫坤隤然示人簡矣。」此言以「易知簡能」之易簡之道示人，人當所取以爲法者也。下傳又云：「夫乾、天下之至健也，德行恒易以知險。夫坤、天下之至順也，德行恒簡以知阻。」就乾言，德行是「以其健行之德而主始」之德行，此雖易而未嘗不知險也。就坤言，德行是「以其順承之德而主終」之德行，此雖簡而未嘗不知阻也。此雖言乾坤之德，然而視作一般原則而喻之以人事之理，故可言「恒易以知險」，「恒簡以知阻」也。此知字即只應作知解，不可復有他訓矣。

龍溪于「乾知」言良知，把原爲自動詞之知轉爲名詞，此不合原句之語意。然義理自可通。蓋良知本有三義：一、主觀義，知是知非之「獨知」是也；二、客觀義，良知即天理是也；三、絕對義，良知是「乾坤萬有之基」是也。（此言「乾坤萬有」猶言天地萬物）。龍溪言「乾知」即是此絕對義。此亦曰存有論的意義，即，良知充作大始而居乾元之地位也。故龍溪云：「大始之知、混沌初開之竅，萬物所資以始。」「大始之知」意即作爲大始的良知。此明以良知作乾元而爲萬物之始也。此義固可說，然不能直接由「乾知大始」之知字說。乾健主始，爲創造原則。而創造之所以爲創造即心也。故以良知爲創造原則，視作乾元，自無不可。此則引申其義，非由「乾知大始」之知直接滑轉而爲名詞之「乾知」也。龍溪所言之「乾知」即是乾元地位之良知，即作爲大始之良知也。此非可由「乾知大始」句直接截取也。龍溪直接由此截取，乃是其疏濶。理學家多有此病，故遺人以口實。李見羅謂「前輩中有以乾知爲良知者，令人失笑。」（見明儒學案止修學案）。此所云前輩即指王龍溪而言。實則亦無可笑處。依良知教通之其可矣。李見羅不但以此爲可笑！且並陽明之良知教而亦反對之，謂：「從古立教，未聞以知爲體者」（止修學案）。此則不足與言矣。

•雙江難

第三辯　關於「獨知」之論辯

雙江子曰：

程子云：「不睹不聞便是未發之中。說發便屬睹聞。」（案此意引伊川言中和之語）。獨知是良知的萌芽處，與良知似隔一塵。此處著功，雖與半路修行不同，要亦是半路的路頭也。致虛守寂方是不睹不聞之學，歸根復命之要。蓋嘗以學之未能爲憂，而乃謂偏于虛寂，不足以該乎倫物之明察，則過矣。夫明物察倫，由仁義行，方是性體自然之覺，非以明察爲格物之功也。如以明察爲格物之功，是行仁義而襲焉者矣。此以言自然之覺誤也。（意即「由此以言自然之覺誤也」）。其曰「視于無形，聽于無聲」，不知指何者爲無形聲而視之聽之？〔豈〕非以日用倫物之內別有一個虛明不動之體以主宰之，而後明察之形聲俱泯〔乎〕？是則寂以主夫感，靜以御夫動，顯微隱見通一無二是也。

夫子于咸卦特地提出虛寂二字，以立感應之本，而以至神贊之，蓋本卦之「止而說」以發其蘊。二氏得之而絕念，吾儒得之以通感。毫釐千里之差又是可見。

龍溪答

先生曰：

公謂夫子于咸卦提出虛寂二字以立感應之本，本卦德之「止而悅」以發其蘊，是矣。〔案咸彖曰：「止而悅」。象曰：「君子以虛受人」。有虛字，無寂字。〕

而謂「獨知是良知的萌芽，纔發便屬睹聞，要亦是半路修行的路頭。明察是行仁義而襲，非格物之功。致虛守寂方是不睹不聞之學。日用倫物之內別有一個虛明不動之體以主宰之，而後明察之形聲俱泯」。似於先師致知之旨或有所未盡契也。

良知卽所謂未發之中，原是不睹不聞，原是莫見莫顯。明物察倫，性體之覺。由仁義行，覺之自然也。顯微隱見，通一無二。在舜所謂玄德。自然之覺卽是虛，卽是寂，卽是無形無聲，卽是虛明不動之體，卽爲易之蘊。致者致此而已，守者守此而已，視聽于無形視聽此而已，主宰者主宰此而已。〔案此最後一句是順上句例滑口說來，實則不諦。當爲：「主宰者此卽主宰而已」。不是「主宰此」也。〕「止則感之專，悅則應之至」。〔案此朱子注咸卦卦辭語〕。不離感應而常寂然。故曰「觀其所感而天地萬物之情可見矣」。〔案此咸彖語〕

今若以獨知爲發，而屬于睹聞，別求一個虛明不動之體以爲主宰，然後爲歸復之學，則其疑致知不足以盡聖學之蘊，特未之明言耳。

其曰「二氏得之以絕念，吾儒得之以通感」，恐亦非所以議上乘而語大成也。

案：此第三答是答雙江對龍溪原文條舉中之①之難。此第三辯論最爲重要。雙江之一切辯說其主要根據是在此第三難中所說之義，卽以獨知之知爲已發，屬于睹聞，此不足恃，必致虛守寂，別求一個虛明不動之體以爲之主。此而分歧，一切皆異。但此點却是錯的，卽對于陽明所說之「良知」未有了解也。

陽明詠良知詩云：「無聲無臭獨知時，此是乾坤萬有基」。獨知之知即是無聲無臭，即是不睹不聞，即是喜怒哀樂未發前或未發時所欲體證之中體。豈因它一知便爲已發，便屬睹聞耶？它的這一知只是它自身之明覺。這明覺本身是無所謂已發未發的（陽明已說無分于有事無事，無分于寂然感通，無分于動靜）。依中庸，已發未發是就情說，並不就中體自身說。今若將發與未發移于良知中體上說，亦是即發即未發，發而無發的。濂溪云：「動而無動，靜而無靜，神也。動而無靜，靜而無動，物也。」前句正好可用于良知，後句正好可用于喜怒哀樂。動而無靜，靜而無動，等于說發即不是未發，未發即不是已發，這是氣物之事，而良知不是氣物也。今聶雙江把獨知這一知看成是已發，而又要想別求一未發者以爲之主，這是把這良知之明覺看成是形而下的氣物也。如果這一知之明覺是形而下的，則它便不是良知。但王陽明說它就是良知。豈王陽明亦混形而下爲形而上者乎？又，如果這是形而下的，則那爲之主的形而上者又是什麼呢？說它是虛明不動之體，則此虛明不動之體豈永在冥夜之中而永不可有一知之覺耶？如是，焉得可說爲虛明？其虛明之所以爲虛明究何在？若它一有知之明覺，則它復成形而下的，如是復又求一形而上者以爲之主。如是，則無窮後返，而良知永不可得。這形而上之主者究在何處呢？這樣，便把陽明所說之良知教完全衝破！但依陽明，這獨知之一知卽是良知，卽是虛明不動之體，卽是寂，卽是卽寂卽感寂感爲一而無分于寂感的，卽是主宰，而不能再爲之求主宰，它卽是最後的，現成的，具足的：它不允許再被分拆拉開。王龍溪所說皆陽明義也，可謂得之矣。而雙江之思路則全不相應，可謂愧對師門矣。

依中庸，不睹不聞而莫見莫顯的隱微之體是就天命之性這性體說。這性體是客觀地形式地說的性體。如果這性體就是那於穆不已之體之具于個體，則還是只有形式的意義。這是中庸一路之存有論地說的性體。若順孟子一路之心學之道德實踐地說，這個性體就是本心，就是良知。故王陽明得以套在不睹不聞莫見莫顯底方式中說良知，說愼獨。「愼獨」者卽戒愼乎不睹不聞而自己所獨知這一知之明覺也。戒愼云者卽不要瞞昧它而正視它——視於無形，聽于無聲，而與之覿面相當也。這一知之明覺就是「莫見乎隱莫顯乎微」之隱微之體，就是康德所說的「這根源的純智的而且是道德的能力」，他名這能力曰「良心」。（良知具有康德所說的良心義，但不只是這良心義。詳見現象與物自身第三章。）當我們的意念一發動時或好或壞（這是形而下的，可睹可聞的），良知皆知之。這一知是形而上的，超越的，是不睹不聞莫見莫顯的，故須戒愼而不要瞞昧它。不可因爲它莫見莫顯，便把它套在那說喜怒哀樂或說意念之動的已發未發中而說它是已發。它本身是貞定一如而無分于已發未發的。它之這一知只是它本身之如如地呈現，常寂寂卽常惺惺。它就是隱微之體。這是以心體、知體說性體，外此更無性體可言。中庸是存有論地說，故是客觀地形式地說，而此則是道德實踐地說，故是主觀地具體地說。形式地說那性體，則性體只有形式的實體性的意義，即使說個於穆不已，也是形式的實體性的意義，我們只能理會它是一個奧體（胡五峯云「性也者天地鬼神之奧」），是無窮的深奧，無窮的神秘，無窮的秘密藏，今以心體知體說之，則其無窮的深奧即全幅在此心體知體中。此完全是具體地說。但因是具體地說，所以雖是無窮的深奧，却是全部朗現（如如呈現）的深奧。此即是心學之所以爲顯教。因爲它只是一心體一知體，而此即是性體，它並不先客觀地存有論地說一形式意義的性體。這就是心學底圓足處。

然而這裡却可有另一思路，即，良知教自身雖可以圓足，然而我們可權且不讓它圓足。這「權且不讓它圓足」之步驟如下：㈠、必須先客觀地存有論地說一形式意義的性體即奧體；㈡、把道德實踐地說的這獨知之明覺視爲對于這奧體之形著；㈢、把這明覺步步向這奧體緊吸緊收，歸顯于密；㈣、這緊吸緊收底步驟是先通過把明覺緊吸于那作爲「心之所存」而非「心之所發」之「意」（主宰的實體性的淵然有定向的意），「知藏于意」，然後再把意體與知體一起緊吸于性體這個奧體；㈤、意知之緊吸于奧體是無限的進程，這裡說步步緊吸，這步步是無限的步步，然而亦可以頓時與奧體爲一，此時全知體是性體，全性體是知體，兩者之距離即泯，而形著關係亦泯，此時即主客觀之統一。此大體是胡五峯劉蕺山之思路。

現在所亟需要說明的就是：知體與性體何以開始必有距離而又能終歸于一？這是因爲先有一客觀地說的形式意義的性體奧體之故（這個性體不只是朱子所說的理）。主觀地說的（亦卽道德實踐地說的）具體意義的良知其所以爲具體首先單在其對于意念之發動而知其爲善或爲惡，或一般地言之，對于特殊的機緣（所謂對境）而顯其決定方向之明覺之用，如對事親而顯爲知孝，對從兄而顯爲知弟，等等。這種知或決定方向的明覺之用雖不是聶雙江所說的屬于睹聞之已發，因它是現成的具足的故，然而却必爲特殊機緣所限，而顯一孝弟相，因而亦爲孝弟相所限。當機而顯其爲具體的明覺卽爲其所當之機所限，此卽劉蕺山所說的「囿于形」。每一所當之機是一氣物之形，這形卽賦予之以限制，其當機而顯的孝弟亦賦予之以限制。這並不是因爲它着于形，着于孝弟，它根本上仍是不着的，所以它常能保持其超越性。然而正因其當機而具體，所以它纔受限。良知心用（或說知體）總是當機而具體地這樣如如呈現，因此，遂顯一散殊相，亦卽是其具體相。因此，它不能等同于那性體奧體，它與那奧體總有一距離。但是那形式意義的奧體其內容的意義（具體的意義）是什麼呢？我們離開了這良知心用，我們對于這奧體不能有任何具體的直覺。這就是說，這奧體之內容的意義卽在此良知心用中彰顯，而良知心用卽反而形著這奧體。可是這良知心用是當機的，散殊的，因此而顯其爲具體的，因此，它是步步形著那奧體，因而那奧體亦是步步彰顯的。良知之每一當機呈用卽對于那奧體有一步形著，那奧體之內容的意義卽有一步彰顯。這種彰顯形著可以是一個無限的進程，因爲那奧體是無窮無盡的。奧體於穆不已生化萬物（這是就其爲道體說），純亦不已引生德行（這是就其爲性體說），其具體處而見其爲如此者全在良知心用處見，以良知心用能形著而彰顯之。然而就良知之當機呈用說，這形著而彰顯之是一無限進程，亦可以說永不能全幅彰顯之。此就是良知心用與奧體之間必有一距離。這樣說，良知雖可以圓足而實不能圓足。這樣，在形著彰顯底關係中，良知形著奧體，而我們同時亦卽把良知緊吸于奧體，如是，良知可以不至于氾濫而無收煞。可是亦正因這一收煞，良知敎遂不能得其圓足。此非良知敎之所能安。

如是，良知之超越性必含一圓頓之可能。從無限進程上說，它永不能全顯那奧體而與之爲一。可是它的超越性可使它之囿于形超脫而不囿于形。其所當之機囿限之，然而因爲它不着于形，它卽可躍起而通于他。它的每一步具體呈用，如果不執不着，亦不捨不離，它卽步步具足，亦可以說卽是絕對，當下圓成。但此你可以說尙有步步相，卽使無時間相，無空間相，無生滅常斷一異相，然而似乎仍有一虛的步步相，因爲步步具足當下圓成，雖步步相無步步相，亦仍可說一虛的步步相。實則此虛的步步相只是那「步步」這一名言所起的影子。

當它當下具足，步步相無步步相時，即含着一圓頓朗現：一步具足即一切步皆具足，一步圓成即一切步皆圓成。如是，那無限進程義之進程即泯而爲一時頓現。只有在此一時頓現上，那良知心用始能脫化了那形限之囿而全幅朗現了那奧體而與之完全爲一。此時全知體是性體，全性體是知體，而只是一知體之朗現，帶着其全部內容而朗現。此時良知教即得其最後的圓足。此蓋就是王龍溪所說的四無之境。就良知教自身說，其圓足是在四無。這是純從良知心用之主體說，亦即是純從主體而主觀地說。上面套在形著關係上說者，是主客觀統一地說，亦仍可由王龍溪所說的四無而達到這全幅的形著與性體之全幅朗現，但這却是另一個義理間架。這就是胡五峯與劉蕺山底義理系統。這一系統收攝了良知教而堵絕其流弊。若保持良知教之自足性，則此兩系統可各自獨立而不相碍，亦可以合而爲一，成爲一圓圈之兩來往。我相信胡五峯與劉蕺山底義理間架可更有其優越性與凝斂性，因爲它保持了性天底超越性——這是儒家底古義，老傳統，不容易輕忽的。（子貢曰：「夫子之言性與天道不可得而聞」。「性」字是一個客觀意義的詞語。即陽明亦不悖。如「理一而已。自其理之凝聚而言則謂之性，以其凝聚之主宰而言則謂之心」云云。心是主觀地說者，性是客觀地說者。但如此說的性亦只有客觀而形式的意義。其具體而眞實的意義全在心處見。故自孟子即以心言性。陽明則全從心體知體立教，而性天只是稍帶着一提，終于良知即是性，心體即是天。象山亦如此。明道亦有此義。）當然，良知教到圓足處，知體卽性體，心卽天，但天與性體底客觀而獨立的意義從開始到最後是從不獨立地說的，亦不是預定在那裡的，但却又隨時捎帶着性字，天則不常說，（天代表道體，良知之絕對性卽是天），這便成了不予正視而捎帶着說。這裡便顯稍輕。這是從孟子起，心學底通性。當然這亦有好處，因爲它自始卽扣緊道德實踐說。可是同時這亦有其局限吾人處，卽可使吾人把良知只限于道德界，而不涉及存有界。但這不是良知底本義。良知是萬有之基，它不能不通于存有界。可是自始卽扣緊道德實踐說，這實踐必達到四無之圓足處，知體底絕對性成立，然後它卽是那客觀地說的性與天始能顯。因此，良知教亦不能抹掉性天。然則性天之不能被捎帶着說而予以正視，這是必然的。良知教是顯教，歸顯于密也許有其好處。只要知這兩系並不相碍而是一圓圈之兩來往卽可。視良知教是自足的固可，把良知緊吸于性天而言良知與性天間之形著關係而爲劉蕺山亦可。

王龍溪是緊守良知教自足底立場，而聶雙江則兩不着邊，旣不解于良知教，而又不能歸于劉蕺山。他因襲了一些朱子的觀念，他又走不上朱子的路。他把良知分拆，是第一誤；他要爲已發的獨知求主宰，這是第二誤；而又認此主宰是眞良知，良知而不獨知，這是自相矛盾，如一獨知，便又不是良知，這是陷于無窮追溯，這是第三誤。他所求的主宰旣仍認是良知，所以他又不能走上劉蕺山的路，結果是到處纒夾，似是而非。其無所得于師門甚顯然也。王龍溪此第三答甚明暢而顯豁，無滯義。吾故就聶雙江之疑難以疏解出劉蕺山之路，以爲此方是對題者。王門中江右之劉獅泉以及受學于劉兩峯之王塘南皆想向性體奧體（所謂性宗）走，是已開脫離王學（心宗）之機，而未能成熟。此見下章。

第四辯　關於「幾」之論辯

雙江難

雙江子曰：

兄謂聖學只在幾上用功。有無之間是人心真體用，當下具足。〔案龍溪原文無此語〕。是以現成作工夫看。

夫寂然不動者誠也，感而遂通者神也。今不謂誠神爲學問真工夫，而以有無之間爲人心真體用，不幾于舍筏求岸，能免望洋之歎乎？誠精而明寂，而疑于無也，而萬象森然已具，無而未嘗無也。神應而妙感，而疑于有也，而本體寂然不動，有而未嘗有也。即是爲有無之間，亦何不可？〔案龍溪即是如此言，而亦即依如此言之有無之間而言幾。此根本非是。就誠神而言有無，不可

言「有無之間」。這裡並無「間」。濂溪亦不如此言。濂溪就「幾」言有無之間，不就誠神言也。〕

老子曰：「無無既無，湛然常寂。常寂常應，真常得性。常應常定，常清淨矣」。〔案此數語不知見于何處。〕則是以無爲有之幾，寂爲感之幾。非以寂感有無隱度其文，故令人不可致詰，爲幾也。〔案「常寂常應」，非「以無爲有之幾，以寂爲感（應）之幾」之謂。〕

知幾之訓，通書得之。易傳，子曰：「知幾其神乎？幾者動之微，吉之先見者也」。卽〔通〕書之「動而未形，有無之間」之謂。〔案此是幾之本義，此與「常寂常應」，「以寂爲感之幾」，不同也。〕

易曰：「介如石焉，寧用終日，斷可識矣」。此夫子之斷案也。〔此是易繫辭下傳解豫卦六二爻辭「介于石，不終日，貞吉」語。傳統觀點以爲繫辭傳，甚至易傳全部，爲孔子所作，故云是「夫子之斷案」。〕蓋六二以中正自守，其介如石，故能不溺于豫。「上交不諂，下交不瀆」，知幾也。〔案易繫辭下傳云：「上交不諂，下交不瀆，其知幾乎？」〕盱豫之悔，諂也。冥、貞之疾，瀆也。〔案豫卦六三「盱豫悔」。朱子注云：「盱上視也。六三陰不中正而近于九四。四爲卦主，故六三上視于四而下溺于豫，宜有悔者也」。又豫卦六五「貞疾」。朱子注云：「當豫之時，以柔居尊，沈溺于豫，又乘九四之剛，衆不附而處勢危，故爲貞疾之象」。又，豫卦上六「冥豫」。朱子注云：「以陰柔居豫極，爲昏冥于豫之象。」」幾在介，而非以不諂不瀆爲幾也。易曰：「憂悔吝者存乎介」。〔案此繫辭上傳語〕。介非寂然不動之誠乎？中庸曰：「至誠如神」。又曰：「誠則明」。言幾也。舍誠而求幾，失幾遠矣。內外先後，混逐忘助之病，當有能辨之者。

案：此就條擧中③言幾者而難。雙江以無爲幾，以寂爲幾，以介爲幾，以誠爲幾，皆非是。濂溪不如是，易傳亦不如是。

龍溪答

先生曰：

周子云：「誠神幾曰聖人」。良知者自然之覺，微而顯，隱而見，所謂幾也。良知之實體爲誠，良知之妙用爲神。幾則通乎體用而寂感一貫，故曰有無之間者幾也。有與無正指誠與神而言。此是千聖從入之中道。過之則墮于無，不及則滯于有，多少精義在！非謂以見成作工夫，且隱度其文，令人不可致詰，爲幾也。豫之六二以中正自守，不溺于豫，故能觸幾而應，不俟終日而吉。良知是未發之中，良知自能知幾。非良知之外，別有介石以爲能守，而後幾可見也。大學所謂誠意，中庸所謂復性，皆以愼獨爲要，獨卽幾也。

案：龍溪此答亦嫌疏濶，不合易傳通書言幾之原意。易傳言：「幾者動之微，吉〔凶〕之先見者也」。通書言「寂然不動者誠也，感而遂通者神也。動而未形，有無之間者幾也。」又說「誠無爲，幾善惡」。又說：「幾動于彼，誠動于此」。幾既可以吉凶言，又可以善惡言，顯屬形而下的，有時亦說屬感性層，或經驗層。「有無之間」是就「動而未形」說。動不可說無，未形不可說有。故在有無之間也。此蓋只就「動之微」而形容之耳。「有善有惡意之動」就是這種「動之微」。故可就「意之動」說幾，而不可就誠神說幾，亦不可就良知之寂感說幾。誠神與幾是屬于上下兩層者。良知之寂感與意之動亦是屬于上下兩層者。「幾動于彼誠動于此」。以誠體之神知幾化幾，故工夫全在「幾」上用。就有吉凶善惡之動之微說幾，不就動而無動之誠神說幾也。但條舉③則直接從良知之寂感之間說幾，本屬感性層者，今收于體上說，此卽顯得滑轉顢頇而不妥。（幾屬事，不屬體。）條舉③云：「良知者無所思爲，自然之明覺。卽寂而感行焉，寂非內也；卽感而寂存焉，感非外也。（案此無問題，因只是分析地說良知明覺之自身）。動而未形，有無之間，幾之微也。動而未形，發而未嘗發也。有無之間，不可以致詰。此幾無前後，無內外。」此明是就良知自身之寂感而說「動而未形有無之間」以爲幾。故聶雙江致疑云：「兄謂聖學只在幾上用功，有無之間是人心眞體用，當下具足。是以現成作工夫看。」現成者卽是吾所說的「只是分析地說良知明覺自身」，因爲只就良知自身之寂感而說「動而未形有無之間」以爲幾故，此當然是現成具足。在幾上用功並不錯。然而現成具足者（卽人心之眞體用）並無工夫義。如何恢復此具足者才是工夫。說此中「多少精義在」，此並不能算工夫。此皆是分析地說良知明覺寂感之自身也。就良知自身寂感說幾，若說此是借用濂溪語則可。若說此卽是濂溪言幾之原意，則爲誤用。在濂溪「誠、神、幾」是三個並列的概念。誠神是就超越之體說，幾是感性層上者。今視三者爲一層，皆就良知自身之寂感說，顯爲誤用。

此第四答云：「良知者自然之覺，微而顯，隱而見，所謂幾也」。中庸云：「莫見乎隱，莫顯乎微」，此是形容獨體之森然，由此以言戒愼恐懼。吾人並不能以此種「微而顯，隱而見」來說「幾」。「動而未形有無之間」，這是實說，可以鋪得下的。良知自身之寂然感通亦是實說，可以鋪得下。然而此「莫見乎隱，莫顯乎微」之「微而顯隱而見」只是說隱微中體之森然，此種微隱顯見之相對並不能落實而為可以平鋪得下的體用或寂感。

此第四答又云：「良知之實體為誠，良知之妙用為神。幾則通乎體用而寂感一貫，故曰有無之間者幾也。」此體用寂感是實說。由此體用寂感說「動而未形有無之間」以為幾，明是就良知明覺自身之寂感而分析地說。這當然字面上可以說個「有無之間」。然而實則良知之實體之誠與良知之妙用之神實無間可言，亦無分于有無，乃是有而不有，無而不無的，亦無分于寂感，乃是卽寂卽感的。這裡不能分拆出一個「間」而備吾人說幾。那些廻環弔詭的說法只是表示良知明覺之如如。在這裡說「動而未形，有無之間，幾之微也」是不妥當的；說「動而未形，發而未嘗發，有無之間不可以致詰」亦是不妥當的；在這裡說「此幾無內外無前後」亦是不妥當的；在這裡說「幾則通乎體（誠）用（神）而寂感一貫」亦是不妥當的。

王龍溪把那「動而未形有無之間」的幾移于寂感誠神上說，明是混感性層上的為超越層上的，混形而下的為形而上的，而知幾，庶幾，審幾之工夫義亦全不顯，故有聶雙江之「以見成作工夫」之難。

濂溪說「動而未形有無之間者幾也」，這是「幾」之定義，亦可以說是原則地說，或形式地說。「幾善惡」是實際地說，明與誠體乃至誠神上下兩屬。幾有善惡，有吉凶，誠體乃至誠神爲一並無吉凶善惡可言也。「幾動于彼，誠動于此」，正是意念一動，誠體之神卽知之，以超越者化那感性者而使之爲順誠體而動，爲純吉而無凶，純善而無惡也。此卽是聖功之所在。濂溪固說：「誠精故明，神應故妙，幾微故幽」，此好像是平等平列地看，但「幾微故幽」並不可與前兩者平等一律看，視爲體上之玄義也。「幾微故幽」只是因其雖動而未形，而在有無之間，故幽隱而未見，人易忽之也。人卽須于此作最內在的細審工夫，以思通之。王龍溪是把它與前兩者一律看，亦視之爲體上之玄義，故混淪顢頇也。王龍溪蓋合下有此渾淪顢頇病，此亦聰明人快速之過也。故于義理多不精密，此處亦正須作工夫也。

前第一答中說意是良知寂感所乘之「機」。此機與「動之微」之幾不同。動之微之幾卽是意念之動。意念剛發動而未形，故曰微，曰幽，曰有無之間。然雖幽微而未形，而吉凶善惡已先見于此，故曰「幾」也，卽是後來定吉定凶定善定惡之先兆也。幾卽朕兆義。此朕兆之動之微，落實卽是意念之動，此卽是良知寂感所乘之機竅以見其爲寂感之實也。

四句教中「有善有惡意之動」，此合于易傳與濂溪通書所說之「幾」之意旨，故幾就「意之動」說甚爲恰當。剛要發動而尙未表現出來（動而未形），這就叫做「動之微」。這幾因爲尚未表現出來，故甚幽隱。說它是有，又未表現出來；說它是無，它又有發動之勢。故云「有無之間」。此處最須仔細用功。這只要每人體察自己的意念就可知道。大學說誠意，說愼獨，就從這裡說。（中庸說愼獨就性體說）。意才可以用「動而未形有無之間」去說，亦卽可以用「幾」字去說。良知之誠神寂感是不可以用動靜去說的，要勉强借用此兩字去形容，也是動而無動靜而無靜而無分于動靜的，因而亦不可以用「有無之間」去說，要勉强借用有無去形容也是有而不有無而不無而無分于有無的（這是對于體之玄悟實悟，與說幾的那「動而未形有無之間」不同），因而亦不可以用幾字去說。王龍溪把說幾的「動而未形有無之間」與良知之無分于動靜，無分于寂感，無分于有無，混而爲一，而視爲對于體之玄悟實悟，則大錯；把那「有無之間」底格式用于體之誠神或寂感，而說成誠神之間或寂感之間，或把誠神或寂感說成有無之間，在此有無之間上說一個幾，這亦是大錯的。把「動而未形」說成「發而未嘗發」，以此見良知之無分于已發與未發，此亦是大錯。

誠神寂感是說良知本身之體段，這些都是分析的詞語。若只從明覺之感應方面說，則只是一體之如如，甚至寂無寂相，寂亦不可說，感無感相，感亦不可說，要說，則卽寂卽感，卽誠卽神，皆是分析的辭語，亦卽皆是同語重複而亦一無所說，只是一體之朗現，此眞所謂混沌也，亦卽只是一如相。如相卽實相，（對于此實相之體悟曰玄悟實悟），而實相一相所謂無相，此即王龍溪所謂四無之境：此誠神寂感如說心，即是無心之心；如說意，即是無意之意；如說知，即是無知之知；如就其感應處說物，即是無物之物。這四者一體而化，而一切這些辭語亦皆是分析的。焉可容得下一個幾字？王龍溪在此說個幾字，而說「不可致詰」，說「此幾無前後無內外」，便成大混亂（不是混沌，是混亂）。

但是對體之實悟雖是如此，而自道德實踐之致知以誠意上說，則良知之誠神寂感即要顯相，因意之動之揷進來而顯寂感之相。意之動有善有惡，這無異對于那一體而化成了一種間隔，因此，良知神用不能分析地順通下來。但是良知自身有一種不容已地要湧現出來的力量。只因意之動這一間隔，它的感通暫時得一停頓而縮回去。因此，它的寂感之分析地為一，在此一間隔上，如果要通出來，似乎要顯一綜和相，即其寂然不動與感而遂通似乎不是分析的一，而是綜和的二。在此綜和的二上，我們有寂底意識，亦有感底意識，因而良知自體亦乘着這個機，顯出了一個寂相與感相這二者底分別說。良知要湧現出來以通化這意之動，因此，這意之動就成了良知底寂感所乘之機。乘着這個機，寂成其為寂，感成其為感（對應意之動而感）；及其致出來以通化這個意，則其寂感為一之實即具體地彰顯出來。在這致而彰顯的過程上，即有機可乘的過程上，它的寂感顯綜和相；因此綜和相，亦顯它的寂相與感相，以及寂感為一相。及其已致而彰顯，意全化而從知，間隔之作用泯，則「機」義亦泯，綜和相亦泯，而仍歸于其一體而化之分析相；在此分析相中，仍是如相無相，而寂感相乃至寂感爲一相亦泯。故「意是良知寂感所乘之機」即是良知得以由之以成其爲寂爲感並寂感爲一之實。及意全化而從知之明覺而爲無意之意時，則「機」義即泯，而動而未形而有善惡的「幾」義亦泯。

因此，工夫乃全在知幾，庶幾，與審幾，亦即致知以誠意。如是，則聶雙江「以見成作工夫」之難即無可得而施。聖人知幾，一時頓化也。子曰：「知幾其神乎」？故能「純吉而無凶」。賢人庶幾，「不遠復，無祇悔」也。子曰：「顏氏之子其殆庶幾乎？有不善未嘗不知，知之未嘗復行也。」亦王龍溪所謂「纔動即覺，纔覺即化」也。故能「恒吉而寡凶」。學者審幾，博學審問愼思明辨，故能「趨吉而避凶」。造境有異，而致知以誠意則一也。王龍溪云：「良知是未發之中。良知自能知幾。」即知這個「意之動」之幾也。若幾移于良知寂感上說，則知幾即知其自己也。此則全失知幾庶幾審幾之工夫義。語意不可隨意滑轉也。說中庸愼獨，「獨即幾」亦非。

至于聶雙江「以寂爲感之幾」，「以無爲有之幾」，以介爲幾，以誠爲幾，則根本非是。此不過是將良知分拆爲已發與未發，而由「致虛守寂」以求「虛明不動之體」之思路。王龍溪將「動而未形有無之間」移于體上，即移于良知之寂感誠神上說，固非是，然尚有個

「有無之間」，而聶雙江則直以誠爲幾，以寂爲幾，則根本不合易傳與通書之所說。從古無如此說「幾」者。以誠爲幾，以寂爲幾，致虛守寂以歸于寂體（誠體）即是「知幾」之工夫。有誠而後有已發之神，有寂而後有已發之感。故以「誠神爲學問眞工夫」，實即以歸寂爲學問眞工夫。而不知良知根本不容許分拆爲已發與未發，其寂感誠神亦根本不容許分拆爲已發與未發。他又走不上劉蕺山之思路。故旣違反陽明之良知教，而又兩不着邊也。此如前第三辯中所案。

第五辯　關於「不學不慮」之論辯

雙江難

雙江子曰：

克己復禮，三月不違，是顏子不遠于復，竭才之功也。「復以自知」，蓋言天德之剛復全于我，而非羣陰之所能亂，却是自家做主宰定，故曰「自知」，猶自主也。子貢多識億中爲學，誠與顏子相反。至領一貫之訓，而聞性與天道，當亦有見于具足之體，要未可以易視之也。〔案此不相干〕。

先師良知之教本于孟子。孟子言孩提之童不學不慮，知愛知敬，蓋言其中有物以主之，愛敬則主之所發也。今不從事于所主，以充滿乎本體之量，而欲坐享其不學不慮之成，難矣！〔案此同于第三辯，此是雙江之根本思路，亦是其根本差謬處。〕

龍溪答

先生曰：

顏子德性之知與子貢之多學以億而中，學術同異不得不辨。非因其有優劣而易視之也。

先師良知之說倣于孟子。不學不慮乃天所爲自然之良知也。惟其自然之良，不待學慮，故愛親敬兄，觸機而發，神感神應。惟其觸機而發，神感神應，然後爲不學不慮，自然之良也。自然之良卽是愛敬之主，卽是寂，卽是虛，卽是無聲無臭，天之所爲也。若更于其中有物以主之，欲從事于所主以充滿其本然之量，而不學不慮爲坐享之成，不幾于測度淵微之過乎？

孟子曰：「凡有四端于我，知皆擴而充之，若火之始然，泉之始達」，人力弗得而與。不聞于知之上，復求有物以爲之主也。

公平時篤信白沙子「靜中養出端倪」與「欛柄在手」之說。若舍了自然之良，別有所謂端倪欛柄，非愚之所知也。吾人致知之學不能入微，未免攙入意見知識，無以充其自然之良，則誠有所不免。若謂自然之良未足以盡學，復求有物以主之，且謂「覺無未發，亦不可以寂言」，將使人並其自然之良而疑之，是謂矯枉之過，而復爲偏，不可以不察也。

案：龍溪此答是也。蓋雙江以「獨知」爲已發，不是眞良知。獨知猶如此，則孟子所謂不學不慮之知愛知敬當更屬已發矣。其所以能發而爲如此之不學不慮是因爲有寂體以主之。是則于良知以外別有一個「不發而爲知」的寂體以爲主宰也。此自然之良既屬已發，即不可說未發，亦不可以寂言。此王龍溪答語中所以有「且謂覺無未發，亦不可以寂言」之引述。（案此語不見雙江之難中，也許別處有此語；要之雙江之本意是如此）。然則那「不發而爲知」的寂體是什麼呢？如永不發而爲知而又說是良知，則是自相矛盾。如已發而爲知，則又須求寂體以主之，此則成無窮之追溯。

依孟子與陽明，知愛知敬以及惻隱羞惡等卽是良知。此固是當機的特殊表現，然雙江把這當機的表現看成是已發，尙不是眞良知，遂抽象地思那無任何表現的良知以爲寂體，視此寂體爲主宰，以思此寂體自己爲「從事于所主，以充滿乎本體之量」，此是以抽象體當作眞寂體、眞主宰。殊不知對于良知不可如此思維。卽使可以如此思維，亦不可以如此之抽象體爲眞寂體眞主宰，此犯以抽象爲具體之過。良知隨事表現，不是已發。此就是眞良知，良知自己。它就是寂，就是虛，就是主宰；它就是最後的，現成具足的。一事上表現是如此，擴而充之，事事上表現亦是如此。「充滿乎其本體之量」卽是擴而充之，使之事事上有表現，並不是歸寂以求那永不表現的寂體爲「充滿乎其本體之量」也。只因聶雙江以抽象體爲寂體，誤虛爲實，遂把良知分拆而爲已發與未發，縱使是「獨知」，猶不算數，其謬誤顯然可見。

第六辯　關於「空空」之論辯

雙江難

雙江子曰：

時人以夫子多學而識，知足以待問也，故凡問者必之焉。夫子不欲以知教人也，故曰：「吾有知乎哉？無知也。」至于告人，則不敢不盡。「有鄙夫問于我，空空焉無所知，我必叩兩端而竭焉。」兩端之竭，非知之盡者不能。於是見夫子待物之洪，教人不倦之仁也。今謂良知之外別無知，疑于本文爲贅。而又以空爲道體，聖人與鄙夫無異。則鄙夫已具聖人體段，聖人告之，但與其空，如稱顏子之「庶乎」足矣，復何兩端之竭耶？心與耳目口鼻以空爲體是也。但不知空空與虛寂何所別？

龍溪答

先生曰：

空空原是道體。象山云：「與有意見人說話最難入」，以其不空也。鄙夫之空與聖人同，故能叩其兩端而竭。蓋是非本心人所固有。雖聖人亦增減他一毫不得。若有一毫意見填實，卽不能叩而竭矣。心口耳目皆以空爲體。空空卽是虛寂，此學脈也。

案：此第六辯是就條擧中之④龍溪所引孔子「吾有知乎哉？無知也」之語而辯。此辯無關重要。龍溪之說亦只是借孔子語之一說，亦可通。「有鄙夫問于我，空空如也」。「空空」、有說與「悾悾」通，乃誠慤貌。此亦可通。惟這裡似乎顯出有兩種知底意味：一是多學而識之知，一是良知知是非之知。孔子不以多知多能爲足多（爲足尙），故言「吾有知乎哉？無知也」。雖儘多知，而無足尙也。這亦可以是謙詞，亦可以不必是謙詞，只是不足尙之意，猶言算不了什麼。然則所足尙的是什麼？君子重德，自然以德爲尙，重德就得明白道理。明白道理自然以道德上的是非爲主。「子入太廟，每事問」。朱子以爲雖知亦問，敬謹之至也。而陽明則以爲名物度數豈能盡知？不知而問，無傷于聖。聖人無所不知只是無所不知個天理。不知而問亦是天理也。時時依良知天理之決定而行卽是無所不知。至于名物度數之經驗知識豈能無所不知？此解于理較順。王龍溪之說卽本此而來也。說「吾有知乎哉？無知也」爲「良知之外別無知」。語雖陡截，而指歸于良知之無所不知個天理亦不算錯。良知之知是知敬知愛，知是非，知惻隱，知羞惡，知恭敬，知孝知弟等等，不是知名物度數。依此而言，亦可以說「空空如也」。空却那些經驗知識，良知之知卽顯。而良知之知本身卽是虛寂而又感而遂通也。鄙夫可無名物度數之經驗知識，卽多學而識之知識，然不能無良知。就此而言，其空空雖與聖人有程度不同，（鄙夫可實無名物度數之知，而聖人雖有亦不以此爲多）」，然其爲「空空」則一也；而其良知之虛寂明覺雖有覺與不覺之異，然其本有之虛寂明覺則一也。因爲鄙夫亦有良知，故孔子得就其良知之知是知非而「叩其兩端而竭焉」，卽以是非兩端而叩問之，卽可竭盡其良知之所知，而其良知之知亦得因而朗現矣。此亦如蘇格拉底問奴僕以幾何知識，問來問去，全部幾何知識，奴僕都可知道。依此，蘇格拉底說人心本有這些知識。但這些知識是幾何知識，而幾何知識是先驗的理性知識，故可說本有。至若經驗知識則不能說本有，亦不能說通過反問卽可知之。孔子所言「叩其兩端而竭焉」亦似有類乎此。若就名物度數之經驗知識說，焉能叩其兩端卽可竭之？故王龍溪之說可通也。

聶雙江既知「夫子不欲以知教人」，而于告人之時，則又就多學而識之知說。夫就多學而識之知說，焉能叩其兩端而竭？「兩端之竭非知之盡者不能」。此言孔子于多學而識之知已「知之盡」。卽使「知之盡」矣，亦焉能以「叩其兩端」之方式卽可使鄙夫亦竭盡之？是以若不就良知說，不可通也。雙江說「今謂良知之外別無知，疑于本文爲贅」。本文所說之知不是贅，乃因不足多而撇開矣。既撇開矣，則卽可不就此種知說，而就良知說。

雙江又謂「而又以空爲道〔之〕體，聖人與鄙夫無異，則鄙夫已具聖人體段，聖人告之，但與其空，如稱顏子之庶乎，足矣，復何兩端之竭耶」？案此難無理。夫言鄙夫亦有良知，並非言其已到具體而微的聖人體段，如稱顏子之庶乎。說「滿街都是聖人」，是就潛在的聖人說，並不是說他們已到具體而微的聖人體段。良知朗現出來才可以說是聖人，或具聖人底體段。因其有良知，故可以「叩其兩端而竭」。

至于王龍溪直說「空空原是道體」，「空空者道之體也」，或「空空卽是虛寂」，此似是說的稍快，不必合孔子說「空空如也」之原意，然亦未嘗不可如此說。聖人雖多學多能，然不以此爲多，此卽是其心之虛也。鄙夫雖無多學而識之知，然亦因此而無成見，故其心亦較虛朗，亦容易顯其良知之是非。道心本卽是虛寂也。空空之虛寂卽是道心之自體（本質）也。

第七辯　關於「格物有工夫無工夫」等之論辯

雙江難

雙江子曰：

良知是性體自然之覺是也。故欲致知，當先養性。盍不觀易言蓍卦之神知乎？要聖人體易之功，則歸重于洗心藏密之一語。洗心藏密所以神明其德也，而後神明之用隨感而應。明天道，察民故，與神物以前民用，皆原于此。由是觀之，則致知格物之功當有所歸。〔案此言致知格物之功當在歸寂〕。「日可見之行」云者，易言潛龍之學務修德以成其身，德成自信，則不疑于所行，日可見于外也。潛之爲言也，非退藏于密之謂乎？知之善物也、受命如響，神應而妙，不待至之而自無不至。今曰「格物是致知日可見之行，隨在致此良知，周乎物而不過」，是以推而行之爲政，全屬人爲，終日與物作對，能免牽己而從之乎？其視性體自然之覺何啻千里？〔案此駁龍溪之說。然龍溪之說正本陽明「致吾心良知之天理于事事物物」之說而來，如何駁之？駁之是駁陽明也。〕

兄謂「覺無未發，亦不可以寂言，求覺于未發之前，不免于動靜之分，入于茫昧支離而不自覺」云云，疑于先師之言又不類。師曰：「良知是未發之中，寂然大公的本體，便自能發而中節，便自能感而遂通」。感生于寂，和蘊于中，體用一原也。磨鏡種樹之喻，歷歷可考。而謂之茫昧支離，則所未解。〔案陽明之言只能証成龍溪之說，不能証成雙江歸寂之說。〕

動靜之分亦原于易。易曰：靜專動直，靜翕動闢。周子曰：「靜無而動有」。程子曰：「動亦定，靜亦定」。周程深于易者。一曰主靜，一曰主定。

又曰：「不專一則不能直遂，不翕聚則不能發散，是以廣大生焉。」廣大之生原于專翕，而直與闢則專翕之發也。必如此而後可以言潛龍之學。〔案如此引述並無碍于良知之無分于動靜。〕

愚夫愚婦之知未動于意欲之時，與聖人同，是也。則夫致知之功要在于意欲之不動，非以「周乎物而不過」之爲致也。鏡懸于此而物自照，則所照者廣。若執鏡隨物以鑒其形，所照幾何？延平此喻未爲無見。致知如磨鏡，格物如鏡之照。謬謂格物無工夫，以此。〔案如此言致與陽明所言相反。〕

案：此難是就龍溪原文條擧中之⑤與⑥而辯。

龍溪答

先生曰：

欲致其知，在于格物。若曰「當先養性」，良知卽是性體自然之覺，又孰從而先之耶？

易言蓍之神，卦之知，神知卽是良知。良知者心之靈也。洗心退藏于密只是潔潔淨淨，無一塵之累，不論有事無事，常是湛然的，常是肅然的，是謂齋戒以神明其德。神知卽是神明。非洗心藏密之後而後有神知之用也。公云：「致知格物之功當有所歸」。良知卽是神明之德，卽是寂，復將何所歸乎？

案：此是答首段之難。雙江曰：「故欲致知，當先養性。」龍溪本陽明直駁之曰：「欲致其知，在于格物」，此本大學「致知在格物」而言也。雙江說「當先養性」，此語或可有分性與知爲二之病。「良知是性體自然之覺」，意言良知是由性體發出的自然之覺，「故欲致知，當先養性」。此卽分性體與良知爲二層。此非龍溪之原意。龍溪條擧⑤云：「自然之覺良知也。覺是性體。良知卽是天命之性。良知二字性命之宗。」並不說「良知是性體自然之覺」。若此語是嚴格地貼合龍溪之原語，不解成兩層，則不能說「欲致知，當先養性」，而只能說養性卽是後返地歸寂以致知，致知與養性兩者無先後可言。此亦是聶雙江所應有之意，蓋雙江以歸寂爲致知也。而所以自然地說成「良知是性體自然之覺」者蓋亦是本其自己之思路而說。如是，便必有兩層意。因雙江認自然之覺（不學不慮）爲已發，屬下層，須別有一物以主之故也。此別有一物卽是他所說的寂體，此亦或可虛說爲性體。此寂體卽是他所說的未發的良知自己。（須知這良知自己既說它是良知，而又不許說覺，這是自相矛盾。如說覺，則又成已發，此卽成無窮追溯。此前已明）。對已發的自然之覺說，致知是後返地致那未發之寂體以主那自然之覺，然後始能發出這自然之覺。此致知卽是養性，故無先後也。今說「良知是性體自然之覺，故欲致知，當先養性」，如眞有先後可言，則當是欲致那已發的自然之覺必須先後返地歸寂以養性或致那未發之寂體而後可。是則其所說之「致知」是關聯着後果（已發的自然之覺）與原因（未發的良知自己卽寂體）而說，卽，在後果處說致知，致那已發的自然之覺，在原因處說養性，養那未發的寂體。此是順龍溪原語而依其自己之思路說成的。通常雙江說致知卽是歸寂以致那寂體，相當于此處所說之養性。彼以爲有此寂體，自然有照（後果），照處無工夫也。

此一思路固非龍溪意，亦非陽明意。他這一攪合，弄的極難清理，因爲詞語相似而意指俱不同也。

依龍溪，良知卽是天命之性，卽是性體自然之覺，這是作一層看，故云「孰從而先之」？致知在格物，卽是在事事物物上前進地擴充此自然之覺以誠意正物也。這是陽明底本義。卽使致虛守寂，一切退聽，亦是在保任此自然之覺，此是常行，自無不可，但對意與物而言致時，仍是擴充地致此自然之覺于事事物物，仍是陽明之一套，此則便無過。然聶雙江則不如此，他把良知支解而爲已發與未發，如是他的歸寂便成另一套，而不能復歸于陽明。這樣疏解之，庶可通其情而解其蔽。龍溪之直駁，則于順通上無益也。

其直駁而無益者尤見之于「洗心退藏于密」之解說。致虛守寂，一切退聽，並非完全不可說也。

繫辭上傳云：「蓍之德圓而神，卦之德方以知，六爻之義易以貢。聖人以此洗心，退藏于密，吉凶與民同患。神以知來，知以藏往，其孰能與於此哉？古之聰明睿知神武而不殺者夫！是以明于天之道，而察于民之故，是興神物以前民用。聖人以此齋戒以神明其德夫。」這此是雙江所引文獻之全段。「聖人以此洗心」，「此」是指蓍之德，卦之德，六爻之義，這三者而說。這本是就卜筮而說。卜筮之時須誠敬。誠敬以見「蓍之德圓而神，卦之德方以知（智）。」聖人以蓍之神，卦之智，以及六爻之義，這三者來洗練其心，使心地乾淨，純乎誠敬，「退藏于密」而不浮露，如是，始能與于蓍卦之神、智、以及六爻之變易，因此而能「吉凶與民同患」。進一步，「神以知來，智以藏往」，這只有「聰明叡智神武而不殺者」（朱注「得其理而不假其物之謂」）始能「與于此」。此聰明叡智者之所以能與于此，亦正因其能以蓍、卦、易三者洗心退藏，故能知來藏往以顯其神智之明也。蓍、卦、易既有此效應，所以聖人「明于天之道而察于民之故，〔由〕是〔而〕興神物以前民用。」神物即蓍龜也。即在用之前，作爲卜筮之法以教人也。「聖人以此齋戒以神明其德」，同于前「以此洗心退藏于密」。「此」指著龜神物說。此是借卜筮以說其（聖人）神明之德，以及其與于神智之用。神智從著與卦說，是象徵地說。神明其德是落實于聖人之心說。若撇開卜筮，則象徵地說的神智亦就是聖人底神智。有神明之德即有神智之用。「吉凶與民同患」，以及「神以知來，智以藏往」者是也。如是，把神明之德與神智之用即實之以良知明覺亦未嘗不可。不但聖人有此神明之德與此神智之用，即任何人亦皆有之。然而洗心退藏于密以復此神明之德與神智之用，即復此良知明覺之神明與神智，亦仍可說。此是從良知明覺繞出來作預備工夫，亦未嘗不可。此是陽明早期所說的「默坐澄心，以收斂爲主」，亦是其後期所說的「乃若致知，則存乎心悟」之「心悟」，也就是吾所說的常行。聶雙江特重此義，本未嘗不可。這一點須予以承認，不必直抹之也。其病只在因重視此義而支解了良知，違反了陽明之義理規範。若這樣順通而指點之，聶雙江未必不因而省悟而悔其支解穿鑿之非也。但王龍溪于此則顯疏闊陡截，故于雙江無益也。人在爭辯之時，各順自己之思路以前進。心思窒塞，遂成膠着。此時若直駁，則愈駁愈促其膠着也。

龍溪曰：「神知即是良知。良知者心之靈也。（案此無問題）。洗心退藏于密只是良知潔潔淨淨，無一塵之累，不論有事無事，常是湛然的，常是肅然的，是謂齋戒以神明其德。

神知即是神明。非洗心藏密之後而有神知之用也。」案此即少一曲折，不足以服雙江也。因爲只就良知自身說，「洗心退藏」底工夫義不顯故也。而「洗心退藏之後而後有神知之用」亦何嘗不可？此亦猶如常常少私寡欲，默坐澄心，以保任良知使之不昧，而後良知始易呈現，致之于事事物物亦較易也。此種常行須予承認。否則「存乎心悟」一語便成虛辭。雙江說此義不能算錯。其錯是在因洗心退藏而支解良知也。故其洗心退藏之歸寂乃成另一套，而不復是默坐澄心以保任良知而使之不昧也。人以其類于陽明初期講學之旨，故稱贊之，實則非陽明初期講學之意也，乃似之而非也。龍溪駁之是也，惟少一疏通耳。龍溪熟于陽明之說，而不免于疏濶。雙江則根本不相應也。

> 格物者大學到頭實下手處，故曰「致知在格物」。若曰格物無工夫，則大學爲贅詞，師門爲勦說，求之于心，實所未解。理一而已。性則理之凝聚，心則凝聚之主宰，意則主宰之發動，知則其明覺之體，而物則應感之用也。（案此本陽明答羅整菴少宰書而說）。天下無性外之理，豈復有性外之物乎？公見吾人爲格致之學者，認知識爲良知，不能入微，致其自然之覺，終日在應迹上執泥有象，安排湊泊，以求其是當，故苦口拈出虛寂話頭以救學者之弊，固非

> 欲求異于師門也。然因此遂斬然謂格物無工夫，雖以不肖「隨在致此良知周乎物而不過」之說，亦以爲「全屬人爲，終日與物作對，牽己而從之」，恐亦不免于懲羹吹齏之過耳。

案：此答雙江難辭之第二段。龍溪此答非常條暢，而不滿之意亦溢于言表，故不與之解說義理，而只諒其情以明其陷于「懲羹吹齏」之過。但格物有工夫無工夫，此與陽明之致知格物說有關，而王龍溪所說「格物是致知日可見之行」之語亦是本陽明之說而來。然則聶雙江何以如此不解而謂其「全屬人爲，終日與物作對」？此仍須從義理上疏導之以解其蔽，徒謂「天下無性外之物」不足也。

依陽明，致是擴充義。欲誠其意者，先致其知，而致知在格物。是則致知以誠意格物（正物）也。這三者合起來只是一個工夫。致是工夫字，誠亦是工夫字，格（正）亦是工夫字，但這三個工夫字卻並不表示各代表一套工夫，即並不表示致自身有一套工夫，誠自身有一套工夫，正自身又有一套工夫。這只表示對應意念之發動與意念之所在或所用致其良知以使之誠與正耳。這只是一個完整的工夫，致知是條件，意之誠與物之正是後果。而致知亦不是用一套外在的工夫去致那良知，而實是依據良知自身有不容已地要湧出來之力量而來的良知之自致，並不是他致。因此，這三者若各自獨立地看，說工夫都是工夫，因爲合起來是一整工夫；說不是工夫，都不是工夫，因爲三者各自本身皆無獨特的一套工夫。這三者，甚至加上正心，是四者，只是步步逼緊而集中于一點而又互相關聯着說，因此，只能是一個工夫。在朱子，是步步逼緊而集中于格物，而格物是卽物而窮其理。能窮理則知自致，意自誠，心自正。在陽明，是步步逼緊而集中于致知，而致知是致良知。吾心良知之天理一旦擴充出來，則物自正，意自誠，心自正。因此，並不是分別說各自有一套工夫也。然而旣是三者合起來是一整工夫，則此三者一個也不可離。因此，說三者都是工夫亦可，因合起來而爲一整工夫而爲工夫也。所以致知卽帶着誠意，同時亦帶着正物卽成物（成就一件行爲物），固不能離開「對應意」而致，亦不能離開「行爲物之正」而致也。此是就四句教有所對治而說。若從明覺之感應說物，則意從知起，意藏于知，意是無意之意，而物亦是事物兼賅，純是良知天理之著見，物亦是無物之物，此卽進至于四無，無所對治故也。而吾人是有感性的存在，所以若說工夫，必就四有句而說。依此，王龍溪說「格物是致知日可見之行，隨事致此良知，使不至于昏蔽也」，或「隨在此致良知，周乎物而不過」，這不能算錯。蓋明是本陽明四句教而說也。「日可見之行」出自乾文言：「君子以成德爲行，日可見之行也」。「日可見之行」意卽日常現于外而可見之行也。此若用之于致良知，便是意之所在之物（行爲物）。致知爲的是誠意與正物，也就是在成德，所以說「格物（正物）是致知日可見之行，隨在致此良知，周乎物而不過也」。此是說：格物（正物）就是致知于日可見之行，也就是說，隨在或隨事（隨可見之行）致此良知，周遍乎事事物物而不過也。「周乎物而不過」一語是本易傳「範圍天地之化而不過，曲成萬物而不遺」之語法而說。易傳說此兩語是就易道說，是本體宇宙論的說法。若從明覺之感應說物，亦可說良知之明覺感應「範圍天地之化而不過，曲成萬物而不遺」。今就四句教之有所對治而說，則是意之所在或所用爲物，物是行爲物，「周乎物而不過」便是周遍乎日可見之行而不踰越或不蕩越之謂，亦卽「知（智）周乎萬物而道濟天下故不過」之意。致良知之天理于日可見之行亦就是「智周乎萬物而道濟天下故不過」。此語中之「不過」是無過擧之意，亦與「範圍天地之化而不過」中之「不過」相呼應。過與不及相對。蕩越與過擧皆過也。「智者過之，愚者不及焉」。智周乎萬物而以道成濟天下，所以智亦不過也。（過卽過分或蕩越義）。致良知之天理于日可見之行，則日可見之行皆得其天理，是卽正物，亦卽道濟天下也。「隨在致此良知，周乎物而不過」，卽周乎日可見之行而不過也。此「不過」之「過」取蕩越義。不蕩越卽是在事事物物上致此良知也。此是陽明致良知之本義。聶雙江所言之「致」是後返地致那永不表現爲知的寂體，此與陽明義相違也。其言「格物無工夫」正是離「日可見之行」而言之也。暫時離一下亦未嘗不可，此所謂超越的逆覺體証也。但所逆覺而體證的還是那個良知，即「獨知」所表示的那個良知。逆覺而體證之並不表示其就能流行于日用之間。如是，要想致之于日用之間，還是不能不致之于「日可見之行」，還是不能離物而言致。此所謂仍歸于陽明之一套也。但聶雙江之後返地言「致」却不只是暫時離一下，逆覺體證那良知，而却將良知支解爲已發與未發。「獨知」猶屬已發，尚不能算是良知。是則其所謂良知者是永不表現而爲知的良知。不表現而爲知，即不得曰良知，而又名之曰良知，是則自相矛盾。又如果表現而爲知，則又屬已發，又須求其未發之寂體，如是，則成無窮追溯。無窮追溯與自相矛盾展轉循環，無有底止，是成大過。故暫時離一下而歸寂可，但支解良知而歸寂則不可。獨知之知即是無聲無臭不睹不聞之寂體，離此，復將安所歸乎？我們一切退聽，致虛守寂，即是守此獨知之知體即寂體也。離此，復將安所求寂乎？復又將安所另求一寂體以主宰之乎？此皆雙江之謬誤處，可疏解而明也。

寂是心之本體，不可以時言。時有動靜，寂則無分于動靜。濂溪云：「無欲故靜」。明道云：「動亦定靜亦定」。先師云：「定者心之本體」，「動靜、所遇之時」。靜與定即寂也。良知如鏡之明，格物如鏡之照。鏡之在匣在臺可以言動靜，鏡體之明無時不照，無分于在匣在臺也。故吾儒格物之功無間于動靜，故曰「必有事焉」，是動靜皆有事。廣大之生原于專翕，專翕卽寂也。直與闢卽是寂體之流行，非有二也。自然之知卽是未發之中。後儒認纔知卽是已發，而別求未發之時，故謂之茫昧支離，非以寂感爲支離也。

案：此答雙江難語中第三第四兩段。無問題。以上疏解明，此皆可明矣。

「致知之功〔要〕在〔于〕意欲之不動」是矣。「周乎物而不過」是性體之流行，便以爲意欲之動，恐亦求情之過也。

案：此答雙江難語中之第五段。無問題。雙江以爲「格物是致知〔于〕日可見之行，隨在致此良知，周乎物而不過」，爲「全屬人爲，終日與物作對」，此乃「牽己而從之」，又以爲「致知要在于意欲之不動，非以周乎物而不過之爲致也」，皆非。故龍溪不欲詳答，吾代爲疏解如上。夫意之動有善有惡，意之所在之物有正有不正，就此而言致知以誠之與正之，卽說「人爲」亦無不可。「人爲」者自強實踐之謂也。否則何以見工夫？夫意與物是所對治者，卽說「與物作對」亦無不可，否則何以見對治之功乎？旣是對治，則不是「牽己而從之」，乃是轉化之使之從于己也，何可致「牽己而從之」之難？旣須自強，又是有所對治，此顯人爲，亦顯工夫。及知致而意誠物正，意與物純從明覺，則自天理流行而不與物作對矣，而工夫相亦泯，而轉成「卽本體便是工夫」矣。雙江只言歸寂，而從不提對治意與物，是根本忽視陽明之言致知以誠意與正物。又以爲「致知要在于意欲之不動」，此就歸寂而言也。夫致虛守寂，一切退聽，此時，意欲固不動矣，然能保其出關後于日用之間亦不動耶？如彼時仍有意之動，則「致知于日可見之行」以誠意而正物不爲誤矣。此所謂仍須歸于陽明之所說也。雙江之所見者淺矣，亦未得良知敎之門徑也。

第八辯　關於「誤現成良知爲告子生之謂性」之論辯

雙江難

雙子江曰：

仁是生理、亦是生氣，理與氣一也。但終當有別。告子曰：「生之謂性」，亦是認氣爲性，而不知係于所養之善否。杞柳、湍水、食色之喻，亦以當下爲具足。「勿求于心，勿求于氣」之論，亦以不犯做手爲妙悟。孟子曰：「苟得其養，無物不長。苟失其養，無物不消。」是從學問上驗消長，非以天地見成之息冒認爲己有，而息之也。「仁者與物同體」，亦惟體仁者而後能與物同之。馭氣攝靈，與定息以接天地之根，諸說，恐是養生家所秘，與吾儒之息未可強同。而要以收斂爲主，則一而已。

案：此所論難者不見致知議略。當時有此論點，故亦列之于此致知議辯中。下龍溪之答亦簡略。惟此中雙江有一大誤解，此與致知問題有關，前文第一辯中龍溪已提及之。此即認告子之「生之謂性」亦爲「以當下爲具足」，認其「勿求于心，勿求于氣」之論亦爲「以不犯做手爲妙悟」。其如此說，是將告子與認眼前呈現的良知爲具足，爲不犯做手者，一律看，而視眼前呈現的良知爲已發，爲不足恃，而與「生之謂性」中之中性的知覺運動爲同一也。此則大誤。其如此看，完全是承襲朱子的說法，不惟不解龍溪，亦全不解陽明所說之良知也。不知雙江何以如此陋劣！

龍溪答

先生曰：

仁是生理，息卽其生化之元。理與氣未嘗離也。人之息與天地之息原是一體，相資而生。陰符有三盜之說。非故冒認爲己物而息之也。馭氣攝靈與呼吸定息之義，不可謂養生家之言而遂非之。方外私以襲氣母，吾儒公之以資化元。但取用不同耳。公謂「仁者與物同體，亦惟體仁者而後能與物同之」，却是名言，不敢不深省也。

案：此答無問題。關于告子者，未有答辯，只前第一辯中提及。龍溪當然不會贊成，但亦須詳爲辨解，不知何以放過。詳見吾「心體與性體」第二册明道章論「生之謂性」處。

第九辯 餘辯

雙江難

雙江子曰：

息有二義，生滅之謂也。攻取之氣息，則湛一之氣復。此氣化升降之機，無與于學問也。予之所謂息者，蓋主得其所，則氣命于性；配義與道，塞乎天地，生生之機也。傳曰：「虛者氣之符，寂者生之機」。今以虛寂爲禪定，謂非致知之旨，則異矣！佛氏以虛寂爲性，亦以覺爲性。又有皇覺、正覺、圓覺、明覺之異。佛學養覺而嗇于用，時儒用覺而失所養，此又是其大異處。

案：此論點亦不見致知議略中。末後一語卽指王龍溪一類人而言。故彼欲歸寂以養覺也。

龍溪答

先生曰：

性體自然之覺不離倫物感應，而機常生生。性定則息自定，所謂盡性以至于命也。虛寂原是性體。歸是歸藏之義。而以爲「有所歸」，與生生之機微若有待，故疑其入于禪定。佛家亦是二乘証果之學，非卽以虛寂爲禪定也。「佛學養覺而嗇于用，時儒用覺而失所養」，末流之異則然。恐亦非所以別儒佛之宗也。

案：「有所歸」恐卽第七辯中雙江所謂「致知格物之功當有所歸」之語。「有所歸」者卽歸于寂體也。「與生生之機微若有待」意卽比于生生之機微若有待也。「微若有待」卽似乎稍有等待之意，卽王龍溪說「靜坐」「未免等待」也。見前甲、引言。因此，龍溪遂疑雙江歸寂之說爲類于禪定。禪定，依龍溪，于佛家亦是二乘証果之學，非究竟也。「虛寂原是性體」，「非卽以虛寂爲禪定也」。雙江言虛寂與龍溪所言者自不同。雙江自辯其所言之虛寂非禪定，而龍溪則「疑其入于禪定」也。

佛家菩薩道亦非「養覺而嗇于用」。故龍溪云「末流則然，非所以別儒佛之宗也」。

致知議辯至此止。此是王門中之重要議論，故詳爲疏解如上。藉此可以了解王龍溪之造詣，亦可以了解聶雙江與羅念菴之異議，並可以確定陽明學之本色。此文，明儒學案中未載，故須讀王龍溪語錄也。黃梨洲與劉蕺山之評判王龍溪皆非是。黃之評江右之聶、羅亦非是。王門中大綱脈之疏導，吾人今日尚須重作。必此而知其詳，而後可以知劉蕺山。

又，黃宗羲明儒學案述羅近溪處有云：「論者謂龍溪筆勝舌，近溪舌勝筆」。所謂「筆勝舌」即是與江右辯也。此非徒以文筆勝。必義理明，而後文辯可暢。雙江顯不及龍溪也。

從陸象山到劉蕺山

第五章　兩峯、師泉與王塘南

第一節　自雙江念菴橫生枝節後首判誰爲王學之嫡傳

第二節　劉兩峯之「以虛爲宗」

第三節　劉師泉之「悟性修命」

第四節　王塘南之「以透性爲宗研幾爲要」

第五章 兩峯、師泉與王塘南

第一節 自雙江念菴橫生枝節後首判誰爲王學之嫡傳

明儒學案卷十六黃梨洲總論江右王門學案云：

姚江之學，惟江右爲得其傳，東廓、念菴、兩峯、雙江、其選也。再傳而爲塘南、思默，皆能推原陽明未盡之意。是時，越中流弊錯出，挾師說以杜學者之口，而江右獨能破之，陽明之道賴以不墜。蓋陽明一生精神俱在江右，亦其感應之理宜也。

案此論語未見諦當。江右王門其人甚多，言鄒東廓、歐陽南野、陳明水，爲得其傳，可也。

其餘皆不眞切于王學而橫生枝節，或已離王學而歧出矣。

江右王門學案首述鄒東廓云：

其時雙江從寂處體處用工夫，以感應運用處爲效驗。先生言其倚于內，是裂心體而二之也。彭山惡自然而標警惕。先生言其滯而不化，非行所無事也。夫子之後，源遠而流分。陽明之歿，不失其傳者，不得不以先生爲宗子也。

卷十七述歐陽南野云：

當時同門之言良知者，雖有淺深詳略之不同，而緒山、龍溪、東廓、洛村、明水，皆守已發未發非有二候，致和卽所以致中。獨聶雙江以歸寂爲宗，工夫在于致中，而和卽應之。故同門環起難端，雙江往復良苦。後遇念菴，則雙江不自傷其孤另矣。

卷十七復述聶雙江云：

是時同門爲良知之學者，以爲未發卽在已發之中。蓋發而未嘗發，故未發之功却在發上用，先天之功却在後天上用。其疑先生之說者有三：其一謂道不可須臾離也，今曰動處無功，是離之也；其一謂道無分于動靜也，今曰工夫只是主靜，是二之也；其一謂心事合一，心體事而無不在，今曰感應流行著不得力，是脫略事爲，類于禪悟也。（案此三疑難是雙江自己所分）。王龍溪、黃洛村、陳明水、鄒東廓、劉兩峯，各致難端，先生一一申之。唯羅念菴深相契合，謂「雙江所言真是霹靂手段，許多英雄瞞昧，被他一口道著，如康莊大道，更無可疑。」兩峯晚而信之，曰「雙江之言是也。」

案：雙江念菴非及門者也，于王學根本有隔，故首發難端。錢緒山、王龍溪、鄒東廓、歐陽南野、陳明水、劉兩峯、黃洛村，皆及門之高第，較熟于師說，故覺雙江之發難似與良知教爲不類，故環而攻之。然劉兩峯晚而信之，則亦不能終其持守矣。是信雙江，不信陽明也。至於黃洛村，則卷十九述之云：

陽明之良知原卽周子誠一無僞之本體。然其與學者言，多在發用上要人從

> 「知是知非」處轉個路頭，此方便法門也。而及門之承其說者，遂以意念之善者爲良知。先生曰：「以意念之善爲良知，終非天然自有之良。知爲有意之知，覺爲有意之覺，胎骨未淨，卒成凡體。」於是而知陽明有善有惡之意，知善知惡之知，皆非定本。意既有善有惡，則知不得不逐于善惡。只在念起念滅上，工夫一世合不上本體矣。四句教法，先生所不用也。

據此，則知黃洛村亦未眞切于師門之教也。黃梨洲開頭之語亦不諦。說良知卽誠一無僞之本體，可，說「卽周子誠一無僞之本體」，則離矣。前語以良知爲主，「誠一無僞之本體」則指而目之耳。後語則以周濂溪所體悟之道體爲主，而濂溪並未言良知也。又「知是知非」亦非方便法門。若以「知是知非」爲「發用」，從此立言爲「轉個路頭」，爲「方便法門」，則誠一無僞之本體必不顯其「知是知非」之用始爲究竟眞實法門乎？然則該本體是何物耶？「而及門之承其說者遂以意念之善者爲良知」。無人作此說也。若眞有作此說者，則亦根本不足與言矣。良知「知是知非」（知善知惡）非「以意念之善者爲良知」也。焉得以「遂」字爲言。「有善有惡意之動」，則意念之或善或惡屬經驗層（感性層）甚顯。「知善知惡是良知」，則良知之知爲超越層亦甚顯。焉得以此「知是知非（知善知惡）」之發用之超越層者滑轉而爲意念之善者？黃洛村云：「自先師提揭良知，莫不知有良知之說，亦莫不以意念之善者爲良知。（下接梨洲所引云云）。」此洛村自己之誤解滑轉而成耳。若眞如此，則四句教豈但非「定本」，乃根本是差謬！其不用四句教法非因四句教法非定本，乃因其自己頭腦混亂全誤解耳。於以知及門者亦未必眞能了解師門之說也。陽明弟子多矣，望風而從之學者亦多矣，然能稍眞切于師門之說而緊守不渝者亦唯錢緒山、王龍溪、鄒東廓、歐陽南野、陳明水五人而已，雖于自己作工夫或得力處不無畸輕畸重之偏差，雖于王學興起之原委以及其與宋儒界脈之分野亦不必眞能透徹而分明。

第二節　劉兩峯之「以虛爲宗」

茲再正式看劉兩峯爲如何。

明儒學案卷十九述兩峯云：

> 雙江主于歸寂，同門辨說，動盈卷軸，而先生言：「發與未發本無二致，戒懼愼獨本無二事。若云未發不足兼已發，致中之外別有一段致和之功，是不知順其自然之體而加損焉，以學而能，以慮而知者也。」又云：「事上用功，

雖愈于事上講求道理，均之無益于得也。涵養本源愈精愈一，愈一愈精，始是心事合一。」又言：「默坐澄心，反觀內照，庶幾外好日少，知慧日著，生理亦生生不已，所謂集義也。」又言：「吾心之體本止本寂。參之以意念，飾之以道理，侑之以聞見，遂以感通爲心之體，而不知吾心雖千酬萬應，紛紜變化之無已，而其體本自常止常寂。彼以靜病云者，似涉靜景，非爲物不貳生物不測之體之靜也。」凡此所言，與雙江相視莫逆。故人謂雙江得先生而不傷孤另者，非虛言也。然先生謂「吾性本自常生，本自常止。往來起伏非常生也，專寂凝固非常止也。生而不逐，是謂常生。止而不住，是謂常止。主宰卽流行之主宰，流行卽主宰之流行。」其于師門之旨未必盡同于雙江。

案：依良知教，說致和與致中本是一事可。在致良知中誠意格物卽是致和，同時亦卽是致良知之中體。然若說未發卽足兼已發。致中外別無致和之功，則便不諦，蓋歸寂之說，將良知拆爲已發未發，由未發統已發，此非良知教之本旨也。又說「于事上用功……無益于得」，則陽明晚年答聶文蔚盛說「必有事焉」豈誤耶？此蓋由於「晚而信雙江」而然也。信雙江，則必以「見在良知」爲不足恃，以「知是知非」之知爲逐物而無主。此皆非王學也。自雙江念菴言歸寂，誤解良知，拆良知爲已發與未發，將本自喜怒哀樂之情言者移于良知本身言之，人皆隨之而誤墮，遂就寂感、或寂照、或主宰與流行、而馳騁妙談，或爲輕重說，或爲不二說，而皆不切于四句教于道德實踐上（卽致知誠意以格物）之警策，如是，遂亦漸啓離王學而歸于北宋之先言道體性命者，以道體性命範域良知，非以良知籠罩道體性命也。如是，遂由陸、王之心學復漸歸于北宋濂溪橫渠明道之「由中庸易傳而回歸于論孟」之「以心著性」之一路，此一路由胡五峯明言之，而集大成于劉蕺山。王學本自是王學，以良知爲首出。此與言「以心著性」者最後本爲同一圓圈之兩來往而可合爲一，然自立敎入路言之，則固各自有其義理之間架而不可泯同以混亂者。王學之歸于非王學自雙江念菴之誤解始。雙江念菴猶在良知內糾纏也。自兩峯師泉以至王塘南則歸于以道體性命爲首出，以之範域良知，由此，遂顯向劉蕺山之「以心著性，歸顯於密」之路而趨之趨勢。（據下文，師泉可趨至之，而塘南之分解却反近于朱子。）如是，焉得謂「姚江之學惟江右爲得其傳」？實則乃是除東廓、南野、明水外，自江右而始乖戾起誤解，亦自江右而漸引歸于非王學也。就引歸于非王學言，劉兩峯尚不甚顯，然晚而信雙江，則亦啓其機也。晚年「謂其門人王時槐、陳嘉謨、賀涇曰：知體本虛，虛乃生生。虛者天地萬物之原也。吾道以虛爲宗，汝曹念哉！」（黃梨洲述語，見明儒學案卷十九）。言「以虛爲宗」，此能決定什麼呢？何不言以致良知爲宗，以四句教爲宗？雖其言「虛」乃就「知體」而言，然而重在「生生」，則只顯良知之絕對性，歸于對于道體之存有論的體悟。良知教雖函此境，然直以此爲宗，則亦漸離良知教致知誠意以格物之道德實踐之警策矣。

此種離歸始機顯于兩峯，而顯著于劉師泉之「悟性修命」，大顯著于王塘南（王時槐字子植號塘南）之「以透性爲宗研幾爲要」。劉兩峯尚只就知體言虛，「虛能生生」，只就良知之絕對性以言「天地萬物之原」，此猶是王學本有之旨。然不信「見在良知」（知是知非之知），而以雙江之歸寂爲致知，則失致良知教（四句教）道德實踐之功之警策。至劉師泉而言「悟性修命」，如自其可近于「以心著性」之一路而言，則已離王學矣。至王塘南，則又走不上此路，其分解（見下第四節）倒反近于朱子。王塘南者劉兩峯之門人，而實更密近于劉師泉。其言「以透性爲宗研幾爲要」卽承師泉之「悟性修命」而言也。然王塘南之言「悟性修命」亦非盡師泉原有之義，乃承之而爲轉解者也。此一轉解亦可能是由師泉之不信「見在良知」而有以啓之。夫自北宋以來，誰不言悟性透性？若眞是王學，何不言以良知爲宗？良知卽是性也。卽言悟性，亦是由良知而悟，此是以良知爲首出者也。然師泉之言「悟性修命」，則是以性命爲首出。以天道性命爲首出，則可有兩路之歸：一是視道體性體爲卽存有卽活動者，一是視道體性體爲只存有而不活動者。前者必歸于「以心著性」之一路，胡五峯劉蕺山卽代表此一路。後者必歸于伊川朱子之格物窮理而心性不能一。劉師泉之「悟性修命」，其地位甚爲模稜，既可歸于「以心著性」，亦可啓塘南之分解，復亦可予以提醒使之重歸于王門。其所以如此模稜，蓋亦由於不眞切于師教橫生曲折而然也，大體是在不成熟之境。如其「悟性修命」可重歸于師門，則仍是心卽是性，心卽是理。如歸于「以心著性」之一路，則最後心性仍是一，雖其始也分設心性而對揚；復亦不能反對「見在良知」，蓋孔子之仁以及孟子之本心皆可當下見在者也，皆就當下而指點之者也。如可啓塘南之分解而歸于塘南所轉解之「悟性修命」，以及其所說之「以透性爲宗研幾爲要」，則心性不能是一矣。故反近于朱子。

以上爲一總說，以下試詳爲展示之。

第三節　劉師泉之「悟性修命」

明儒學案卷十九黃宗羲述劉師泉（劉邦采字君亮號師泉）云：

> 陽明亡後，學者承襲口脗，浸失其眞，以揣摩爲妙悟，縱恣爲樂地，情愛爲仁體，因循爲自然，混同爲歸一。先生惄然憂之。謂『夫人之生有性有命。

性妙于無爲，命雜于有質。故必兼修而後可以爲學。蓋吾心主宰謂之性，性無爲者也，故須首出庶物以立其體。吾心流行謂之命，命有質者也，故須隨時運化以致其用。常知不落念，是吾立體之功。常運不成念，是吾致用之功。二者不可相離。常知常止，而念常微也。是說也，吾爲「見在良知」所誤，極探而得之。』龍溪問：「見在良知與聖人同異？」先生曰：「不同。赤子之心，孩提之知，愚夫婦之知能，如頑鑛未經煅煉，不可名金。其視無聲無臭自然之明覺何啻千里。是何也？爲其純陰無真陽也。復真陽者，更須開天闢地，鼎立乾坤，乃能得之。以見在良知爲主，決無入道之期矣。」龍溪曰：「以一隙之光謂非照臨四表之光不可。今日之日非本不光，雲氣掩之耳。以愚夫愚婦爲純陰者何以異此？」念菴曰：「聖賢只要人從見在尋源頭，不須別將一心換却此心。師泉欲創業，不享見在。豈是懸空做得？亦只是時時收攝此見在者，使之凝一耳。」

……

乃先生之言心意知物，較四有四無之說最爲諦當。謂「有感無動，無感無靜，心也。常感而通，常應而順，意也。常往而來，常化而生，物也。常定而明，常運而照，知也。見聞之知，其糟粕也。象著之物，其凝漚也。念慮之意，其流澌也。動靜之心，其游塵也。心不失無體之心，則心正矣。意不失無欲之意，則意誠矣。物不失無住之物，則物格矣。知不失無動之知，則知致矣。」夫心無體，意無欲，知無動，物無住，則皆是有善無惡矣。劉念臺夫子欲于龍溪之四無易一字：心是有善無惡之心，意亦是有善無惡之意，知亦是有善無惡之知，物亦是有善無惡之物。何其相符合也。

案：梨洲所引兩段，前一段卽「悟性修命」之旨，後一段卽四無之說之變換語而泛而失分際。自「悟性修命」而言，性命若以良知爲主而說之，則不離良知教。若以性命爲首出，而以心知形著之，則非良知教。如言：「人之生也，有性有命。性妙于無爲，命雜于有質，故必兼修而後可以爲學。」此是先客觀地提出性命，而言其形式的意義，本中庸易傳而言也。「蓋吾心主宰謂之性，性無爲者也，故須首出庶物以立其體。吾心流行謂之命，命有質者也，故須隨時運化以致其用。」此落于心上就其主宰義與流行義而言性與命也。（案就「心之流行」而言命非中庸易傳之原義，乃師泉之轉解。）「吾心主宰謂之性」，猶言就吾心之爲主宰而言，則謂之性。性是天下之大本，妙于無爲，「故須首出庶物以立其體」，卽立性之爲體也。性以無作無爲，無聲臭，不容說，而成其爲妙，故只可云「悟」，不可言「修」。「吾心流行謂之命」，猶言就吾心之流行而言，則謂之命。流行卽不離氣而與氣相雜，因此而有質。若無質，則亦無具體的表現，因而亦無所謂馴致之命。旣有質，則不免隨時成滯，「故須隨時運化以致其用」，卽致命之用也，命卽用也，但必須修而致之，「運化」卽修也。故言「修命」，而却不言「至命」（易傳言「窮理盡性以至于命」）或「立命」（孟子言「夭壽不二，修身以俟之，所以立命也」）。命而言修，知非古義也。

若問：于心上如何能成「吾立體之功」以見心之爲主宰義，則答曰：「常知不落念是吾立體之功」。此就良知之明以明心之所以爲主宰也。「常知不落念」猶言若常常總是知明呈現而不落于意念中，此卽是「吾立體之功」也。此明是由良知以立體也。由良知以立體，卽由良知以悟性也。良知與性爲一乎？爲二乎？若是一，則是良知教。若爲二，則良知在覺用中，不純無爲，亦不純有爲，亦無爲，亦有爲。如是，則有兩歧路可走。㈠是走向塘南之分解：良知爲先天之發竅，屬後天，在體用之間，而性則是先天未發之理——性只是理，如是，心性總是二，不能是一。㈡是其始也，暫設爲二，其終也總歸是一，此卽走上「以心著性」之一路。師泉究向何走，很難定。若經點示，（如下文所引王龍溪語所表示之點示），則其仍歸于王學乃是順適而自然者。若自其不眞切于良知教，不信「見在良知」，繞出去立

「悟性修命」之說，而言，則虛籠地亦可走向「以心著性」之一路。若向此走，仍須信「見在良知」。若自其分設「悟性修命」而言，雖由良知以立體，而良知總在覺用中，因此，亦可說良知總亦是屬于心之流行者，總不能卽是無爲之性體，如是，便亦可很自然地開出塘南之分解，而心性不能是一。若重歸于王學，則心卽是性，卽是理，「良知卽是主宰，卽是流行」（見下王龍溪語），卽吾所謂「卽存有卽活動」，不能見其有活動義，便謂之屬已發，而另覓未發之性。若走向「以心著性」之一路，則無論心或性亦然，卽皆是「卽存有卽活動」者，不過一是主觀地說，一是客觀地說，故可「以心著性」也。塘南之分解乃誤解也。然由師泉之分設「悟性修命」，本亦可啓此分解也。

其次，若問：于心上，如何能成「吾致用之功」以見心之流行義，則答曰：「常運不成念，是吾致用之功。」此若依良知敎，卽隱函說：由致良知以運化，故心之流行雖有質而不成念，此卽成「吾致用之功」也。而劉師泉只云：「常運不成念是吾致用之功」，却不提吾何以能常運而不成念。本是只一「致良知」同時卽立體，同時卽成用，此則其可矣。「悟性修命」之分設旣造成工夫之支解，又造成繞出良知以外而言性命，此眞王龍溪所謂工夫「不能歸一」，「只成意象紛紛」耳。

其所以繞出良知以外而言悟性修命乃因不信「見在良知」之故。故云：「是說也，吾爲見在良知所誤，極探而得之。」因不信「見在良知」，極探而歸于「悟性修命」，此好似既可以「立體」，又可以「致用」，面面俱到矣。然殊不知既不信「見在良知」，將如何尋得眞良知耶？凡見在者皆不足恃，將永無良知之見在。然則吾人又如何能「常知不落念」以立體耶？汝扭曲糅造而成者，豈眞是良知耶？豈非無中生有乎？否則便不能否認見在良知也。其否認而不信者，乃由于誤解而然也。因此誤解，遂使工夫不能歸一，徒成意象之紛紛。故王龍溪單就此點與之辯。

王龍溪語錄卷四「與師泉劉子問答」云：

先生曰：兄之易蘊未必一一準易，間以己意參錯發明。其間儘有格言，然尚未能離臆說。虛懷觀之自見。

劉子曰：人之生有命有性。吾心主宰謂之性，性無爲者也，故須出脫。吾心流行謂之命，命有質者也，故須運化。常知不落念，所以立體也。常運不成念，所以致用也。二者不可相離，必兼修而後可爲學。見在良知似與聖人良知不可得而同也。

先生曰：向在玄潭，念菴曾亦紀其涯略。先師提出良知二字，正指見在而言。見在良知與聖人未嘗不同。所不同者，能致與不能致耳。且如昭昭之天與廣大之天原無差別。但限于所見，故有小大之殊。若謂見在良知與聖人不同，便有污染，便須修證方能入聖。良知卽是主宰，卽是流行。良知原是性命合一之宗。故致知工夫只有一處用。若說要出脫運化，要不落念，不成念，如此分疏，卽是二用。二卽是支離，只成意象紛紛，到底不能歸一，到底未有脫手之期。

劉子曰：近來亦覺破此病。但用得慣熟，以爲得力，一時未忘得在。（案此卽示原不眞切于師敎，故常繞出去。）

案：此問答中，劉子所云與梨洲所引者同，只辭句稍異。此既不信見在良知，復繞出去以性命爲首出，故非良知教也。如王龍溪所云方是良知教。赤子、孩提、愚夫愚婦之「見在良知」與聖人良知原無不同，只是一個良知。不同者是衆人與聖人之不同，非良知有不同也。衆人與聖人不同之關鍵卽在能致與不能致，因此，亦就是能致與不能致之不同。此猶如佛家天台宗所謂「理卽佛」與「觀行卽佛」乃至「究竟卽佛」之不同。此分判甚爲清楚，原無問題。乃雙江、念菴、師泉等于此橫生枝節何耶？若不信「見在良知」，則孟子之就齊宣王之以羊易牛之不忍之心而指點之便成無意義之舉矣。夫「見在良知」之語原只示良知本有，可隨時呈露。孟子就孩提之知愛其親，及其長也，知敬其兄，指點良知良能，亦是此義。象山之兄復齋詩云：「孩提知愛長知欽，古聖相傳只此心」，象山詩云：「墟墓興哀宗廟欽，斯人千古不磨心」，皆示此義。原不是心理學上小孩之反應或一般人之知覺本能問題。劉師泉視之爲純陰無陽，如金鑛不名金，乃誤解也，誤以人病爲法病。金鑛不名金固也。然金鑛是指衆人之生命而言。衆人之生命純陰無陽，固蔽深故，非其良知純陰無陽也。其良知正是其純陰生命中一點眞陽也，故雖固蔽如此其深，亦總有覺醒之一日。金礦中之金與清水中之金，其爲金同也。衆人生命中之良知猶如金鑛中之金也。聖人生命中之良知猶如清水中之金也。金同，良知焉得不同？「見在良知」本是良知之存有論的存有之問題。若反對「見在良知」，則是允其存有，而不允其見在呈現也。若永不允其見在呈現，則其存有亦成問題。「見在良知」卽是承認良知本有同時亦承認其可隨時呈現。若不承認金鑛中之金是金，則亦永淘濾不出金來。旣可淘濾出金來，卽須承認金鑛中金子見在。（梨洲述語中引念菴曰：「聖賢只要人從見在尋源頭，不須別將一心換却此心。師泉欲創業，不享見在，豈是懸空做得？亦只是時時收攝此見在者使之凝一耳。」此語看似甚好，實有病，終歸「別將一心換却此心」也。良知是最後的，如何復言就見在者尋其源頭？依良知教，只云就見在者致而使之朗現耳，不云尋其源頭也。良知本凝一，那散亂而待「使之凝一」者必非良知也。如果「見在良知」不是良知，（猶如金鑛中金子不是金子），將如何收攝扭曲而擰出良知來？此只示不眞切于良知教而紛繞多事耳。）

既只是同一良知，故工夫唯在致良知。致良知亦不是憑空致，唯就良知之隨時呈現而當機指點之，使人覺醒，不令放失，以成其致耳。隨時呈現卽所謂「見在良知」也。若無此義，如何致得？故王陽明云致良知人人做得，自孩童以至聖人皆如此做。而雙江念菴等不眞切此義，橫生枝節何耶？致良知卽所以立體，致知誠意以格物卽所以致用。故王龍溪云：「良知原是性命合一之宗，故致知工夫只有一處用。」爲何不言「致良知」，而却言「悟性修命」耶？王龍溪言：「如此分疏卽是二用，二卽是支離。」實則不是二不二的問題，乃根本是從良知教繞出去，不自覺地以性命爲首出，而歸于「以心著性」也。「以心著性」非必不是。此乃是「北宋從中庸易傳開始而漸回歸于論孟」所必函有之思路。此路與陸王之依孟子而言者本不相違，最後必歸于一，故吾言是一圓圈之兩來往，因此，亦是最易相出入者，故一般見之，以爲言歸寂者，言悟性修命者，似亦可以無過也，而黃梨洲復以爲此是姚江之學之「得其傳」者，「陽明之道賴以不墜」者，然自教路言之，自問題之演進與義理之原委言之，此兩路確有其不同之義理間架，而不容混同，而良知教之提出亦確有其問題演進上之必然，亦確有其義理原委之自足處。若不知此，則依雙江念菴之橫生曲折而言，良知教必有缺陷；依兩峯、師泉、塘南之趨勢而可歸于劉蕺山（指師泉）或較近于朱子（指塘南）而言，則良知教必不能自足。此兩種態度皆非良知教也，而以雙江念菴爲尤劣。黃梨洲不足以知此也。（其言多浮泛而不切，看似漂亮，實無眞知見。）

黃梨洲述劉師泉學案中錄有劉師泉易蘊。易蘊中有云：

> 夫學何爲者也？悟性修命，知天地之化育者也。往來交錯，庶物露生，寂者無失其一也。冲廓無爲，淵穆其容，蹟者無失其精也。惟悟也，故能成天地之大。惟修也，故能體天地之塞。悟實者，非修性陽而弗駁也。修達者，非悟命陰而弗窒也。性隱于命，精儲于魄。是故命也有性焉，君子不淆諸命也。性也有命焉，君子不伏諸性也。原始反終，知之至也。

彼離良知教而著易蘊，由此以立「悟性修命」之說，可知其傾向矣。梨洲述語中所引「夫人之生有性有命」一段，不見此易蘊中，可能是師泉答王龍溪者之原文，王龍溪語錄中所記者乃略辭也。順易蘊說，可走向「以心著性」之一路。經過王龍溪之點示，則仍可歸于師門之良知教。提出悟性修命，原是多此一舉。可見其不成熟也。

以上爲關于「悟性修命」者。玆再看其言心意知物。易蘊云：

> 有感無動，無感無靜，心也。常感而通，常應而順，意也。常往而來，常化而生，物也。常定而明，常運而照，知也。見聞之知，其糟粕也。象著之物，其凝漚也。念慮之意，其流澌也。動靜之心，其游塵也。心不失無體之心，則心正矣。意不失無欲之意，則意誠矣。物不失無住之物，則物格矣。知不失無動之知，則知致矣。……

案：梨洲述語中所引言心意知物而視之「最爲諦當」者卽此文也。此文看似甚好，實失分際。良知教不如此之泛也，于心意知物不如此之一律說也。首先，「有感無動（動而無動之無動），無感無靜（靜而無靜之無靜），心也」云云，如此所言之心意知物乃是格致誠正以後之心意知物，乃屬本體界者，而云「……心也」，「……意也」，「……物也」，「……知也」，則是說心意知物一般之語勢。一般之心意知物能一律皆如此乎？于法疏矣。依良知教，「無善無惡心之體」，「知善知惡是良知」，此兩者是屬于本體界者，亦卽是超越者；

「有善有惡意之動」，「爲善去惡是格物」，此兩句中之意與物是感觸界者，亦卽是經驗者。心之體無善無惡卽是「有感無動」之動而無動，「無感無靜」之靜而無靜。「動而無動」，動無動相；「靜而無靜」，靜無靜相。旣無動靜相，焉有善惡相？「無善無惡」卽無相對的善惡相義，故「無善無惡是爲至善」，卽是「有善無惡」也。以前的人怕說「無」字，于此斤斤實爲多餘。依良知教。心之體旣如此，則「正心」無實工夫義，「正」云者只是通過「致知誠意以格物」以復其本然之體耳。工夫之實唯在「致良知」。知善知惡之良知是超越者，它本身卽是「常定而明，常運而照」，不待致而後如此也。因爲它本身是如此，故一旦致出來，卽能轉化意而使之誠，轉化物而使之正。物本不是「常往而來，常化而生」者，然可致知誠意以正之而使之轉爲「常往而來，常化而生」者。轉至此，則物亦屬于本體界矣，卽爲「物自身」身分之物。意亦本不是「常感而通，常應而順」者，然可致知格物以誠之而使之轉爲「常感而通，常應而順」者。轉至此，則意亦屬于本體界而爲「物自身」身分之意矣。此爲意與物因致知而一起登法界也。今云：「心不失無體之心，則心正矣。意不失無欲之意，則意誠矣。物不失無住之物，則物格矣。知不失無動之知，則知致矣。」如此一律平說，而且皆可上下搖擺說，卽虛擬說，工夫如何着手耶？前三句可也，因待正待誠待格故（心之待正是虛，因本體無可用功故；意之待誠與物之待格是實，而意之待誠又是實中之實，因意之所在爲物，意誠物自正）。「知不失無動之知，則知致矣」，此語則悖。若如此言，則知亦可失其無動之知也。失其無動之知非良知也。待致而始不失者亦非良知也。良知之致與意之誠物之正非同一作用也，良知是標準，只在能致與不能致，不在對其本身施手術而後爲「無動之知」也。今師泉如此一律說，于法疏矣，其不眞切于師門之說甚顯然也。人若問：知如何能不失其爲無動之知？則必爽然若失矣。蓋必須另覓一致之之訣竅也。此則便成工夫無下手處，使誠意格物之實工夫無所以可能之超越的關鍵（超越的根據）。此其所以失分際而泛也。

彼又曰：「見聞之知，其糟粕也。象著之物，其凝漚也。念慮之意，其流澌也。動靜之心，其游塵也。」此所言之心意知物顯是現象界者。彼于心意知物分兩觀點看。卽既可一律視爲屬于現象界者，亦可一律視爲屬于本體界者。而現象界者又可一律轉爲本體界者：心無體，意無欲，知無動，物無住，卽爲本體界之心意知物。如此機械地兩界敵翻，于可轉處說格致誠正，視「致」與正誠格爲同一作用，遂使工夫無著手處，此爲工夫之泛言與空言。在此情形下，「知不失無動之知，則知致矣」，如此之「致知」必歸于雙江念菴之「歸寂」而後可，蓋彼等視知善知惡（知是知非）之知爲已發之知覺，爲逐于意念善惡之交雜而無主，爲不足恃，故須歸寂而使之常明，此乃以歸寂爲致知。師泉言「知不失無動之知則知致矣」

豈非此意乎？然此非陽明言「致知」之意也。陽明言「致知」是前擴地說，即顯露出來之意，非後返地說，即非待後返歸寂以修正之。

依以上分疏，師泉言心意知物焉能「較四有四無之說最爲諦當」？依良知教而言，正不諦當也。即不說違背師門，只依理而言，若此而諦當，則必陽明爲不諦當也。雙江念菴師泉超過陽明遠矣！然則何必附庸師門而師之耶？青出于藍，豈不甚好？然恐未必能青出于藍而勝于藍也。其勝于藍者乃不解師旨而橫生支節耳。夫四有句乃陽明教法之定本，龍溪之四無乃依四有句而實踐者所至之化境，本不可視之爲教法。龍溪之言容有激進處，太快處，然大體仍是遵守師門矩矱而發揮，不違良知教者也。至于師泉之言心意知物，則泛而失分際矣。其言「無體之心，無欲之意，無住之物，無動之知」，泛而觀之，本即是四無之境。然龍溪之言四無是就先天之學說，乃適用于上上根器者，陽明所謂「上根之人悟得無善無惡心體，便從無處立根基，意與知物皆從無生，一了百當，即本體便是工夫，易簡直截，更無剩欠，頓悟之學也。」彼不于此處言格致誠正也，實亦因此處無格致誠正之實義。格致誠正之實義仍在四有處見。彼一般通常宣說良知，光大師門，仍就四有句而言也。蓋吾人總有感性欲望故，雖上上根人亦不能全無，故四有句之工夫乃是「徹上徹下工夫」。今師泉却只說「心不失無體之心則心正矣，意不失無欲之意，則意誠矣，物不失無住之物則物格矣，知不失無動之知則知致矣。」如此言格致誠正，于法疏矣，非師門之旨也。再加上「悟性修命」之說，則是良知教爲不自足也。再加上不信「見在良知」，以及由「知不失無動之知則知致矣」一語之失旨，因而必歸于歸寂而後能至此，如此，則已非良知教矣。

至於黃梨洲言其「言心意知物較四有四無之說最爲諦當」，乃只因其所言之「心無體，意無欲，知無動，物無住」爲「皆是有善而無惡」，而非無善無惡也。實則「無體、無欲、無動、無住」即是無善無惡之心意知物也。蓋王龍溪即以「無心之心則藏密，無意之意則應圓，無知之知則體寂，無物之物則用神」說無善無惡之心意知物也。夫「無心之心」非即「心無體」乎？「無意之意」非即「意無欲」乎？「無知之知」非即「知無動」乎？「無物之物」非即「物無住」乎？說「至善」可，說「有善無惡」可，說「無善無惡」亦可也。于此斤斤實無意趣。

以上言劉師泉。

第四節　王塘南之「以透性爲宗研幾爲要」

茲再看王塘南之「以透性爲宗，研幾爲要」。

明儒學案卷廿江右五，黃梨洲述王塘南云：

王時槐字子植，號塘南，吉之安福人。……先生弱冠，師事同邑劉兩峯，刻意爲學。仕而求質于四方之言學者，未之或怠，終不敢自以爲得。五十罷官，屏絶外務，反躬密體，如是三年，有見于空寂之體；又十年，漸悟生生真機無有停息，不從念慮起滅。學從收斂而入，方能入微。故以透性爲宗，研幾爲要。陽明歿後，致良知一語，學者不深究其旨，多以情識承當；見諸行事，殊不得力。雙江念菴舉未發以救其弊。中流一壺，王學賴以不墜。先生謂「知者先天之發竅也。謂之發竅，則已屬後天矣。雖屬後天，而形氣不足以干之。故知之一字内不倚于空寂，外不墮于形氣，此孔門之所謂中也。」言良知者，未有如此諦當。

案：劉兩峯與劉師泉皆陽明之及門弟子，而已不能眞切于良知教，因雙江念菴之横生曲折而言歸寂，遂漸趨於「以性命爲首出，以之範域良知，而復以心知形著性命」之一路。此一路啓機于劉兩峯，顯著于劉師泉，至王塘南則又不能走上此一路而却較近于朱子之分解。王塘南弱冠師事劉兩峯，而其後來之思路却更接近于劉師泉而却歧引之：劉師泉言「悟性修命」，而王塘南則言「透性研幾」，于「悟性修命」復有歧解也。是則江右王門除鄒東廓、歐陽南野、陳明水外，大抵皆因雙江念菴之言歸寂，一傳再傳，漸離良知教而走向另一路矣，卽復歸于北宋初期周、張、明道以中庸易傳爲首出，首言天道性命也。北宋初期開始于中庸易傳，逐漸回歸于論孟，五峯承之而言以心著性，此宋儒之嫡系也。伊川朱子歧出而言格物窮理，以大學爲中心，以之決定論孟與中庸易傳，此又一系也。自象山出，直承孟子，下開王陽明，此是以本心或良知爲首出由之而決定一切，而無不足者也，此又是獨立之一系。王學盛後，人不眞切于良知教之無缺陷與無不自足，遂首有雙江念菴之橫生曲折，此則示良知教之有缺陷，四句教爲不可行；繼之復有兩峯師泉下逮塘南之悟性修命，透性研幾，以性命範域良知，此則示良知教不能自足，而必將良知歸本于「密體」而後可也。此兩態度中，視良知教爲有缺陷者，大抵以良知之知是知非知善知惡爲已發，爲逐于意念而無主，故不足恃，必歸寂以立寂體方爲眞良知，而不知良知卽是寂體，亦卽是照用，其「知是知非」並不可以已發言，此而不足恃，將何所求以爲足恃者？此所謂橫生曲折也，全成誤解矣。至于視良知教爲不能自足者，亦以良知之「知是知非」爲已發，雖已發而非不足恃，然既屬已發，則不能無未發無爲之密體妙體（性體）以範域之。既非不足恃，則亦可由之以立體（師泉云「常知不落念是吾立體之功」），此可走上「以心著性」之一路，或經點示而仍可重歸于師門。然至王塘南之分解，對于師泉之「悟性修命」有一轉解，如是，則以爲良知「雖屬後天，而形氣不足以干之」，如是，遂又說良知是在「體用之間」，而却不說由之以立體，蓋眞正性體乃是未發、無爲之先天之理，「體用之間」之體與此眞正性體並不同也，一屬命、一屬性故也。此則便較近于朱子，而走不上「以心著性」之路矣。是則師泉塘南雖對于良知之知之了解較之雙江念菴爲諦當，然而却不能如黃梨洲所云「最爲諦當」或「未有如此諦當」。若謂「未有如此諦當」，則陽明不如此言，是陽明所言亦不若師泉塘南之諦當也。依陽明，良知卽是密體、妙體，卽是性體，心體，道體，中體，仁體，誠體，神體，卽是「生生之眞機」（生天生地神鬼神帝），卽是寂體，卽是照體；其「知是知非」之知卽是超越者，本不可以已發未發言（已發未發指喜怒哀樂之情言，良知不屬于情）。依此，旣不須由知以立體，以心著性，蓋心卽性卽理故，知卽體故；復亦不可視知爲「先天之發竅，謂之發竅，則已屬後天矣。」若捨良知而別有未發之「先天」，將以何爲「先天」耶？是則象山陽明經過許多曲折發展後，辛苦憤力以透顯之心體知體，至此復又退縮回去，爲不自足，而須歸于密體，以性命範域之也。（師泉塘南所言性與命之分別非古義。吾玆性命連言依中庸易傳原義言）。此一傾向，若就劉師泉而言，則亦可歸于五峯蕺山之「以心著性」之一路。歸于此路，至少可不喪失良知教之本旨而彰其著性成性之作用，雖經過一廻環，最後仍可心性是一。若就王塘南而言，則本是更顯明地應向此路而趨，以彼必肯認一先天未發之理以爲性，而良知必屬已發故。然順其分解之極，反喪失良知教之本旨，而不能至此路，倒反而更近于朱子。依胡五峯與劉蕺山之思路，心知之覺照或感通（形著性體之形著作用）在具體表現中必當機，因而必囿于形，必受限（此不可以「有質」之命說之，于此言命是違反原義的）。然而其自體仍是超越的，雖受限而不滯于限，故仍能超脫出來而隨時當其他之機以爲具體的表現，此所謂「常運不成念」。因此，就形著性體言，亦可以說在無限歷程中著之而永不能全著之，亦可以說一時頓著而全著之。及其頓著而全著之，則心性是一。因此，說「以心著性」可，最後說「心性是一」亦可。及至心性是一，則象山陽明之只言心體知體，並認心體知體即是性體，而無須有「以心著性」之廻環，而並無不足處，此亦無不可也。故吾言此兩路是同一圓圈之兩種畫法。一是只是一無限心之申展無外，從其爲主體主觀地說出去，主體即是客觀地說的道體性體，無二無別。另一是先由客觀地說的道體性體說起，然後復歸于論孟而以仁體與心體以著成之。此著成之之廻環，其始也，心與性有距離，性是超越的密體、奧體，總在心之覺照活動以上而爲超自覺者，總有爲覺照活動所不及盡者；其終也，心性是一，而無限歷程與頓著不衝突，蓋仁體心體亦是超越的，無限的故也。仁體心體在具體的覺照活動中雖受限，因而可成一無限歷程，然而因已預認其爲超越的，無限的，故雖受限而可不滯于限，因而仍可頓現全現而頓著全著乎性體也。及其頓著而全著乎性體，則性體之爲超越的卽變爲內在的，而心性是一矣。此一路比較迴環多，曲折多，然北宋諸儒由中庸易傳開始者，必歸至此一路。及至王學出後，由王學而歸此者，則必先自「良知之當機表現爲受限者」說起。然在歸此之過程中，如劉師泉之所表現者，雖亦把「良知之當機表現爲受限者」誤視爲「見在良知爲不足恃」，然因其言「常知不落念」以立體，則猶可近此路，或經點示之而使之重歸于師門亦無不可。至于王塘南，則因把「良知之當機表現爲受限者」誤視良知爲已發，爲後天，屬命，故只顯出先天未發之理爲性，性無爲，不可言，故只能言「悟性修命」，「透性研幾」，而不能言「以心著性」也。此則近于朱子。故江右王門自雙江念菴起以至兩峯、師泉、與王塘南止，只示其由不解王學而橫生枝節與曲折，而漸離乎王學。其離之之恰當歸宿當該是「以心著性」之一路，而皆未能至之，故曲折多而皆不成熟也。此路之成熟而集大成者爲劉蕺山。

以下引王塘南之論學書與語錄以明其所謂「透性研幾」之意義。

1.所論去念守心，念不可去，心不可守。眞念本無念也，何去之有？眞心本無相也，何守之有？惟寂而常照卽是本體，卽是工夫，原無許多歧路費講說也。（答王水卿）。

案：此點示眞心本心甚好。眞心「寂而常照卽是本體，卽是工夫」，此並非說「寂」是本體，「照」是工夫。此乃是說卽寂照之眞心自己便是本體，而且也是「卽本體便是工夫」。此若依良知教而言，此「寂而常照」之眞心卽是良知之流行，如此之良知流行卽是本體，亦卽是工夫。良知或眞心卽是性體。但依下文觀之，王塘南却並不以此眞心爲性，正是有「許多歧路費講說也」。

2. 知者先天之發竅也。謂之發竅，則已屬後天矣。雖屬後天，而形氣不足以干之。故知之一字，內不倚于空寂，外不墮于形氣，此孔門之所謂中也。末世學者往往以墮于形氣之靈識爲知，此聖學之所以晦也。（答朱易菴）。

案：前條原說「原無許多歧路費講說」，今此條却正是落在歧路中而費講說。既云：「知者先天之發竅」，「屬後天」，則後天以上有先天。此先天是什麼呢？依王塘南之分解，卽是未發而不容言之性（見下5條），而不是上條所說的無相之眞心，寂而常照之眞心。然依陽明，無相眞心寂而常照卽是良知，卽是本體，亦卽是性體，中體。如何又分先天後天耶？良知已卽是先天矣，乃所以證實彼無相之眞心者。無相眞心（無善無惡心之體）是虛提，其實處全在「知」處見。知即無相之知，即先天也，非可以已發視之也，其「知是知非」之知亦非已發也，焉可說爲後天？說爲後天，乃由「寂而常照」起誤解，誤解「寂照」爲已發，爲「性之呈露」（見下第3條）。殊不知「寂而常照」乃只是其自體之神用（妙用），用即是體，本不可以已發未發說，即使就神用强說爲發，亦是發而未嘗發，猶如說「動而無動」。若于此定說爲已發之後天，則是有無照用之先天也。（依王塘南，實如此。蓋彼視性爲先天未發之理，本無照用可言。又依下第5條，無相眞心，即就寂言之眞心，亦不是性，亦是性之呈露，亦是發。）故說知爲先天之發竅，爲後天，全是不諦之辭。此種歧說，依良知教而言，乃無意義者。如有意義，便須流于朱子之思路。

既說爲後天矣，而又說它是「形氣不足以干之」，因此，又說它「內不倚于空寂，外不墮于形氣，此孔門之所謂中也。」既是中，則良知明即是最後之中體，性體。但塘南却又說它不是先天未發之性，此非陽明旨也，更不是孔門所謂中。然則此作爲先天之發竅的知之中義是下降在第二層上，是屬于已發者，是下條所說之「性體之呈露」，屬命者。「內不倚于空寂」者，就其爲已發之「寂而常照」而說。「不倚」者不偏倚也，言不偏于眞心之空寂一邊也，意即不偏滯于空寂（此空寂指眞心之寂言，不指先天未發之性言）。蓋已爲先天之發竅而有照用之發用故。「外不墮于形氣」者，就其「雖屬後天，而形氣不足以干之」而說，意卽又不墮于形氣一邊也。不著兩邊，故爲中道。然其上復有先天，則此中道之中爲最後的而又不能爲最後的，爲獨立自足的而又不能爲獨立自足的，蓋必依待于未發無爲而不容說之先天之性故。（此依是依止依待義，依先天而發也，與塘南所說「內不倚于空寂」之「不倚」中之「倚」不同，蓋彼所說之倚是偏滯義，「不倚」是不偏滯于眞心之空寂之一邊。蓋「知」已爲發用故。）陽明何嘗如此言中體？「中也者天下之大本」，卽中庸亦不如此言中也。依中庸，中卽是性體。依陽明，良知卽是中體，卽是性體，卽是心體，等等。（詳見前王學分派章第三節論江右派之聶雙江與羅念菴處，不重錄。讀者讀至此須重看。）塘南于此作如此之歧說遂示其已離良知教矣。黃梨洲謂「言良知者未有如此諦當」，誤也。

3. 性之一字本不容言，無可致力。知覺意念總是性之呈露，皆命也。性者先天之理。知屬發竅，是先天之子，後天之母也。此知在體用之間。若知前求體，則著空；知後求用，則逐物。知前更無未發，知後更無已發，合下一齊俱了，更無二功，故曰獨。獨者無對也。無對則一，故曰不貳。意者知之默運，非與之對立而爲二也。是故性不假修，只可云悟。命則性之呈露，不無習氣隱伏其中，此則有可修矣。修命者盡性之功。（答蕭勿菴）。

案：此言「悟性修命」是承劉師泉而來者。夫既言「性者先天之理，知屬發竅，是先天之子，後天之母」，為何不可言「知前求體」？若就悟性而言，依如此分疏，則悟性正是知前悟性，知前求先天未發之體。豈因「知在體用之間」，而不可如此言耶？所謂「體用之間」者，意即知既是先天之子，已屬後天之發用，故它雖是「形氣不足以干之」，有體的意味，然而亦不即是體，而亦是用；又，雖是用，然而因其「不墮于形氣」，故又不只是用，而又有體的意味。雖是如此，然而「知」畢竟不是性也。既不是性，如何不是「知前求體」，知前悟性？不離知以悟性，此是圓融地說，並非不可分解地知前求體也。「體用之間」的體非即作為「先天之理」的性體也。「知前求體則著空，知後求用則逐物」。王龍溪依陽明之旨而如此言則可，蓋「良知即是未發之中，即是發而中節之和、感而遂通之妙，無前後內外而渾然一體者也。」良知即是最後的性體。今王塘南依「悟性修命」之旨，先後天之分（有許多歧路費講說），而復于此中套用王龍溪之言，則顯得悖理。

又，陽明詠良知詩云：「無聲無臭獨知時，此是乾坤萬有基」。獨知之知即是無對之一，不貳之體，不云此知體以前更有先天未發之性也。今王塘南既于「獨」言無對，言不貳，而復視之為後天之已發，于其前更說一性體（先天未發之理），非頭上安頭乎？故知此說非良知教也。

「性不假修，只可云悟。命則性之呈露，不無習氣隱伏其中，此則有可修矣。修命者盡性之功。」若問如何悟性？塘南必應答曰：卽在修命中悟，亦卽在盡性中悟性。「知覺意念總是性之呈露，皆命也。」劉師泉謂「吾心流行謂之命」，而王塘南則云「命則性之呈露」「呈露」卽「發用」之義也，與「心之流行」不同。（師泉扣緊心字言性命：「吾心主宰謂之性，吾心流行謂之命。」塘南于此直標性體爲先天之理，而言命爲性之呈露，此已非師泉意。師泉猶近王學。「吾心主宰謂之性，性無爲者也，故須首出庶物以立其體」。「常知不落念是吾立體之功。」此旣可重歸于王學，亦可走上「以心著性」之路。而塘南則不能。）「知者先天之發竅」。「意者知之默運，非與之對立而爲二也」。至于「念」，此條未說及，見下條：

4. 意不可以動靜言也。動靜者念也，非意也。意者生生之密機。有性，則常生而爲意。有意，則漸著而爲念。未有性而不意者，性而不意則爲頑空。亦未有意而不念者，意而不念則爲滯機。（答楊晉山）。

案：此卽性體呈露或發用之經過。此經過是由性體起而籠統地分析地以說出者。知是先天之發竅，雖屬發竅，而形氣不足以干之，故「內不倚于空寂，外不墮于形氣」，故在體用之間。」此是好的。「意者生生之密機」，「知之默運」，「不可以動靜言」：此亦是好的。但念既不同于意，而可以動靜言，則似不能說：「未有意而不念者，意而不念則爲滯機。」意既是生生之密機，知之默運，焉得因有念而始不滯。劉師泉言「常知不落念，常運不成念」，此則念正正是不好的，而須化掉。後來劉蕺山嚴分意念，而主化念還心，此正符合師泉之旨。

今王塘南把念亦看成是好的。但既云「動靜者念也，非意也」，則念正是「滯機」之所在，不能是純善的。焉得云「未有意而不念，意而不念則爲滯機」？順現實下滾說，有意則常有念。但常有念，不保念爲純善。念爲純善必須念而無念可。而念而無念，即歸于意矣，此正是意之所以爲默運，爲密機。焉得直說「意而不念，則爲滯機」，因有念始爲不滯耶？此則于法疏矣。故此籠統地一往分析說爲不諦。分析地說至念可。至于念，則須綜和地說。劉師泉云：「命有質者也，故須隨時運化以致其用。」命之所以有質，正因心之流行而至念爲綜和的，因有感性之雜故。故須「常知不落念」以立體，「常運不成念」以致用，此即所謂「悟性修命」也。而王塘南則說：「命則性之呈露（注意，不是心之流行），不無習氣隱伏于其中，此則有可修矣。」念爲綜和的，即「習氣」之所在也。是則「修命」惟在「念」上說。知與意雖屬後天，然因一是「在體用之間」，一是「生生之密機、知之默運」，故爲純善，無可修也。

劉師泉只說「吾心流行謂之命」，不說「知覺意念總是性之呈露，皆命也」。只說「常知不落念是吾立體之功，常運不成念是吾致用之功。」前句是悟性，後句是修命。是則修命唯在「常運」上說。今言「知覺意念皆命也」，于知與意如何言修耶？是則塘南之說不如其前輩所說者爲諦當矣。劉師泉所言猶近良知教（良知不落念以立體，致良知則常運不成念以致用）；若自其漸啓離良知教而言，則彼猶可近胡五峯劉蕺山「以心著性」之一路。而王塘南則旣遠離良知教，亦不能至「以心著性」之一路。蓋彼走上「由性體下衍知覺意念，復由知覺意念上溯性體」之思路。此種思路乃籠統地從未發說已發，又從已發溯未發，此並不見佳。雖云「透性研幾」，而于工夫實不警策，眉目分際亦不顯豁。

5. 澄然無念，是謂一念。非無念也，乃念之至微至微者也。此正所謂生生之真幾，所謂「動之微、吉之先見者也」。此幾更無一息之停，正所謂發也。（案如此言「幾」非周子義，亦非易傳原義，蓋只就「真幾故專于吉」而言。）若至于念頭斷續，轉換不一，則又是發之標末矣。譬之澄潭之水也，非不流也，乃流之至平至細者也。若至于急灘迅波，則又是流之奔放者也。

然則所謂未發者安在？此尤難言矣。澄潭之水固發也，山下源泉亦發也，水性乃未發也。離水而求水性曰支，卽水以爲性曰混，以水與性爲二物曰歧。惟時時冥念，研精入微，固道之所存也。（答錢啓新）。

5.1 舍發而別求未發，恐無是理。旣曰戒愼恐懼，非發而何？但今人將發字看得粗了，故以澄然無念時爲未發。不知澄然無念正是發也。（同上）。

5.2 未發之中固是性。（案性爲未發之中，在體用之間的知則爲已發之中。此是分解地說。）然天下無性外之物，則視聽言動，百行萬事，皆性矣，皆中矣。若謂中只是性，性無過不及，則此性反爲枯寂之物，只可謂之偏，不可謂之中也。（案如此言中是圓融地說）。（同上）。

案：此三條須貫通看，故寫在一起。首二條就發與未發說性體呈露或發用，亦卽說性與命。此仍是分解地說之也。知覺意念皆是發，澄然無念亦是發，不但「念頭斷續，轉換不一」爲發也，猶如「澄潭之水，流之至平至細者」亦是發，不但「急灘迅波，流之奔放者」爲發也。如是，則凡實然呈現而可說者皆發也。實然之所以然之理無形相無聲臭而不可說者則爲未發之性。澄然無念（念之至微至微者，亦如流之至平至細者），無相之眞心，此本卽是

「生生之眞幾」，「此幾更無一息之停」，卽是實然之呈現，故亦正是發也。（發不必粗。然中庸說發與未發是就喜怒哀樂之情言，不是移于性體上就性之呈露或發用言，發是激發之發，正是粗，而于其未被激發時見一超越之體，卽見一異于情者之中體卽性體，並不是以未發爲性，以已發爲性之發也。自王學後，皆將發與未發移於中體上說，此爲發與未發之移位，亦卽是誤置，因此有許多妙談，亦有許多糾纏。）旣已是發，便屬後天。如是，知與意（知在體用之間，意卽知之默運、生生之密機）亦是發，亦是後天。「然則所謂未發者安在？此尤難言矣。澄潭之水固發也，山下源泉亦發也。水之性乃未發也。」此言「水之性」卽水之所以爲澄潭、爲源泉、爲急灘迅波：總之，具體的水之所以爲水之理。此正是不可說不可說之先天之理。就發與未發，如此言性，正是落于以「然與所以然」之方式說性。就「然」（實然呈現者）存有論地推證其所以然以爲性，就「所以然」之性分析地推衍其實然，卽推衍其呈露或發用之經過，以爲命。水之與性無論說得如何不卽不離（不支不混不歧），而此種分解方式總是被預設着。而因不卽不離，故進一步有圓融地說。上錄5.2條卽是圓融地說。「天下無性外之物」，連性與其所含攝之一切通而爲一以言「性」與「中」正是圓融地說，此不得分解地說，亦不能代替那分解地說下對于性界定爲先天之理。此種圓融地說者甚多，如下：

6. 生幾者天地萬物之所從出，不屬有無，不分體用。此幾以前更無未發，此幾以後更無已發。若謂生幾以前更有無生之本體，便落二見。陽明曰：「大學之要誠意而已矣。格物致知者誠意之功也。知者意之體，非意之外有知也。物者意之用，非意之外有物也。」但舉意之一字，則寂感體用悉具矣。意非念慮起滅之謂也，是生幾之動而未形、有無之間也。獨卽意之入微。非有二也。意本生生，惟造化之機不克（案克字不明），則不能生。故學貴從收斂入。收斂卽爲愼獨，此凝道之樞要也。孟子言不學不慮乃指孩提愛敬而言。今人以孩提愛敬便屬後天（案依分解說塘南本人亦如此，不但「今人」爲然也），而擴充四端皆爲下乘，只欲人直悟未有天地之先，言語道斷，心行處滅，乃爲不學不慮之體，此正邪說淫辭。（案此破斥是依不卽不離而爲圓融地說，蓋卽于流行發用之命而悟性也，離之則爲邪說淫辭。然依分解地說，亦可不卽而離之，塘南本人亦如此。）彼蓋不知盈宇宙間一氣也。卽使天地混沌，人物消盡，只一空虛，亦屬氣耳。此至眞之氣本無終始，不可以先後天言，故曰「一陰一陽之謂道」。若謂別有先天在形氣之外，不知此理安頓何處？通乎此，則知「洒掃應對便是形而上者」。（案圓融地說，此固不錯。然此只是水與水性不離耳。然彼不亦有不卽不混之説乎？）（與賀汝定）。

6.1 宇宙萬古不息，只此生生之理，無體用可分，無聲臭可卽，亦非可以強探力索而得之。故後學往往到此無可捉摸處，便謂此理只是空寂，原無生幾，而以念頭動轉爲生機，謂是第二義，遂使體用爲二，空有頓分，本末不貫，而孔門求仁真脈遂不明于天下矣。（同上）。

6.2 此心之生理本無聲臭，而非枯槁，實爲天地萬物所從出之原，所謂性也。生理之呈露脈脈不息，亦本無聲臭，所謂意也。凡有聲臭可覩聞皆形氣也。形氣云者，非血肉粗質之謂。凡一切光景閃爍、變換不常、滯碍不化者皆可覩聞，卽形氣也。形氣無時無之，不可著亦不可厭也。不著不厭，亦無能不著不厭之體。若外不著不厭，而內更有能不著不厭之體，則此體亦屬聲臭，亦爲形氣矣。于此有契，則終日無分動靜，皆真性用事，不隨境轉，而習氣自銷，亦不見有真性之可執，不言收斂，自得其本然之真收斂矣。（寄汝定）。

6.3 夫本心常生者也。自其生生而言，卽謂之事。故心無一刻不生，卽無一刻無事，事卽本心。故視聽言動、子臣弟友、辭受取予，皆心也。「洒掃應對便是形而上者」。學者終日乾乾只是默識此心之生理而已。時時默識，內不落空，外不逐物，一了百了，無有零碎本領之分也。（答周時卿）。

6.4 此理，至大而至約，惟「虛而生」三字盡之。其虛也，包六合以無外，而無虛之相也。其生也，徹萬古以不息，而無生之迹。只此謂之本心。時時刻刻還他本來，卽謂之學。（與歐克敏）。

6.5 太虛之中，萬古一息綿綿不絕，原無應感與不應感之分。識得此理，雖瞑目獨坐，亦應感也。時時應感卽時時是動也，常動卽常靜也。一切有相卽是無相。山河大地、草木叢林，皆無相也。真性本無杳冥，時時呈露卽有相也。相於無相，了不可得。言思路絕，強名之曰本心。（同上）。

6.6 本性真覺原無靈明一點之相。此性遍滿十方，貫徹古今。蓋覺本無覺。孔子之無知，文王之不識不知，乃真知也。若有一點靈明不化，卽是識神。放下識神，則渾然先天境界，非思議所及也。（答鄒子尹）。（案本性真覺是由本性而發真覺。真覺無覺相，連一點靈明相亦無。此「渾然先天境界」。此先天是已發之先天，不是性之爲先天。「非思議之所及」，是真心無相之不思議，尚非性體之不思議。）

案：以上七條皆是圓融地說。明道喜言此，皆甚美也。然同時亦有分解地說，而分解地說則有多端，皆可至此圓融之境。明道善言此，象山陽明而至近溪皆善言此，甚至朱子亦可言此。然而不碍分解地說之異。今王塘南亦作此圓融之妙談，然而其分解地說却非良知教，最後倒反近于朱子，以採用「然與所以然」之方式分發與未發，由未發以說性故也。性不容言，只是一生之理。而呈露則是生之實。所謂「生生之密機」，所謂「默運」，所謂「萬古一息綿綿不絕」，所謂「澄然無念生生之眞幾」，皆呈露也，皆發也，即言思路絕而「强名本心」的相于無相之呈露亦發也，無相眞心、澄然無念、皆發也。凡發皆後天。若以此廣義之發籠統概括心之一切（知覺意念），則此一切，依朱子，馬上可視之爲氣，爲形而下者；惟未發之性爲理，爲先天，爲形而上者。然依塘南之受稟于王學之門下，本心、知、意、似乎又不能視爲氣。可是依「知覺意念總是性之呈靈，皆命也，不無習氣隱伏于其中」，「命有質者也」（師泉語），諸語而觀，則似乎又不能視之爲不是氣，如是，凡心之流行（性之呈露之實、生機之默運）皆發也，皆氣也，亦即皆一氣之流行。言至此，塘南當有模稜（尷尬）之感矣。歸陽明乎？陽明不受也。歸朱子乎？而又不明說本心、知、意爲氣。然發與未發分得如此顯豁，其亦必終歸于朱子而已矣，至少亦與朱子爲近，只差不言格物窮理，而言透性研幾。透性研幾，則「本體宇宙論的體悟」之意味重，而致良知教之道德實踐之勁力全減殺矣。「收斂入微，反躬密體，漸悟生生眞機」，此一思路卽示遠離良知教，儘管良知教非不函此義。正是「發屬心，未發屬性」之分之過也。而陽明之心卽理，心卽性，良知卽性體卽中體卽道體卽生理，卽首出庶物者，凡此已大白者復又縮回去而不能言矣。是故圓融地說者雖妙，而又不能無分解地說，而分解地說者却正是問題之所在。是故：

7. 性命雖云不二，而亦不容混稱。蓋自其真常不變之理而言曰性，自其默運不息之機而言曰命。一而二、二而一者也。中庸「天命之謂性」，正恐人于命外求性，則離體用而二之，故特發此一言。若執此語，遂謂性命果無分辨，則言性便剩一命字，言命便剩一性字，而盡性至命等語皆贅矣。故曰性命雖不二，而亦不容混稱也。盡性者完我本來真常不變之體，至命者極我純一不息之用。而造化在我，神變無方，此神聖之極致也。（答鄧子尹）。

案：性命自其不離而言，則有圓融地說，自其不卽（不容混稱）而言，則有分解地說。而此分解地說却正是問題之所在。如此分性命，視命爲性體之發用（呈露）亦非中庸易傳言性命之原義，此只可視爲師泉塘南對于原義之誤轉（滑轉）或新規定。此不要緊，因爲他有對于詞語賦予以新義之自由，但須自覺。至于視「知」亦爲命，則非陽明之旨，此所謂正是問題之所在也。

8. 朱子格物之說本于程子。程子以窮至物理爲格物。性卽理也。性無內外，理無內外，卽我之知識念慮與天地日月、山河草木鳥獸、皆物也，皆理也。天下無性外之物，無理外之物。故窮此理至于物物皆一理之貫徹，則充塞宇宙，綿亘古今，總之一理而已。此之謂窮理盡性之學，與陽明致良知之旨又何異乎？蓋自此理之昭明而言謂之良知。良知非情識之謂，卽程門所謂理也，性也。良知貫徹于天地萬物，不可以內外言也。通乎此，則朱子之格物非逐外，而陽明之良知非專內明矣。……（答楊晉山）。

案：此種和會不能決定什麼。若如此顢頇，則皆無異，又豈但朱子與陽明無異乎？

9. 易曰「乾知大始」，此「知」卽天之明命，是謂性體，非以此知彼之謂也。易曰「坤作成物」，此「作」卽明命之流行，是謂性之用，非造作強爲之謂也。……（答龔修默）。

案：此又以「知」爲性體。此正陽明之旨也。但却又說知是先天之發竅，屬後天，是性體之呈露。即使視之爲「天之明命」而言之爲性體，此體亦當是「體用之間」之體，而不能直視之爲先天未發之性體也。

10. 性不容言。知者性之靈也。知非識察、照了、分別之謂也，是性之虛圓瑩徹、清通淨妙、不落有無、能爲天地萬物之根，彌六合、亘萬古、而炳然獨存者也。性不可得而分合增減，知亦不可得而分合增減也。而聖凡與禽獸草木異者，惟在明與蔽耳。是故學莫大于「致知」。（語錄）。

案：縱使如此言知，亦非良知教之本旨，乃套于「悟性修命」、「透性研幾」而言者也。說「知是性之靈」可，說是「心之靈」亦可。說是「心之靈」是分析地說，說是「性之靈」是綜和地說。心、知屬命，總不是性；雖密切爲一，亦不是性。如是，總說心、知是氣之靈，亦無不可。如是，則歸于朱子。摭拾陽明之言而範域于性命中者也。

11.心體之知非作意而覺以爲知，亦非頑空而無知也。是謂天德之良知。致者極也，還其本然而無虧欠之謂。(同上)。

案：此卽所謂「知在體用之間」，總屬先天之發竅者也，是性之呈露，屬于命，而非卽性也。「收斂入微，反躬密體，漸悟生生眞機」，所謂「極深研幾」，卽就此呈露而言也，知意俱在內。然依陽明，良知卽是性，卽是中，卽是理，並無如此之分疏也。又依良知教，「致良知」亦不是「研幾」中還體用之間的良知（雖亦云天德良知）之「本然無虧欠」之謂，（蓋若如此，則良知亦可有虧欠，有虧欠卽非良知），乃是推致之于意與物以誠意與正物而使之全體朗現之謂。

12.問：陽明以知善知惡爲良知，此與情識何別？曰：善惡爲情識。知者天聰明也，不隨善惡之念而遷轉者也。(同上)。

案：此分別諦當。以知善惡之知爲情識是誤解。塘南雖知此爲誤解，然其言良知非依良知教而言，乃依悟性修命、透性研幾而言。

13. 問：情識旣非良知，而孟子所言孩提之愛敬，見入井之怵惕，平旦之好惡，嘑蹴之不受不屑，皆指情上言之何也？曰：性不容言，姑卽情以驗性，猶如卽煙以驗火，卽苗以驗種。後學不達此旨，遂認定愛敬怵惕好惡等以爲眞性在是，則未免執情而障性矣。（同上）。

案：此依性命之分別而言，與上錄第6條中所言者不同，那是圓融地說。又，依孟子，愛敬、怵惕、好惡等卽是性。後學如此認定不誤也。塘南之所達者非孟子義。蓋再于此分別情與性，然與所以然，那是無意義者，徒爲重疊，頭上安頭，至少亦是另一套，而非孟子義，亦非陸、王義，走上「性卽理，而非心卽理」之一路，此乃就存有論的體悟以言性，體悟之爲一「只存有而不活動」之理（先天、未發、無爲、而不容言之理），而非就道德實踐之可能以言性。

14. 或謂只將一念之愛，擴而充之，至于無不愛，便是仁，不必深探性體之仁，此與執知善知惡爲良知，而不深探性體之知者無異。噫！性學之晦久矣！（仁知說）。

自本性之中涵生理曰仁，自本性之中涵靈通曰知。此仁知皆無聲臭，故曰性之德也。若惻隱是非乃仁知之端倪，發用於外者，是情也，所謂性之用也。後儒以愛言仁，以照言知，遂執此以爲學，是徒認情之流行，而不達性之蘊奧矣。(同上)。

案：仁知必統攝于性而爲性體之仁，性體之知。雖是性體之仁，性體之知，亦屬先天之發竅，不過在體用之間而已。至若惻隱是非之心（愛與照）則只是情，只是用。如此分疏非孟子義，亦非陽明義。

15. 斷續可以言念，不可以言意。生機可以言意，不可以言心。虛明可以言心，不可以言性。至于性，則不容言矣。(語錄)。

16. 性之生而後有氣有形，則直悟其性足矣，何必後天之修乎？曰非然也。夫徹古今，彌宇宙，皆後天也。先天無體，舍後天亦無所謂先天矣。故必修于後天，正所以完先天之性也。(同上)。

17. 性無爲，而後天有修。然則性爲兀然無用之物乎？曰非然也。性無體，而天地萬物由之以生。通乎此，則謂一塵一毛皆先天可也。一切皆性，性之外，豈更有天地萬物哉？(同上)。

案：以上三條有分解說，有圓融說，終歸于「悟性修命」。此一系統非王學，順其分解地言性之思路說，却近于朱子，只差「知在體用之間」之一語，由此而言悟性修命，透性研幾，而不言格物窮理。「知在體用之間」使此系統既非王學，以依王學，知卽是體故；亦非全爲朱學，以朱子無如此之知故，朱子不言「知覺意念總是性之呈露」故；亦走不上「以心著性」(盡心化氣以成性)之一路，以「以心著性」與良知首出終歸爲一故，心卽是性之主觀地說，性卽是心之客觀地說，最後心性皆是體，心卽是性卽是理，並不言心爲性之發竅屬後天故。此一系統是由誤解良知(不但以「知善知惡之知爲情識爲不足恃」爲誤解，卽視之爲體用之間，爲先天之發竅，亦是誤解)，而復摭拾良知，扭曲而成。全部江右學案其中除東廓、南野、明水外，皆如龔定菴病梅館所說對于梅施以扭曲以求美，而實病梅而不美，焉得謂爲「得王學之傳」乎？在「悟性修命」之系統中，性爲未發之理，爲無爲，爲不可說。其餘皆是發，皆屬于命。無相眞心，澄然無念，作爲「生生之密機」之意，作爲先天之發竅而在體用之間之知，皆是發，因此，凡屬「心」者皆是發。如是，則性體或性理乃只是理，只是一存有論的存有，而不能是卽存有卽活動者，卽此，遂使此一系統近于朱子，而却不如朱子之清楚一貫。它把性體之活動義全劃爲性體之呈露，屬後天，而不復卽是性體之自己。故旣非王學，亦走不上「以心著性」之一路。蓋不能通貫先秦儒家之舊以貞切于濂溪橫渠明道之體悟之故也。

以下試言「以心著性」一路之集大成者之劉蕺山。

從陸象山到劉蕺山

第六章　劉蕺山的愼獨之學

第一節　綜　述

第二節　引文獻以作系統的陳述

第六章　劉蕺山的愼獨之學

第一節　綜述

1. 劉蕺山之學乃乘王學之流弊而起者。其言王學之弊云：「今天下爭言良知矣。及其弊也，猖狂者參之以情識，而一是皆良；超潔者蕩之以玄虛，而夷良于賊。」（劉子全書卷六，證學雜解解二十五。）此數語，吾前曾屢引過，並謂此是人病，非法病。但何以王學偏有此人病？蓋王學者顯教也。凡心學皆顯教。若無眞實工夫以貞定得住，稍有偏差，便流于此人病。良知之妙用是圓而神者。雖云「良知之天理」，然天理在良知之妙用中呈現，則亦隨從良知妙用之圓而神而亦爲圓而神地呈現。圓而神者卽于人倫日用，隨機流行，而一現全現也。良知爲一圓瑩之純動用，而無所謂隱曲者，此卽所謂「顯」。其隨機流行，如珠走盤，而無方所，然而又能泛應曲當，而無滯碍，此卽所謂圓而神，而亦是「顯」義也。順

「本心卽理」而行，直方大，不習无不利，沛然莫之能禦，實事實理坦然明白，自應如此。此蓋卽康德所謂神聖意志：他所應當是的卽是他所必然地自會是的。若依象山的話頭說，卽是「當惻隱自會惻隱」。這是一條鞭地順「本心卽理」之本心爲一呈現而說，故爲顯教也。但人亦有感性之雜。所謂「卽于人倫日用，隨機流行，而一現全現」，其一現全現者豈眞是良知之天理乎？得無情識之雜乎？混情識爲良知而不自覺者多矣。此卽所謂「猖狂者參之以情識，而一是皆良」也。此流弊大體見之于泰州派。至于專講那圓而神以爲本體，而不知切于人倫日用，通過篤行，以成己成物，則乃所謂「超潔者蕩之以玄虛，而夷良于賊」也。此流弊大抵是順王龍溪而來。然流弊自是流弊，教法自是教法。言本心卽理，言良知，這只是如象山所謂先辨端緒得失。並非一言本心卽理，一言良知，便保你能「沛然莫之能禦」也。故進一步須言「致良知」，而象山亦言「遷善改過，切己自反」，須時時有賴于「博學、審問、謹思、明辨、篤行」也。若眞能依四句教從事「致良知」之篤行工夫，則亦可無此流弊。猖狂者自是猖狂，混雜者自是混雜，何與于良知教耶？故云是人病，非法病也。

2. 然既隨此教法而有如此之流弊（人病），則乘此流弊之機而重新反省，亦可重開一新學路。乘此機雖可重開一新學路，然並非因此卽能證明王學之爲非是。此不過更端別起（不是象山所說的「異端」），重新予以調整，直下能堵住那種流弊而已。

此更端別起，重開一新學路者，卽是「歸顯于密」，卽，將心學之顯敎歸于愼獨之密敎是也。大學中庸俱言愼獨。依劉蕺山，大學之言愼獨是從心體說，中庸之言愼獨是從性體說。依此而有心宗性宗之分。從心體言愼獨，則獨字所指之體卽好善惡惡之「意」是也。「意蘊于心，非心之所發也。」是以意與念不同。「意之好惡一機而互見」，好善卽惡惡，反之亦然，故互見，雖有好惡，而實爲一機，此顯意爲超越層。「念之好惡兩在而異情」，有善有惡爲兩在，兩在卽異情，此顯念爲感性層。故「意根最微，誠體本天。」蘊于心，淵然有定向者，卽意也。「誠」就意之實言，故意根卽誠體。誠者眞實无妄之謂。如「意之好惡一機而互見」之實而實之而不自欺，卽爲誠。將動字轉爲形容詞卽曰誠體。此誠體之好善惡惡之中卽藏有知善知惡之良知，此卽意之不可欺。故「知藏于意，非意之所起。」此卽第一步先將良知之顯敎歸于「意根最微」之密敎也。然意與知俱屬于心，而心則在自覺活動範圍內，劉蕺山所謂「心本人者也」。自覺必有超自覺者以爲其體，此卽「隱乎微乎穆穆乎不已者乎」之性體。劉蕺山云：「性本天者也」。「天非人不盡，性非心不體。」盡者充盡而實現之之謂，體者體驗體現而體證之之謂。「天非人不盡」者，意卽天若離開人能卽無以充盡而實現之者。「性非心不體」者，意卽性體若離開心體卽無以體驗體現而體證之者。體證之卽所以彰著之。是則心與性之關係乃是一形著之關係，亦是一自覺與超自覺之關係。自形著關係言，則性體之具體而眞實的內容與意義盡在心體中見，心體卽足以彰著之。若非然者，則性體卽只有客觀而形式的意義，其具體而眞實的意義不可見。是以在形著關係中，性體要逐步主觀化，內在化。然在自覺與超自覺之關係中，則心體之主觀活動亦步步要融攝于超越之性體中，而得其客觀之貞定——通過其形著作用而性體內在化主觀化卽是心體之超越化與客觀化，卽因此而得其客觀之貞定，既可堵住其「情識而肆」，亦可堵住其「虛玄而蕩」。此是第二步將心體之顯教復攝歸於性體之密教也。經過以上兩步歸顯于密，最後仍可心性是一。是故劉蕺山云：

> 性情之德有卽心而見者，有離心而見者。卽心而言，則寂然不動，感而遂通，當喜而喜，當怒而怒，當哀而哀，當樂而樂，由中導和，有前後際，而實非判然分爲二時。離心而言，則維天於穆，一氣流行，自喜而樂，自樂而怒，自怒而哀，自哀而復喜，由中導和，有顯微際，而亦非截然分爲兩在。然卽心離心，總見此心之妙，而心之與性不可以分合言也。（學言中）。

「卽心離心總見此心之妙」卽見此心之形著作用也。「而心之與性不可以分合言」卽最後總歸是一也。然既有卽心離心，則亦可以分合言。「卽心」卽合，離心卽分。然此分合只是爲的「先作心性之分設，以便明其形著之關係以及自覺與超自覺之關係」之過程中的方便之言，而最眞實的洞見實在那最後不可以分合言而總歸是一也。此中有一獨特之機竅，此可從兩面而見。㈠心性之所以能總歸是一者，因劉蕺山所說之心，不是朱子所說之形而下的「氣之靈」之心，乃是「意根最微」之意與良知之知，除繼承陸、王所說之心外，復特標出作爲「心之所存」之意，此種心仍是超越的道德的自由自律之眞心，而非與理爲二之格物窮理之心（認知意義的心）；又，其所言之性亦不是朱子「性卽理」之性，卽作爲「只是理」之性，只存有而不活動之性，乃是本「於穆不已」而言之性，乃是「卽存有卽活動」之性，其內容與自心體而說者完全相同，不過一是客觀而形式地說，一是主觀而具體地說，故兩者既顯形著之關係以及自覺與超自覺之關係，復能不可以分合言而總歸是一也。若如朱子所了解之心與理（性）則不能是一也。㈡象山本孟子言本心卽性，以爲「情、性、心、才都只是一般物事，言偶不同耳。」（孟子告子篇公都子問性善章以及牛山之木章都涉及情字才字。情實也，指性之實言，非情感之情。才亦指性之能言，非一般之才能。情與才不是兩個獨立的概念。故象山說「都只是一般物事」是對的。）然當李伯敏再問時，則答曰：「若必欲說時，則在天者爲性，在人者爲心。此蓋隨吾友而言，其實不須如此。」（參看第一章）。

象山以爲只就它們「都只是一般物事」着實「理會實處，就心上理會」，便自能通曉。否則徒「騰口說，爲人不爲己。」雖然如此，然性與心究竟是兩個字眼。「爲人」的方便亦是需要的。是故「若必欲說時，則在天者爲性，在人者爲心。」象山此說亦劉蕺山所謂「性本天者也，心本人者也」之意。對于此種字眼，基本處蓋有共同之理解，不會相差太遠。「在天者爲性」，「天」是自然義，定然如此義，亦含有客觀地說之之意。故就其自然而客觀如此而言，則謂之性。「在人者爲心」，人是人能義，主觀的自覺活動之意。故就其能自覺活動而呈現其爲如此如此者，則謂之心。實卽是一也。象山雖如此分說，然彼特重在心，只就心說，而且一說便說到極，並不分別地特說性天之尊，此其所以爲心學，亦爲顯教也。象山如此，陽明亦如此。彼于答顧東橋書中亦言：「理一而已。自其理之凝聚而言，則謂之性；以其凝聚之主宰而言，則謂之心」云云。所謂「理之凝聚」意卽理之收歛凝聚于個體，卽謂之爲性。理之散開而統攝天地萬物，則謂之爲道。性與道（天）皆是客觀地說，此亦是「本天者也」。「以其凝聚之主宰而言，則謂之心」，心之自覺活動爲知爲意卽能彰顯並定住性之主宰義，心卽是性，卽是主宰。心是主觀地說，此亦是「本人者也」。胡五峯知言云：「氣之流行，性爲之主；性之流行，心爲之主。」前句是客觀地說，本天者也。後句是主觀地說，本人者也。「性之流行，心爲之主」，此通于陽明所說「以其凝聚之主宰而言則謂之心」也。性之所以能流行而成其爲性全靠「心爲之主」。故胡五峯又云：「心也者知天地宰萬物以成性者也」。「心爲之主」，此主卽是心之自覺活動能彰顯而形著之以成其爲性。「成性」之成是形著之成，故其爲性之主亦是形著之主。心性之別只是同一實體之主客地說之異。象山、陽明、五峯、蕺山皆如此理解也。唯陽明雖亦如此分說性與心兩字眼，然彼與象山同，亦是特重心體，知體，且只就良知說，而且亦是一說便說到極，並不分別地特說性天之尊，性天只是捎帶着說，終于良知卽是性，心體卽是天（重看前第四章丙中之第三辯），此其所以爲心學，亦爲顯敎也。但蕺山歸顯于密，則必先特設性天之尊，分設心性，以言形著關係以及自覺與超自覺之關係，以「見此心之妙，而心之與性不可以分合言」，而總歸是一也。及其總歸是一，則與心學亦無以異矣。故吾在心體與性體中總說此兩系爲同一圓圈之兩來往，而可合爲一大系也。雖可合爲一大系，而在進路上畢竟有不同，是故義理間架亦不同，一爲顯敎，一爲歸顯于密也。由以上兩面，旣與伊川、朱子不同，又與陸、王不同，而見其爲一獨特之間架，故我總說宋明儒當分爲三系也。

蕺山與胡五峯爲同一義理間架，此蓋承「北宋初三家之由中庸易傳回歸于論孟」而來者。此一承之而來乃必然者。先由中庸易傳回歸于論孟（回歸至明道而圓），故繼之必有以論孟來形著中庸與易傳者。胡五峯是南宋初期直接承北宋三家而言形著者；劉蕺山則是經過陸、王之特尊論孟，而由歸顯于密，再言此形著者。宋明儒講學恢復儒家，其所依據經典不過論語、孟子、中庸、易傳，與大學。自北宋濂溪起，至明末最後一個理學家劉蕺山止，以九人（濂溪、橫渠、明道、伊川、五峯、朱子、象山、陽明、蕺山）為支柱，其發展乃實是一息息相關有機之發展。于中，伊川、朱子乃歧出者，以大學為中心，不自覺走上「以知識之路講道德」之途徑，遂轉成橫攝系統，有類于西方所謂本質倫理，已非先秦儒家之縱貫系統矣。象山興起，特尊論孟，先辨端緒之得失，乃將伊川、朱子之歧出扭轉過來，重見先秦儒家縱貫系統之舊。北宋前三家由中庸易傳回歸于論孟，亦是縱貫系統者。五峯、蕺山繼之，言以心著性，亦仍是縱貫系統者。故此一系可與陸、王合而為一大系也。必如此了解，則宋明儒之發展，雖如此其繁富，亦可瞭如指掌矣，而蕺山愼獨之學亦可得其定位矣。

3. 吾人依三系之分，定蕺山學之位；依「歸顯于密」了解其愼獨之學之性格。如此了解，方能大體得之而不謬。蕺山所留文獻甚多，重重複複，其旨歸不過是以心著性，歸顯于密。此種間架脈絡，很少人能見出，卽黃梨洲亦不眞能懂其師也。其明儒學案中蕺山學案顯得無綱領而雜亂。彼固亦知其師之學之特點為誠意愼獨，然「以心著性，歸顯于密」之全譜，愼獨之學之獨特的精神與獨特的義理間架，則不能知。因此，雖鈔錄一大堆，而無頭緒，顯得凌亂，而軟疲無力。又加上蕺山之辯駁言論多不如理，或多無實義，時不免明末秀才故作驚人之筆之陋習；其說法多滯辭，自不如象山陽明之精熟與通暢。若于此不加簡別，而無輕重地集鈔于一起，則必覺其爲一團混亂。吾曾就劉子全書，卷一人譜，卷二讀易圖說，卷五聖學宗要，卷六證學雜解（二十五則），卷七原旨（共七篇），卷八說（二十四首），卷九問答，卷十、十一、十二、學言上中下，卷十九論學書，各重要部分，或全錄，或選錄。因此，得窺其義理之全豹，瑕瑜互見，知其中何者是主旨，何者是糠粃，何者是險語，何者是實語，何者不如理，何者無實義。若能不爲其所眩惑，則立可以有簡別而予以抉擇矣。

蕺山子劉汋作蕺山年譜（全書卷四十上下），于六十六歲下，十二月書存疑雜著，繫之云：

> 先生平日所見，一一與先儒牴牾。晚年信筆直書，姑存疑案，仍不越誠意，已未發，氣質義理，無極太極之說。于是斷言之曰：「從來學問只有一個工夫。凡分內分外，分動分靜，說有說無，劈成兩下，總屬支離。」又曰：「夫道一而已矣。知行分言，自子思子始；誠明分言，亦自子思子始；已未發分言，亦自子思子始。仁義分言，自孟子始；心性分言，亦自孟子始。動靜有無分言，自周子始。氣質義理分言，自程子始。存心致知分言，自朱子始。聞

見德性分言，自陽明子始；頓漸分言，亦自陽明子始。凡此，皆吾夫子所不道也。嗚乎！吾舍仲尼奚適乎？」

案：此種說法卽無實義，乃故作驚人之筆之險語，而且亦有不合事實者。故此類話可置之也。劉汋在此段文下，復附注云：

> 按先儒言道分析者，至先生悉統而一之。先儒心與性對，先生曰：「性者心之性」；性與情對，先生曰：「情者性之情」；心統性情，先生曰：「心之性情」；分人欲爲人心，天理爲道心，先生曰：「心只有人心，道心者人心之所以爲心」；分性爲氣質義理，先生曰：「性只有氣質，義理者氣質之所以爲性」；未發爲靜，已發爲動，先生曰：「存發只是一機，動靜只是一理」；推之，存心致知，聞見德性之知，莫不歸之于一。

案：此亦無實義。卽使可以這樣一之，又何碍于分別說耶？若膠着于此而講其學之性格，必迷失旨歸而至于面目全非。劉汋非能知其父者也。

又年譜于六十六歲下，冬十一月著證學雜解及良知說，劉汋于此作附注云：

按先生于陽明之學凡三變，始疑之，中信之，終而辨難不遺餘力。始疑之，疑其近禪也。中信之，信其爲聖學也。終而辨難不遺餘力，謂其言良知以孟子合大學，專在念起念滅用工夫，而于知止一關全未勘入，失之粗且淺也。夫惟有所疑，然後有所信。夫惟信之篤，故其辨之切。而世之競以玄渺稱陽明者，烏足以知陽明也歟？

玆查劉子全書卷八，良知說云：

陽明子言良知，最有功于後學。然只是傳孟子教法，於大學之說終有分合。古本序曰：「大學之道誠意而已矣。誠意之功格物而已矣。格物之極止至善而已矣。止至善之則致良知而已矣。」宛轉說來，頗傷氣脈。〔案傳孟子教法有何不好？以孟子講大學，雖不必合大學本義，然自「管歸一路」而言，如此講之，亦自是正大之儒家義理。只應就良知教之義理而了解良知斯可矣，不必以大學爲主而看輕孟子，且斤斤較量于不明確之大學本義而橫難良知教也。」

至龍溪所傳天泉問答（案即天泉證道記），則曰：「無善無惡者心之體，有善有惡者意之動，知善知惡是良知，爲善去惡是格物。」益增割裂矣。即所云良知，亦非究竟義也。〔案四有句是良知教全部系統之濃縮，有何割裂可言？此即心中以大學爲主而看輕孟子，並斤斤較量于不明確之大學本義而橫難良知教也。又，所云良知有何不究竟處？良知是孟子所言，孟子亦不究竟耶？此足見蕺山于孟子並無實得。何不暫將大學與陽明放下，虛曠其心，回頭就實處重新理會孟子耶？〕

「知善知惡」與「知愛知敬」相似而實不同。知愛知敬，知在愛敬之中。知善知惡，知在善惡之外。知在愛敬之中，更無不愛不敬者以參之，是以謂之良知。知在善惡之外，第取分別見，謂之良知所發則可，而已落第二義矣。〔案此真成虛妄分別，全無是處。又，「落第二義」，此復陷于聶雙江、羅念菴之窩臼。〕且所謂知善知惡，蓋從「有善有惡」而言者也。因有善有惡而後知善知惡，是知爲意奴也，良在何處？又反無善無惡而言者也。本無善無惡，而又知善知惡，是知爲心祟也，良在何處？〔案此則完全穿鑿，無一是處。如此「辨難不遺餘力」，有何益哉？」

且大學所謂致知，亦只是致其「知止」之知。「知止」之知即「知先」之知，「知先」之知即「知本」之知。惟其知止、知先、知本也，則謂之良知亦得。知在止中，良因止見。故言知止，則不必更言良知。若曰以良知之知知止，又以良知之知知先而知本，豈不架屋疊牀之甚乎？〔案知止、知先、知本之知是虛位字，而良知是實體字，如何可混？此皆是穿鑿，不通之甚！此即是斤斤于大學之文字來橫施纒夾也。〕

且大學明言「止于至善」矣，則惡又從何處來？〔案此問無理。〕心意知物總是至善中全副家當，而必事事以善惡兩糾之！若曰去其惡而善乃至，姑爲下根人說法，如此，則又不當有「無善無惡」之說矣。有則一齊俱有，旣以惡而疑善，無則一齊俱無，且將以善而疑惡。更從何處討「知善知惡」之分曉？〔案此即纒夾，橫施疑難。心中如此不明徹，則所謂「中信之」，信何耶？豈信一如此不通之良知教耶？良知教若如此不通，焉得「爲聖學」？〕

只因陽明將「意」字認壞，故不得不進而求良于知。仍將「知」字認粗，又不得不進而求精於心。種種矛盾，固已不待龍溪駁正，而知其非大學之本旨矣。〔案並無矛盾可言。龍溪亦未駁正。大學之本旨亦難定。蕺山並未切實了解良知教。只以本旨不明確之大學爲定準有何益哉？自伊川、朱子特重大學後，繼起者皆集中于大學，本末顚倒，甚可怪也。〕

大學開口言明德。因明起照，良知自不待言。而又曰：「良知卽至善，卽未發之中」，亦旣恍然有見于「知」之消息，惜轉多此「良」字耳。然則良知何知乎？「知愛」而已矣，「知敬」而已矣，「知皆擴而充之，達之天下」而已矣。〔案此後一知與知愛知敬兩者並不可一律。〕格此之謂格物，誠此之謂誠意，正此之謂正心，擧而措之謂之平天下。〔案此又大類象山。〕陽明曰：「致知焉盡之矣」。余亦曰：「致知焉盡之矣」。〔案若如此，則以上諸辨駁皆成廢辭。汝之「致知焉盡之矣」又將是何一套？大學知止知本之知不可以良知言，其中亦無知愛知敬之良知，汝將良知參進來作甚？此卽是纏夾不順，而又曰「致知焉盡之矣」！〕

觀此說，知其辨駁完全不行，此卽其不如理，多滯辭，不可以爲準也。全書卷十二學言下亦有一條類乎此說中之辨駁，如：

「有善有惡意之動，知善知惡知之良」，二語決不能相入，則知與意分明是兩事矣。將意先動而知隨之耶？抑知先主而意繼之耶？如意先動而知隨之，則知落後著，不得爲良。如知先主而意繼之，則離照之下安得更留鬼魅？若或驅意于心之外，獨以知與心，則法唯有除意，不當誠意矣。且自來經傳無有以意爲心外者。求其說而不得，無乃卽知卽意乎？果卽知卽意，則知良意亦良，更不待言。

案：此辨駁亦不通。依陽明，知與意本屬兩事。意爲意念，屬感性層者；知爲良知，屬超越層者。如此方可有「致知以誠意而正物」之功，安得有「如意先動而知隨之，則知落後者，不得爲良；如知先主而意繼之，則離照之下安得更留鬼魅」之難？意本可上下其講，汝能確定大學之「意」必是汝所說之「意根最微」（心之所存）之意乎？致知誠意格物是從四有句說。實然的意本是受感性影響的意，及其被誠以後，則卽轉化而爲純善，亦如劉蕺山所謂「化念還心」也。此時說「卽知卽意」，或「卽意卽知」，皆無不可。蓋陽明所說之良知本是統攝四端而言者；「良知只是個是非之心，是非只是個好惡，只好惡就盡了是非，只是非就盡了萬事萬變。」（見前第三章第一節）。蕺山把「意」上提于這個好惡處講，把「知」

即藏于這個好惡處，這皆無不可，這亦爲陽明說之所函或所許，只是陽明未先點出這超越意義的「意」而已，汝今點出之，自是佳事。但縱點出之，吾人仍有現實上受感性影響的意——意念之意。陽明說「誠意」即誠這個意也。誠者使其不實而有自欺者純歸于實而無一毫自欺者之謂。及其歸于實而無自欺，則即轉爲超越層純善之意，亦即無意之意。在此，說意爲心之所存，淵然有定向，意根最微，誠體本天，等等，皆無不可。但如此言意，則「誠」字即無對治之實功義，只是如其實而還之而已。只專一在此講愼獨以見道德實踐之實功，這當然也可以；但本此以化那受感性影響的意念之意豈不也是實功，而且是更切實之實功？故蕺山之說自可成立，但不必辨難良知教。其穿鑿辨難大抵皆無謂，不可以爲準。若據其辨難，以爲良知教眞有問題，則全成誤解。

又全書卷十九，再答史子復書中有云：

> 竊嘗論之，據僕所窺，大學之道誠意而已矣。陽明子之學致良知而已矣。而陽明子亦曰：「大學之道誠意而已矣」。凡以亟復古本以破朱子之支離，則不得不遵「古本以誠意爲首傳」之意，而提倡之。至篇終乃曰：「致知焉盡之矣」，又鄭重之曰：「致知存乎心悟」。亦何怪後人有矛盾之疑乎？（案何矛

盾之有？）前之旣重在心，而曰：「眼中著不得金玉屑。」後之又尊致良知，而以「知是知非」爲極則。于學問宗旨已是一了百當，又何取此黍稗雙行之種子，而姑存之，而且力矯而誠之？誠其有善，固可斷然爲君子；誠其有惡，豈不斷然爲小人？卒乃授之「知善知惡」，而又「爲善而去惡」，將置「大學之道誠意而已矣」一語于何地乎？僕不敏，不足以窺王門宗旨。抑聊以存所疑，竊附于整菴、東橋二君子之後。倘陽明而在，未必不有以告我也。

案：此書所言尤荒謬！致知以誠意，誠意是「誠其有善」，「誠其有惡」乎？有如此講者乎？誠「未窺王門宗旨」者也。「大學之道誠意而已矣」，是說工夫總歸結在誠意，亦因意之誠不誠乃是總關鍵所在也。「欲誠其意，先致其知。」「致知焉盡之矣」，蓋此正是實現此「誠其意」者。此有何矛盾可言？儘管大學之致知不必是「致良知」，但致知以誠意，致知是所依以達到誠意者，這語脈總是對的。爾乃作無謂之周納，究何益哉？

學言下有一條與此書所說相類而較詳，不厭煩，仍錄之如下：

古本聖經而後，首傳誠意，前不及「先致知」，後不及「欲正心」，直是單提直指，以一義總攝諸義。至末又云：「故君子必誠其意」。何等鄭重。故陽明先生古本序曰：「大學之道誠意而已矣。」豈非言誠意而格致包舉其中，言誠意而正心以下更無餘事乎？乃陽明宛轉歸到致良知爲大學宗旨。大抵以誠意爲主意，以致良知爲工夫之則。蓋曰誠意無工夫，工夫只在致知，以合乎「明善是誠身工夫，博文是約禮工夫，惟精是惟一工夫」之說，豈不直截簡要？乃質之誠意本傳，終不打合。及考之修身章「好而知其惡，惡而知其美」只此便是良知。〔案修身章此兩語中之「知」並不表示良知，焉可如此牽合？〕然則致知工夫不是另一項，仍只就誠意中看出。如離却意根一步，更無致知可言。予嘗謂好善惡惡是良知。舍好善好惡，別無所謂知善知惡者。好卽是知好，惡卽是知惡。非謂既知了善，方去好善；既知了惡，方去惡惡。審如此，亦安見其所謂良者？乃知知之與意只是一合相，分不得精粗動靜。且陽明既以誠意配誠身、約禮、唯一，則莫一於意，莫約於誠意一關。今云「有善有惡意之動」，善惡雜揉，向何處討歸宿？抑豈大學知本之謂乎？如謂誠意卽誠其「有善有惡」之意，誠其有善固可斷然爲君子，誠其有惡豈不斷然爲小人？吾不意良知既致之後，只落得做半個小人！若云致知之始有善有惡，致知之終無善無惡，則當云：大學之道正心而已矣，始得。前之既欲提宗於致知，後之又欲收功于正心，視誠意之關直是過路斷橋，使人放步不得，主意在何處？

案：陽明之致良知教自是獨立一套，不過依附大學說之而已。大學之致知固不必是致良知，然其所說之誠意却未必不是大學之原義。汝能確定大學之「意」必是汝所說之「意根最微」之意，而決不是意念之意乎？說意是「心之所存」固好，說「知藏于意」亦不錯，這只是另一套。在汝說誠意，在陽明卽說致良知，兩者之地位及層次皆相等，而「知之與意」既「只是一合相」，又云「卽知卽意」，則說誠意豈不與致知等乎？在陽明，致知以誠意（轉化意念），卽等于蕺山之「誠意」以化念還心也。如此消融豈不兩得？何苦穿鑿周納以橫破之？（破不如理爲橫破。）陽明致知以誠意是將良知關聯着感性層之意念而期有以轉化之，此開綜和領域。蕺山亦說念，復說治念，又說化念還心，但不說誠意以化念，此則誠意格致以及正心等等都只成分析的，開不出綜和領域，（詳見下），反橫破陽明何耶？此示其窒塞不通，本可含有善消融，而反成不消融！

學言下又有兩條云：

知在善不善之先，故能使善端充長，而惡自不起。若知在善不善之後，無論知不善無救于短長，勢必至遂非文過，即知善反多此一知，雖善亦惡。今人非全不知，只是稍後耳，視聖人霄壤！知只是良知，而先後之間所爭致與不致耳。

起一善念，吾從而知之。知之之後，如何頓放此念？若頓放不妥，吾慮其剜肉成瘡。起一惡念，吾從而知之。知之之後，如何消化此念？若消化不去，吾恐其養虎遺患。總爲多此一起；纔有起處，雖善亦惡。轉爲多此一念；纔屬念緣，無滅非起。今人言致良知者如此。

案：此完全不解「知善知惡是良知」一語之意義，眞不知其想到那裏去了！大抵又落于聶雙江、羅念菴之圈套！然則汝言「知藏于意」，「意知是一」之知又何用乎？總爲不解良知與意念乃上下兩層之綜和關係，致知以誠意（念）乃以超越層者化轉感性層者，遂有此謬妄之疑難。

4.吾歷學此類文獻旨在明蕺山之辨駁多不如理，不可以爲準。此類文字置之可也。然其好處自不可掩。吾人只應就其正面實義而觀其學之性格與踐履工夫之深微。辨駁之無實義者不暇一一舉正。

蕺山生當明朝末年亡國之時，年六十八歲，于崇禎縊死煤山，福王繼位南京不及一年被俘後，即「絕食廿日，勺水不入口者十有三日」，殉國而死。彼是最後一位理學家，亦是爲此學作見證者，殊不易也，不能不令人起欽敬之心。

年譜于六十八歲絕食而死下，其子劉汋作綜結云：

> 先君子學聖人之誠者也。始致力于主敬，中操功于愼獨，而晚歸本于誠意。誠由敬入，誠之者人之道也。「意」也者，至善棲真之地，物在此，知亦在此。（案此語並不好講，詳見下。）意誠，則止于至善，物格而知至矣。（詳見下）。意誠而後心完其心焉，而後人完其人焉。是故可以扶皇綱，植人極，參天地，而爲三才也。……
>
> 先君子盛年用功過于嚴毅，平居齋莊端肅，見之者不寒而栗。及晚年，造履益醇，涵養益粹，又如坐春風中，不覺浹于肌膚之深也。
>
> 竊嘗論之，道統之傳，自孔孟以來，晦蝕者千五百年。有宋諸儒起而承之，濂溪、明道獨契聖真。其言道也，合內外動靜而一致之。至晦菴、象山而

始分。陽明子言良知謂卽心卽理，兩收朱、陸，（案此語不諦），畢竟偏內而遺外，其分彌甚。（案亦不見得「彌甚」）。至先君子而後合。先君子之學以誠意爲宗，而攝格致于中。曰：「知本，斯知誠意之爲本而本之；本之，斯止之矣。知止，斯知誠意之爲止而止之；止之，斯至之矣。」（原注：見大學參疑。）卽內而卽外，卽動而卽靜。體用一源，顯微無間。蓋自濂溪、明道之後，一人而已。其餘諸子不能及也。

而年譜錄遺（全書卷四十下）云：

先生望之凜然，有不可犯之色；卽之溫如，有可親就之容。聽其言，則方嚴靜正，復肅肅而凝凝。

先生晚年德彌高，恭彌甚，節彌勁，氣彌和。

先生京兆里居，姚現聞希孟曰：「方今鳳翔千仞，爲萬鳥所環歸，而弋人無所容其慕者，海內以劉先生爲第一人。其一種退藏微密之妙，從深根寧極中證入，非吾輩可望其項背者也。」

黃梨洲撰行狀（全書卷三十九），總論其學術，首云：

> 先生宗旨爲愼獨。始從主敬入門，中年專用愼獨工夫。愼則敬，敬則誠。晚年愈精微，愈平實。本體只是些子，工夫只是些子，仍不分此爲本體，彼爲工夫，亦並無些子可指，合于無聲無臭之本然。從嚴毅清苦之中發爲光風霽月。

案：據此等評語，則蕺山學之風格大體可窺。首言其誠意愼獨之學。誠意愼獨，此詞本身並不難解。但說「意也者，至善棲眞之地，知在此，物亦在此」，此後兩語並不易解，因此，「意誠，則止于至善，物格而知至矣」，以及「以誠意爲宗，而攝格致于中」，凡此亦並不易解。蕺山于「知」于「物」糅合得極爲幽深曲折而又隱晦。他說「知藏于意，非意之所起」，此知若繼陽明而爲良知，則亦不難解。好善惡惡即是知善知惡，故知善知惡之良知即藏于好善惡惡之意中。此無難也。但他同時又根據大學，把這知滑轉而等同于知止、知本、知先之知，此則錯雜而難矣。蓋良知是實體字，而知止、知本、知先之知則是虛位字，如何可等同耶？他說物是「物有本末」之物，天下、國、家、身、心、意、六項皆物也。格物致知者格這六物而知意之爲本，天下、國、家、身、心之爲末也。如就「事有先後」，亦可說「格知誠意之爲本，而正、修、齊、治、平之爲末。」如是，他說：「又就知中指出最初之機，則僅有體物不遺之物而已，此所謂獨也。故物卽是知，非知之所照也。」（學言上）。「體物不遺之物所謂獨」，此語難解。依其用語之習慣，獨卽愼獨之獨，獨體之體，卽「意根最微」之意也。然意之爲物只是六項中之一項，尙有作爲末之物，卽天下、國、家、身、心是也。就知之「最初之機」而言，則「體物不遺」之物，如此物字有實義，則似乎不能只是「獨」，當該是六項之物。如此，始可說「物卽是知，非知之所照也。」蓋「非知之所照」一語意在對遮陽明。六項之物何以能說「卽是知，非知之所照」？蓋蕺山云：「身者天下國家之統體，而心又其體也。意則心之所以爲心也。知則意之所以爲意也。物則知之所以爲知也，體而體者也。物無體，又卽天下國家身心意知以爲體。是之謂體用一源，顯微無間。」（學言上）。又云：「心無體，以意爲體；意無體，以知爲體；知無體，以物爲體。物無用，以知爲用；知無用，以意爲用；意無用，以心爲用。此之謂體用一源，顯微無間。」（學言下）。依此兩段話，可理解其所謂「物卽是知，非知之所照」一語之意。蓋「知無體，以物爲體」，「物則知之所以爲知也，體而體者也。」此似是以能所之融一，攝所從能，以物爲知之體，爲知之所以爲知者，故云「物卽是知，非知之所照也。」然既是能所融一，則「知無體，以物爲體」，此亦可函着說：散知歸物，知卽是物，知卽在物處見也。全物是知，全知是物。此是實踐的存有論的凝一說，非認知的關聯說。亦猶天台家言「智與智處俱名爲般若，處與處智俱名爲所諦，是非智之智而言爲智，非境之境而言爲境。」蓋就蕺山學而言，知與六項之物俱在誠正修齊治平之實踐中而一起凝一地呈現也。如此說，則言「物卽是知，非知之所照」似亦可通。蓋物只限于六項本末之物，亦卽誠正修齊治平六種實踐中之物也。

但這是否是蕺山說該語之本意呢？蕺山何以說「就知中指出最初之機，則僅有體物不遺之物而已，此所謂獨也」，單就意根獨體說物呢？此若把「知」字只限于知本、知止、知先而說（此或可卽是「最初之機」中「最初」字之所示），則此知卽與意根獨體爲凝一；如是，則「物卽是知，非知之所照」中之物卽意根獨體之物。但若如此，則與「知藏于意，非意之所起」，「知則意之所以爲意」，爲同義之轉換語或循環語，「物」字爲多餘，六項之物成虛脫。蕺山以誠意愼獨爲極功，其本意恐亦實是歸于此。如云：「大學之教只要人知本。天下國家之本在身，身之本在心，心之本在意。意者至善之所止也。而工夫則從格致始。正致其知止之知，而格其物有本末之物，歸于止至善云耳。格致者誠意之功。功夫結在主意中，方爲眞功夫。如離却意根一步，亦更無格致可言。故格致與誠意二而一、一而二者也。知止而定、靜、安、慮、得，所謂知至而后意誠也。意誠，則正心以上一以貫之矣。」（學言上）。如是，則格物致知卽格意本之物，而致「知止」之知也。如是，則「就知中指出最初之機，僅有體物不遺之物，所謂獨也」，正是知與意本之物相凝一，而非知與六項本末之物相凝一，故云「物（意本之物）卽是知，非知之所照也」。「意誠，則正心以上一以貫之矣」，卽由格知意本而誠之以貫其餘正修齊治平五項也。如是，知與意本之物爲凝一，卽是知與意爲凝一，而「非知之所照」一語亦失對遮義，蓋此物字與陽明所說之「物」根本不同故也。同指者可對遮，不同指者，不成對遮。或者說，蕺山說此類語亦根本不必有對遮義，只是另一套說法耳。「意是心之所存，非心之所發」，亦不必有對遮義，蓋意若指意念而言，正亦可是心之所發也。「知藏于意，非意之所起」，亦不必有對遮義，蓋此語是表示意知爲一，陽明亦可同意，蓋在蕺山說意，而在陽明則說知也，知之地位正同于意。同樣，「物卽是知，非知之所照」，亦無對遮義。如是，此三聯只表示另一套說法，而不是對于同指者之否定判斷。對遮者只是表示吾之說法不同於汝所說者而已。但卽使如此，若知只與意本之物相凝一，而說「意本之物卽是知，非知之所照」，則物字終成贅詞，無實義，此只是將工夫向上提，向裏收，以言工夫之極則耳。蕺山該段話蓋卽是說此義也。故該段總結云：「大學之教一層切一層，眞是水窮山盡學問。原不以誠意爲主，以致良知爲用神者（如陽明之所說」。」（學言上）。

若如此，則只說意是知之「最初之機」卽可，何必定說「物」字，而又說此物卽「所謂獨也」耶？旣必如此說，「物」字似不必爲贅詞，亦可有實義。然則此實義將如何了解呢？曰：「物」字卽示意之另一身分也。蓋依蕺山，物卽是「物有本末」之物。如是，意是本物，心身家國天下卽是末物。自這一系而言，意亦是物。此意本之物卽知之「最初之機」，是「知之所以爲知」，是「體而體者也」。蓋前已言「知則意之所以爲意也」，卽是意之體（「意無體，以知爲體」）。今又云意本之物是知之所以爲知，故此意本之物亦可以說是「體而體者也」。知旣爲體矣（爲意之體），而此意本之物又是此知體底體，此豈非「體而體」者耶？此只是循環說，好像是玩弄字眼。然此種循環說，綜起來似亦能啓發一實義。意本之物旣是知之所以爲知（知之體），故此意本之物卽是知，非知之所照。意本之物是終窮者，不可再有體。若必說其體，則必此一物散而爲天下、國、家、身、心、意、知之七項，而卽以此七項爲其體，故曰「物無體，又卽天下、國、家、身、心、意、知以爲體」。此意本之物若只轉過來復卽知以爲體，則只是循環；若再加上天下、國、家、身、心、意，而說「卽天下、國、家、身、心、意、知以爲體」，則不是循環，蓋只是意本之物這一「物」字之散開說，說之而示其內容而已，卽本末之物這一全系再加上知本知止知先之知以爲此「意本之物」之體也——縱貫地本末說之，意爲本物，意同于知，賅括其他五項（一以貫之），綜體地內容地說之，則七項皆是「物」字之內容（其體）也。此卽所謂幽深曲折，甚爲繳繞而又隱晦，而又有錯雜也。然而如此疏之，深固深矣，而其思理似亦甚爲明白，雖是有錯雜。

依以上之疏解，蕺山本大學講誠意愼獨之學，一切工夫全集中在誠意，故云「大學之道誠意而已矣」。「欲誠其意者，先致其知，致知在格物。」「格物」者卽格究此意本之物而明之也。「致知」者卽致「如其所究明之意本之物而知之」之知也，故云「物格而后知至。」這所至之知卽是「知本」之知。意本之物是「至善棲眞之地」，是至善之所止處。故知本卽知「止于至善」，知本之知卽知止之知也。「格致是誠意之功，故格致與誠意二而一、一而二者也。」此亦如象山所謂「格者格此，知者知此。」如此說格致並不歧出而爲「卽物而窮其理」，如朱子之所說；亦非「致良知之天理于事事物物，則事事物物皆得其理」，如陽明之所說。此誠意愼獨之學並非「致良知」教，此中並無「良知」字樣。「誠意」者卽如格致所知之「意本之物」之爲「心之所存」，「淵然有定向」，而如之也，而還之之也，卽如其實而實之也，卽恢復意體之實而呈現之也，故動詞之「誠」字亦可轉爲形容詞而名此意體曰「誠體」，卽眞實无妄之體，因而得曰：「意根最微，誠體本天」也。如此界定之「誠意」並非就「心之所發」之意念之有善有惡加誠之之功而使之爲純善，如陽明之所說。蓋蕺山已將意與念分開矣，將大學之意提升至超越層，定爲「心之所存之主」，而非視爲受感性影響的「心之所發」之念也。如此界定之「誠意」，誠之之功首先在格致，此則從「知」說；其次在「愼獨」，此則從「行」說。只有戒愼恐懼于獨居閒居之時，而無一毫之自欺，此誠體始眞能時時呈現。因此，此誠體亦曰「獨體」，卽獨時不自欺不瞞昧所呈現之眞實无妄之體也。此種工夫當然極其凝斂，極其寧靜。故姚希孟稱其有「一種退藏微密之妙，從深根寧極中證入」。吾謂之爲「歸顯于密」並不誤也。如此講，亦甚簡單明了。然則何以又鬧成如蕺山所表達者那樣錯綜紛歧，幽深曲折，繳繞而又隱晦呢？此其故唯在混雜良知于其內，混良知與知本知止之知而爲一，如此，遂鬧成許多不順適，以及許多無謂之循環與繳繞。以下試檢查之。

5. 蕺山欲吸收良知教于誠意愼獨之學中而期作到歸顯于密，這並不錯。就好善惡惡之意（心之所存以爲主之意）而說知善知惡之良知（良知卽是意之不可欺），好善惡惡卽是知善知惡，故云「知藏于意，非意之所起」，此亦甚善，而且如此言良知，良知與意亦甚融洽。蓋意爲實體字，良知在陽明亦爲實體字也。如是，說意知是一亦得；說「知則意之所以爲意」亦得，蓋因意之好善惡惡正因其知善知惡也；說「意則知之所以爲知」亦得，（蕺山原無此語，就「物則知之所以爲知」推之，可如此說），蓋知藏於意，好善惡惡卽是知善知惡，好善惡惡以爲「心之所存以爲主」之意正所以使良知成爲良知也，亦正使良知之知之所以成其爲良也。蓋意與知是一，如此廻環說並無不可。又，推之，從體用方面說，亦可說：『心無體，以意爲體；意無體，以知爲體；「知無體，以意爲體」（蕺山原無此說，就其所說之「知無體，以物爲體」而意推如此說）。「意無用，以知爲用」（蕺山原無此語，就其所說之「物無用，以知爲用」而意推如此說）；知無用，以意爲用；意無用，以心爲用（亦可說「意知無用，以心爲用」）。』蓋知旣是實體性的良知，則將之收在誠意學中，如此廻環說亦無不可。但如蕺山原文之所說，則不無問題。問題卽在「就知中指出最初之機，則僅有體物不遺之物而已，此所謂獨也」，以及「物則知之所以爲知」，「知無體，以物爲體」，「物無用，以知爲用」，等語。蓋「意是心之所存，非心之所發」，「知藏於意，非意之所起」，這是一系；而「物卽是知，非知之所照」，這又是另一系。此兩系並不能相入，而蕺山混而爲一。蓋從知說到物，說「物卽是知，非知之所照」，此中之「知」字並不必卽是實體性的良知；縱使你把這「物」字規定爲意本之物，所謂獨也，而此「知」字却不必是以前所說之「知藏於意」，意知是一之「知」。蓋此「知」字是由格物致知而說，而你所說之格物致知並不是良知教中之格物致知（致良知之天理於事事物物，使事事物物皆得其正）。你所說之格物是格究「物有本末」之物，致知是致那「物有本末，事有終始，知所先後，則近道矣」之知。歸本言之，致知是致那知本、知止、知先之知。此知是虛位字，並不是孟子陽明所說之實體性之良知，代表本心之良知。蕺山亦云：「且大學所謂致知亦只是致其知止之知。知止之知卽知先之知，知先之知卽知本之知。惟其知止，知先，知本也，則謂之良知亦得。知在止中，良因止見，故言知止，則不必更言良知。若曰以良知之知知止，又以良知之知知先而知本，豈不架屋疊床之甚乎？」（良知說，見前錄。）因知止知先知本而「謂之良知亦得」，實則並不得也。「知在止中，良因止見」，此豈孟子陽明說良知之意乎？「故言知止，則不必更言良知」，實亦無可以使吾人說良知者。「若曰以良知之知知止」云云，正好是表示不可說良知也，說良知實不通也。但蕺山却把知止之知混同良知，以爲知止之知卽是良知，只是不必言耳，言之卽成架屋疊床，而且不但架屋疊床，實根本不通也。把這虛位字的知止之知混同「知藏於意，意知是一」之實體字的知，遂一氣滾下，「一層切一層」，而說「物卽是知，非知之所照」，又說「知無體，以物爲體」（「物則知之所以爲知」），「物無用，以知爲用」，「物無體，又卽天下、國、家、身、心、意、知以爲體」。凡此數語皆是由混同「知止」之知與「知藏於意」之知而爲一，滑轉混雜而說成者，故如此之不順而又廻環繳繞也。看似幽深曲折，而實繳繞隱晦；其所以然之故卽在混雜也。若想收進良知而說良知，則不能說知止知本之知是良知。此猶肯定良知爲本體，而肯定良知之「肯定」不是本體；良知是良知，而知良知之知不是良知；上帝是上帝，而知上帝之「知」，信上帝之「信」，不是上帝。上帝是實字，知與信是虛字。良知是實字，知良知之知是虛字。意是實字，知止知本之知是虛字。若去此混同之混雜，只就「知藏於意」，意知是一說，則只能說：吾人若格致此意知是一以爲本，意誠而知亦呈現，則心亦正，身亦修，家亦齊，國亦治，而天下亦平，一以貫之矣。在此系義理下，亦可以說「知是意之所以爲意」，是意之體，蓋「意無體，以知爲體。」復可進而廻環說「意是知之所以爲知」，是知之體，蓋「知無體，以意爲體。」此是依據意知是一而爲如此廻環地說。此廻環地說是分解地廻環地說。在此系義理下，收進良知教，復可以良知爲準，進而說「知無體，以天地萬物感應之是非爲體」云云，如陽明之所說。此種說「知無體」是作用地說。復可攝進四有句以化念還心，還爲純善之意。再進而復可說「明覺之感應爲物」，明覺與物是存有論地一體呈現。此時，明覺之知是無知之知，意是無意之意，心是無心之心，而物亦是無物之物，如四無句之所說。此卽收攝良知教而歸顯於密也。但在此融攝之下，決不能說「物卽是知，非知之所照」。你只能終窮地說知與物爲存有論地一體呈現，全物是知，全知是物，此是圓融地說。在此圓融地說之之下，物亦是「知之所照」，而照之卽實現之，此明良知明覺是存有論的實體性的良知，是創生直貫之良知，而非認知關係之照也；而物無物相（無物之物），亦非認知關係中作爲對象之物也。蕺山說「物卽是知，非知之所照」，並非此圓融地說。他乃是混雜知止知本之知與「知藏於意」之知而爲一而如此說者。知旣是知止知本這虛位字的知，而其所知之止處與作爲本者卽是意本之物，所謂獨也。此意本之物卽是知之「最初之機」，蓋格致之知重點在知本也。故就知之「最初之機」而言，則僅有「體物不遺」之物，所謂獨也。所謂「體物不遺」中之體字蓋卽由格致之知之而說，知之卽體之；而所體之物而不可遺者卽是此意本之物之爲獨體也。（「體物不遺」是借用中庸語，非其原意）。若知是「知藏於意」之知（實體性的良知），意知是一，則決不能說「僅有體物不遺之物，所謂獨也」之語。此語顯是由格致之知止知本而說至者。旣由知止知本而說至此知所體之物而不可遺者卽是意本之物之爲獨體，而又將此知混同爲良知，故云「知無體，以物爲體」，又云「物卽是知，非知之所照。」此兩語若眞能表意，則只有根據「知藏於意」，意知是一，而說，始能表意。若由格致之知止知本而說，則決不能表意。蓋就格致之知而言，則意本之物（所謂獨）決不能卽是知，而且正是格致所究知者，正是認知地所照者。但蕺山却正是混同此兩系而爲一，而來回滑轉而說成此類幽深曲折，繳繞而又隱晦之語句。此正是急欲緊吸於一起，骨肉皮毛一把抓，而太緊吸之過也。蕺山好爲緊吸於一起之說，所謂將分析爲二者皆使一之，有是順適而極精采者，亦有不順適而混雜者，亦有無實義者。而此處之緊吸正是混雜者。

6. 蕺山「物即是知，非知之所照」一語，我對之好久不能得其確解。初看之，覺其爲驚人之筆；繼看之，覺其似有精義，而尋義難得；最後，將其有關之觀念彙集於一起而統觀之，每一觀念予以仔細認知，遂覺此一語之似有精義實由於混雜而成，故作如上之疏解。先順其語脈而順通其語意，然後再檢查其混雜。如去其混雜，則皆暢通而順適矣，而此語亦可以不說。此語之實義只在「意知是一，意爲知之體」之一義；而在格致係絡裡說成「物即是知，非知之所照」，則由混雜滑轉而成，故可以解消也。解消已，則攝知於意，歸顯於密，即全部暢通矣。

如是，大學之格物致知，因蕺山誠意學之參入，可有三系之說法：

㈠格究「物有本末」之物而致知本知止之知。象山、王艮、蕺山皆屬此義。象山以「管歸一路」之精神說格者格此，知者知此，即格知孟子所說之本心以爲本也。王艮說「格知身之爲本，而家國天下之爲末」（淮南格物說），此直援本大學「修身爲本」而言也。蕺山說「格知誠意之爲本，而正修齊治平之爲末」，此即格知「意」以爲本也。依此系之說法，格物致知即在知本。「知」爲一般認知意義之虛位字，無實義，即不在成知識，而在知本也。而「物」字亦無實義。

㈡陽明之說法：格物是正物，致知是致良知。「知」是實體字，無認知的意義。致知以誠意而正物卽成物也。「物」字有實義，或爲行爲物，或爲存在物；存在物或認知地知之，或存有論地成之。此是獨立之一套，不過依附大學來說而已。

㈢朱子「卽物而窮其理」之說法：此是典型的認知意義的格物窮理以致知。致知卽成知識也。此知字有實義。此是以知識之路講道德，故爲歧出，然最適合一般人之口味。

前兩系可以合爲一系，故既可陸、王連稱，其被連稱，重點並不在象山所說之格致可以與陽明通也，因象山所說之格致其本身無實義故；又可與誠意學合而爲一，其可合而爲一，重點亦不在蕺山所說之格致可以與陽明通也，因蕺山所說之格致其本身亦無實義也。格致既無實義，則只就「知藏於意」，而歸顯於密，便可使兩者合而爲一。不必就格致混知本之知之虛位字與良知之實體字而爲一，而說「物卽是知，非知之所照」等不通順之語也。縱使大學之格致誠如蕺山之所說，然亦只是初步。既知意之爲本，攝良知於意本，進而仍可獨立地講陽明之一套，而不見有刺謬處。在此，既可恢復「意根最微，誠體本天」之誠體或獨體而呈現之，而使之主宰吾人之行爲，亦可致良知之天理（卽意根之定則）於事事物物，使事事物物皆得其理，而化念還心也。良知天理之貫徹卽意根誠體之貫徹。若物只限於天下、國、家、身、心、意六項本末之物，只要意根誠體一誠，則心自正，身自修，家自齊，國自治，而天下自平，此則一往為分析的，此則太緊；而念無交待，而天地萬物亦進不來，此則太狹。若攝進良知教，此便撐得開，在「分析的」之下復撐開一綜和的領域。意根誠體與良知這兩者對於感性層之念卽為綜和的；而吾人亦總有感性層之念這一事實，此必須有以轉化之。在感性層之念上帶進正不正之「行為物」；在「行為物」中帶進天地萬物之「存在物」。對此存在物，既須認知地知之，又須存有論地成之；前者吸攝朱子之「道問學」，後者仍歸直貫系統之創生，如前王學章之所說。如此，門庭始廣大。若如蕺山誠意愼獨之太緊與太狹，則念無交待，而天地萬物亦進不來，心譜卽不全。然而性宗中確有天地萬物也。兩者必須相應，然後方能言形著關係，而總歸心性是一也。

以上屬於心宗之誠意愼獨極為糾結難解，故詳疏如上。此而暢通，則心宗與性宗之關係卽易明矣，此在下節順蕺山原文卽可明白，在此不須詳釋。

7.現在再就其踐履造詣境界略說幾句。在此方面，其齋莊端肅，凝歛寧靜之風格大類朱子。但不同於朱子者，朱子是外延型的，而蕺山是內容型的。朱子之底子是卽物窮理，心靜理明。蕺山之底子是誠意愼獨，「從深根寧極中證入」。黃梨洲說他「從嚴毅淸苦之中發為光風霽月」，其嚴毅淸苦類朱子，而底子不同也。劉汋亦說其父「盛年用功過於嚴毅，平居齋莊端肅，見之者不寒而栗。及晚年造履益醇，涵養益粹，又如坐春風中，不覺浹於肌膚之深也。」凡此皆類朱子，而底子不同。姚希孟說其「退藏微密之妙，從深根寧極中證入，非吾輩可望其項背。」此則說的最爲恰當。此即其歸顯於密，所以爲內容型者也。正因爲歸顯於密，故顯得太緊。「從嚴毅淸苦之中發爲光風霽月」，正顯緊相也。此雖可以堵絕情識而肆，虛玄而蕩，然而亦太淸苦矣，未至化境。若再能以顯教化脫之，則當大成。王學門下，如泰州派所重視者，正嚮往此化境。汝以歸顯於密救其弊，彼亦可以顯教救汝之緊。此中展轉對治，正顯工夫之無窮無盡；任一路皆是聖路，亦皆可有偏。未至聖人，皆不免有偏。然而劉蕺山亦不可及。其人譜所述工夫歷程，如一曰微過，獨知主之；二曰隱過，七情主之；三曰顯過，九容主之；四曰大過，五倫主之；五曰叢過，百行主之：此工夫歷程可謂深遠矣。無人敢說能作至何境，此所以成聖之不易也。在佛家，斷無明成佛亦同樣不易。關此，可參看佛性與般若天台部「位居五品」章。吾在該處最後亦引及劉蕺山之人譜，藉以互明。讀者取而比觀，可知工夫之無窮無盡，而且不只是一籠統之無窮無盡，且可知此中之切實關節，使吾人可遵循以歷至者。是以吾人亦可以說成聖成佛乃永不能至者，只是一向之而趨之理想；但同時亦可以說成聖成佛乃當下頓時可至者，非永不能企及者。此中問題深遠，盡見該處，此處不論。

人譜續篇三、改過說一中有云：

天命流行，物與无妄，人得之以爲心，是謂本心，何過之有？惟是氣機乘除之際，有不能無過不及之差者。有過而後有不及，雖不及亦過也。過也，而妄乘之，爲厥心病矣。乃其造端甚微，去無過之地所爭不能毫釐，而其究甚大。譬之木，自本而根而幹而標，水自源而後及於流，盈科放海。故曰：涓涓不息，將成江河。綿綿不絕，將尋斧柯。是以君子愼其微也。防微，則時時知過，時時改過。俄而授之隱過矣，當念過，便從當念改。又授之顯過矣，當身過，便從當身改。又授之大過矣，當境過，當境改。又授之叢過矣，隨事過，隨事改。改之，則復於無過，可喜也。過而不改，是謂過矣。雖然，且得無改乎？凡此，皆却妄還真之路，而工夫喫緊總在微處得力云。

案：此從誠意愼獨處却微過、隱過、顯過、大過、叢過之妄而歸於无妄之眞也。儒家曰過曰妄，佛家曰無明，敎路異，名言異，而義類則一也。儒家微過處之妄，獨體主之者，卽類於佛家之同體無明也。隱過、顯過、大過、叢過則類乎佛家之見思惑與塵沙惑矣。象山明本心，陽明致良知，蕺山講誠意愼獨，皆只略舉工夫之端緒，然大要皆是切實可行者。只要一念自反，着手進行，便可淸機徐引，放流至海。豈是渺茫無端涯而徒爲玄談者乎？

第二節　引文獻以作系統的陳述

1. 劉子全書卷二，語類二，易衍第七章：

君子仰觀於天而得先天之易焉。「維天之命，於穆不已」，蓋曰天之所以爲天也。「是故君子戒愼乎其所不睹，恐懼乎其所不聞」，此愼獨之說也。至哉獨乎！隱乎，微乎，穆穆乎不已者乎！蓋曰心之所以爲心也，則心一天也。獨體不息之中而一元常運，喜怒哀樂四氣周流。存此之謂中，發此之謂和，陰陽之象也。四氣一陰陽也，陰陽一獨也，「其爲物不貳，則其生物也不測。」故中爲天下之大本，而和爲天下之達道。「及其至也，察乎天地。」至隱至微，至顯至見也。故曰體用一原，顯微無間，君子所以必愼其獨也。此性宗也。

案：易衍共四十二章，此第七章合中庸易傳而爲「先天之易」，由此而言性宗之愼獨，戒愼恐懼於不睹不聞之獨時而呈現性體也。於獨時呈現性體，故此性體亦曰「獨體」。此性體以

「維天之命於穆不已」來規定，「至哉獨乎！隱乎，微乎，穆穆乎不已者乎！」中庸說此爲「天之所以爲天」。統天地萬物而言曰「天」，卽道體也，卽創造的實體也，吾亦名之曰「創造性之自己」。對個體而言，則曰性體。性體與道體，立名之分際有異，而其內容的意義則一也。說「性體」，乃自其爲固有而無假於外鑠，爲自然而定然者，而言，故象山云：「在天者爲性，在人者爲心。」而蕺山亦云：「性本天者也，心本人者也。」（易衍第八章，見下）。此所謂「在天」或「本天」，卽自然而定然義。吾亦說性體與道體是客觀地言之，卽就其爲自然而定然者而客觀地言之也。說此「隱乎，微乎，穆穆乎不已者乎」之性體乃是分解地顯體以言之，然此性體不空懸，必與「喜怒哀樂四氣周流」爲一體而運，此是具體地融卽地言之；而喜怒哀樂亦是自其自然者而言，故亦屬於性宗也。「存此之謂中，發此之謂和」，此言中和亦自性宗而言也，順性體而來之自然之中和也，亦客觀地說之之中和也。

2. 易衍第八章：

君子俯察於地而得後天之易焉。夫性本天者也，心本人者也。天非人不盡，性非心不體也。心也者覺而已矣。覺故能照。照心常寂而常感。感之以可喜而喜，感之以可怒而怒，其大端也。喜之變爲欲，爲愛；怒之變爲惡，爲

> 哀。而懼則立於四者之中，喜得之而不至於淫，怒得之而不至於傷者。合而觀之，卽人心之七政也。七者皆照心所發也。而發則馳矣。衆人溺焉。惟君子時發而時止，時返其照心而不逐於感，得易之逆數焉。此之謂後天而奉天時，蓋愼獨之實功也。

案：此爲心宗之愼獨，愼獨之實功。實功在心處見，其要卽誠意，此爲大學之愼獨。「先天之易」從「天命不已」處說起，是超越地客觀地言之，由之以言道體性體也。性體本天，卽本乎其自然而定然如此而無增損於人爲者也。人爲雖不能增損之，然而却可以盡而體之。盡而體之者是心，故「心本人者也」，言本乎人之自覺活動反顯超越的意根誠體與良知，從事於誠意致知（照蕺山系統理解），以彰著乎性體也，卽盡而體之也。性本天，心本人，天人對舉，卽示性體固有，自然而定然，而心體則表現人能也。橫渠云：「心能盡性，人能弘道也。」以心成性，以心著性，橫渠首言之，五峯繼而特言之，至蕺山分性宗與心宗，歸顯於密，而大顯。此一系義理乃承北宋首三家之規模，經過伊川、朱子之歧出，陸、王心學之扭轉，而爲綜和地開出者。

又，由「先天之易」說性體，由「後天之易」說心體，此先後天非如康德所說之「超越的」與「經驗的」之對反，乃大類其所說之「超絕的」與「內在的」（內處的）之對反。因爲蕺山所說之心體並非是經驗的心或感性的心，或形而下的氣之靈之心。說「後天」只表示心之自覺活動之能是「囿於形」者，是後於個體之形成而彰其用者，然而其好善惡惡之意與知善知惡之知（良知）本身却是超越的，形而上的，並非是經驗的或感性的或形而下的。性體道體是客觀言之的「創造性自己」（創造的實體），是本體宇宙論地創生過程中之創生個體者（乾道變化各正性命），故由「先天之易」說性體，此「先天」即表示性體是超絕的，客觀的，是超越地創生萬物者，即性宗章所謂「獨體不息之中而一元常運」也。此超絕的「創生實體」（即超越地創生萬物之「創生實體」），當通過心體之自覺活動以形著之之時，即轉爲內在的（內處的），意即主觀化。

又，此由「後天之易」而說的心即是「照心常寂而常感」之心，即「本心」也，故是超越的心。此由其意與知底作用而見。順此超越的本心之意體與知體而發動，則喜、怒、哀、樂（欲）、愛（好）、惡、與懼之七政皆合當然之理之度，而不溺，而不逐於感。然而不皆能順本心之意體與知體而發動也。吾人有感性，常受感性之影響，故七政之發動常不免於「馳」。若陷溺於馳中，則七政皆亂矣。故「衆人溺焉。惟君子時發而時止，時返其照心而不逐於感，得易之逆數焉。」其所以能逆回來，即在其有超越的本心（意與知）以爲主，故能不逐於感而且不馳也。故實功唯在誠意愼獨。

又，心宗之愼獨猶在自覺活動範圍內。在此自覺活動範圍內，意知是終極的，故意曰意體，知曰知體，因此得名曰超越的本心。此本心之所以爲本心正在其類乎超絕而客觀的性體，由性體之然而然也。故前性宗章說性體是「心之所以爲心」。此卽由自覺者而進至超自覺者。由自覺說心，由超自覺說性。性是心之性，心是性之心。性是心之性，「則心一天也」——心形著性而融卽於性，則人也而亦天也，自覺卽超自覺也，故陸王逕直說心就是性。心是性之心，則性一人也，超自覺者卽由自覺而見，性內在於心而主觀化，則天也而亦人也。是故性與心之別只是同一實體之客觀地言之與主觀地言之之別耳。客觀地言之之性卽是「心之所以爲心」，言心雖活動而不流也，流則馳而逐於感，卽非心也，是則性卽是心之客觀性，卽活動卽存有也。主觀地言之之心卽是性之所以得其具體而眞實的意義者，言性雖超絕而客觀而却不蕩也，蕩則空洞而不知其爲何物也，卽非性矣，是則心卽是性之主觀性，卽存有卽活動也。是故「心性不可以分合言」，而總歸是一也。

蕺山就意是心之所存以及知藏於意而亦說意與知是「心之所以爲心」，此「所以」是內處的所以，卽內在於心而說其所存以爲主也，卽說其自身之超越的本質也。說性是「心之所以爲心」，此「所以」是超絕的所以，統就意知之心而言其超自覺的超絕性與客觀性也。

以上易衍兩章，點出性宗與心宗，是蕺山愼獨學之綱領。其他千言萬語皆是順此綱領而展轉引申者。

3. 劉子全書卷七，語類七，原性云：

告子曰：「性無善無不善也」。此言似之而非也。夫性無性也，況可以善惡言？然則性善之說蓋爲時人下藥云。

夫性無性也，前人言之略矣。自學術不明，戰國諸人始紛紛言性。立一說，復矯一說，宜有當時三者之論。故孟子不得已而標一善字以明宗。後之人猶或不能無疑焉。於是，又導而爲荀，揚，韓；下至宋儒之說益支。

然則性果無性乎？夫性，因心而名者也。盈天地間一性也，而在人則專以心言。性者心之性也。「心之所同然者理也」，〔案此是借用孟子語，非其本義〕，生而有此理之謂性，非性爲心之理也。〔案性就於穆不已之獨體理解，生而有此獨體創生之理也。〕如謂：心但一物而已，得性之理以貯之而後靈，則心之與性斷然不能爲一物矣。吾不知徑寸之中，從何處貯得如許性理，如客子之投懷而不終從吐棄乎？〔案此隱指朱子而言。〕

盈天地間，一氣而已矣。氣聚而有形，形載而有質，質具而有體，體列而有官，官呈而性著焉。於是，有仁義禮智之名。仁非他也，卽惻隱之心是；義非他也，卽羞惡之心是；禮非他也，卽辭讓之心是；智非他也，卽是非之心是也。是孟子明以心言性也。而後之人必曰心自心，性自性，一之不可，二之不得，又展轉和會之不得，無乃遁已乎？〔案此就心宗說。孟子「以心言性」與蕺山之「以心著性」因而主「以心言性」稍有不同也，亦可說大有不同。〕

至中庸，則直以喜怒哀樂逗出中和之名，言天命之性卽此而在也。此非有異指也。惻隱之心、喜之變也；羞惡之心、怒之變也；辭讓之心、樂之變也；是非之心、哀之變也。是子思子又明以心之氣言性也。子曰：性相近也。此其所本也。而後之人必曰理自理，氣自氣，一之不可，二之不得，又展轉和會之不得，無乃遁已乎？嗚乎！此性學之所以晦也。〔案此就性宗說。就性宗說，則說理與氣，卽性體之理與喜怒哀樂之氣融卽於一起，一體呈現也。如此融卽於一起，性體之理卽在喜怒哀樂之中和處見（卽此而在）。如此融卽，亦不碍仍可以分合言。朱子之病不在其以分合言，而在其「性卽理」之理爲只是理，爲只存有而不活動者，爲不就於穆不已之體而言者。在性宗處說喜怒哀樂，在心宗處則說四端之心，或說七政如易衍第八章之所說。在心宗處，雖「以心言性」，甚至可說心卽是性，而心性仍可以分合言。朱子之病不在其以分合言，而在其心性不能是一也。〕

然則尊心而賤性可乎？夫心囿於形者也。〔案此其所以由「後天之易」而說。〕形而上者謂之道（道體性體），形而下者謂之器也。上與下一體而兩分，而性若踞於形骸之表，則已分有常尊矣。〔案此性之所以由「先天之易」而說，而爲超絕而客觀的。〕故將自其分者而觀之，燦然四端，物物一太極；又將自其合者而觀之，渾然一理，統體一太極。此性之所以爲上，而心其形之者與？〔案心形著性。「形之」之形是動詞，非「囿於形」之形。〕卽形而觀，無不上也。〔案「卽形」之形是「囿於形」之形，形而上下之形。卽形而觀，性與心皆形而上也。〕離心而觀，上在何所？懸想而已！〔案若離開心，則性之上亦不可見，卽不知其爲何物也。〕我故曰：告子不知性，以其外心也。〔案此句不相干。實不必就告子說。告子說性無善無不善，是就生之謂性說，此與就於穆不已之獨體說性，因而說「性無性」，完全不相干。古人於此等處大體皆疏濶。不獨蕺山爲然也。〕

> 先儒之言曰：孟子以後，道不明只是性不明。又曰：明此性，行此性。夫性何物也，而可以明之？但恐明之盡，已非性之本然矣。爲此說者，皆外心言性者也。外心言性，非徒病在性，並病在心。心與性兩病，而吾道始爲天下裂。子貢曰：「夫子之言性與天道不可得聞也。」則謂「性本無性焉」亦可。雖然，吾固將以存性也。

案：此原性文主旨甚佳，其言心與性之關係亦甚明。雖極言心之妙用，仍保住性天之尊。心囿於形，而「性踞於形骸之表，分有常尊。」性自於穆不已之獨體而言，故「性無性，況可以善惡言？」無性而不可以善惡言，卽不可以任何特定謂詞（特性）說之，卽不可思議之「隱乎，微乎，穆穆乎不已者乎」之奧體也，而亦可以說它是粹然至善。此與胡五峯爲同一思路。（五峯云：「性也者天地鬼神之奧也。善不足以言之，況惡乎哉？」又云：「性也者天地所以立也。」參看心體與性體第二册五峯章。）然則王陽明言「無善無惡心之體」又何怪哉？蕺山於人極圖說開頭亦云：「無善而至善心之體也」。又云：「大哉人乎！無知而無不知，無能而無不能，其惟心之所爲乎？易曰：天下何思何慮？天下同歸而殊塗，一致而百慮。天下何思何慮？無知之知，不慮而知；無能之能，不學而能。是之謂無善之善。」此豈非同於王龍溪所謂四無乎？於心尚可言「無善而至善」（無善之善），況性體乎？然蕺山於他處又時極力辨駁「無善無惡」之說，此心病之滯碍也。到眞落實下來，自己復又明言之矣，而且直言「性無性」，王學尚未說到此也。

性無性，故不可言「明性」，只可言「存性」。如何存？曰：卽由誠意愼獨形著而存之也。此意甚徹。

4.同卷原學中云：

極天下之尊而無以尚，體（新本作「亨」）天下之潔淨精微，純粹至善，而一物莫之或攖者，其惟人心乎？向也，委其道而去之，歸之曰性，人乃眩騖於性之說，而倀倀以從事焉，至畢世而不可遇，終坐此不解之惑以死，可不爲之大哀乎？

自良知之說倡，而人皆知此心此理之可貴，約言之曰：天下無心外之理。擧數千年以來晦昧之本心，一朝而恢復之，可謂取日虞淵，洗光咸池。然其於性猶未辨也。

予請一言以進之曰：天下無心外之性。惟天下無心外之性，所以天下無心外之理也。惟天下無心外之理，所以天下無心外之學也。而千古心性之統可歸於一，於是，天下始有還心之人矣。

向之妄意以爲性者，孰知卽此心是；而其共指以爲心者，非心也，氣血之屬也。向也，以氣血爲心，幾至仇視其心而不可邇；今也，以性爲心，又以非心者分之爲血氣之屬，而心之體乃見其至尊而無以尚，且如是其潔淨精微，純粹至善，而一物莫之或攖也。唯其至尊而無以尚也，故天高地下，萬物散殊，惟心之所位置，而不見其迹。惟其潔淨精微，純粹至善，而一物莫之或攖也，故大人與天地合德，日月合明，四時合序，鬼神合吉凶，惟心之所統體，而不尸其能。此良知之蘊也。然而不能不囿於氣血之中，而其爲幾希之著察有時而薄蝕焉。或相什百，或相千萬，或相倍蓰而無算，不能致其知者也。是以君子貴學焉。學維何？亦曰與心以權而反之知，則氣血不足治也。〔原注：舊鈔「惟心之所統體」句下，作「其有不然者，氣血病之也」。夫氣血則亦何所不至乎？以天下之至尊而乘以天下之至紛，則尊者有時而辱也；以天下之至潔而乘以天下之至汙，則潔者有時而染也。此亦心之至變也。君子曰：心不離氣血而不雜於氣血者也，吾第心還其心焉。心得其職，而氣血俯首聽命，惟吾之所治云爾。」」

於是順致之以治情，而其爲感應酬酢之交可得而順也；於是逆致之以治欲，而其爲天人貞勝之幾可得而決也；於是精致之以治識，而其爲耳目見聞之地可得而清也；於是雜致之以治形治器，而其爲吉凶修悖之途可得而準也。〔原注：舊鈔「於是順致之」等語作「其微者以治念，而動靜起伏之端可得而辨也；其著者以治欲，而天人貞勝之幾可得而決也；其精者以治識，而耳目見聞之地可得而推也；其粗者以治形治器，而吉凶修悖之途可得而準也。」〕

凡此皆氣血之屬，而吾既一一有以治之，則氣血皆化爲性矣。性化而知之良乃致心愈尊，此學之所以爲至也與？〔原注：舊鈔「一一有以治之」下，作「則氣血皆化爲心矣。吾既以氣血化爲一心，而心之力量於是乎愈大，則天地之大，萬物之廣，又安往而不體備於一心？此心之所以爲妙，而學之所以爲至也。此之謂天下無心外之學也。」〕

孟子曰：「人之所不學而能者，其良能也；所不慮而知者，其良知也。」古人全舉之，而陽明子偏舉之也。

案：此原學中一文甚佳，前半可賅括陸王心學以扭轉朱子之歧出與支離，後半則專就致良知言。若如此，則其良知說之辨難良知亦可以不作矣。據年譜，良知說作於六十六歲。劉汋於此附注云：「按先生於陽明之學凡三變，始疑，中信之，終而辨難不遺餘力。」則此原學中一文蓋在良知說以前，「中信之」之時所作。據年譜，六十五歲著原旨。原旨共七篇，原學上中下是其中之三篇。是則良知說與此原學中之作相差只一年。一年之間似不應有如此重大之轉變。依蕺山誠意愼獨之學，如作原學，當就誠意立言，不當專就致良知立言。其六十六歲所作之證學雜解第二十五解述學見志，卽完全就誠意說，而同時亦辨駁良知也。其五十九歲、六十歲時所作之學言亦多有辨駁良知教者，其辨駁與六十六歲後所作者大致相同。不知何故於六十五歲作原學又專就致良知立言，對於良知教有如此之崇信。如以此代表「中信之」，則學言爲「始疑」乎？六十六歲後爲「終而辨難不遺餘力」乎？「終而辨難」又重歸於「始疑」乎？我觀其辨難多無理，實不如此原學中之能得其眞。誠意之學亦實可融攝良知敎而不見有睽隔。然則其辨駁者蓋一時之糾結狀態所成之窒碍，未可視爲定論也。

5.同卷原學下云：

或問曰：均是人也，或爲聖人，或爲凡人，何居？曰：人則猶是，其心或異耳。曰：均是心也，或爲道心，或爲人心，何居？曰：心則猶是，其學或異耳。

何言乎學也？人生之初固不甚相遠矣。孩而笑，咈而啼，饑渴嗜欲有同然也。及夫習於齊而齊，習於楚而楚，始有或相徑庭者矣。生長於齊，既而習爲楚語焉，無弗楚也。生長於楚，既而習爲齊語焉，無弗齊也。此學之說也。心者齊楚之會也。而其知齊而知楚者，則心之所以爲道也。知齊之爲善也，而習於齊，又知楚之爲不善也，而益習於齊，則雖有之楚焉者，蓋亦寡矣。然而當是時，心方居齊楚之會，忽有導我以楚者，吾亦從而楚之矣。既楚之矣，仍導我以齊，弗顧也。習於楚，安於楚矣。楚之人又相與咻之而變其善否之情也，則亦唯知有楚而已矣。人之可使爲不善，其性亦猶是也。

然則善反吾習焉可乎？曰：奚爲而不可也？前日之失足於楚也，悞以楚爲齊故也。果悞耳，一日而憬然，一日而齊之人矣。今而後第謀所以習乎齊者。吾耳習於聽，而何以聽無不聰？非能益吾以聰也，吾知吾聽而已矣。吾目習於視，而何以視無不明？非能益吾以明也，吾知吾視而已矣。吾口習於言，而何以言無不從？非能益吾以從也，吾知吾言而已矣。吾貌習於動，而何以動無不恭？非能益吾以恭也，吾知吾動而已矣。吾知吾聽，而天下之聲皆習於聰矣。吾知吾視，而天下之色皆習於明矣。吾知吾言，而天下之言皆習於從矣。吾知吾動，而天下之動皆習於恭矣。吾知吾知，而天下之知皆習於獨矣。

雖然，猶未離乎習也。請進而性焉。靜而與陰俱閉，不欲其淪於偷也。動而與陽俱開，不欲其流於蕩也。又調之爲喜怒哀樂之節，盎然而春也，殷然而夏也，肅然而秋也，慘然而冬也，無所待而習，無所待而知也。此之謂通乎晝夜之道而知，則時習之竟義也。或聞之曰：旨哉聖人之學也！而無以加於習，習其可以不愼乎？〔原注：「請進而性焉」下，新本作「吾何以知視聽言動之必出於齊乎？習於齊，忘於齊矣。忘於齊，並無楚矣。並無齊若楚之囿吾知矣，而吾之心乃渾然而得全於天，則時習之竟義也。故學以盡性爲極則，而厥功則在愼習始焉。」〕

案：此原學下亦專就致良知而言也。知吾視聽言動，則視無不明，聽無不聰，言無不從，動無不恭。知卽良知之知也。以良知之知超越乎視聽言動之上，超越地順適而調節之，卽貞定之，則視聽言動無不明、聰、從、恭也。依此類推，知善知惡是良知也，知吾良知之知，則良知之知皆習於獨矣。「習於獨」，則良知之知不逐境而遷，乃越乎所知者之上而爲主並且能化惡而一於善也。依陽明，良知之知卽是獨知，不必「知吾知」，始「習於獨」；良知是不習无不利者，否則焉得稱爲良？今說「知吾知」，則知善知惡是在不自覺狀態中；順此不自覺狀態，反而知之，則是自覺。「知吾知」卽是良知明覺之廻光返照也。反照而挺立其自己，卽是反於獨時之知之不昧也。此卽爲「習於獨」。如此說亦可。「習於獨」，猶未離乎習。習而久之，則良知之體如如呈現，歸於「無知之知」之自然流行，則心也而亦卽是天，習而進於性矣。此完全就心學良知教而言，攝於誠意亦無不可也。然則其於良知「辨難不遺餘力」不亦多餘乎？

6. 劉子全書卷八，中庸首章說云：

> 或問中庸首章大旨。先生曰：盈天地間皆道也，而統之不外乎人心。〔案此猶胡五峯言：「性體流行，心爲之主。」〕人之所以爲心者，性而已矣。以其出於固有而無假於外鑠也，故表之爲天命云。「維天之命，於穆不已」，天之所以爲天也。天卽理之別名。此理生生不已處，卽是命。以爲別有蒼蒼之天，諄諄之命者，非也。率此性而道卽是，道卽性也。修此性而教立焉，性至

此有全能也。此三言者，子思子從大道紛紜，薄蝕之後，爲之探本窮源，一路指點，以清萬世之學脈，可謂取日虞淵，洗光咸池。然則由教入道者，必自復性始矣。道不可離，性不可離也。

君子求道於所性之中，直從耳目不交處，時致吾戒愼恐懼之功，而自此以往，有不待言者矣。其指此道而言道「所」不睹不聞處（案「所」字上當有「於」字），正獨知之地也。戒愼恐懼四字，下得十分鄭重，而實未嘗妄參意見於其間。獨體惺惺本無須臾之間，吾亦與之爲無間而已。惟其本是惺惺也，故一念未起之中，耳目有所不及加，而天下之可睹可聞者卽於此而在，沖漠無朕之中萬象森然已備也。故曰：「莫見莫顯」。君子烏得不戒愼恐懼，兢兢愼之？

愼獨而見獨之妙焉。「喜怒哀樂之未發謂之中」，此獨體也，亦隱且微矣。及夫發皆中節，而中卽是和，所謂「莫見乎隱，莫顯乎微」也。未發而常發，此獨之所以妙也。

中爲天下之大本，非卽所謂天命之性乎？和爲天下之達道，非卽所謂率性之道乎？君子由愼獨以致吾中和，而天地萬物無所不本，無所不達矣。達於天地，天地有不位乎？達於萬物，萬物有不育乎？天地此中和，萬物此中和，吾心此中和。致則俱致，一體無間。極之至於光岳效靈，百昌遂性，亦道中自有之徵應，得之所性之固然，而非有待於外者。此修道之教所以為至也。合而觀之，溯道之所自來既已通於天命之微，而極教之所由致又兼舉夫天地萬物之大，推之而不見其始，引之而不見其終，體之動靜顯微之交而不見其有罅隙之可言，亦可謂奥衍神奇，極天下之至妙者矣。而約其旨，不過曰愼獨。獨之外別無本體，愼獨之外別無工夫，此所以為中庸之道也。

（此下多評往賢，略。）

案：此言性宗之愼獨，同於前錄易衍第七章。此文據年譜作於五十四歲。

7. 劉子全書卷十，學言上有以下諸條：

(一)一元生生之理亘萬古常存。先天地而無始，後天地而無終。渾沌者元之復，開闢者元之通。推之至於一榮一瘁，一往一來，一晝一夜，一呼一吸，莫非此理。天得之以為命，人得之以為性，性率而為道，道修而為教，一而已矣，而實管攝於吾之一心。此心在人亦與之無始無終，不以生存，不以死亡，故曰：「堯舜其心至今在。」

㈡喜怒哀樂性之發也；因感而動，天之爲也。忿懥、恐懼、好樂、憂患心之發也；逐物而遷，人之爲也。衆人以人而汩天，聖人盡人以達天。

㈢中庸之愼獨與大學之愼獨不同。中庸從不睹不聞說來，大學從意根上說來。

㈣獨是虛位。從性體看來，則曰莫見莫顯，是思慮未起鬼神莫知時也。從心體看來，則曰十目十手，是思慮旣起，吾心獨知時也。然性體卽在心體中看出。

㈤心一也，合性而言，則曰仁；離性而言，則曰覺。覺卽仁之親切痛癢處。然不可以覺爲仁，正謂不可以心爲性也。〔案此「不可」與伊川、朱子言不可不同。伊川、朱子言不可是眞不可，而此不可卻亦可。〕又總而言之，則曰心；析而言之，則曰天下國家身意知物。惟心，精之合意知物，粗之合天下國家與身，而後成其爲覺。爲覺、其爲仁也。（原注：新本無此六字。）若單言心，則心亦一物而已。凡聖賢言心皆合八條目而言者也，或止合意知物言。

維大學列在八目之中，而血脈仍是一貫，正是此心之全譜，又特表之曰明德。

(六)身者天下國家之統體，而心又其體也。意則心之所以爲心也。知則意之所以爲意也。物則知之所以爲知也，體而體者也。物無體，又卽天下國家身心意知以爲體，是之謂體用一源，顯微無間。

(七)大學之言心也，曰忿懥、恐懼、好樂、憂患而已。此四者心之體也。其言意也，則曰好好色，惡惡臭。好惡者此心最初之機，卽四者之所自來，所謂意也。故意蘊於心，非心之所發也。又就意中指出最初之機，則僅有知好知惡之知而已，此卽意之不可欺者也。故知藏於意，非意之所起也。又就知中指出最初之機，則僅有「體物不遺」之物而已，此所謂獨也。故物卽是知，非知之所照也。

(八)大學言心，到極至處便是盡性之功，故其要歸之愼獨。中庸言性，到極至處只是盡心之功，故其要亦歸之愼獨。獨一也，形而上者謂之性，形而下者謂之心。〔案此言形而下與普通所意謂者不同。形而下猶言形而後或有生而後也，卽「心囿於形」之意。此與由「後天之易」說心體同。與朱子所說形而下者指氣言不同也。性是形而上者，此與由「先天之易」說性體同。詳見前錄易衍第八章。」

(九)大學之敎只要人知本。天下國家之本在身，身之本在心，心之本在意。意者至善之所止也。而工夫則從格致始，正致其「知止」之知，而格其「物有本末」之物，歸於「止至善」云耳。格致者誠意之功。功夫結在主意中方爲真功夫。如離却意根一步，亦更無格致可言。故格致與誠意二而一、一而二者也。

(十)知止而定靜安慮得，所謂「知至而后意誠」也。意誠，則正心以上一以貫之矣。今必謂知止一節是一項工夫，致知又是一項工夫，則聖學斷不如是之支離，而古人之敎亦何至架屋疊床如是乎？

案：以上俱見於學言上。此諸條之義理詳解見前第一節。今集錄於此，讀者當反覆仔細看，先謹記於心中，而後知吾第一節之疏解爲不謬。如果此諸條尚不足以使人充分了解，則再進而看以下諸條，當可助解。

8. 劉子全書卷十一，學言中有以下諸條：

㈠人心徑寸耳，而空中四達，有太虛之象。〔案此由血氣之心作象徵地說。〕虛故生靈，靈生覺，覺有主曰意。此天命之體，而性道教所從出也。〔案此由心宗說天命之體，乃至性道教。〕

㈡合心意知物，乃見心之全體；更合身與家國天下，乃見此心之全量。今之言心者舉一而廢八也。舉一而廢八，而心學歧。卽淮南格物，新建致知，慈湖無意，猶偏旨也。〔案「合心意知物」之物卽指意根獨體言，卽本物也。非天地萬物之物。此物字無實義。〕

㈢心體渾然至善，以其氣言，謂之虛；以其理而言，謂之無。至虛，故能含萬象；至無，故能造萬有。……

㈣陽明先生言「無善無惡者心之體」，原與「性無善無不善」之意不同。性以理言，理無不善，安得云無？〔案豈不亦言「性無性，況可以善惡言」？〕心以氣言，氣之動有善有不善，而當其藏體於寂之時，獨知湛然而已，亦安得謂有善有惡乎？〔案此時心以理言，便不可說心屬於氣，是形而下者。〕

㈤心無善惡，而一點獨知知善知惡。知善知惡之知卽是好善惡惡之意；好善惡惡之意卽是無善無惡之體，此之謂無極而太極。

(六)意者心之所存，非所發也。或曰：好善惡惡非發乎？曰：意之好惡與起念之好惡不同。意之好惡一機而互見。念之好惡兩在而異情。以念爲意，何啻千里？〔案「意之好惡一機而互見」，好善卽見惡惡，惡惡卽見好善，故互見也，雖有好惡兩用而實爲一機。「念之好惡兩在而異情」，念有生滅，有住著，住著於其好之所好卽在於其所好處，住著於其惡之所惡卽在於其所惡處，故兩在也；其好之所好不必善，其惡之所惡亦不必惡，然而所好所惡內容總不同，故異情也。「異情」卽異其實（內容）也。〕

(七)性情之德有卽心而見者，有離心而見者。卽心而言，則寂然不動，感而遂通，當喜而喜，當怒而怒，當哀而哀，當樂而樂，由中導和，有前後際，而實非判然分爲二時。離心而言，則維天於穆，一氣流行，自喜而樂，自樂而怒，自怒而哀，自哀而復喜，由中導和，有顯微際，而亦非截然分爲兩在。然卽心離心總見此心之妙，而心之與性不可以分合言也。……

(八)中庸言喜怒哀樂專指四德言，非以七情言也。喜仁之德也，怒義之德也，樂禮之德也，哀智之德也，而其所謂中卽信之德也。一心耳，而氣機流行之際，自其盎然而起也，謂之喜，於所性爲仁，於心爲惻隱之心，於天道則

「元者善之長也」，而於時爲春；自其油然而暢也，謂之樂，於所性爲禮，於心爲辭讓之心，於天道則「亨者嘉之會也」，而於時爲夏；自其肅然而斂也，謂之怒，於所性爲義，於心爲羞惡之心，於天道則「利者義之和也」，而於時爲秋；自其寂然而止也，謂之哀，於所性爲智，於心爲是非之心，於天道則「貞者事之幹也」，而於時爲冬。乃四時之氣所以循環而不窮者，獨賴有中氣存乎其間，而發之卽謂之太和元氣，是以謂之中謂之和，於所性爲信，於心爲眞實无妄之心，於天道爲「乾元亨利貞」，而於時爲四季。故自喜怒哀樂之存諸中而言，謂之中，不必其未發之前別有氣象也，卽天道之元亨利貞運于於穆者是也。自喜怒哀樂之發於外而言，謂之和，不必其已發之時又有氣象也，卽天道之元亨利貞呈於化育者是也。惟存發總是一機，故中和渾是一性。如內有陽舒之心，爲喜爲樂，外卽有陽舒之色，動作態度無不陽舒者。內有陰慘之心，爲怒爲哀，外卽有陰慘之色，動作態度無不陰慘者。推之一動一靜，一語一默，莫不皆然。此獨體之妙所以卽隱卽見，卽微卽顯，而愼獨之學卽中和，卽位育，此千聖學脈也。自喜怒哀樂之說不明於後世，而性學晦矣。千載以下特爲拈出。〔案此自是一說，而且亦甚美，但不必是中庸原義。此說之美卽是體用顯微緊吸於一起而一體呈現也。此是蕺山好爲緊吸說之最精采者，然不碍分解說。」

(九)心中有意，意中有知，知中有物，物有身與家國天下，是心之無盡藏處。性中有命，命中有天，天合道，道合敎，敎合天地萬物，是性之無盡藏處。〔案前聯中「知中有物」之物卽意本之物。而一說本物卽賅括末物，故繼之云「物有身與家國天下」。詳解參看第一節。〕

(十)心意知物是一路，不知此外何以又容一念字？今心爲念，蓋心之餘氣也。餘氣也者，動氣也。動而遠乎天，故念起念滅，爲厥心病。（原注：新本下云：「還爲意病，爲知病，爲物病。」）故念有善惡，而物卽與之爲善惡，物本無善惡也。念有昏明，而知卽與之爲昏明，知本無昏明也。念有眞妄，而意卽與之爲眞妄，意本無眞妄也。念有起滅，而心卽與之爲起滅，心本無起滅也。故聖人化念歸心。（原注：「歸」，新本作「還」，下云：「要於主靜」。）

案：蕺山旣嚴分意與念，故上錄之第(十)條卽正式言念，視念爲「心之餘氣」，「餘氣也者動氣也，動而遠乎天，故念起念滅，爲厥心病，還爲意病，爲知病，爲物病。」此種講法亦不錯，而且甚有體會；但只是這樣直接從心動而說，顯得太緊。既只是心動，何以有此餘氣？又何以「動而遠乎天」？此顯然不能只由心動而直接地分析出。此中含有一綜和領域尚未開出。此則不能不提到感性。人心受感性影響而蔽於物，則轉成此作爲動氣的餘氣，交引日下，遂致「動而遠乎天，念起念滅，爲厥心病，還爲意病，爲知病，爲物病。」是則只由心動說餘氣，不如直接說「有善有惡意（念）之動」爲能開出感性層；心意知物（蕺山所說之物）對此感性層之念之關係爲綜和的。因此，若格致以誠意（依蕺山所說），卽化此感性層之念；若依陽明所說，則是致良知以化此念。若只說「聖人化念還心，要於主靜」，亦是說得太緊而太泛，並開不出綜和領域中之切實工夫。

9. 劉子全書卷八，治念說云：

予嘗有無念之說以示學者。或曰：念不可無也。何以故？凡人之欲爲善而必果，欲爲不善而必不果，皆念也。此而可無乎？曰：爲善而取辨於動念之間，則已入於僞，何善之果爲？然則爲善去惡奈何？曰：欲爲善，則爲之而已矣，不必舉念以爲之也。欲去惡，則去之而已矣，不必舉念以去之也。舉念以爲善，念已焉，如善何？舉念以不爲惡，念已焉，如惡何？又舉一念焉可乎？

曰：念念以爲善，窮於善矣，如念何？念念以不爲惡，窮於惡矣，又如念何？然則不思善不思惡可乎？曰：思者心之官也。思則得之，得無所得，此謂思善。不思而得，失無所失，此謂至善。夫佛氏之言，似之而非者也。吾病其以念爲思也。然則念與思何別？曰：念有起滅，思無起滅也。或合之，或離之，一而二者也。愼思者，化念歸思；罔念者，轉引思以歸念。毫釐之差，千里之謬也。然則念可屏乎？曰：不可屏也。當是事有是心，而念隨焉，卽思之警發地也；與時而舉，卽與時而化矣。故曰：今心爲念，又轉一念焉，轉轉不已，今是而昨非矣；又屏一念焉，屏之不得，今非而愈非矣。

夫學所以治念也。與思以權，而不干之以浮氣，則化念歸思矣。化念歸思，化思歸虛，學之至也。夫思且不可得，而況於念乎？此爲善去惡之真法門也。上蔡舉「天下何思何慮」，程子曰：「尚說得早在」。已而曰：「正好用工夫也」。

案：此治念說作於六十五歲，與原旨諸篇爲同時作。此說說得較詳，亦甚美，並說到佛家(禪宗)之「無念」，並由六祖惠能之「不思善不思惡」，而提出孟子之「思」以對遮之。

佛家之無念（不思善不思惡卽無念），乃是以般若之不捨不着而通化於念，因而始達至無念。念屬識，般若屬智。蕺出提出孟子之「思」以分思與念之不同，對遮佛氏之「以念爲思」，是則「思」乃相當於佛家之般若，故曰：「思則得之，得無所得，此謂思善；不思而得，失無所失，此謂至善。」思顯然爲超越層者。然則說誠意以化念，或依陽明說致良知以化念，豈不更有系統的一貫性而且有更爲嚴整的法度乎？「化念歸思，化思歸慮，學之至也」，大類周濂溪由洪範「思曰睿，睿作聖」，說到「無思而無不通」爲工夫之極則。此一「爲善去惡之眞法門」，固是一眞法門，但此法門是一隨機方便說之法門，蓋因太通泛故也。雖有易傳「何思何慮」之語以及孟子「思誠」之語作依據，然「思」字畢竟嫌通泛，而「何思何慮」是一種境界語，「夫思且不可得，而況於念乎」，此亦嫌玄巧，雖不必因忌諱禪而避免，而於教法上說究嫌不嚴整。是故若自法門而言之，誠不若言誠意以化念，或依陽明言致良知以化念，爲更嚴整，而且於自家誠意愼獨之學亦爲更有系統的一貫性，而非隨意更端也。而且意蘊於心，知藏於意，心意知物是一路，何須離開此已有之概念而別拾「思」以說之乎？此則嫌零碎而足以紛歧人之心思也。古人不重系統性，然此等處，若重視一點系統性，豈不更簡潔而足以使人易於理解乎？

總之，吾所重視者是開出綜和領域，依嚴整之法門，化念以還心，以廣大誠意愼獨學之門庭也。蓋治念究是道德實踐中一重大問題也。

10. 劉子全書卷十二，學言下，又有以下諸條：

(一)天穆然無爲，而乾道所謂「剛健中正，純粹以精」，盡在帝中見。心渾然無體，而心體所謂四端萬善，參天地而贊化育，盡在意中見。離帝無所謂天者，離意無所謂心者。〔案此亦性宗心宗之別。〕

(二)心無體，以意爲體；意無體，以知爲體；知無體，以物爲體。物無用，以知爲用；知無用，以意爲用；意無用，以心爲用。此之謂體用一源，此之謂顯微無間。〔案此條當與7中所錄學言上(六)、(七)兩條合觀，詳解見第一節，務必注意蕺山所說「物」字之殊特。〕

(三)意根最微，誠體本天。本天者至善者也。以其至善還之至微，乃見真止。定靜安慮次第俱到，以歸之得。得無所得，乃爲真得。此處圓滿，無處不圓滿；此處虧欠，無處不虧欠。故君子起戒於微以克完其天心焉。欺之爲言欠也，所自者欠也。自處一動，便有夾雜；因無夾雜，故無虧欠，而端倪在好惡之地。性光呈露，善必好，惡必惡；破此兩關，乃呈至善。故謂之「如好好色，如惡惡臭。」此時渾然天體用事，不着人力絲毫。於此尋個下手工夫，惟有愼之一法，乃得還他本位曰獨；仍不許亂動手脚一毫，所謂誠之者也。此是堯舜以來相傳心法，學者勿得草草放過。

㈣好惡從主意而決，故就心宗指點。喜怒從氣機而流，故就性宗指點。畢竟有好惡而後有喜怒，不無標本之辨。故喜怒有情可狀，而好惡托體最微。〔案從性宗說，喜怒哀樂四氣周流，存發只是一機，中和渾是一性，皆只是一體而運，本天者也。從心宗說，由托體最微之好惡爲主，而後當喜而喜，當怒而怒，依此而言有標本之辨，然而亦是心宗之中和，乃所以彰着乎性者。心意知物渾然天體用事，則心也而亦性也，人也而亦天也。〕

㈤大學言心不言性，心外無性也。中庸言性不言心，性卽是心之所以爲性也。有説乎？曰：善非性乎？〔案意根至善卽是性，故上條云：「性光呈露，善必好，惡必惡。」此是主觀地說的性也。〕天非心乎？〔案於穆不已卽天心也，此是客觀地超絕地說的心。〕故以之歸宗於愼獨一也。

案：此五條俱見於學言下，仍不出心宗性宗之綱領，皆是愼獨學中之實義也。學言下復有數條駁陽明，皆穿鑿無謂，已見前第一節，故此處不錄。蕺山之思想至此大體已備。劉子全書卷九問答以及卷十九論學書，大抵不過反覆辯論以上所說者，故亦不煩再述。卷六有證學雜解共二十五則，大體不錯，亦深有體會，然反覆申說者亦不出以上之規模，以辭繁，故亦不錄。

11. 蕺山復有人譜之作，列於劉子全書卷一。蕺山於六十八歲年潤六月絕食而死，五月時尚改訂人譜，可見此亦晚年之定論也。人譜者乃倣濂溪太極圖與太極圖說而作成人極圖與人極圖說，將其愼獨之學納入此圖說之規模中，藉以明實踐工夫之歷程，以證人之所以爲人也，亦即是立「人極也」。故人極圖與人極圖說爲人譜正篇；證人要旨爲人譜續篇一；紀過格、訟過法、改過說（共三篇）爲人譜續篇二。此人極之譜當然十分精練而切實，但畫圖則顯得無趣味。第一圖爲無極太極，第二圖爲動而無動，第三圖爲靜而無靜，第四圖爲五行攸敍，第五圖爲物物太極，第六圖爲其要无咎。但人極圖說之解釋此圖則是從心宗說。如證人要旨中，依無極太極一圖，則說「凛閒居以體獨」；於此說過，則曰「物先兆：微過，獨知主之。」依動而無動一圖，則說「卜動念以知幾」；於此說過則曰「動而有動：隱過，七情主之。」依靜而無靜一圖，則說「僅威儀以定命」；於此說過，則曰「靜而有靜：顯過，九容主之。」依五行攸敍一圖，則曰「敦大倫以凝道」；於此說過，則曰「五行不敍：大過，五倫主之。」依物物太極一圖，則曰「備百行以考旋」（易履卦上九「視履考祥，其旋元吉」）；於此說過，則曰「物物不極：叢過，百行主之。」依其要无咎一圖，則曰「遷善改過以作聖」；於此說過，則曰「迷復：成過爲衆惡門，以克念終焉。」克念作聖，罔念作狂。作狂者卽是「迷復」而已有之五重過俱眞成爲過而爲衆惡之門也。衆惡門者卽微過成過曰微惡，此爲祟門；隱過成過曰隱惡，此爲妖門；顯過成過曰顯惡，此爲戾門；大過成過曰大惡，此爲獸門；叢過成過曰叢惡，此爲賊門：此五惡門也。「以克念終焉」者，「諸過成過還以成過得改地，一一進以訟法（訟過法），立登聖域」，卽是「克念作聖」，而仍歸於「其要无咎」也。

以上證人要旨依圖所說的六步實踐卽是成聖底歷程，卽，通過格致誠意使心意知物順適調暢地一體呈現也。然於六步實踐中必隨時有反面之過惡以隨之。化此反面者，正面者始顯。故紀過格卽依圖而檢查六重過惡。根本處是獨體，獨體處之過曰微過。由微過而外轉曰隱過，顯過，大過，叢過，以及最後之五惡門。此一正反兩面所成之實踐歷程爲從來所未有，而蕺山獨發之。此大類於佛家之修行位次以斷無明也；而獨體處之微過卽有類於同體無明所謂根本惑也。蕺山於此微過體會甚深，言之最切。斷無明不易，化此微過亦不易。此足見蕺山誠意愼獨工夫之深也。儒家內聖之學成德之敎之道德意識至此而完成焉。茲錄其人譜續篇一，證人要旨如下：

○無極太極 一曰：凛閒居以體獨。

學以學爲人，則必證其所以爲人。證其所以爲人，證其所以爲心而已。自昔孔門相傳心法，一則曰愼獨，再則曰愼獨。夫人心有獨體焉，卽天命之性，而率性之道所從出也。愼獨而中和位育，天下之能事畢矣。然獨體最微，安所容愼？惟有一獨處之時可爲下手法。而在小人，仍謂之「閒居爲不善，無所不至」，至念及揜着無益之時，而已不覺其爽然自失矣。君子曰：閒居之地可懼也，而轉可圖也。吾姑卽閒居以證此心。此時一念未起，無善可著，更無不善可爲，只有一真无妄在不睹不聞之地，無所容吾自欺也，吾亦與之「毋自欺」而已。則雖一善不立之中，而已具有渾然至善之極，君子所爲必愼其獨也。夫一閒居耳，小人得之爲萬惡淵藪，而君子善反之，卽是證性之路。蓋敬肆之分也。敬肆之分人禽之辨也。此證人第一義也。

○動而無動　二曰：卜動念以知幾。

獨體本無動靜，而動念其端倪也。動而生陽，七情著焉。念如其初，則情返乎性，動無不善，動亦靜也。轉一念，而不善隨之，動而動矣。是以君子有「慎動」之學。七情之動不勝窮，而約之爲累心之物，則嗜欲忿懥居其大者。損之象曰：「君子以懲忿窒欲。」懲窒之功正在動念時一加提醒，不使復流於過而爲不善。纔有不善，未嘗不知之而止之，止之而復其初矣。過此以往，便有蔓不及圖者。昔人云：懲忿如推山，窒欲如填壑。直如此難，亦爲圖之於其蔓故耳。學不本之慎獨，則心無所主，滋爲物化。雖終日懲忿，只是以忿懲忿；終日窒欲，只是以欲窒欲。以忿懲忿，忿愈增；以欲窒欲，欲愈潰。宜其有取於推山填壑之象。豈知人心本自無忿，忽焉有忿，吾知之；本自無欲，忽焉有欲，吾知之。只此知之之時卽是懲之窒之之時，當下廓清，可不廢絲毫氣力。後來徐加保任而已。易曰：「知幾其神乎」？此之謂也。謂非獨體之至神不足以與於此也。

◉靜而無靜 三曰：謹威儀以定命。

愼獨之學旣於動念上卜貞邪，已足端本澄源。而誠於中者形於外，容貌辭氣之間有爲之符者矣。所謂「靜而生陰」也。於焉官雖止而神自行。仍一一以獨體閑之，靜而妙合於動矣。如足容當重，無以輕佻心失之；手容當恭，無以弛慢心失之；目容當端，無以淫僻心失之；口容當止，無以煩易心失之；聲容當靜，無以暴厲心失之；頭容當直，無以邪曲心失之；氣容當肅，無以浮蕩心失之；立容當德，無以徙倚心失之；色容當莊，無以表暴心失之。此記之所謂九容也。天命之性不可見，而見於容貌辭氣之間，莫不各有當然之則，是卽所謂性也。故曰：「威儀所以定命」。昔橫渠教人專以「知禮成性，變化氣質」爲先，殆謂是與？

◎五行攸敍　四曰：敦大倫以凝道。

人生七尺，墮地後，便為五大倫關切之身，而所性之理與之一齊俱到。分寄五行，天然定位。父子有親，屬少陽之木，喜之性也；君臣有義，屬少陰之金，怒之性也；長幼有序，屬太陽之火，樂之性也；夫婦有別，屬太陰之水，哀之性也；朋友有信，屬陰陽會合之土，中之性也。此五者天下之達道也。「率性之謂道」是也。然必待其人而後行。故學者工夫，自慎獨以來，根心生色，暢於四肢，自當發於事業，而其大者先授之五倫。於此尤加致力，外之何以極其規模之大，內之何以究其節目之詳，總期踐履敦篤，慥慥君子以無忝此率性之道而已。昔人之言曰：「五倫間有多少不盡分處」。〔案此為明道語。〕夫惟常懷不盡之心，而黽黽以從事焉，庶幾其逭於責乎？

物物太極

五曰：備百行以考旋。

孟子曰：「萬物皆備於我矣」。此非意言之也。只由五大倫推之，盈天地間皆吾父子兄弟夫婦君臣朋友也。其間知之明，處之當，無不一一責備於君子之身，大是一體關切痛癢。然而其間有一處缺陷，便如一體中傷殘了一肢一節，不成其爲我。又曰：「細行不矜，終累大德。」安見肢節受傷非卽腹心之痛？故君子言仁，則無所不愛；言義，則無所不宜；言別，則無所不辨；言序，則無所不讓；言信，則無所不實。至此，乃見盡性之學，盡倫盡物一以貫之。易稱：「視履考祥，其旋元吉。」〔案此爲履卦上九爻辭。〕吉祥之地正是不廢查考耳。今學者動言萬物備我，恐只是鏡中花，略見得光景如此。若是真見得，便須一一與之踐履過。故曰：「反身而誠，樂莫大焉。」又曰：「強恕而行，求仁莫近焉。」「反身而誠」，統體一太極也。「強恕而行」，物物付極也。

○其要無咎六曰：遷善改過以作聖。

自古無現成的聖人，卽堯、舜不廢兢業；其次，只一味遷善改過，便造成聖人，如孔子自道可見。學者未歷過上五條公案，通身都是罪過；卽已歷過上五條公案，通身仍是罪過。纔舉一公案，如此是善，不如此便是過。卽如此是善，而善無窮；以善進善亦無窮。不如此是過，而過無窮；因過改過亦無窮。一遷一改，時遷時改，忽不覺其入於聖人之域。此證人之極則也。然所謂是善是不善，本心原自歷落分明。學者但就本心明處一決，決定如此，不如彼，便時時有遷改工夫可做。更須小心窮理，使本心愈明，則查簡愈細。全靠不得今日已是見得如此如此，而卽以爲了手地也。故曰：「君子無所不用其極。」

案：第一圖，獨體至善，無極而太極也。第二圖，動而生陽，動念順乎性，則雖動亦靜，此卽「動而無動」也。第三圖，由動念之七情形於外而爲九容，「靜而生陰」也；而獨體至善之神行乎其間，則雖靜而妙合於動，此卽「靜而無靜」也。第四圖，五行象徵五倫，「敦大倫以凝道」，則「五行攸敍」。第五圖，由五倫含百行，百行考祥，周旋運轉無不合理，則「物物一太極」也。第六圖，「遷善改過以作聖」，其要无咎，復歸於「無極而太極」，統體是至善也。

人譜續篇二，紀過格如下：

⊙物先兆 **一曰微過，獨知主之。**

妄：獨而離其天者是。

以上一過實函後來種種諸過，而藏在未起念之前，彷彿不可名狀，故曰微，原從無過中看出過來者。「妄」字最難解，直是無病痛可指。如人元氣偶虛耳，然百邪從此易入。人犯此者，便一生受虧，無藥可療，最可畏也。程子曰：「无妄之謂誠。」誠尚在无妄之後。誠與妄對，妄乃生僞也。妄無面目，只一點浮氣所中，如履霜之象，微乎微乎！妄根所中曰惑：爲利，爲名，爲生死；其粗者爲酒色財氣。

◎動而有動　一曰隱過，七情主之。

溢喜：損者三樂之類。

遷怒：尤忌藏怒。

傷哀：長戚戚。

多懼：憂讒畏譏，或遇事變而失其所守。

溺愛：多坐妻子。

作惡：多坐疏賤。

縱欲：耳目口體之屬。

以上諸過，過在心藏而未露，故曰隱。仍坐前微過來，一過積二過。微過不可見，但感之以喜，則侈然而溢；感之以怒，則怫然而遷。七情皆如是。而微過之真面目於此可見。今須將微者先行消煞一下，然後可議及此耳。

◎靜而有靜 三曰顯過，九容主之。

箕踞，交股（大交小交），趨，蹶：以上足容。

擎拳，攘臂，高卑任意：以上手容。

偷視，邪視，視非禮：以上目容。

貌言，易言，煩言：以上口容。

高聲，謔笑，詈罵：以上聲容。

岸冠，脫幘，搖首，側耳：以上頭容。

好剛使氣，怠懈：以上氣容。

跛倚，當門，履閾：以上立容。

令色，遽色，作色：以上色容。

以上諸過授於身，故曰顯。仍坐前微隱二過來，一過積三過。九容之地即七情穿插其中。每容都有七種情狀伏在裡許。今姑言其略，如箕踞，喜也會箕踞，怒也會箕踞，其他可以類推。

五行不敘

四曰大過，五倫主之。

非道事親。……

非道事君。……

交警不時。……

非道事兄。……

勢交利交。……

以上諸過，過在家國天下，故曰大。仍坐前微隱顯三過來，一過積四過。

諸大過總在容貌辭氣上見。如高聲一語，以之事父則不孝，以之事兄則不弟，其他可以類推。爲是心上生出來者。

物物不極

五曰叢過，百行主之。

舉有百種，略。

以上諸過，自微而著，分大而小，各以其類相從，略以百爲則，故曰叢。仍坐前微隱顯大四過來，一過積五過。百過所舉，先之以謹獨一關，而綱紀之以色食財氣，終之以學而畔道者，大抵皆從五倫不敘生來。

●迷復　六曰成過爲衆惡門，以克念終焉。

祟門：微過成過曰微惡。（訟法解過略）。

妖門：隱過成過曰隱惡。……

戾門：顯過成過曰顯惡。……

獸門：大過成過曰大惡。……

賊門：叢過成過曰叢惡。……

聖域：諸過成過還以成過得改地。一一進以訟法，立登聖域。

以上一過准一惡，惡不可縱，故終之以聖域。人雖犯極惡大罪，其良心仍是不泯，依然與聖人一樣。只爲習染所引，壞了事。若纔提起此心，耿耿小明，火然泉達，滿盤已是聖人。或曰：其如積惡蒙頭何？曰：說在孟子訓惡人齋沐矣。且旣已如此，又恁地去，可奈何？正恐直是不由人，不如此不得。

案：此中言微過之妄最爲深透，蓋與獨體並行，「獨而離其天者」即是「妄」。「妄無面目，只是一點浮氣所中」，「直是無病痛可指」，「原從無過中看出過來者」，故曰微過。蓋即「同體無明」也。誠與妄對，一眞便是誠體，一虛欠便是妄根浮氣。其旨深矣。誠體深至何處，妄浮隨之；誠體達至無限，妄浮隨之；誠體是終極的，妄浮隨之爲終極。此其所以爲「同體無明」也。佛家「同體無明」屬界外，亦曰「無始無明」。十信位猶不能斷，十住位始開始斷，至佛始究竟斷。詳參看佛性與般若天臺部「位居五品」章。

人譜續篇二復有訟過法，錄之如下：

一炷香，一盂水，置之淨几，布一蒲團座子於下。方會平旦以後，一躬就坐，交趺齊手，屛息正容。正儼威間，鑒臨有赫，呈我宿疚，炳如也。乃進而敂之曰：爾固儼然人耳，一朝跌足，乃獸乃禽，種種墮落，嗟何及矣！應曰：唯唯。復出十目十手，共指共視，皆作如是言。應曰：唯唯。於是，方寸兀兀，痛汗微星，赤光發頰，若身親三木者。已乃躍然而奮曰：是予之罪也夫！

則又勑之曰：莫得姑且供應！又應曰：否否。頃之，一線清明之氣徐徐來，若向太虛然，此心便與太虛同體。乃知從前都是妄緣，妄則非真。一真，自若湛湛澄澄，迎之無來，隨之無去，却是本來真面目也。此時正好與之葆任；忽有一塵起，輒吹落。又葆任一回；忽有一塵起，輒吹落。如此數番，勿忘勿助，勿問效驗如何。一霍間，整身而起，閉閤終日。

案：此大類天臺家之行法華懺儀。如此訟過亦是內聖之學之道德實踐所應有者。如所謂遷善改過不是虛言，而且要落實去作，而且要作至透體至極，則亦必應有此常常自訟自反，常自警覺，覺至獨體之源；如是妄根方可漸漸化去，乃至頓時化去；如是乃可直承自由自律之心體而行，所謂當惻隱自會惻隱云云，沛然莫之能禦也。不得以其類乎禪而諱言也。禪自是禪，儒自是儒。行法華懺儀者旨在徹悟實相般若，行此訟過法則旨在使自律道德爲可具體地呈現者。

人譜續篇二復有改過說三篇，其一云：

天命流行，物與无妄。人得之以爲心，是謂本心，何過之有？唯是氣機乘除之際，有不能無過不及之差者。有過而後有不及。雖不及，亦過也。過也，而妄乘之，爲厥心病矣。乃其造端甚微，去無過之地所爭不能毫釐，而其究甚大。譬之木，自本而根而幹而標，水自源而後及於流，盈科放海。故曰：涓涓不息，將成江河。綿綿不絕，將尋斧柯。是以君子慎防其微也。防微，則時時知過，時時改過。俄而授之隱過矣，當念過，便從當念改。又授之顯過矣，當身過，便從當身改。又授之大過矣，當境過，當境改。又授之叢過矣，隨事過，隨事改。改之，則復於無過，可喜也。過而不改，是謂過矣。雖然，且得無改乎？凡此，皆却妄還真之路，而工夫喫緊總在微處得力云。

……

其二云：

人心自真而之妄，非有妄也，但自明而之暗耳。暗則成妄，如魑魅不能晝見。然人無有過而不自知者。其爲本體之明固未嘗息也。一面明，一面暗。究也，明不勝暗，故真不勝妄，則過始有不及改者矣。非惟不改，又從而文之，是暗中加暗，妄中加妄也。故學在去蔽，不必除妄。孟子言：「君子之過如日月之食」，以喻人心明暗之機極爲親切。蓋本心常明，而不能不受暗於過。明處是心，暗處是過。明中有暗，暗中有明。明中之暗卽是過，暗中之明卽是改。手勢如此親切。但常人之心雖明亦暗，故知過而歸之文過，病不在暗中，反在明中。君子之心雖暗亦明，故就明中用個提醒法，立地與之擴充去，得力仍在明中也。……

案：以上爲人譜續篇二中者，茲再錄劉子全書卷六，證學雜解解二以助解：

天命流行，物與无妄，此所謂「人生而靜以上不容說」也。此處並難着誠字，或妄焉亦不容說。妄者真之似者也。古人惡似而非。似者非之微者也。道心惟微，妄卽依焉。依真而立，卽托真而行。官骸性命之地，猶是人也，而生意有弗貫焉者。是人非人之間不可方物，強名之曰妄。有妄心，斯有妄形，因有妄解識，妄名理，妄言說，妄事功，以此造成妄世界，一切妄也，則亦謂之妄人而已矣。妄者亡也，故曰「罔之生也幸而免」。一生一死，真罔乃見。是故君子欲辨之早也。一念未起之先，生死關頭最爲喫緊。於此合下清楚，則一真旣立，羣妄皆消。卽妄求真，無妄非真。以心還心，以聰明還耳目，以恭重還四體，以道德性命還其固然，以上天下地往古來今還宇宙，而吾乃儼然人還其人。自此一了百當，日用間更有何事？通身仍得個靜氣而已。

案：此證學雜解之解二無以異於改過說一及二之所說也。依劉蕺山之人譜，可清楚地使吾人見到心體性體之眞與過惡之妄皆在誠意愼獨之道德實踐中被意識到，抑且不只被意識到，而且心體性體之眞可實踐地被呈現，過惡之妄可清楚地被照察到而且可實踐地被化除掉。自孔子提出改過一觀念後，人皆說改過，說過惡，蓋過惡是日常現實生活中很容易意識到者，然大皆是就現實生活之皮面現象學地說此改，說此過。自劉蕺山之人譜始能完整地徹底而透體地說之，因而可使吾人有一確定之概念。從氣質之偏說過惡亦將收於此而確定之。其實氣質之偏本身無所謂過惡。個體存在自有各種不同的氣質。偏者只是「各種不同」之謂，多姿多采之謂，特殊各別之謂，亦猶如說才性。其本身無所謂過惡也。順其特殊各別之偏，通過感性之影響，使心體不能清明作主，以致行爲乖妄，心術不正，始成爲過惡。是則過惡是吾人之行爲離其眞體之天而不眞依順於眞體之理者，是感性、氣質、眞體三者相交會所成之虛幻物。是則感性、動物性其本身亦無所謂過惡。依「生之謂性」之原則說氣性之性是無善無不善（中性說），或有善有不善，或可善可不善，或直說是惡，此是善惡應用於氣性或才性一論題上說。氣性才性本身亦無所謂過惡。說其或好或壞者亦是就其是否能體現眞體之天而言；卽使能體現，亦有難不難之異，易不易之別。能體現眞體之天，則無過惡，因此說其爲善。否則說其爲不善或惡。能之中有難易，難者說其較不好，易者說其較好。不能之中亦有程度之別。不能之甚者爲更不好，不能之不太甚者其不好較差。而無論如何，其本身好壞（善惡）之好與眞體之善不同，壞（惡）亦與過惡不同。是故眞體須呈現，過惡須化除，而動物性、氣性、才性、氣質則只能說變化或轉化而不能說化除。因此，凡從此等方面論善惡皆得消融於人譜中而與過惡有簡別，使吾人對於此等方面有恰當之安排，並對於過惡有確定之了解。佛家說無明是由智與識之分別而照出，其底子是苦、空、無常與無我，此固已具體而眞切矣，然不如儒家之由道德意識入爲更具體而眞切。佛家猶如此，而何況基督教之神話式或象徵式地說原罪乎？順柏拉圖傳統下來，以存有之圓滿說善，惡是善之缺無，其本身非是一正面之存有，此種從存有之圓滿否說善惡，善惡只是一思解之概念，使人無眞切之實踐上的感受，徒爲一可喜之議論而已。是故這一切說法皆當消融於人譜中而得其實義。罪過，過惡，是道德意識中的觀念。道德意識愈强，罪惡觀念愈深而切，而且亦只有在道德意識中始能眞切地化除罪惡。儒聖立教自道德意識入。自曾子講守約愼獨後，通過宋明儒的發展，這道德意識中的內聖之學，成德之教，至蕺山而爲更深度更完備地完成。是故道德實踐中正反兩面更爲眞切而深入，而過惡意識亦更爲徹底而窮源，此爲內聖之學所應有之文章。相應眞體之天而化除此徹底窮源之過惡之妄乃是道德實踐之本分，故對於過惡能有如此徹底窮源清楚明確而且眞切之理解，其他教皆不及也。勿謂儒家偏於樂觀，對於人生之負面感受不深。此皆世俗之論，無眞正之道德意識者也。焉有自道德意識入而無深切之罪惡感乎？俗儒自是俗儒，焉可爲憑？以往因重視當下道德實踐，又顧及風教故，故多講正面話，反面者多引而不發，然不發非無深入之感也。豈在言之多少乎？眞有道德意識而作道德實踐者，若非徒爲世俗之好人，或徒爲具道德之文貌而無道德之精神者，則必正反兩面皆深入，正面必透悟至心體與性體，反面必透悟至知險與知阻。其多言正面者重在立體立本，而險阻則在實踐中隨時遭遇之，即隨時本正面以化除之，此並非可爭辯之問題，故無暇多言也。豈在視作專題而分析之，如存在主義者之所爲，多言而詳言之以挑動人乎？當然多言而詳言之亦自有價值。然必在道德實踐中隨吾人之意識及之，多言而詳言之，此多言而詳言始有眞切而痛切之價值；否則徒爲挑動人而爲文學性之戲論，此則理學家所不欲而亦不忍多言者也。世人多怕理學家。若非怕面對過惡，而又怕道德法則之拘束吾人之放縱，則理學家又何怕之有？世人又多喜談佛老，又喜妄談禪，又喜言存在主義，又喜戲論易經，而却厭論孟，厭理學，此其故蓋可深思矣，蓋亦無眞正之道德意識而已。其喜言此等等蓋只馳騁其理智興趣與滿足其浪漫情調。卽於人生之負面亦然。若無眞正之道德意識，雖多炫染之，有何益哉？故吾人若不言負面則已，若欲言之，則必套於道德意識中始能徹底而窮源，淸楚明確而眞切，而且眞能實踐地化除之。以往言之不及，亦只是一時之不及，非其本質不能入也。故云至蕺山而完備。

12.以上從1至10爲誠意愼獨學之系統的展示，11介紹人譜以明實踐之歷程，此亦解行雙彰也。自孔、孟立敎卽已解行雙彰，有本體有工夫，扣緊實踐以明道理。故孔子踐仁知天，孟子盡心知性知天，中庸自性體言愼獨，大學自心體言愼獨，易傳窮神知化，窮理盡性以至於命，其敎路固一系相承也。至乎宋明重講此學，濂溪首先默契道妙，而亦必由「思曰睿，睿作聖」，言「幾動於彼，誠動於此」，以誠體通化那可善可惡之幾（「幾善惡」）。橫渠思參造化，天道性命通而爲一，而亦必由「聖人盡道其間兼體而無累」之存神以言「盡心化氣以成性。」明道盛言「一本」，而亦必由識仁定性入。至伊川、朱子重格物窮理，言「涵養須用敬，進學在致知」，學路之端緒遂稍轉向而歧出，轉爲靜涵橫攝之系統，而靜涵亦爲外延型。南宋胡五峯承北宋前三家（濂溪、橫渠、明道）首言「盡心成性，以心著性」之形著義，不走伊川、朱子之路也。象山興起，本孟子明本心，辨端緒之得失，遂扭轉朱子之歧出，而歸於正。陽明承之言致良知，使「明本心」更爲確切可行者。至蕺山「歸顯於密」，言愼獨，明標心宗與性宗，不期然而自然走上胡五峯「以心著性」之義理間架，而又著人譜以明實踐之歷程，如是，內聖之學、成德之敎之全譜至此遂徹底窮源而完備，而三系之分亦成爲顯然可見者，而陸、王系與胡、劉系總可合而爲一大系，同一圓圈之兩來往，亦成爲顯然可見者。自實踐規模言，象山提綱挈領，略擧端緒；至陽明而較詳；至蕺山而尤詳。然而學者用心亦可廻環參用，不可執一。如若順蕺山人譜作實踐，覺得太緊、太淸苦，則可參詳致良知以稍活之，又可參詳象山之明本心以更活之。反之，如若覺得象山之明本心太疏濶，無下手處，則可參之以致良知。如若覺得致良知仍稍疏，則再詳之以人譜。

自實踐規模言，濂溪、橫渠、明道俱有其實踐之規模，何以單自象山說起？曰：彼三人之言實踐工夫亦不過是明本心耳，故可收攝於象山，單自象山說。蕺山之所以詳而完備者，於本體方面，兼言心宗與性宗，濂溪、橫渠、明道所言之道體性體盡攝於其所說之性宗中，而心與性不可以分合言，而總歸是一，則陸、王之只由心言亦無碍，而伊川、朱子所言之道體性體（理）只存有而不活動者，則必須放棄而令歸於卽存有卽活動，如是，本體方面一矣；本體旣一，則於工夫方面決不能走伊川、朱子格物窮理之順取之路而必扭轉而爲逆覺之路，其餘七人皆逆覺之路也，如是，則工夫亦一矣，而詳而完備於蕺山。正因工夫爲逆覺，所以本體方面，無論自心體言，或自道體性體言，必爲卽存有卽活動者。正因本體爲卽存有卽活動，故工夫必爲逆覺。本體者道德實踐中之本體，卽自由自律之無限心是也，客觀而超絕地言之卽爲道體性體。工夫者道德實踐中之工夫也，故必由逆覺呈本體以化過惡，此焉能取決於外在的格物窮理耶？如此言本體與工夫正是依自律原則而行之內聖之學成德之教之所必函，此乃是必然者，決無其他交替之可能。異乎此者卽爲異端，卽爲歧出，不自覺而落於他律道德矣。伊川與朱子正是不自覺而落於他律道德者，此不可諱也，亦不必爲之曲辯也。然而本體與工夫既得其正矣，則格物窮理中所含之知識義的道問學卽只可爲助緣，非基要（本質）之工夫。人生全體固不只道德，然必以道德爲本。如是，若進而再以道德融攝知識，則道問學亦可得其分矣。此爲朱、陸同異之解消，亦是宋明儒三系之大通。吾以四册之巨幅，費二十餘年之時間，最後之評判不過如此。

又，關於本章所述，務請讀者取心體與性體第二册講胡五峯章合觀，有許多更爲哲學性的深微義理盡發之於該章第十一節。兩者合而讀之，可更熟練此一系義理間架之所以不同於伊川、朱子以及陸、王者。

明亡，蕺山絕食而死，此學亦隨而音歇響絕。此後，中國之民族生命與文化生命卽陷於刼運，直刼至今日而猶未已。噫！亦可傷矣！

國家圖書館出版品預行編目資料

從陸象山到劉蕺山

牟宗三著. – 再版. – 臺北市：臺灣學生，民 89 四刷
面；公分

ISBN 978-957-15-0052-2 (平裝)

1. 理學 – 中國 – 宋（960-1279）
2. 理學 – 中國 – 明（1368-1644）

125.6 79000855

從陸象山到劉蕺山

著作者：牟宗三
出版者：臺灣學生書局有限公司
發行人：楊雲龍
發行所：臺灣學生書局有限公司
臺北市和平東路一段七五巷十一號
郵政劃撥戶：〇〇〇二四六六八號
電話：（〇二）二三九二八一八五
傳真：（〇二）二三九二八一〇五
E-mail:student.book@msa.hinet.net
http://www.studentbook.com.tw

本書局登記證字號：行政院新聞局局版北市業字第玖捌壹號

定價：新臺幣五〇〇元

一九七九年八月初版
二〇二一年四月再版六刷

12505

ISBN 978-957-15-0052-2 (平裝)